王利民教授主持论坛开幕式

大连海事大学副校长刘正汇教授在论坛开幕式上致辞

中国法学会民法学研究会副会长马新彦教授在论坛开幕式上致辞

辽宁省法学会党组成员、秘书长毕征同志在论坛开幕式上致辞

大连海事大学法学院副院长韩立新教授在论坛开幕式上致辞

王利民教授主持论坛开幕式现场

左起："主题论坛"第一单元主持人王世涛，主题发言人张翔、王锴、尹田、郭殊、申惠文在主题论坛上

黄明涛副教授在"主题论坛"上提问发言

刘练军教授作“主题论坛”第一单元主题总结

王建平教授作“主题论坛”第一单元主题总结

左起："主题论坛"第二单元主持人马岭，主题发言人刘志刚、任喜荣、王竹、李海平、郭明龙在主题论坛上

张翔教授在"主题论坛"上提问发言

右起：王利民、薛宁兰、尹田、马岭在论坛开幕式现场

“主题论坛”现场

中排左起：柴学伟、王嘉彧、马新彦、刘正江、毕征在论坛开幕式现场

姜凤武（右）在论坛开幕式现场

李志文教授主持“主题研讨”第一单元

正面第一排右起：“主题研讨”第一单元主题发言人张震、姜峰、黄明涛、莘宁兰、彭诚信在主题研讨现场

尹田教授在“主题研讨”上提问发言

程雪阳教授在“主题研讨”上提问发言

郑磊教授作“主题研讨”第一单元与谈发言

艾尔肯教授作“主题研讨”第一单元与谈发言

袁方主编主持“主题研讨”第二单元

正面第一排左起：“主题研讨”第二单元主题发言人谢立斌、陈征、于文豪、周友军、满洪杰

杨晓楠教授作“主题研讨”第二单元与谈发言

翟羽艳教授作“主题研讨“第二单元与谈发言

李岩教授作”主题研讨“主题总结

韩秀义教授作“主题研讨”主题总结

“主题研讨”现场

“主题研讨”现场

“主题研讨”现场

出席本届论坛的领导和嘉宾合影

中国民法典编纂与民法基础理论

——第四届『全国民法基础理论与民法哲学论坛』文集

王利民 主编

法律出版社
LAW PRESS·CHINA

目　录

王利明教授序

2013 年 11 月 9 日，由中国民法学研究会主办、辽宁省民法学会承办的首届“全国民法基础理论与民法哲学论坛”在大连海事大学成功举行，本次论坛也是中国民法学研究会成立后主办的小型系列学术研讨会之五，论坛产生了良好的社会影响，对此我感到非常欣慰。

2013 年 7 月，大连海事大学法学院王利民教授与我联系，提出了举办“全国民法哲学论坛”的倡议。他在给我的信中说道：“对于中国这样一个非民法传统的国家，面对中国社会复杂的社会与民法问题，除了立法和法律制度的构建与研究外，民法哲学的认知应当成为‘后法律体系时代’特别重视的问题，也许我们很难在民法哲学的认识之外而以民法体系构建的形式来根本解决中国社会的秩序缺失问题。”王利民教授对举办这一论坛的认识，虽然文字不多，但却是一种认真的学术思考，我认可他的基本想法并同意由中国民法学研究会主办、辽宁省民法学会承办这一论坛。论坛筹备期间，王利民教授与我和王轶教授就论坛的组织形式和主题等相关细节问题进行了多次沟通。我认为，举办这样一个全国性的学术论坛，仅探讨民法哲学问题，面有些窄，有一定的局限性，建议把论坛的主题扩大一些，这就有了后来的首届“全国民法基础理论与民法哲学论坛”的举办。

自清末变法以来，法治成为中国人矢志不渝的梦想。近百年以来，虽然中国的社会发展与法治建设历经坎坷，但是法治梦始终是中国梦，是中国人不懈追求的社会理想。新中国成立以来，一部中国民法典的制定，成为几代民法学者的法典梦，并为此积极呼吁和建言。民法典是“社会生活的百科全书”，是市场经济的基本法、市民生活的基本行为准则，更是法官裁判民商事案件的基本依据。虽然我国社会主义法律体系已经形成，且已经颁行民法通则、合同法、物权法、侵权责任法等重要的民事法律，基本涵盖了社会经济生活的主要方面，但法律体系需要与时俱进、不断完善，为了适应社会发展的需要，我们应当加快推进民法典的制定步伐。党的十八届四中全会通过了《中共中央关于全面推进依法治国若干重大问题的决定》,其中在“加强重点领域立法”中指出:“加强市场法律制度建设,编纂民法典。”这是建设社会主义法治体系的重要步骤,也为我国未来民事立法工作指明了方向和道路。在制定民法典的过程中,中国民法学界一方面要致力于推动民法典的出台,另一方面也要注重民法基础理论乃至民法哲学等领域的思考。民法哲学通过将哲学与法学结合起来,研究民法的发展规律,为民法的发展提供学理基础,推动民法学理论体系建构,这些都有助于为民法典提供理论支撑,民法哲学通过民法精神与理念的社会传播,培养社会自我构序的法治能力,从而推进中国社会的法治生态转型与实现。因此,民法基础理论与民法哲学的研究,不仅是学术的需要,而且是法治的需要,是实践的需要。举办首届展示和传播中国民法基础理论与民法哲学的学术成果与思想的“全国民法基础理论与民法哲学论坛”,就更具有其理论与现实意义,其举办可谓正逢其时!

我赞同王利民教授提出的举办论坛的理念,即面向社会和实践,开放性吸收社会各界人士参加,以贴近社会的主题与互动,弘扬民法精神与社会秩序认知,促进和形成学术与社会共识,推动中国社会法治的文化生态转型与实现。法学的学术成果不应当只是学者的专利,而应当成为一种自主向社会普通民众提供和传播的并能够为全民所共享的社会精神财富。作为法学成果的学术思想与学术精神,应当有助于法律文化的发展,有助于法律体系和法治中国建设,显然,这是法学学者的共同责任和使命,也是法学研究所应当承载和具有的社会价值。对此,我欣喜地看到,首届“全国民法基础理论与民法哲学论坛”上不仅有来自全国高校的民法学者在论坛上发表自己的思想观点,而且论坛也主动宣传和吸收政法系统和基层民众的代表参加,从而使论坛超越了一般学术形式本身而具有了更为广泛的社会意义和影响,这一点是非常值得肯定的,也是一次成功的尝试。

本次论坛,中国民法学研究会安排中青年学者参加,他们学术思想活跃、理论视野开阔、问题意识强烈、勇于思考探索、善于开拓创新,在民法基础理论与民法哲学研究方面具有深厚的学术功底并作出了扎实的学术努力,代表了中国民法学研究的一股新生力量。中国民法学研究会应当以首届“全国民法基础理论与民法哲学论坛”的成功举办为契机,在过去已有小型系列学术研讨会学术平台的基础上,进一步为他们创造展示学术思想与学术才华的条件和机会。同时，我希望"全国民法基础理论与民法哲学论坛"作为由中国民法学研究会主办的一个主题性的高端学术论坛，能够在首届成功举办的经验基础上，继续搭建好这一平台，我将持续关注和支持论坛的后续举办和发展。

借首届"全国民法基础理论与民法哲学论坛"文集出版之机，我衷心希望这一论坛的成果汇集，能够展现其传播民法精神的时代意义，并希望这一论坛越办越好！

是为序。

王利明

2014 年 10 月

卷首语

真理与谬误

——几个中国民法基础理论问题反思

第四届“全国民法基础理论与民法哲学论坛”于2019年9月22日在大连举行。本届论坛，邀请民法和宪法学者共同就中国民法典编纂的民法基础理论——中国民法典编纂的宪法之维进行讨论。

改革开放四十多年来，我国社会主义法制建设取得了历史上前所未有的成绩，中国民法典的编纂和颁布，更是标志着以民法体系为基础的中国特色社会主义法律体系的形成。回想改革开放四十多年来中国民事立法的进步，根本上都是以民法价值观和方法论为基础的民法基础理论的进步，而中国民事立法存在的不足，也都根本上与中国社会民法基础理论的缺失相关，是中国民法基础理论即民法学的缺失问题。笔者没有资格和能力对中国民法基础理论的缺失进行检讨，但是作为一个民法基础理论的研究者，我想可以基于自己的视角与观点对中国民法基础理论的缺失问题进行探讨并提出自己的学术反思与批判。以此，笔者认为，改革开放四十多年来，中国民法学紧跟中国民事立法的进程，主要关注民法的规范研究与解释，而在民法基础理论研究方面则缺乏投入与沉淀，并有各种被视为“真理”而陈陈相因的“谬误”，对此，需要在中国民法典编纂颁布和中国特色社会主义民法体系形成的条件下进行深度学术反思与积累，从而构建和形成具有中国民法价值观与方法论的民法基础理论体系。

对中国民法基础理论中的“谬误”，笔者仅提出以下五个具有代表性的问题。

一、关于民事法律关系客体的定义与种类的理论

我国的各类民法教科书，对民事法律关系客体的定义无不是“主体的权利义

务指向或者共同指向的对象"。然而,什么是"指向"?它所揭示的主体权利义务与客体之间的关系到底是什么?而主体的权利义务与客体之间又到底是不是所谓的"指向"关系?对此,本人早年曾撰文提出对民事法律关系客体"定义"与"种类"的重新思考。[1] 考察主体权利义务与客体之间关系的实质内涵并根据形式逻辑的定义规则,显然,这一"指向对象"的定义,是一个既不符合主体权利义务与客体之间的实质关系,又不符合形式逻辑的定义规则的"谬误"定义。[2] 根据形式逻辑"种 + 种差"的定义规则,关于民事法律关系客体的正确定义应当是"主体设定权利义务的事物",或者是"作为主体设定权利义务对象的事物"。

由于客体定义的似是而非与模棱两可,人们对客体的种类也作出了各种非驴非马和不伦不类的理解与判断,其中具有代表性的是"行为"客体论[3] 与"权

[1] 参见拙著:《对民事法律关系客体"定义"与"种类"的重新思考》,载《法学与实践》1997 年第 2 期。

[2] 笔者并没有考察这一"定义"的理论来源,但是就这一定义,一方面,除了民法教科书及其语境下把主体的权利义务与客体的关系表述为"指向"外,人们在其他语境下对主体的权利义务与客体的关系均不用"指向"来概括和界定,而通常是用某物(之上)是否"设定""设立"或者"有没有"某种权利义务或者权利义务负担来表述,即实际把客体作为主体"设立"权利义务的事物来看待;另一方面,民事法律关系的客体并不是一个单独概念,而是一个种概念,因此应当适用形式逻辑或者认识论上"种 + 种差"的定义规则,而我国民法教科书关于客体是主体的权利义务"指向或者共同指向的对象"的定义,完全不符合形式逻辑的定义规则,既不构成一个实质定义,也没有特定的定义内涵,其对客体的"定义"则完全是一种人们对这一"定义"似是而非的模糊理解。

[3] "行为"客体论主要是一种"民法总论"上的观点。我国民法教科书的通说认为,民事法律关系客体的种类包括物、行为、智力成果和人身利益(要素),同时又有"权利"为客体的立法与理论观点。在上述"客体"中,物和智力成果(无形财产),可以概括为"财产"并归入其类,是民法调整的财产关系的客体,而人身要素则是民法调整的人身关系的客体。然而,"行为"和"权利"作为"客体"则实属一种"谬误"。行为在民事法律关系中属于权利义务的范畴,为民事法律关系的"内容",如果行为构成民事法律关系的客体,就属于行为作为"一事物",同时构成民事法律关系中的两种要素,这在根本上违背民事法律关系构成要素的"构成"规则,而事实上"行为"从来都只构成民事法律关系的内容而不构成它的客体。一般认为,以"行为"为客体的典型法律关系有保管合同、运输合同、施工合同、表演合同、医疗合同等,即它们的客体是所谓的保管行为、运输行为、施工行为、表演行为和医疗行为,然而,这些

利”客体论〔4〕两种通行与普及的“谬误”理论。笔者关于民事法律关系客体的

法律关系的“行为”，都属于该法律关系的权利义务即内容的范畴，而它们的真正客体除了作为一般对价的金钱之外，则分别是不能游离于这些法律关系之外的保管物、货物和人（身体）、建筑物、作品（无形财产）、身体与健康，即它们的客体均不是行为或者根本与行为无关而同样是物，其中包括有形物、无形物和作为特殊物的人或者“身体”。

〔4〕“权利”客体论主要是一种“物权法”上的观点。权利可以成为特定民事法律关系的客体，这是我国民事立法与民法理论的一个普遍观点。《物权法》第2条规定，“本法所称物，包括不动产和动产。法律规定权利作为物权客体的，依照其规定”。同时，《物权法》中还有各种以“权利”为客体的法律关系，特别是规定了“权利质权”和可以出质的权利范围。然而，权利作为民事法律关系的内容又怎么或者如何可以成为客体？作为物权的客体，一定是具有使用价值和交换价值的利益条件或者要素，只有这样的条件或者要素，才可以作为交易对象并具有可变现性，也才能够满足当事人的利益目的与需求并具有客体意义。因此，所谓“权利”客体，不过是以权利形式表征的财产或者物，其客体的本质仍然是财产而不是权利，只有一定的财产或者物才具有利益价值，也才能够满足当事人的利益需求、符合当事人的利益目的，而单纯的权利本身则毫无这一客体价值。权利是利益实现的一种民法（自由）手段，利益才是当事人享有权利的现实目的。如果说权利可以成为客体，那么所有的民事法律关系的客体都可谓是“权利”，如买卖合同关系转移财产所有权，其客体是财产所有权；租赁合同关系转移财产使用权，其客体是财产使用权，等等。把权利作为客体对待，实际上就是客体与法律关系的内容不分，是破坏甚至粉碎了民事法律关系构成的基本理论。例如，如果土地承包经营权和土地流转经营权的客体是不同的“权利”，那么土地承包经营权人和土地流转经营权人在自己的土地承包经营权和土地流转经营权上设定抵押权就是分别在不同的客体上设定权利，就不违背一物一权的物权法原则；然而，由于这两种权利的实际对象或者客体不过是作为同一物的“农地”，如果没有特别约定的抵押权实现的顺位与条件，那么事实上就是在同一物上设定了两个相互矛盾的抵押权。显然，只有作为实质客体的“土地”才具有担保债权实现的利益价值，而所谓的“权利”则根本不是作为担保债权实现的客观条件。因此，把权利作为客体，不仅破坏了民事法律关系构成及其客体的基本理论，而且与客体的实质不符，只能带来理论矛盾与实践冲突，而只有把权利表征的财产或者物作为客体，所谓权利不过是一定财产或者财产利益的表征形式，即只有把“权利”客体理解为由权利表征或者通过行使请求权实现的财产，才能够在理论和实践上理解和理顺这一客体对象问题。总之，由于“财产”与“权利”的内在联系，在法律条文和法学著作中，往往“财产”与“财产权”不分或者交替使用但最终只能指向财产这一同一对象，所以，具有实质客体意义的只能是该权财产而不是所谓的“权利”。

定义,统一了民法的调整对象与民事法律关系客体种类之间的关系,即民事法律关系客体的种类是由民法的调整对象即民事主体的客观利益条件决定的,民法调整什么样的社会关系,主体就在什么上设定权利义务,民事法律关系的客体就有什么;民法调整一定的人身关系和财产关系,主体就在人身与财产要素上设定权利和义务,民事法律关系的客体就是一定的人身与财产要素。作为客体的人身与财产要素可以进行具体细分,如人格要素与身份要素,人格与身份要素又可以再具体划分为各种具体的人格与身份要素;财产要素可以分为动产与不动产、有形财产与无形财产;一般物与特殊物(身体)、现实财产与权利财产、虚拟财产等。然而,不论如何划分,根据民法的调整对象,民事法律关系的客体都只能和最终归为人身与财产两类要素。

二、关于知识产权是具有双重权利属性的理论

我国民法学界普遍认为,知识产权具有人身权与财产权的双重权利属性,即知识产权并不是单一的财产权,而是人身权与财产权的结合与二位一体。特别是其中的著作权,由发表权、署名权、修改权和保持作品完整权构成了一个完整的著作人身权体系。1998 年笔者在出版的《知识产权法教授》一书中提出和论述了知识产权是单一财产权的观点,[5]并后续进行了理论完善。[6] 笔者认为,所谓知识产权中的“人身权”不过是构成无形财产或者无形财产权的一部分。在狭义的知识产权中,可以把问题集中在著作权方面。显然,我国《著作权法》具体规定的那些被认定为“人身权”的权利本身,都是可以与作者或著作权人特定的人身相分离的权利,不仅是在事实上而且在制度上都可以分离,所以与具有特定人身属性的人身权根本不贴边。显然,这些与作者人身可以事实和制度分离的权利,既不具有人身权的一般本质与特性,也不构成民法的“人身权”,所谓“著作人身权”的观点,并没有真实的客观根据与立论基础。根据本人的考察与分析结论,这些所谓的“人身权”实际上不过是作品这一无形财产的构成要素或者是作品权这一无形财产支配权的一项内容或者权能,是作为作品财

〔5〕 参见拙著:《知识产权法教授》,中国财政经济出版社 1998 年版,第 5 ~ 9 页。

〔6〕 参见拙著:《论知识产权是单一财产权》,载《辽宁师范大学学报》1999 年第 3 期;《论著作权的性质》,载《财经问题研究》1999 年第 7 期。

产权的一种表现形式和必要条件。

三、关于“效力待定法律行为”的理论

在 1999 年《合同法》制定前后，一个新的民法学概念开始流行并至今被奉为“圭臬”，那就是“效力待定的法律行为（合同）”。这一概念被用来概括限制行为能力人、无权代理人和无处分权人订立的合同即实施的法律行为以及欠缺债权人同意的债务移让行为的效力，即这几种需要得到有权人追认或者同意的合同或者法律行为，在未得到有权人追认或者同意的情形下，其效力处于“待定”状态。〔7〕 可见，所谓“效力待定”是指行为已经成立而其效力有待于第三人确认的行为，即行为的效力处于一种未决状态，是否有效由第三人确定，第三人追认或者同意的，行为有效，反之则无效。然而，既然“效力待定”的行为要么有效或者无效而最终没有“效力待定”的第三种效力状态，司法实践中也根本不可能认定一种“效力待定”的法律行为，那么又为什么要使用一个既似是而非又自身缺乏逻辑周延的“效力待定”概念呢？

显然，所谓“效力待定”的法律行为，是法律行为的一个“效力类型”概念。可是，法律行为的效力及其本质，是由行为本身决定的，即行为本身是否具有违反或者不符合法律规定的情形，而与第三人的意志无关，第三人的意志只能使一个未成立的行为成立或者使一个无效行为转变为另一有效行为，而不能独立使一个行为的效力处于不确定的“待定”状态。事实上，在归入“效力待定”的法律行为中，所谓“欠缺债权人同意的债务转让行为”，实际上是一个并未合意和成立的法律行为，行为本身根本不在所谓的有效或者无效的“效力待定”范

〔7〕 所谓“效力待定”行为的具体含义，是指行为或者合同成立以后，因存在不足以认定行为有效的瑕疵，致使行为不能产生法律效力，在法律规定的合理期间内行为效力暂不确定，由有追认权的当事人进行补正或者有撤销权的当事人进行撤销，再视具体情况确定行为是否有效。处于此阶段中的行为，即是效力待定的行为。行为“效力待定”，意味着行为效力既不是有效，也不是无效，而是处于不确定状态。设立这一不确定状态，目的是使当事人有机会补正能够补正的瑕疵，使原本不能生效的行为尽快生效，以实践民法或者合同法效率原则，即尽量成就交易、鼓励交易。效力待定不是行为效力的最后状态，效力待定的行为最后要么归于有效，要么归于无效，没有第三种状态。

畴，而另外第三种“主体不合格”的行为，在所谓“效力待定”的阶段或者状态下，根据我国法律或者司法解释，则是一个效力确定无效或者在特定条件下可能有效的行为，而第三人的同意或者追认，在本质上是第三人与相对人以原行为的意思表示而实施的一个新行为，[8] 是意思表示的主体“转换”与效力“更新”，可谓之“可转换”或者“可更新”的法律行为。

学术研究的理论深化与提高，是一个理论抽象与概括的过程，有待于概念与范畴的创新和发展，因此新概念的提出往往代表一种学术进步。这就意味着，一方面，学术的发展离不开概念创新；另一方面，学术研究不能随意提出和使用与对象本质相悖或者不符的“概念”。如果为了标新立异而使用一些不能准确概括和揭示对象或者事物本质的概念，则不仅不能代表学术创新，而只能造成学术混乱和学术认知的错误，“效力待定”法律行为的概念，就是其中之一。在我国的民法研究中，一直有这类概念的出现和存在，如 20 世纪 90 年代民法学界一度流行“不真正民事法律行为”的概念，对此笔者曾撰文反思。[9] 中国的民法基础理论应当深刻检讨和认真对待概念创新与民法科学的关系问题，这是民法科学的基础，对此，每一位民法学者都负有责任，特别是那些代表权威和具有影响的学者，应当负有更多责任。

四、关于民事责任归责原则从过错责任向无过错责任转变的理论

民事责任归责原则问题，是民法的一个基础理论问题，它决定民事责任的构成与配置，体现民法的公平与正义价值，是代表当代民法精神及其制度发展

---

〔8〕 对此，《德国民法典》第 141 条第 1 款的规定和定性非常明了和准确：“无效的法律行为经行为人确认者，其确认视为缔结新的行为。”

〔9〕 参见拙著：《民事法律行为理论反思》，载《东北财经大学学报》2000 年第 4 期。一方面，在《民法通则》的制度背景下，由于民事法律行为被界定为“合法”行为，而所谓“不真正民事法律行为”即为“不真正”的“合法行为”，这显然是一种逻辑悖论；另一方面，对于任何一种存在或者成立的民事法律行为，都只有效力上的有效与否，而没有客观或者存在上的真正与不真正，即它们都是真正的行为，根本就无所谓“不真正”可言。

方向的一个主线。[10] 1986年《民法通则》颁布后，在侵权责任的归责原则上，多元主义占据了民法理论的主导地位，无过错责任、"公平责任"和"过错推定责任"等被大部分或主流学者确认为我国侵权责任的归责原则并与过错责任原则共同构成了我国侵权责任的归责原则体系，而且过错责任原则以外的归责原则被认为是代表了现代民法归责原则的最新发展，[11] 特别是2009年《侵权责任法》规定的各类特殊侵权责任，则是代表这一发展的典型无过错责任。对于违约责任的归责原则，在新《合同法》颁布前，虽众说不一，但以过错责任原则之说为主流。1999年《合同法》的通过，使违约责任的归责原则产生了理论上的逆转。绝大多数学者认为，《合同法》在违约责任上采取的是以无过错责任原则为主、以过错责任原则为补充的归责体系。

民事责任归责原则问题，似乎已经成为证成的"真理"，学界往往满足于已有定论，理论争议也只是表现为在总的立场一致的前提下的细枝末节分歧。然而，本人认为，我国民事责任的归责原则仍是一元的，即过错责任原则，并以无过错责任为补充。[12] 现代民事责任归责原则的发展，是过错责任原则的适用即过错推定规则的演进，而不是由过错责任到无过错责任的根本改变。过错推定是适用过错责任原则的普遍方法，属于一般立法技术范畴，而不是与过错责任、无过错责任相并列的一项归责原则。行为人的过错都是也只能是通过"推定"的方法认定的，没有过错推定，就不能确定行为人的过错，也就没有过错责任或者过错责任的承担。所以过错推定规则的适用是确定过错责任的根据和前提。但是，过错推定作为一项立法技术或者方法，则与时俱进，在不同的时代基于不同的社会条件下或者针对不同的行为目标，其立法所确定的具体推定规则是不同的。这就是过错推定规则的演进与发展。传统的过错责任原则，适用"受害人（原告）举证的过错推定规则"，在此基础上，现代民法又衍生出"加害人（被告）无法定免责事由的过错推定规则"和"行为人（被告）无过错举证不能

〔10〕 一般认为，在民事责任的归责上，罗马法时代即初步形成的一元化过错责任原则，在当代出现了分化并演变出多元主义的归责体系。

〔11〕 参见法学研究编辑部编：《新中国民法学研究综述》，中国社会科学出版社1990年版，第206～211页。

〔12〕 本人认为，无过错责任只是适用于特殊情形的"归责标准"，而并不应当与过错责任原则相并列而构成一项"归责原则"。

的过错推定规则”,并被广泛地适用,从而得以不断满足在现代社会条件下维护民法公平价值与目的的需要,以实现损害后果与损失合理配置的目标。换句话说,近现代以来过错责任原则以外其他归责标准与理论的出现,并没有改变传统过错责任原则在归责制度上的根本地位,而恰恰是过错责任原则以自身过错推定规则的演进引导着现代民法归责制度的发展方向。过错是民事责任归责不可放弃的基本价值,但过错推定及其适用的具体规则,则应当是不断适应发展变化的社会条件,从而以一般的正义标准成为民事责任合理配置的价值基础。〔13〕

五、关于民法社会化或者私法公法化的理论

我国民法学界有一种来源于西方的民法社会化或者私法公法化的理论,这一并没有经过任何实证的理论被奉为一般真理在流传。〔14〕 18 世纪末期的资本主义社会开始对绝对自由的资本主义秩序进行一定的“社会化”调整,也就是实行一定垄断资本主义的政策,从而强调本位的“社会化”即通常所谓的限制个人自由或者与个人自由相反的“社会本位”。〔15〕 表现在自由秩序的立法上,就是

〔13〕 参见王利民、郭明龙:《民事责任归责原则新论——过错责任原则的演进:现代归责原则的发展》,载《法学论坛》2006 年第 6 期。最早观点见于拙著:《民法本论》,东北财经大学出版社 2001 年版。

〔14〕 有观点认为:“依照民法制度的历史演变,一般将历史上的民法分为三个时期:一是‘义务本位时期’;二是‘权利本位’时期;三是社会本位时期。”(眭鸿明:《中国民法现代化历程中的三个误区》,载《山东警察学院学报》2006 年第 4 期。)也有观点认为:“个人主义发达的结果,于不知不觉中酿成种种之流弊,于是学者主张,法律最终之目的不在于权利之保护,而在于社会生活之安全与健全,法律之中心观念亦随之而变,此即所谓社会本位者是也。”(胡长清:《中国民法总论》,中国政法大学出版社 1997 年版,第 43 页。)然而,考察民法制度的现实与本质,实际上这是一种似是而非的观点,其实并没有任何人对此进行过实证考察和提出过有说服力的证明。

〔15〕 本人并不赞同所谓本位的“社会化”或者“社会本位”是一种与个人自由相对的本位观点。在二元社会结构的条件下,一般所谓的“社会”,应当是指相对于政府或者政治社会而言的个人或者市民社会,而本位的社会化更应当是社会秩序价值的个人社会或者市民社会化,是回归真正社会的本质,即以个人为主体和目的的自由秩序体系,而不是对自由秩序的放弃或者是选择一种与自由秩序相对立的以限制或者否定自由秩序为目的的秩序体制。

所谓的民法"社会化"或者私法"公法化",被认为是从任意规范到强制规范和从自由秩序到强制秩序的转化。然而,这只是一种表面或者形式认识,并不能代表和反映现实的社会秩序的真实与本质。事实上,人类在自己的社会发展中不断扩大自己的自由秩序,并以实现个人自由为天赋人权与目标,而所谓脱离个人本位与自由秩序的社会本位是根本不存在的。

应当说,西方社会在 19 世纪末 20 世纪初出现所谓"权利社会化"的法律现象与学术思潮在本质上是一种权利自由化的结果,其前提是民法或者权利的自由化,是民法及其权利的自由水平与程度在现代社会发展与条件下极大提高和扩张的必然要求。如果说这种现象是存在的,并且是一种必然的和适合时代发展的现象,那么同时表现为现代民法或者权利所代表的现实一面,即通过它们的形式而在更广泛的社会领域内不断扩大和实现的自由秩序。在成熟的商品经济的民法调整领域,对权利和自由秩序的限制是一种应然与必然的社会秩序形态,它代表了在全新社会条件下的自由与自由限制的平衡。在民法调整的商品交换关系领域,任何主体都只有充分尊重他人利益才能获得自身利益并实现自己的自由,同时任何个人利益与自由的实现,又都需要尊重由包括自身在内的个人构成的社会整体利益即公共社会秩序。这样,西方社会对在自由经济体制时期盛行的"权利绝对""权利本位"原则进行必要的修正,使发展和扩大的私人权利受到一定限制,实为资本主义社会自身内部的自由秩序调整问题,〔16〕而对于中国这样一个非自由传统的国家,在接受民法调整的自由秩序之后,则在根本上是一个如何发现与发展民法自由的问题。

换言之,民法本身就是一种个人秩序的社会化结果与形式,既代表社会化

〔16〕 所谓"权利社会化"是西方对"权利绝对"原则所进行自我修正,符合其社会与历史发展的内在逻辑。19 世纪末,西方社会商品经济已经历了数百年的生产与发展历程,私权至上、契约自由的思想已经根深蒂固。早在前资本主义社会,在西方的社会文化传统中,就因为有以商品生产交换为主旨的罗马城邦的存在与繁荣,使权利、自由、平等、秩序等民法精神早已渗透人心。古罗马繁荣的商业活动、利益集团和国家对商品生产交换体制的维持和尊重私权的法律构造,造就了被后世资本主义世界奉为精神支柱的"权利神圣"等观念,并为"权利中心"思想的形成和具有权利理性精神的法律规则的产生奠定了基础。在社会利益不断分化和相互冲突的条件下,民法的社会调整与自由秩序的维护,就是要实现一种自由与自由限制的统一平衡的社会秩序体系。

又是社会化的产物，而这一民法作为人法又必须保有自己的私法本质。因此，所谓民法社会化或者私法公法化的观点，并不符合民法和民法调整的市民社会关系的本质及其发展方向。就个人或者市民社会关系而言，人类只能在自己的社会发展和创造中获得越来越多的自由，而绝对不可能在自己的社会发展和创造中更多地失去自由。事实上，随着现代科学技术的发展和思想观念的解放，无论是物质条件还是精神条件，都为人类自由的实现提供了更为宽广的空间和可能，从而人类的自由被极大地发展了，人类获得了历史上从未有过的自由。以我国的民事立法为例，从 1981 年制定的《经济合同法》和 1986 年制定的《民法通则》到 1993 年修改的《经济合同法》，再经 1999 年的《合同法》到 2017 年制定的《民法总则》，仅就其中的自愿或者意思自治原则的体现和与之相对的无效行为条款及其无效的条件的规定，都充分体现了当事人行为自由的不断扩张和与之对应的作为自由控制条件的无效适用范围的进一步明确和缩限。显然，我国民法的行为自由不是被不断限制了，而是被逐步扩大了，在自由和自由的限制上更加充分体现了民法的自由价值。因此，民法对自由的限制，不过是自由扩大的结果，是对自由秩序进行合理限制的条件要求，而不是对民法调整的自由秩序的缩限和减少，更不是所谓的民法社会化或者私法公法化。任何法律包括民法都是国家的和社会化的法律，而民法的权利也始终是一种社会化的权利，都具有一定的社会性并基于一定的社会定位，但是它们在根本上不可能背离民法的私法本位与个人价值，而民法也就不可能有所谓的"公法化"。民法或者权利不仅是私人关系社会化的国家产物和形式，而且从来都与一定的公共秩序或者公法条件相统一，但是这并不能改变它的私法或者私权本位的自由价值，否则就不再有民法的人法与私法的本质，也不再是民法或者权利法。也就是说，它们只能是在自己的社会化及其与公法的统一关系与秩序体系中日益表现和彰显自己的独立本位与价值，而不是也不可能是自身本位与价值的弱化、蜕化与丧失，因此，所谓的民法社会化或者私法公法化，同样不过是一个伪命题。〔17〕

值此本届文集出版之际，本人仅以此文，作为卷首语，提出对几个中国民法基础理论问题的反思，个人之见，同样需要反思和批判。学术批判不仅是学术

〔17〕 参见拙著：《民法的精神构造——民法哲学的思考》，法律出版社 2010 年版，第 614 ~ 651 页。

的武器，而且是学术的形式，只有学术批判才有学术和学术进步。中国的法治发展，不仅需要制定和形成中国的民法体系，而且需要继承和创新中国的民法理论，尤其是以民法哲学为本的民法基础理论。

王利民

2020年3月6日

论民法与道德

王利民*

民法是人法,[1]人法是人的本体法,起源于人的内在秩序本质,由人的客观利益需求及其实现条件所决定,是人的自然与必然的生态规范与秩序形态。它是人的客观需求与自然进化的必然结果,是人的社会构造与自主生存能力。人法反映和表现为一般社会条件,就是自律的道德。道德学科的最高原则是:"'依照一个能够像一项普遍法则那样有效的法则去行动',凡是不符合这个条件的准则,就是违背道德。"[2]

法律与道德的关系,是法学与伦理学的一个恒久主题,法律的实在与发展作为人的实在与发展,根本是道德的实在与发展。道德作为人的本体的社会秩序形态,既没有道德之外的法律,也没有道德之外的法律作用,道德与法律是统一的社会秩序构造和整体的社会控制体系。富勒在论法律的一般性时指出:"一套使人类服从于规则之治的系统所必需具备的首要素质是显而易见的:必须有规则存在。我们可以将此表述为一般性要求。"[3]这个一般性要求首先是一种社会本体的规则,即以道德形式表现的人类一般性社会秩序规则。也就是说,人类的一般性秩序规则,显然是不可能从法律要求开始的,法律的一般性不过是从人类本体规则的一般性要求发展过来的,既法律不过是道德的外化与外

---

* 王利民,大连海事大学法学院教授。本文系国家社科基金后期资助项目成果《民法道德论——市民社会的秩序构造》(法律出版社 2019 年版)代序。

[1] "当我们提到法律,我们通常指的是人法,即规范人们在他们社会生活中的交易和关系,界定他们的权利与义务,民事责任与刑事责任,界定对于不法的救济与主张和设置抗辩的正当程序。"(吴经熊:《正义之源泉——自然法研究》,张薇薇译,法律出版社 2015 年版,第 4 页。)

[2] [德]康德:《法的形而上学原理》,沈叔平译,商务印书馆 2011 年版,第 30 页。

[3] [美]富勒:《法律的道德性》,郑戈译,商务印书馆 2005 年版,第 55 页。

在形式。富勒认为:"法律是使人类行为服从于规则之治的事业。与多数现代法律理论不同,这种观点将法律视为一项活动,并且把一套法律体系看成是一种有目的的持续努力的产物。"〔4〕当然,法律本身是不能活动的,所谓的法律活动不过是一种人的意志活动,人的法律活动及其有目的的持续努力,不过是人在一定道德意志支配下的自主行为。"如果我们想要理解这种努力,我们就必须理解:其中所包含的许多独具特色的问题就其性质而言都是同道德相关的。"〔5〕法律从来都是一个道德事实,不可能在道德之外而有自己的知识体系,尤其是调整市民社会关系的民法,它本身就是一个道德的法。因此,法律不应当成为一种暴力,〔6〕而应当成为一种自律的行为规则。

早在20世纪20年代,庞德就指出:"以往关于法律和道德的讨论,即将被并入关于法律在整个社会控制过程中的地位这一更广泛的考虑之中。"〔7〕法律与道德的关系,就其实质而言,是私人社会关系的法律即私法或者民法与道德的关系,道德是私人社会的本体秩序构造,民法是私人社会关系本体秩序的实在法形式。因此,揭示民法的本质,践行民法的效力,除了应当进行实证研究之外,还需要认识民法作为"人法"的本体形态,揭示民法与道德之间的内在联系,发现民法的本体根据与规范本质。尤其是对于没有民法传统的中国社会,民法伦理与价值体系的本体认知与生成,是民法文化与民法秩序生态构造的理论基础与认识前提,乃至对整个法治文化建设都具有重要意义。"在中国从人治社会向法治社会、从计划经济社会向市场经济社会、从传统自然农业社会向现代市场工业化社会转型时期,文明秩序的进步不仅在于法律数量的增加与法律体系建构的完成,更在于已有的法律须获得全体社会成员的普遍服从与遵守。而

〔4〕 [美]富勒:《法律的道德性》,郑戈译,商务印书馆2005年版,第124~125页。

〔5〕 同上书,第125~126页。

〔6〕 "考虑到同人性有关的各项事实,非常明显的是:一套法律体系如果允许自身受到非法暴力的挑战便会失去实际效力。有时候暴力只能靠暴力来遏制。因此,可以想见的是,社会中必须常规性地存在某种机制,以便在必要时使用暴力来支持法律。但这并不能证明将暴力之使用或潜在使用当作法律的标志性特征是正确的。"([美]富勒:《法律的道德性》,郑戈译,商务印书馆2005年版,第127~128页。)

〔7〕 [美]罗斯科·庞德:《法律与道德》,陈林林译,中国政法大学出版社2003年版,第一版前言第2页。

后者绝非法律自身所能实现的，它必须依赖每个公民道德水平的提升与道德信仰的养成。"〔8〕

近代自然法思想强调理性、道德与法律的统一性。"理性认为正确的东西就是法律；因为它是正确的。法治是对于无可争辩的具有普遍效力的道德主张或伦理主张的适用。"〔9〕不论如何认识法律、道德以及它们之间的关系，它们都是作为统一的社会规范与秩序的结构条件存在的。"在社会学研究中，一个最根本的理念性问题是社会延续的本质。社会结构和内容包括人们之间关系的安排，它的延续性是社会生活方式得以延续的依赖条件。目前，这种社会结构内容是按人们所处的国家来对他们进行不同的划分。"〔10〕所谓社会延续的条件就是一定社会结构或者构造的存在与维系，而这一结构或者构造的存在与维系是通过一定的社会规范和秩序的形式与形态完成的，所以需要基本的社会规范与秩序条件，即以道德和法律为主体的社会规范与秩序体系在社会结构和构造中的地位和作用。不论是道德还是法律，都不可能单独作为维系社会构造的条件，两者之间必然作为统一的社会体系并发挥一体的社会构造作用。所以，任何一种源自社会内部的法律问题，都不可能只通过法律形式自身得到破解，相反，它必须在道德那里即它的本体中寻求实质的答案。

"我们对法律与道德之关系的思考，在很大程度上取决于我们对'法律'一词的理解。在分析法学家这一极端，法律是权威性法律规范的总称，而这些规范为特定时空的审判所适用。在另一个极端，历史法学家倾向于将所有社会控制的历史，看作是法律的历史。"〔11〕如果认为法律来源于国家或者政治权威，那么法律作为依靠国家强制力执行的规范，就不是道德的形式和产物，或者凡非

---

〔8〕 范进学：《法律与道德——社会秩序的规制》，北京大学出版社、上海交通大学出版社 2011 年版，第 2 页。

〔9〕 [美]罗斯科·庞德：《法理学》（第 4 卷），王保民、王玉译，法律出版社 2007 年版，第 396 页。

〔10〕 [英]A. R. 拉德克利夫－布朗：《原始社会结构与功能》（一），丁国勇译，九州出版社 2007 年版，第 25 页。"这种社会结构延续性的分析就像我们分析人体一样，作为人体来说其结构性是一直延续的，但组成人体的分子却是在一刻不停地发展变化的。"（同上书）

〔11〕 [美]罗斯科·庞德：《法律与道德》，陈林林译，中国政法大学出版社 2003 年版，第 33～34 页。

依靠国家强制力执行的规范就不是法律；如果认为法律作为社会控制手段而在国家和政治权威之外独立存在，那么无论是道德还是习惯，本身就具有“法律”的本质，或者法律不可能在道德和习惯之外而独立存在并发挥其作用力。“的确，上世纪不同学派的法学家们，初步看到了‘法律’这一复合体的不同要素。”〔12〕在分析法学派和历史法学派对法律与道德的关系即“法律”的本质的不同认识中，我们发现的不仅是法律与道德的差别性，而且也发现了它们之间的统一性，特别是看到了社会规范体系的本体与形式条件的复杂性。“在社会规范体系中，法律与道德作为两种不同属性的行为规范，在调整社会关系方面尽管两者手段不一，但其功能却相互补充。”〔13〕当然，法律与道德的关系，并不只是功能的相互补充，而且在本体与形式的关系上具有规范的统一性，构成社会规范与秩序的统一体系。所谓统一，并不是法律与道德的同一，而是法律需要反映道德条件并离不开道德的社会基础，而道德规范的本体价值也需要获得法律的规范形式并通过法律形式实现其确定性和普遍性。“将法律和道德彻底分开的做法（像分析法学家所追求的那样），以及将法律和道德完全等同的做法（像自然法学家所追求的那样），都是错误的。”〔14〕当然，我们也必须承认，法律和道德的差别性只是实现人的社会目的与价值的方式不同，是为了实现人的目的与价值的需要，而两者的统一和生态一体化才是社会规范体系的本质。

“人法”是人的“自然法”，必然存在人所本有的伦理与自然形态。〔15〕也就是说，法的本质不过是人的本质，必须从主体的内在秩序条件上把握它的规律性与规定性，从而揭示其本体与本质。“在这里我们已经看到，从外面来找事物的本质是决无办法的，无论人们如何探求，所得到的除了作为比喻的形象和空洞的名称之外，再没有什么了。这就好比一个人枉自绕着一座王宫走而寻不到进去

〔12〕［美］罗斯科·庞德：《法律与道德》，陈林林译，中国政法大学出版社2003年版，第35页。

〔13〕赵万一：《民法的伦理分析》，法律出版社2012年版，第53页。

〔14〕［美］罗斯科·庞德：《法律与道德》，陈林林译，中国政法大学出版社2003年版，第106页。

〔15〕“孔德说过，社会现象就是服从于自然规律的自然事实。从这句话来看，他隐含地承认了社会现象是物，因为自然界中存在的只有物。”（［法］E. 迪尔凯姆：《社会学方法的准则》，狄玉明译，商务印书馆1995年版，第39页。）

的入口，只落得边走边把各面宫墙素描一番。”〔16〕民法作为“人法”，其本体与本质只能从人的内部即主体本身去寻找。换言之，民法并不是脱离人或者主体的孤立和单一的社会存在，而是以人的本体秩序为根据的整个市民社会秩序形态的一种规范表现形式，是统一社会行为体系的一部分，其必然表现并服从人的内在本体秩序条件，否则民法或者法律就没有规定性与规律性。社会秩序构造，是人类内在本体秩序与外在形式秩序结合的体系。本体构造是人的自主与自觉的秩序意志，是形式构造的本源与根据，通常表现为人类的道德品质和理性条件，是人类自律的行为秩序；形式构造是通过制度规范等形式表现出来的社会秩序条件，是本体构造的表现需要和实现方式，两者互为表里，构成一个完整的社会构造系统。

当我们不再简单地看待民法的形式存在，而是从民法作为人类本有的社会行为体系去认识民法现象，则民法最终不是制度形式的而是行为精神的，是作为社会事实存在的。〔17〕民法是人法，产生于人的需要，是人的内在精神和社会秩序意志，是由精神条件而成为形式规则的；民法表现社会行为精神，反映社会的文化与传统，是社会行为精神的价值选择，不能脱离社会行为精神而存在；民法依赖社会行为精神，需要自律的行为约束与遵行，没有社会行为精神之外的民法秩序。〔18〕

---

〔16〕［德］叔本华：《作为意志和表象的世界》，石冲白译，商务印书馆1982年版，第150页。

〔17〕“一切行为方式，不论它是固定的还是不固定的，凡是能从外部给予个人以约束的，或者换一句话说，普遍存在于该社会各处并具有其固有存在的，不管其在个人身上的表现如何，都叫做社会事实。”（［法］E. 迪尔凯姆：《社会学方法的准则》，狄玉明译，商务印书馆1995年版，第33～34页。）

〔18〕因此，与道德统一并以道德形式表现的人法或者民法，就是人的社会行为习惯，是构成“民俗”的一种社会规范与秩序现象。“民俗事象使人们的行为趋于一致，目标和情感朝着同一方向迈进，但每个人并不会在民俗对话、交际中消融自己内在的独立性，亦即个人；相反，作为参与者，每个人都有属于自己的情感活动、情感指向和情感寄托。”（万建中：《民间文化的多维视域》，北京师范大学出版社2016年版，第5页。）“在现实生活中，只有民俗仪式场合既确立了人的自由、独立、主体性，又建立了人的平等的对话机制。”（同上书）“民俗生活是自然形态的文化表现。它是具体的、实在的，而不是概念的、抽象的和思辨的。”（同上书，第8页）也就是说，“民俗作为一种文化形态，是在人的生存本能及生活本身中的文化。民俗文化是生命的文化，是没有从生活中挣脱出来的文化，所以又称之为民俗生活”。（同上书，第9页）因此，人法即民法作为以道德为本体的法律，就是民俗的法律，应当符合民俗并以民俗为根据，所以“良俗”必然构成民法的渊源与原则。

精神规则是人的社会结构的产物,而作为社会结构条件的规则,是一个社会内在的秩序精神,这种精神作为秩序本体就是被以道德范畴认知的社会事实。“任何方式的人类社会生活都建立在一定的社会结构上,这种社会结构是由各种个人之间或团体之间的关系网构成的。这些关系包括一定的权利和责任。规范这些权利和责任的原则在于:既不能破坏社会结构的完整,又可以解决各种权利之间的冲突。正是为了满足这种需求,司法机构和法律制度便得以建立。”〔19〕社会构造的形成和存在,需要具备一定的功能性结构条件,这一条件就是作为一般社会条件的共识性精神,即共同的行为规范与行为秩序构造,而产生这一共同规范与秩序的根据,是人们在社会结构条件下的相互利益承认与依存所必然产生的内在规范与秩序诉求,并必然在这一诉求中形成普遍的行为统一与秩序共识,这就是本体的道德构造。道德这一概念在根本上就是指人类本有的那种社会规范与秩序形态,并因此具有一切社会规范与秩序的本体意义与价值。民法就是道德本体的表现与存在形式,对民法的本质认识,必须建立在道德本体的基础之上,只有基于本体的社会道德观,才能有正确的民法价值观。

本体道德观,是根本的社会构造观与秩序观,是把道德作为社会本体构造认识的价值观,也就是把道德作为社会本体规范的认识论。道德的本体性,就是道德的人本性,也就是人性的自然性,是道德的人的规定性,即道德的“人法”性,是道德与人的统一性,是规范与主体的一体社会构造。本体道德观不仅把道德作为社会规范的本体,而且把道德本体作为整个社会及其规范体系的基础秩序来认识,是真正的“人法”和一切“人法”的本源,〔20〕与实在法的“人法”即形式意义的“人法”或民法互为表里,是内在联系与统一的行为体系。“人法”是人自身固有的法,也就是社会关系本有的法,是人的自然与自主的法,它根源于人的生命利益需求,是人的自然应然社会秩序性,具有人的客观利益需求及

〔19〕 [英]A. R. 拉德克利夫-布朗:《原始社会结构与功能》(一),丁国勇译,九州出版社2007年版,第67页。

〔20〕 “人法”是真正的人的法律,也就是市民或者私人社会本有的法律,是人的自然与自主的法律,表现在实在法上,就是以民法为核心的调整私人社会关系的法律即私法。

其实现的规定性与规律性。[21] 它以人们道德范畴的本体价值认知而具有和代表了社会秩序的普遍性和一般正义性，并在外化为实在法形式的条件下获得了与法律一体遵行的强制效力。

卢梭指出："在我看来，所有的科学中最为有用但发展最少的就是有关于'人'的知识。"[22] 民法作为人法，是关于人的最基础的社会知识，这个知识的对象是人在自身社会结构中的行为条件，也就是人在自身社会关系中的地位，它首先是以人的精神条件存在的，并在被人的精神意志确定和认可后，才表现为所谓的民法或者民法精神形式。从"人法"的内在秩序与外在形式的统一上，民法不过是"人法"的本体社会秩序——道德规定性的产物。也许，我们关于民法的一般知识很多，而对民法的道德了解却很少，缺乏一种本体的民法认知。本体的问题，是人自身的问题，包括道德和民法在内的一切社会现象，都不过是人的现象和人的自然条件与需求的反映。对这一本体的不知，就是对人自身的不知，也就无法解决包括民法在内的一切人的现象和条件的社会价值与正当性问题。民法作为一种规范形式不能脱离人的本体秩序，民法脱离了本体，也就是脱离了人自身和人的秩序意志，而民法一旦和人的秩序意志脱离，[23] 就不可能成为有效实行的法律。人的秩序意志，就是本体规范的道德精神，民法只能在

---

〔21〕 利益需求就是一种生命需求，必然符合生命的本质并遵循生命的规律与规律性，这种基于生命本质的利益需求所建构的规范秩序就是反映人性并具有道德价值的规范体系。德国利益法学的代表人物菲利普·黑克认为："规范的获得建基于对生活及其需要的研究之上。这些研究今天必须占据重要地位。人们将其称为利益研究、法社会学和法律事实研究。新的方法所追问的，是生活和符合生活要求的秩序。各种法律命令要从生活需要和利益状况出发来进行解释，并根据利益的要求予以补充。"（[德]菲利普·黑克：《利益法学》，傅广宇译，商务印书馆2016年版，第43页。）他认为，"认识法律规范与生活需要之间的关系并不是特别难，相反，还特别容易"，"总体来说，我们的法律并不像古时候女预言家的咒语那么深奥莫测，而只是人的决定。这些决定是如何作出的公众都看得到，在作决定的过程中发挥作用的各种利益也都很清楚"。（同上书，第46～47页）

〔22〕 [法]让·雅克·卢梭：《论人类不平等的起源》，吕卓译，九州出版社2007年版，第27页。

〔23〕 民法和人的精神脱离，对于非民法传统的社会，不是民法的问题，而是人的问题，是人的民法精神缺失，而民法本身却可能在对不同法律文化与体系的法律移植中得到超越人的精神即道德的制度发展。

一定道德精神的条件下存在并发挥作用,是一定道德精神的要求和反映。不论是民法的制定,还是其践行,都离不开与之相适应的道德精神条件,民法在道德之外既不能自立,也不能自行。作为道德的形式,民法必然反映道德的本质,遵从道德的精神,追求道德的价值,践行道德的目的。对民法的认识,必须寻求其本体,在道德精神的基础上认知民法的规范与秩序的实在性。

因此,民法的价值性根本是民法的道德性,而民法的知识则属于一定的道德知识的范畴,民法学必须建立在一定的道德哲学或者伦理学的基础之上,否则民法就失去了精神和灵魂。霍布斯指出,研究"人类社会交往中的善与恶的科学便是道德哲学"。〔24〕 在这个意义上,可以说,民法哲学既是民法学的一部分,也属于伦理学的范畴。不论是民法的规范——权利义务的分配与设计,还是责任的归属与承担,都是一种是非的选择与判断,离不开一定的善恶标准与价值评价,是一种具体的善与恶。所以,民法学或者民法研究必须是以道德哲学或者伦理学为基础的,如果不建立在一定的道德观点上,就不可能有正确的民法认识与理论。

民法的道德性,有两个基本的秩序要求和价值条件:一是人格尊重意识;二是行为自律意识。人作为主体,自己即是人,就需要有人格意识,并承认和尊重他人为人,这是人与人之间关系的本质要求,也是平等的市民或私人社会关系确立和存在的前提。人的社会与人的秩序,人是主体,必须以人为条件,如果人不承认人为人,如果人与人之间没有相互承认和尊重的人格意识,就无法构造社会秩序,而这也必然是人类社会无序和灾难的开始。人不是在相互承认和尊重中生存,就是在相互否定和残戮中消亡,而面对生死利害的选择,人类必须学会并达成一定的相互承认和尊重的基本社会共识与条件,这是社会规范与秩序的基础社会事实。人格的承认和尊重问题,是社会规范和秩序的根本问题,而规范和秩序又是人类生存的首要问题。人类不放弃社会与生存,就必须具有内在的最低条件和水平的人格承认与尊重的社会生态条件,否则就无法构造社会。一个社会的人格承认与尊重条件,决定了一个社会的秩序构造条件及其构造的方式与形态。专制社会有专制社会的"人格承认与尊重"的方式,民主社会有民主社会的人格承认与尊重的条件。专制社会的"人格承认与尊重"作为一种身份等级的形式建立在一定的人格否认与缺失的制度基础上,不可能构造民

〔24〕 [英]霍布斯:《利维坦》,吴克峰编译,北京出版社2008年版,第77页。

主与法治的社会。而民主与法治的社会构造则必然有其特定的人格承认与尊重的条件要求并与之相适应,这就是人格承认与尊重的平等性与普遍性,即真正意义上的社会人格承认与尊重,并且其首先应当作为社会本体的道德意识存在,是一种人本主义的道德精神形态。社会构造在本体上是一定的道德或者道德精神构造,没有一定的道德精神,既无法实现社会秩序,也无法构造社会,而一个民主、自由和法治的社会构造是由这个社会平等与普遍的人格承认与尊重的道德条件决定的。人格承认与尊重的道德精神,就是社会构造的本体秩序,是民法和民法精神的根据与源泉。只有建立在普遍的人格承认与尊重的道德精神的基础上的“人法”,才是真正的社会之法,也才是现实和有效的民法和民法秩序,这种法和法的秩序决定着一个社会的法治生态的本质及其构造形态。

民法的道德性,另一方面是行为自律意识,即一个人能够理性和自觉地控制自己的行为并使自己的行为符合社会秩序条件要求的意志性。市民社会秩序条件的构造与满足,无非有两种方式:一种是强制,另一种是自律。强制的秩序,或称专制的秩序,是通过国家权力机构从外部强加给社会或者个人的秩序,是社会或者个人不得不被动接受的秩序,是不以个人意志为转移的秩序。强制的秩序,是行为人必须服从的被动秩序,不体现行为人的意志,而是体现国家或者国家以法律形式表现的意志。因此,这种意志及其表现的秩序不是个人的自由意志与秩序,其不根据行为人的自由产生,也不受自由规则的调整与限制。也就是说,既然强制的秩序不体现个人的意志自由,也就不直接反映人性的价值,不是一种人本主义的社会秩序,而是一种简单和原始的社会秩序形态。由于强制构造社会秩序的成本较低,所以在民智未开和理性缺失的社会,强制秩序是一种有效和实用的秩序,是实现社会构造的国家统治手段。〔25〕 自律的秩序,就是由个人的行为意志构造的社会秩序,是一种普遍的自主与自由的行为秩序。〔26〕 自律秩序作为行为人自我约束的理性秩序,是一种社会道德秩序,也

〔25〕 当然,强制秩序并不一定是不合理的秩序,也不是应当取缔的秩序,它在很多情况下都是需要和必要的秩序,但是对于以人本和自由为条件的市民社会关系,强制秩序就不是反映这种社会关系本质的理想秩序,因此是应当被限制使用的秩序。

〔26〕 “实际上,社会上的事情只有通过人才能实现,它们是人的活动的产物。因此,它们无非是我们先天或后天的观念的实现,无非是观念在与人的相互关系并存的不同环境中的应用。”([法]E. 迪尔凯姆:《社会学方法的准则》,狄玉明译,商务印书馆 1995 年版,第 38 页。)

就是社会本体的秩序,它在任何社会都存在,但却不是由社会统一调整的秩序形态。

基于自律行为的社会制度,在自由与秩序的基础上,既能够实现和维护社会秩序的需要,又能够体现个人的自由意志与主体地位,是一种人本主义的社会秩序,是真正社会本体的秩序,[27]也是一种社会秩序的自然生态系统,更是一种生态文明的社会体制与发展阶段。这种秩序构造的社会形态并不是哪个社会都具有,也并不是哪个社会发展阶段都具有,而是只有在以自律构序为传统和习惯的社会文化与文明的形态中才具有。所以,对于没有或者缺失自律构序传统的社会,在推进法治的过程中,培养社会的自律构序的道德品质与理性能力,就成为走向法治社会的根本路径。因此,民法的道德和道德精神,不仅是民法的精神,而且是社会的法治精神,是法治精神的核心价值。在民法精神的支配下,人们能够普遍自律地生活并构造出符合社会生活的秩序,从而满足社会生活的个人与公共秩序需要。当然,民法精神的自律秩序,是以市场经济为基础的市民社会秩序。这一秩序是体现市场经济的价值原则并以相互关系的利益均衡为条件的秩序,所以并不是中国传统社会伦理中的自律秩序。中国传统伦理中的自律秩序,并不是市场经济条件下的一般人格秩序,而是一种超人格的甚至是非人格的秩序。当代中国的法治和法治文化建设,应当吸收传统伦理文化的自然秩序的合理内核,但却不能在一般意义上主张这一秩序并作为一种当代的法治秩序来认识和运用。

民法的道德性决定了民法不是单纯的国家意志,而是以国家意志的形式表现的社会伦理条件。民法是基本的社会伦理形式,民法精神是基本的社会伦理精神。民法精神并不是简单和原始的社会习俗,而是反映市场经济条件的理性与自律精神,是自由的秩序精神,是社会道德的本质与核心。正是基于民法的道德本质及其对民法规范与价值体系的规定性,民法精神就构成了民法的规范形式与效力秩序的决定因素。由于民法的人法性,民法的道德性不仅是民法的精神,而且是一个法律体系的精神,是法律体系的道德性,是法律和法治道德性的基础价值。民法的道德性以其人本主义的价值,决定了法律体系的道德性。

---

〔27〕“人们总是把自由这个概念和个性、和个人这个观念联系起来看的。这种联系十分紧密并且反复为人所申述,几乎成为内在的了。”([美]杜威:《自由与文化》,傅统先译,商务印书馆2013年版,第20页。)

一个国家的法律体系应当以民法道德为基础价值，并保持与民法道德性的统一，失去了民法的道德性就失去了整个法律体系的道德性，法律体系的道德性必须首先在民法及其精神的道德性中得到证明，否则就构成对整个法律体系的道德性否定。[28]

民法的道德性是民法与道德的条件统一。法律是社会发展到一定阶段的产物，而规范与秩序则是社会存在的始终条件，是作为社会事实存在的。社会的规范与秩序，在本体上是一种道德条件与要求，是社会的自然生态事实，是人的社会必然性。社会是人的秩序结构，社会本身意味着秩序，社会必须首先满足它的秩序条件与要求。而社会秩序性的前提是社会关系的规范性，社会秩序与规范的存在，就意味着道德及其作用的存在。道德是代表和反映社会本体秩序构造的范畴，社会规范与秩序首先以道德本体的形式存在，然后必然要求和表现为某种自身的外在形式，其中构成实在法体系的就是以人为本的民法形式。因此，我们既不用怀疑社会的道德性，因为道德是社会的基本构造形式，也不用怀疑民法的道德本质，因为民法必然和道德相联系并构成统一的社会生态秩序体系，不能脱离道德的本体性。我们需要认识的是道德的要求和表现道德的要求之间的关系，即道德存在与道德形式之间的关系，也就是道德与表现道德的民法形式之间的矛盾与统一的关系，从而发现道德的民法要求和民法的道德条件的客观性与真实性，揭示民法的本质及其规范的伦理基础与本体形态，认知民法的价值及其存在的规律与规定性，以民法的道德实在性和道德的民法形式性实现民法与道德的存在统一及其理想的社会构造。

民法的道德性并不是把民法完全等同于道德，但是民法总是代表一定的道德。民法或者法律与道德的关系，作为社会秩序构造的一对基本范畴，历来有不同的认识与学说。分析法学派创始人约翰·奥斯丁的法学思想在回答法学研究的范围、法和道德的关系以及法的概念时，由于道德这一本体性社会规则不具有法律定义的要素而被从法律体系中分离出来。“实际存在的由人制定的

---

〔28〕 民法的道德性应当保持与国家根本法的统一，国家根本法也应当认可并尊重民法的道德性，因为它是社会秩序的本体与基石，代表了人的普遍正义诉求。“一种有效的政治正义观念就包括被公共地视作是公民需求并因此而被视为有利于所有人的东西的一种政治性理解。”（[美]约翰·罗尔斯：《政治自由主义》，万俊人译，译林出版社 2011 年版，第 166 页。）

法,与实际存在的社会道德,时常是彼此一致的……因此,这种由人制定的法的真正性质,以及渊源,时常被法理学的学者所误解。当实际存在的由人制定的法,是以实际存在的社会道德作为基础的时候……这些学者忘记了,这样一种情形实际上是主权者造成的。他们将这种情形归因于社会道德的创制者,以及上帝法的创制者。"[29] 人制定的法固然是主权者的创造,但是主权者的创造并不是任意的创造,其创造与道德的一致也并不是一种巧合,而是法的制定者需要也必然运用道德的结果。法的创造过程不过是法的制定者将一定的道德认知上升为法律形式的过程,是本体秩序转化为形式秩序的过程。然而,作为功利主义的信奉者,奥斯丁认为法与道德无关或者至少两者之间并不存在必然的联系,只要是合法制定的法律,即使是不道德或者不正义的,也仍应具有法律效力,这就是"恶法亦法"之说的由来。实用主义法学的代表人物霍姆斯也主张把法律与道德分开,认为把法律与道德混淆是危险的,"就内容而言,法律(the law)的生长是立法性的"。[30] 虽然法律与道德是不同的范畴并具有不同的本质,既不能把道德作为法律,也不能把法律等同于道德,但是,当法律的认知必须或者必要回答法律与道德的关系时,无论对法律与道德的关系如何认识和持何种观点,这本身就意味着法律与道德具有内在联系的事实。法律是一个不能在道德之外或者离开道德而能够被根本说明的对象。法律是源于人的内在秩序条件与要求的规范形式,这种法律的渊源或者根据,就是道德。虽然法律是以立法的形式表现出来的,但是它仍然是人的道德精神的产物,最终是由人的意志即道德生成的秩序。任何一种行为规则,不论以何种形式存在,都必然是道德性的,道德性是一切规范的价值性。法律不仅不能与道德分开,而且必须遵从道德并从道德中寻找自身存在的正当性与合理性。"法律与道德,原有体与用的关系,如影随形,不可分离,其间的距离愈接受,社会愈安定,人民亦愈幸福。"[31] 没有能够完全脱离道德条件的法律,也没有根本不需要法律形式的道德,两者之间具有相辅相成的内在统一性。尤其是作为"人法"的民法,其直接

---

〔29〕 [英]约翰·奥斯丁:《法理学的范围》,刘星译,北京大学出版社 2013 年版,第 206 页。

〔30〕 [美]小奥利弗·温德尔·霍姆斯:《普通法》,冉昊、姚中秋译,中国政法大学出版社 2006 年版,第 32 页。

〔31〕 王伯琦:《近代法律思潮与中国固有文化》,清华大学出版社 2005 年版,第 6 页。

的人性条件本身就是一种自然的道德价值，道德就是民法的本源，不能在道德之外认识民法的本质，任何对民法本质的探讨及其结论都离不开二者之间的关系及其相互作用和影响的基本事实。

民法的道德性是社会秩序形态的规定性。法律的制定和形成并不是立法者任意想象出来的，而是人的社会规定性的总结和表现形式。法律源于社会，就是源于主体的人本身；法治是人的社会生态，必然决定于人所本有的生态秩序。因此，我们必须从本体上认识法治的本质，并寻找和发现法治实现所必然依赖和遵循的社会条件，即人所固有并从人的固有中被人自身所认识和发现的那些规范本质，这才是法治生态的真实性和真理性。〔32〕 法治作为社会现象，是人的本质的反映，不能在人的本质之外表现和存在法治。法治具有人的规定性，这就是人的本体规范及其社会秩序构造，即法治生态必然根据的普遍伦理基础。这一伦理基础就是人的"自然法"，即人的本体法，即人的利益需求及其实现的规定性，也就是人的正义性。人的规定性或者正义性，表现为人的社会道德性，即人的内在行为秩序性，也就是作为人的本体规范的社会构造性。

民法的道德性是民法的真实性。我们必须在民法之外认识民法并发现民法真实，这就是社会规则的本体性。规则首先是人类社会生活的自然选择，而不是立法者的意志创造。社会的本体规则并不是人们有意制定的，但它却是被人们实际遵行和运用的，是一种人本和功利主义的结果。这种规则不仅是有效的，而且是实用的，并且是根植于人心的社会伦理。虽然人类最初的规范主要是一种经验事实，但是当它被总结为一般规则或者道德时，则是一种理性的选择与结果。〔33〕 理性是人类自我反思的能力，这种能力并不在事情的最初发生作用，而是在事情发生后的反思过程中反映对事物认知的深化，并必然产生事物的规定性，表现在行为理性上，就是行为规范性与自律性的形成。人们正是

---

〔32〕 "人如果不对其周围的事物形成一套用以指导自己行为的观念，就无法生存于这些事物之中。"（［法］E. 迪尔凯姆：《社会学方法的准则》，狄玉明译，商务印书馆 1995 年版，第 35 页。）

〔33〕 约翰·奥斯丁认为："大多数文明社会确立的许多法律规则和道德规则，是以日常习惯作为根基的。一般来说，它们并不依赖理性思考。它们没有经过仔细的考察，便从前人那里延续下来。"（［英］约翰·奥斯丁：《法理学的范围》，刘星译，北京大学出版社 2013 年版，第 89 页。）

借助于理性,才实现了对社会规则的道德性认知,从而发现了社会规则的普遍性。

民法的道德性是民法的价值性。民法的价值是制定民法和评价民法善恶优劣的标准。所以,道德论即伦理学的目的之一,就是“精细说明什么可以作为实际存在的由人制定的法的尺度,或者,精细说明这种实在法所依赖的若干基本原则,从而,表明这种实在法是值得赞同的。换句话说,这一科学的目的,是阐明存在的由人制定的法,应该是怎样的,阐明实际存在的由人制定的法,必须是怎样的。或者,我们也可以这样表述,如果认定了什么是良好的,什么是值得赞同的,那么,这一科学,便需要阐明实际存在的由人制定的法最好是如何的。而且,如果这种法,符合了被假定的标准,那么,这一科学应该细致阐明这种法只能是怎样的”。〔34〕 显然,法律作为人的社会规范体系,是必须具有一定价值的,价值决定了人的目的与追求。所以,我们总是用是否合理或者某种正义的标准来对法律提出要求并评价它们的是非好坏,我们总是希望制定合理或者正义的法律或者已经制定的法律是合理或者正义的。〔35〕 虽然我们制定的法律最终可能无法达到理想的效果,但是这种效果总是在我们的追求中存在和显现的,并且我们一致认定需要以此为目的并不断追求下去。特别是作为人法的民法,则必须体现人的价值,而这一价值就是作为人的本体规范的道德。道德就是民法的价值,民法只有具有道德性,才能够成为代表人类本体与本质的法。

“当我们讨论人法(human law)的好坏,或者,讨论人法值得赞扬或应受谴责的时候,当我们讨论人法应该如何以及不应如何,或者,讨论人法必须如何以

---

〔34〕 [英]约翰·奥斯丁:《法理学的范围》,刘星译,北京大学出版社 2013 年版,第 165 页。

〔35〕 道德构成民法的正义性,道德的民法就是正义的民法,道德的民法设计就是正义的社会设计,是构成社会世界的规范与秩序条件。“正义原则的设计是用来形成社会世界的,在这个社会世界里,我们首先获得了我们的品格和我们把自己视为个人的观念,获得了我们的完备性观点及其善观念;而在这一社会世界里,我们必须实现我们的道德能力,假如它们能得到充分实现的话。这些正义原则必须在市民社会的背景制度中给予基本自由和机会以优先性,它们使我们能够首先成为自由而平等的公民,并根据这种身份将我们的角色理解为个人。”([美]约翰·罗尔斯:《政治自由主义》,万俊人译,译林出版社 2011 年版,第 37 页。)

及不能如何的时候，我们的意思（除非我们直接表明我们的喜恶），表达了这样一个观念：人法是与某种东西一致的，或者，人法是与某种东西背道而驰的，而这种东西，我们默默地已经将其视为一个标准，或者尺度。”〔36〕虽然这个标准或者尺度可能有很多，也可能有不同的认识与选择，但是这种标准和尺度总是存在并约束我们立法的，这就是一种道德的事实与作用。显然，道德的标准和尺度是法律的根本价值条件，无论人们如何看待这一条件，但都时刻不能离开这一条件。如果我们人类没有了评价自身制定的法律的是非好坏的要求和能力，也就没有了自身发展的要求和能力。事实上，法律的尺度和标准问题，最终是人的社会行为的尺度和标准问题，总是要和人自身的社会行为要求相一致的，而人的社会行为要求就在人的利益需求及其实现的规定性之中，这个规定性的尺度或者标准，就是人类本体的道德条件及其价值要求。

无论人们对民法的本质持何种态度和认识，都不会怀疑民法存在并根据于某种普遍的社会秩序，这就是民法的社会伦理性，也就是民法的道德性。道德性在人性的意义上，就是民法的社会规定性，其本质是人的自然规定性并决定了人的社会规范性。民法必然表现道德——人的本体的社会构造，并以道德性而获得普遍认同的价值性和自律约束的效力性。

---

〔36〕［英］约翰·奥斯丁：《法理学的范围》，刘星译，北京大学出版社2013年版，第166页。

宪法与民法的贯通与隔离

——国家所有权与人格权本质分析的思路和意义

尹　田*

我国法学理论研究的重大不良习惯之一，是门户隔绝，不通往来。由此，商人的某个行为，在全体民法学者看来就是一项纯由商业风险导致的违约行为，但在全体刑法学者那里却被认定为构成合同诈骗犯罪；政府与民间组织协商达成的一项交易（如国有土地使用权出让、PPP 模式[1]），全体民法学者认为是一个民事合同，但全体行政法学者却认定是行政合同。由于前者涉及当事人的生死，后者涉及当事人的钱财，都是要命之事，其实专家们是应该坐在一起认真谈谈的，但几十年来，谈得极少。于是，也许不该丢命的丢了命，不该破财的破了财，也少见有人会动一动恻隐之心。

至于宪法中的民法问题以及民法中的宪法问题，宪法学者和民法学者中都很少有人关注。都说宪法是"母法"，但作为"子法"的民法典的编纂活动如果只是民法学者的热闹，这不算正常。

我和其他人一样，习惯囿于民法自家的院子中，忽然有一天注意到两株树苗的异常，遂刨根问底，才发现其根须与宪法的直接牵连，经过分析，提出了一些反主流的观点。十几年过去了，这些观点很少得到支持，也未遭受真正的理论抨击，以至于我自己也觉得无趣。但如果这些观点并非哗众取宠的标新立异，而是对中国民法的科学性或者法治的进步有所裨益呢？这就让人隐隐担心，因为这种沉默有可能表现了学术能力的孱弱，也有可能表现了学术品格的孱弱，更有可能表现了学术责任感的孱弱。

---

* 尹田，北京大学法学院教授、北京理工大学珠海学院特聘教授。

[1] Public-Private-Partnership，政府与私营企业之间为提供公共产品或服务而建立的各种合作关系。

于是,我觉得,在民法的"涉宪"问题上听听宪法学者的意见,实在是有其必要。

一、问题的产生

那两株看起来生态异常的树苗中,一个是国家财产所有权,另一个是人格权,其异常之处在于,它们都明显具有与其他典型的民事权利不同的特质。而我国民事立法过程中始于十几年前的两项重大争议,就是由这两项权利所引起的:物权立法时曾存在"十大疑难问题",列为首位的即"国家是不是民事主体"。而国家的民事主体地位问题,正是由于物权法草案规定了国家所有权而引发的。此外,有关民法典体系安排的"人格权应否独立成编"的争论,持续至今乃至愈演愈烈。尽管人们都是在立法技术层面进行争吵,但在我看来,争端的实质其实是相对于典型的几类民事权利(物权、债权和身份权等),人格权是否应具有与之在民法典分则中并列的地位?

我对人格权特殊性的发现,源于2002年参加梁慧星先生负责的课题组,在撰写民法典学者建议稿"自然人"章中"人格权保护"相关立法条文时所受到的震撼:当我以民法立法者的身份写下"自然人的生命受法律保护"字样时,忽然被一种强大威严的力量压得难以呼吸,感到胆怯和卑微。由此开始思考:人的生命、自由、安全和人格尊严的权利,是由民法赋予的吗?

而对国家财产所有权特殊性的思索,则源于2005年年底爆发的"物权法草案违宪"风波。而此前出现的"国家是不是民事主体"的诘问,已将民法主体理论搅成一团乱麻,学界对此表现出来的内心矛盾和刻意回避,早已令人尴尬。十分明显的是,导致上述困扰的原因正是在于物权法上出现的国家所有权。我由此开始思考:物权法应当规定国家所有权吗?国家所有权是一种民事权利吗?

本能的逻辑推理则立即展示出上述思考有可能具有的探索空间和价值:

其一,在民法典中规定国家所有权和让人格权独立成编,是我国部分民法学者引以为豪的首创。而就大陆法系典型国家的民法典均未正面、整体性地规定人格权的缘由,该部分学者仅能用"不重视人格保护"予以解释,明显缺乏证据。

其二,传统民法理论系将财产关系(财产支配和流转)和身份关系作为应由民法规范的民事关系,其中并无“人格关系”。而我国部分民法学者创建的人格权理论显属移花接木,破绽百出。故人格权之民事权利的定位,并无科学理论支撑,亦无域外法例的借鉴。至于国家所有权的民事权利性质,则从未出现过任何认真的理论分析。

其三,人格权在民法典中独立成编的基础依据在于人格权与物权、债权、身份权等民事权利具备同等属性,如其属性不同,则其独立无据,有关“人格权应否独立成编”的争论即可解决;同样,国家所有权如与自然人和法人的财产所有权属性不同,则所有权“三分法”(国家、集体、私人所有权)自然崩溃。而一旦国家所有权从物权法中消失,则物权法草案违宪之争即不会发生,国家是否为民事主体的困惑也就当然消除。

据此,我开始了有关论证。

二、论证的基本思路

(一)从人格到人格权

即使不能轻率地判定“人格权是人格的权利表达”,但毋庸置疑的是,人格权肯定与人格有关,故对人格权性质的论证,必须从对“人格”属性的论证开始。

相关资料表明,肇始于古罗马法上的人格制度,在欧洲中世纪归于消亡。而罗马法上的“人格”,系基于同时具备“自由人、家父和罗马市民”三种身份而取得,此种“人格”实质上是关于社会阶层或者阶级的划分,是组织和确定社会身份制度的一种工具,所以,在罗马法上,“人格”具有公法性质。〔2〕 而近代社会倡导人人平等,废除了身份等级,所以,近代法上不存在“人格”的用语,有关人的基本法律地位(生而自由和平等)或者无须表达(按自然法学观念),或者由基本法(宪法)予以表达(按实证法学观念)。当然,这并不妨碍“人格”的用语继续在伦理学、法哲学以及其他学科中各表其义地沿用。而“人格”的概念在近代以来的民法理论中的复活,与德国民法理论创设“权利能力”的概念相关:权利能力是指私权主体享有民事权利和承担民事义务的法律资格,后来被称为“法律人格”或者“人格”,主要用来描述社会组织被赋予权利能力时的民法地

〔2〕 参见徐国栋:《“人身关系”流变考》,载中外法学编辑部、北京大学第22届研究生会编:《中国民法百年回顾与前瞻学术研讨会论文集》,法律出版社2003年版。

位。但此种“人格”所表达的，仅仅是自然人和法人在民法上的主体资格或者地位。

鉴于19世纪德国民法理论创设的人格权所保护的人格是由“被认识的人之为人的那些属性或性质，例如生命、健康、身体、名誉等”构成，[3]人格权则是“人作为人的自由实现”的工具，[4]故人格权所保护或实现的人格，显然不仅仅是人的民法（私法）地位或者法律资格，构成人格权最为主要的那些权利（生命、健康、身体、名誉等），显然涉及自然人全面社会生存之根本。

随着对“人格”研究的深入，我发现，如果将“人格”定义为“人成其为人”的基本法律地位，则“人格”应当由两方面要素构成：一是物质要素即“财产”（指广义财产，即构成人的基本生存条件的物质基础）；二是精神要素即“人的自由、安全和尊严”，其包括伦理要素（生命、健康、身体、名誉等）和政治要素（各种社会政治权利）。[5] 而德国民法理论创设的“人格权”仅是对人格构成中的精神要素的保护。但即便如此，人格权所保护的人格，也肯定是“人成其为人”的基本生存条件。

由此，人格权所保护的人格，是近代以来个人最为基本的法律地位。这一地位最初被认为是由自然法确定的，后来被认为是由实定法中的基本法（宪法）所确定的。故此种意义上的“人格”，应当不是一个民法概念（权利能力）而是一个基本法（宪法）上的概念。而据此得出的初步结论是：民法理论上所称的“人格权”，应当不是民法规范私人生活领域关系的产物，其有可能并非民事权利。

（二）民事权利的属性

“民事权利”是理论上和立法上的确定概念，但其内涵却并不见得清晰，此与这一概念缺乏完整的对应概念有关：除了“政治权利”“诉讼权利”“行政行为相对人的权利”等分散的概念之外，并不存在对“非民事权利”的具体构成的分

---

〔3〕 Savatier, Metamorphoses économique et socials du droit privé d' aujourdui, Ⅲ, n. 335。转引自[日]星野英一：《司法中的人——以民法财产法为中心》，王闯译，载梁慧星主编：《民商法论丛》（第8卷），法律出版社1997年版，第176页。

〔4〕 转引自徐国栋：《“人身关系”流变考》，载中外法学编辑部、北京大学第22届研究生会编：《中国民法百年回顾与前瞻学术研讨会论文集》，法律出版社2003年版。

〔5〕 参见尹田：《无财产即无人格》，载《法学家》2004年第2期。

析或者整体命名。但我们现在需要确定的仅仅是人格权和国家所有权是否为民事权利,至于它们属于其他何种权利,其实并不重要。其原因在于,民事权利与非民事权利的界分源于公法与私法的界分,而据此将民事权利定性为"私法上的权利(私权)",将非民事权利定性为"宪法或者公法上的权利",则基本可以揭示该两类权利的性质。〔6〕

据此,如同私法与公法的界分标准,对主体享有的权利的定性大致可以根据"主体性质"(主体持有及行使权利的身份系私的主体抑或是公权力代表)、"利益归属"(权利实现的利益为个人利益抑或公共利益)以及权利特征、权利取得依据等予以分析。

1. 权利来源

自然人固有的民事权利包括财产权和身份权两类,就其实体权利(物权、债权、知识产权和其他无形财产权利以及婚姻家庭关系中的身份权利)而言,基本上都是通过自然人参加民事关系,根据民法的规定取得。但很容易发现,人格权为法定权利,且其中最为基本的权利(自由、安全、人格尊严等),来自宪法的直接赋予。

而国家对其专属财产乃至非专属财产的所有权,同样也是来自宪法或其他公法的确认,或者依据公法(行政法、财税法等)的规定所取得。

因此,如果将权利取得所涉及的活动领域,尤其是权利产生所依据的法律作为权利性质的认定标准的话,则人格权和国家财产所有权均非民事权利,而是宪法或者其他公法上的权利。

对此观点,最为轻率的批评有两种:

一是"人格权是民事主体的个人权利,所以是民事权利"。鉴于个人权利包括了私法上的权利(民事权利)和公法上的权利(政治权利以及其他公法赋予的权利),所以此种批评不能成立。

二是"国家和个人的一切权利均为宪法所确认,故据此将人格权及国家所有权定性为宪法权利是荒谬的"。此一说法,涉及宪法与民法等部门法的关系问题。

毫无疑问,宪法为基本大法,是一切权利义务得以产生的基础和依据,任何

〔6〕 即使认为在公法与私法之间存在所谓"社会法",也不过是在私法上的权利和公法上的权利之间,多出一个"社会法上的权利"而已。

部门法均须依照宪法制定。但可以发现,涉及权利义务的设定,宪法规范大体上可以分为抽象规范与具体规范(或者非赋权规范与赋权规范)两类,前者仅为部门法设置权利义务具体发生根据所必须依据的原则,而后者则直接对国家或个人设定具体的权利义务。因此,我国《宪法》第 13 条中有关“公民的合法的私有财产不受侵犯”的规范不能导致任何个人直接取得某种财产权,私有财产的获得,必须依据民法的具体规定;而我国《宪法》第 10 条中所规定的“城市的土地属于国家所有”,系直接确认了国家对城市土地的所有权;其第 38 条中有关“中华人民共和国公民的人格尊严不受侵犯”的规范,则直接赋予公民以人格尊严及其相关的各种权利。由此可见,在宪法规范与民事主体取得的权利之间,同时存在贯通和隔离。凡涉及个人全面社会生活的基本人权(包括政治性权利),由宪法直接赋予,对于这些法定权利,个人不得任意支配和处分;凡涉及个人私生活领域可依个人意志支配和处分的权利,则由民法依照宪法确定的原则予以具体规定,作为人们取得该类权利(民事权利)的直接依据。很显然,这正是宪法规范原则上不得直接作为民事司法裁判依据的基本原因。据此,个人权利的取得存在两条途径:一是直接根据宪法或者其他公法的规定取得,二是直接根据民法的规定取得。前者为宪法上或者其他公法上的权利,后者为民事权利。

对此观点,最不轻率的批评是:宪法直接赋予了自然人自由、安全、人格尊严等概括性的人格权利,但生命、健康、身体、肖像、隐私等具体的人格权系由民法所“创设”,这些权利怎么就不是民事权利呢?对之,我指出:人格权的最大特点是具有开放性,宪法规范对具体人格权不可能也无必要列举穷尽,需要民法在对具体人格利益进行民事救济时将之予以类型化处理(类推适用或者予以权利命名)。此种权利类型化处理,应具有对宪法规范及其设定的人格权的解释功能,而不应具有人格权的创设功能,也不能改变人格权的属性。〔7〕

2. 权利主体的身份和利益的归属

如果承认“民法是私法,民法是市民社会的大宪章”,则必须承认,在社会生活中存在二元结构(私人生活领域与公共或者政治生活领域),无论个人或者社会组织均具有民事权利义务主体和其他权利义务主体的双重身份。一定的身份只能享有一定的权利,一定的权利只能由一定的主体享有。例如,地方政府

---

〔7〕 参见尹田:《论人格权的本质》,载《法学研究》2003 年第 4 期。

有可能以民事主体(公法人)的身份享有和行使民事权利,但不可能以作为公权力代表的身份享有和行使民事权利。而对国家财产所有权的具体分析表明,在我国,国家不会以民事主体身份(公法人)直接进入“市民社会”:国家所享有的专属财产所有权,无任何通道进入民事流转,这些财产所有权之非民事权利性质,毋庸论证。而国家对非专属财产(如货币)的所有权,必须通过财政划拨和投资两个主要渠道转换其支配主体(由国家所有转为国家机关、国办事业单位及国有企业等法人所有),才能进入民事流转。由此,民事领域中不存在国家财产所有权的移转。诚然,在国有土地上可以设置他物权(建设用地使用权),但该种他物权的民法属性并没有改变土地所有权的公法属性(在这里,我们不过是看见了在土地公有制条件下,公法上的所有权与私法上的使用权并存于一宗土地的特殊现象)。一言以蔽之,在我国,国家不具有公法人地位,故国家对其直接支配的财产并未以双重身份享有及行使权利。而当民事交易标的中不会出现国家所有权、民事法律关系以及民事诉讼主体中不会出现国家时,我们说国家所有权是民事权利,说国家是民事主体,真的没有道理。

就利益归属而言,国家财产所有权的享有和行使,其利益当然归属于代表公共利益的国家,故国家利益就是公共利益。而只能作为公共利益载体的国家所有权,当然不属“民事”权利。

3. 权利特征

民法实行意思自治,故民事权利的主要特征是可由民事主体不受干预地自行创设和自由处分。诚然,某些身份权(如法定继承权、扶养请求权)并非由权利人创设,但权利人有权进行处分。而凡属不得由权利人处分的某些法定身份权利(如法定监护权),其本质上通常不是实体权利而是一种同时包含权利和义务的法律地位(换言之,法定监护权之不得处分,是因为此种“权利”中更多地包含了义务)。与此同时,民事权利通常是通过权利主体的积极行为而得以实现(无论是物权人的支配行为或者是债权人、身份权人的请求行为),原则上不存在以消极的不作为为权利行使方式的民事权利。由此,民法典就各类民事权利的得丧变更设置了复杂而完备的规范,这些规范多为行为规范。

但如对被纳入“民事权利”的人格权(生命、健康、身体、名誉、肖像、隐私等)进行一般性观察,则可发现此类权利是一种“消极权利”,纯具“防卫性”。与其他明显具有宪法性质的人格权(人格尊严、人身自由、言论自由、宗教信仰自由、通信自由以及劳动者劳动与休息、男女平等、受教育权等)一样,此类人格权是人与生俱有、终生相伴的法定权利，其取得无须主体的积极行为，也不能发生任何变更、转让和放弃，且此类权利仅存在不受侵害的问题，其本身并不存在需要权利人以积极行为"行使权利"的问题。[8] 事实上，被民法类型化的几种具体人格权只有在其被侵害时方可展示其权利内容，故立法者无法以通常的方式对其作出定义性规定。

质言之，物权、债权、身份权等民事权利，依赖于民法的创设，对之，民法既要设置行为规范，也要设置救济规范。而对于人格权，民法只能通过侵权责任法设置救济规范。由此，民法有关民事活动的全部行为准则，均无法适用于人格权。

与之相同的是，国家财产所有权的取得和行使均由公法规定，民法不能为国家设置行为规范，只能为国家所有权设置民事救济规范，民法有关民事活动的全部行为准则，也无法适用于国家所有权。

鉴于权利救济为各个部门法的共同任务，民事权利可获公法救济（如刑法上的侵犯财产罪），非民事权利也可由民法救济（如国家赔偿），故民法具有保护人格权和国家财产所有权的任务，但不具有创设和赋予自然人以人格权、创设和赋予国家以财产所有权的任务。

三、主 要 结 论

（一）关于人格权

1. 人格权所表现和保护的"人格"是人的一般法律地位而非民事主体资格

"人格"作为一个历史范畴，表现的是人的一般法律地位（用现代观念来讲，可称为"人的宪法地位"）。由于自然人由宪法所赋予的法律人格本身即具有法律强制力，故整体意义上的人格权不过是从权利角度对"人格"的另一表达。有人格，即有人格权；无人格，即无人格权。

2. 人格权是决定"人成其为人"所必须具备的基本要素（自由、安全、人格尊

[8] 由此可见，既有人格权理论将人格权定性为"支配权"而无法自圆其说，系因忽略了此种权利的消极性质。与此同时，自然人对其姓名或者肖像的某种利用（如有偿许可他人使用其姓名或者肖像），是某些人格权"商品化"的结果，不能以之证明人格权的"积极权利"性质。

严等)的法律表现,由基本法(宪法)直接赋予,民法不是创设人格权的上帝

在此,德国联邦法院直接引用《德国基本法》第1条[人类尊严不得侵犯。尊重及保护人类尊严,系所有国家权力(机关)的义务]及第2条(在不侵害他人权利及违反宪法秩序或公共秩序范围内,任何人均有自由发展其人格的权利)之规定,推导出一般人格权,并将之称为“由宪法保障的权利”,据此对案件作出民事损害赔偿的判决。这一事实,成为对人格权之宪法上权利属性最好的证明。

3. 法人无人格权

团体人格是对自然人私法主体资格的模仿,是一种纯粹法律抽象技术的产物。团体人格与体现人类自由、尊严和社会平等的自然人人格之间,在性质上毫无共通之处。所谓法人,不过是私法上之(民事)人格化的资本。法人人格离开民事财产活动领域,即毫无意义。为此,法人不可能享有任何伦理性的权利。法人及非法人团体乃至个体商人所享有的名称权、名誉权等,本质上只能是财产权:法人的名称权应为无形财产权,此为有关工业产权保护之国际公约所明定;法人的名誉权应为法人的商业信用权,同样应置于无形财产权范围。[9]

(二)关于国家所有权

1. 国家财产所有权的取得与行使均直接以宪法或其他公法的规定为依据

除专属财产外,国家对其他财产所有权(国家财政收入)的取得和行使均需遵循行政法、财税法以及其他公法的规定。民法规范以及民事诉讼法规范对国家行为无约束力,国家专属财产所有权不具民事上的可让与性,其非专属财产的让与相对方非为民事主体;国家所有的财产不得被强制执行(例如,公有物以及公用物一律不得被纳入破产财产范围),国家所有权不适用物权法有关物权变动的公示、共有、善意取得、取得时效以及占有保护的具体规则。

2. 国家不能以民事主体地位享有和行使民事权利

在我国,“国家”是一个整体概念,国家既非公法人,更非私法人,从不以国家名义涉足私法领域(商品交换和民事诉讼)。在国有土地使用权出让中,出让人为“代表”国家的各级地方政府,但此种“代表”不具有民法意义(地方政府系以自己名义而非国家名义签订出让合同及参加民事诉讼等)。而国家对国有土地使用权出让所设置的外部规制即公法规制,不能影响该种关系之私法属性

〔9〕 参见尹田:《论法人人格权》,载《法学研究》2004年第4期。

（平等主体之间的交易关系）的确定。因此，在民事实体法和程序法上，国家机关（包括地方政府）被视为实体权利和程序权利的享有者。据此，在我国，“国家”不具有私法主体的任何地位。

3. 国家所有权是公共利益的载体

国家所有权与私人所有权非处于同一法律关系领域（一为公法领域，二为私法领域），故其相互之间不可能居于完全平等的相互地位。其表现为，国家所有权是社会公共利益或者国家利益的载体，此种利益在法律有特别规定的情况下有可能高于私人利益。据此，国家基于公共利益的需要，得强行将他人之所有权变为国家所有权（如征收集体所有的土地或者私人财产），或者基于国有土地所有权的行使需要而强制消灭他人之所有权（如依照法定程序强行拆迁私人房屋），或者基于公有物使用的需要而限制他人所有权的行使。

由此，国家财产所有权是公法上的所有权，不是民法上的所有权即民事权利。〔10〕

四、论证意义

先是断定人格权不属民事权利而是基本法（宪法）上的权利，再而断定国家所有权不是民事权利而是公法上的权利，我的这些研究结论显然颠覆了“常识”（这当然是我国民法学理论独有的常识，因为各典型国家和地区的民法典虽然均对人格权设置了越来越多的保护性条款，但并无人打算将其在民法典分则中独立成编。而在民法典中对“国家所有权”作出规定，实属我国民法首创）。此种颠覆在很多学者看来，显得轻率、偏激和狂妄，连最富理性的梁慧星先生和王泽鉴先生，对此也明显表现出审慎的怀疑。在他们看来，将人格权既看作宪法上的权利，又看作民事权利，有可能是比较妥当的。

依照我历来的观念，依照既有条件和水平，既不可能存在完美的理论，也不可能产生完美的立法，因此，只要不对立法和实践产生太大的危害，立法者在多种观点或方案中任意作出挑选，均无碍大局。所以，人格权是否为民事权利（是否应在民法典中独立成编）以及国家所有权是否为民事权利（是否应在物权法

〔10〕 参见尹田：《物权主体论纲》，载《现代法学》2006 年第 2 期；尹田：《论国家财产在物权法上的地位》，载《法学杂志》2006 年第 3 期。

上作出规定)，如果仅关涉我国民法理论和民事立法是否更具科学性的问题，则我并不认为此项研究有什么太大的意义。

除了对民法典立法的科学性也许有所裨益之外，我发现我的研究结论确实有可能具有重要的应用价值。

人格权独立成编对民法典立法科学性的严重减损，已有很多论述。需要更为深入研究的，是此种执意创新对人格权的司法保护将会产生何种实际的重大损害。

我指出，因人格权独立成编而导致的对人格权的民事权利属性的立法确定，将切断民法及民事裁判与宪法及其他公法规范之间的连接管道，禁锢侵权责任法的适用范围，必然产生人格保护范围限缩的结果，对于发展中的人格权保护极为不利：

1. 由于民事领域与非民事领域之界限的模糊性，将导致更多被侵犯的人格利益无法获得民法保护

事实上，人格权独立成编的支持者并不否认那些明显具有宪法权利属性的基本权利(言论、出版、集会、结社、游行、示威、宗教信仰等自由权利以及劳动权、受教育权等)应当属于“人格权”的范围，只是认为这些权利应由公法规定而不应由民法加以规定。〔11〕 就此，人格权益被截然划分成了“民法上的人格权益”与“宪法(或者公法)上的人格权益”两个部分，而民法典中的人格权编所规定的仅限于民事生活领域的人格权益。同时，人格权编与物权、债权等编在体系上的并列，也决定了该编所规定的人格权的民法属性。

但在实际生活中，未被类型化为权利的人格利益的法域属性常常存在模糊性，法官在很多案件的审理中难以确定被侵害的人格权益是否存在于民事领域、是否属于“民事权利”。由于人的自由、安全和人格尊严的具体内容和范围必然伴随社会生活的发展而不断变化和扩张，故很多人格利益究竟是否属于“民事权利”，在实践中必然难以判定。例如，来访者因相貌丑陋而被拒绝进入政府办公大楼、女生因性别歧视而被企业招聘者拒绝录用、老板以极为恶劣的

〔11〕 因此，曾由中国法学会民法学研究会提出的《人格权法编专家建议稿》第六章中有关“任何人不得非法拘禁、搜查他人，限制他人的人身自由”(第 83 条)的规定(系《宪法》第 37 条的浓缩版)，曾遭受到人们的一致批评，认为其完全超越了民法的范围，明显具有公法性质。

方式当众羞辱下属,等等。前述人格侵权案例中,或者侵权行为人为公权力机关,或者被侵犯的人格利益(男女平等权)存在于传统的民事领域(婚姻家庭关系)之外,或者侵权行为发生于与民事关系有所区别的劳动关系之中,法官不仅无法直接适用民法典人格权编所列举的人格权类型的相关条款,而且难以确定其应否适用该编中的一般条款。十分明显的是,在人格权益之民法保护范围无明文限制的情况下,法官尚可忽略受侵害的人格利益所在之法域(仅考虑侵权损害后果而不考虑被侵害的人格利益是“民事领域”的还是“民事领域”之外的),进而根据实际情况予以自由裁量,对受害人予以司法保护。但人格权独立成编却为此种司法裁量设置了难以逾越的障碍。

2. 宪法所赋予公民的诸多人格权,在任何情况下均将丧失其民法保护

德国司法实务所创制的“一般人格权”,被公认为人格权保护发展史上的里程碑,也为我国支持人格权独立成编的学者推崇备至。但在有关人格权性质的争论之中,这些学者一直避而不答或者根本无法正面回答的问题是:为什么德国人的此种创制无法从民法典上找到依据而非得要直接根据其基本法(宪法)的规定?事实就是,德国人据以创制“一般人格权”的诉讼案件所涉及的正是非典型的民事领域内的人格尊严的保护。[12] 而其他有关判例表明,德国人创制“一般人格权”固然是为了弥补《德国民法典》第 823 条所列人格侵权类型的不足,[13] 但更为重要的是,德国司法实务有意将人格权的民法保护扩张至人们的民事生活领域之外。从德国联邦法院依据“一般人格权”所判决的案例来看,其大多数适用于对民事领域之外的人格尊严的保护,如由作家的出版物否认纳粹

---

〔12〕 德国司法实务于 1954 年创制“一般人格权”所依据的案件,涉及前任帝国银行行长和经济部长雅尔玛·沙赫特博士与一家出版社所发生的纠纷,后者在其出版的周刊上刊登了一篇有关前者近期正在从事的行为的批判性文章。前者即提起诉讼,要求后者对该文章进行修正。基于原告的特定身份,联邦法院在判决中未将原告受侵害的人格利益确定为原审法院所认定的“信用”或者“名誉”,而是确定为产生了“一种不正确的人格形象”。参见[德]迪特尔·梅迪库斯:《德国民法总论》,邵建东译,法律出版社 2000 年版,第 805 ~ 807 页。

〔13〕 该案中,《德国民法典》第 832 条仅对“生命、身体、健康、自由、信用、妇女贞操”等诸项人格利益设置了保护性规定。

屠杀犹太人的历史而导致的“侵害犹太人的一般人格权案”,〔14〕企业招聘中的“性别歧视案”,〔15〕等等。而在英美法系国家的判例中,德国式样的“一般人格权”所保护的人格尊严,常常直接被作为受侵害的“基本人权”而得以司法保护。如英国因一家航空公司禁止女雇员佩戴宗教标志性饰物而引起的诉讼纠纷、因承租人死亡后其同性恋伴侣请求续租房屋被出租人拒绝而引起的纠纷之中,原告均以其基本人权遭受侵害的理由而获得胜诉。〔16〕 在我国曾轰动一时的山东齐玉苓被他人冒名顶替上学的案件中,加害人的行为完全符合侵权责任的全部构成要件,但受害人被侵害的主要人格利益(被剥夺了上学机会)明显不在民事领域之内,法院无法从民法规范中找到裁判依据,故最高人民法院最终直接根据我国《宪法》第46条的规定,认定加害人以侵犯受害人姓名权的手段侵犯了受害人的“受教育权”,责令加害人承担侵权责任。〔17〕

上述事实表明,伴随人权保护浪潮的日益高涨,人格权的民法保护已经突破民事领域而直指传统的公法领域。这一突破,可以通过允许法官直接引用宪法有关人格尊严保护的规范(创制“一般人格权”或者“宪法司法化”)的方法实现,也可以通过开放侵权责任法的适用范围的方法实现,还可以通过在民法典总则中设置人格权保护的一般条款并赋予法官以司法裁量权的方法实现,但唯独不可以通过人格权在民法典分则中独立成编的方式实现,此为民法典分则将各种类型化的民事权利分编并列规定的体系逻辑所决定。

事实就是,如果人格权在民法典中独立成编,不仅彻底地切断了民事司法向宪法直接寻求裁判依据的通道,而且彻底地切断了法院在民事领域之外的人格侵权纠纷案件中向民法直接寻求裁判依据的通道。由此可见,人格权独立成

---

〔14〕 《联邦最高法院民事裁判集》(第75卷),第160页。转引自[德]迪特尔·梅迪库斯:《德国民法总论》,邵建东译,法律出版社2000年版,第811页。

〔15〕 《联邦劳动法院,新法学周报》1990年,第67页。转引自[德]迪特尔·梅迪库斯:《德国民法总论》,邵建东译,法律出版社2000年版,第811页。

〔16〕 参见梁慧星:《民法典总则立法和理论的若干问题》,载四川大学法学院官网:http://law.scu.edu.cn,最后访问日期:2015年10月20日。

〔17〕 参见最高人民法院《关于以侵犯姓名权的手段侵犯宪法保护的公民受教育的基本权利是否应承担民事责任的批复》(法释〔2001〕25号)。

编的做法与人格权保护范围不断扩张的世界潮流背道而驰。[18]

最后应当指出,“人格权一方面是宪法上的权利,另一方面也是民法上的权利”的观点也许可以用来揭示某些主要存在于民事生活领域且有可能商品化的人格权(如姓名权、肖像权)的某种特性,但人格权独立成编的要害是锁闭了民事裁判对于民事领域之外的人格权的救济管道,打通这一管道之最有力的工具,只能是从整体上否定人格权的民事权利属性,将民法对人格权的“赋权”功能,扭转回归至“救济”功能。

---

〔18〕 参见尹田:《论人格权独立成编的技术障碍》,载《政法论丛》2016年第1期。

宪法与民法关系之探讨

马　岭*

一、宪法与各部门法关系远近不同

在法律体系中,总体来说,宪法是各部门法的基础,各部门法都不得与宪法相冲突;同时,各部门法也都是宪法的发展和落实,是宪法精神和价值的延伸和体现。部门法需要宪法的指引和规范,以免脱离宪制轨道;宪法也需要部门法的细化和补充,以落实自己的制度和理念。“法律通过本身的逻辑结构,奠定了自身被接受的基础,法律作为一系列规则体系,使个人在进行目标合理的行为时,能确定其行动方向。”[1]法律体系的逻辑性表现在很多方面,其中包括作为法律体系一部分的宪法与整个法律体系之间的关系,以及作为法律体系一部分的宪法与作为法律体系一部分的刑法、民法等部门法之间的关系,前者是个体(宪法)与整体(法律体系)的关系,后者是整体内部个体(宪法)与个体(如刑法、民法等)之间的关系(当然,还有法律体系中各部门法之间的关系——如民法与刑法,刑法与刑事诉讼法的关系等)。

从法律位阶上来看,宪法是母法,各部门法都是宪法的子法,但它们与母法的距离却是不一样的。从不同的角度可以看出不同的法律与宪法之间的紧密度。

首先,宪法是政治法,与政治有关的法律一般距离宪法较近,如选举法、总统法、议会法、政党法、监察法等涉及国家政治制度的产生及运作的法律,而与

* 马岭,中国社会科学院大学政法学院教授。本文摘自马岭:《宪法原理解读》,山东人民出版社2007年版,第三章《宪法与法律》,略有删改。

〔1〕［英］罗杰·科特威尔:《法律社会学导论》,潘大松等译,华夏出版社1989年版,第177页。

政治制度无关的法律一般距离宪法较远,如民法、商法、婚姻法等涉及民间买卖借贷、婚丧嫁娶的法律。

其次,宪法是民主法,与民主制度建设有关的法律距离宪法更近,如同是权利法,选举法、集会游行示威法就比劳动法、义务教育法、残疾人保障法更贴近宪法,因为前者事关公民参与民主政治的途径和国家民主制度的健全与完善。

再次,宪法是公法,凡在公法范围内的法律一般较私法距离宪法更近,如行政法、诉讼法、刑法等,〔2〕而私法一般距离宪法较远。同为公法,行政法比刑法距离宪法更近,因为刑法保护的法律关系中有公法关系,也有私法关系,而行政法保护的法律关系不可能是纯粹的私人关系。同是诉讼法,行政诉讼法比民事诉讼法距离宪法更近,因为后者调整的纠纷发生在私权之间,前者调整的纠纷发生在公权与私权之间。

最后,宪法是母法,作为立法的基础它具有产生、组织、协调其他法律的功能,因此,具有这种"立法依据"功能的法律一般比不具有这种功能的法律距离宪法较近。如在关于紧急状态的一群法律中,紧急状态法是牵头法,在其之下还有戒严法、防止内乱法、战争法、防震减灾法、传染病防治法、抗洪法等一系列法律,它们制定时除了要受宪法中关于紧急状态规范的约束外,还要受紧急状态法的原则和规则的具体指导。它们与其说是宪法的子法,不如说是宪法的孙法,它们主要受母法约束,但也不能排除祖母法的管教。〔3〕在一般情况下,它们更多地依赖母法相对具体的指导,但当母法出现空白、缺陷时,也可以用宪法直接指导立法和进行合宪性审查,因此,紧急状态法(法律群中的牵头法)比抗洪法(法律群中的一分子)等法律更接近宪法。

---

〔2〕法国人认为,"刑法虽然具有公法性质,但因为它有许多条款是保护私法关系的,因而在传统上仍附属于私法。""民事诉讼法和刑法有时被特别视为'制裁法',因为它们都保证着私法的强制执行。"[法]勒内·达维德主编:《法律结构与分类》,何力等译,西南政法学院法制史教研室1987年版,第41页。

〔3〕林来梵教授也认为,"从逻辑上讲,既然可以将作为立法依据的规范称之为'母法',而将依此为依据所订立的法律规范称之为'子法',那么,'母法'的用语就不应该成为宪法的特定称呼,相反任何一般法或授权规范都可视之为'母法'……为此,与其说宪法就是其'母法',倒不如说可能是其'祖母法'或'曾祖母法'"。林来梵:《从宪法规范到规范宪法》,法律出版社2001年版,第307页。

长期以来,我们一直津津乐道于“各部门法都是宪法的子法”,但却没有进一步探究各部门法与宪法的距离是否有所不同,它们与宪法之间的联系方式有何差异。有的法律与宪法之间的联系可能是一根丝线,有的法律与宪法之间的联系可能是一条粗绳,还有的法律与宪法之间的联系可能是千丝万缕。

二、民法先于宪法产生,曾给宪法以思想营养

从历史上来看,民法规范先于宪法产生,〔4〕与其说宪法是民法的源泉,不如说民法是宪法的基础。现代社会的自由、平等、法治理念之源头在民法而不在宪法,民法能够供给宪法以思想营养,而不像其他部门法那样主要靠宪法供给它们以思想营养。能够滋养宪法的部门法,非民法莫属。如宪法中的平等原则来自民法中的平等原则(从法制史和法律思想史的角度看,而不是从今天的法律体系之位阶来看),然后作为一个宪法原则再转化为其他部门法的原则,如行政法、诉讼法、刑法上的平等原则;刑法虽然也比宪法历史悠久,但将“平等”作为自己的一项基本原则是在宪制社会之后,是被宪法指引和规范的结果。“在权利本位主义的取向中,传统民法早已形成了一系列的权利类型,其中的人格尊严和平等、私权神圣,经济自由以及人身自由,为近代宪法确立自己的规范价值和权利类型提供了具体的蓝本。后者正是在参照了前者的基础上,才建构起自己的权利规范体系的。只不过民法的权利乃是市民社会中私人之间彼此所拥有的权利,而宪法权利则主要是个人相对于政治国家所享有的权利而已。”〔5〕民法“曾为近代宪法提供了一些重要的制度模式的雏形。比如,近代自然法学派的社会契约论显然是从民法中的契约原理得到了启迪,进而认为国家权力应根据自由的人民的社会契约而成立,在其看来,这种‘社会契约’的具体形式即是宪法,或曰宪法就是一种‘根本契约’”。〔6〕作为“根本契约”与民法契约的相似之处在于,在制宪阶段的宪制关系中,人民彼此之间的关系恰如民

〔4〕 虽然作为近代最早的民法典《法国民法典》是法国大革命后的1804年制定的,但在此之前,作为实质民法的民法规范早已产生。参见徐秀义、韩大元主编:《现代宪法学基本原理》,中国人民公安大学出版社2001年版,第490页。

〔5〕 林来梵:《从宪法规范到规范宪法》,法律出版社2001年版,第312页。

〔6〕 同上。

事法律关系中当事人之间的关系——平等对话,共同协商,意思自治。但亦有不同,民事契约在形成时任何一方当事人若有不同意见随时可以退出,一经退出就与该契约不再有利益关系;而在制宪过程中任何个人都很难退出,即使有人不同意这部宪法或不同意其中部分内容,他们仍必须根据“少数服从多数”的原则接受它。因此,在缔结宪法这个根本契约时已经出现了权力(社会权力),出现了少数人的屈从。宪法作为契约比民事契约复杂得多,后者一经制定即可实行,而前者还需经过复杂的再加工(立法对其具体化)才能真正操作起来。前者涉及的主体比后者多,民事契约中即使有多方当事人,他们之间也只是一种平面关系,而宪法这一契约则呈现出多方位、多角度、多层次的立体空间——错综复杂的权力与权力、权利与权力的关系。

三、民法与宪法的联系

民法作为典型的私法,主要是规范私人间的权利义务关系,而宪法重点规范的是权力关系以及权利与权力的关系,对权利与权利的关系只作了简洁的原则规定(如权利的平等性、不得侵犯他人的合法权利等),其具体内容由民法自己去处理。“私法被认定为社会关系的调节规则,在这方面,国家除了为保证解决争端的程序得以有秩序地进行外没有直接的利害关系,而公法则被看作是国家机构之间以及国家与公民之间的关系的法律框架。”〔7〕如果说宪法对宪法性法律是千叮咛、万嘱咐(为其制定了一大堆相对具体的规则),对诉讼法、刑法、行政法也是态度严厉,约法三章,那么它对民法则是和颜悦色,甚至有点放任自流。当民法是宪法的规范对象时,宪法对民法比对其他法律宽松。立法者在制定民法时比制定宪法性法律、行政法、诉讼法等法律有更多的发挥空间,此时宪法对它们的制约可能不如民风民俗、传统习惯、历史文化等社会因素对它们的影响大。当某些行为是民法规范的对象时,民法也比其他法律宽松,如当事人的意思自治在民事法律关系中比在行政法律关系中明显更多。民事法律关系中的当事人有较为充分的自由选择权,而行政法律关系中的当事人的意志却很难影响行政机关的决定,行政机关是依法行政,而不是与对方协商行政。与刑

〔7〕[英]罗杰·科特威尔:《法律社会学导论》,潘大松等译,华夏出版社1989年版,第153页。

法、行政法、诉讼法等法律相比，民法不太受宪法变化的影响，对宪法变迁的反应相对迟钝，无论政府如何更迭，政体如何变迁，老百姓的基本生活方式依旧，市民社会之间的来来往往所遵循的规则并不因此有大的变化。“即使是在因革命或征服而致使整个政府结构发生变化的时候，大多数正当行为规则，亦即私法和刑法，却会依旧有效——即使是在那些主要因欲求改变部分正当行为规则而导致革命的场合，事实亦是如此。”〔8〕

但民法的基本原则，如平等原则、自愿原则、公平原则、诚实信用原则、公序良俗原则、禁止权利滥用原则等，〔9〕与宪法的有关原则有直接或间接的关系。由于民法先于宪法而存在，因此民法的基本原则与其说是从宪法原则中“引申”出来的，不如说是它们与后来的宪法之间完成了一种有效的“对接”。其中平等原则与宪法中的平等原则在精神上完全一致，只是宪法中的平等原则比民法中的平等原则内涵更宽泛。其余的原则如公平原则、诚实信用原则、公序良俗原则等主要是专属于民法的原则，但它们与宪法中的权利义务一致原则、权利界限原则之含义也是相通的。诚实信用是与他人相处时的要求，它涉及两个利益关系，即“当事人之间的利益关系和当事人与社会间的利益关系”，“在当事人间的利益关系中，诚信原则要求尊重他人利益，以对待自己事物的注意对待他人事物，保证法律关系当事人都能得到自己应得的利益，不得损人利己……在当事人与社会利益的关系中，诚信原则要求当事人不得以自己的民事活动损害第三人和社会的利益，必须在权利的法律范围内以符合其社会经济目的的方式行使自己的权利”。〔10〕公平原则是通过协商和平衡的手段“在民事主体之间合理地、恰当地配置权利义务”，“使民事主体在实现自己利益而享有权利的同时，也为实现对方的利益而承担相应的义务……民法既鼓励人以正当行为取得权利并在权利范围内把别人化为自己利益的工具，同时又不允许人只享受权利，不承担义务，在法律规定范围拒绝充当别人利益的工具”。〔11〕这与我国《宪法》第

〔8〕［英］哈耶克：《法律、立法与自由》（第1卷），邓正来等译，中国大百科全书出版社2000年版，第212页。

〔9〕参见魏振瀛主编：《民法》（第5版），北京大学出版社2013年版，第23页。

〔10〕彭万林主编：《民法学》，中国政法大学出版社2002年版，第52页。

〔11〕江平主编：《民法学》，中国政法大学出版社2000年版，第69、71页。

33 条、第 51 条规定的权利义务一致原则、权利界限原则是完全契合的,〔12〕是公民行使权利的宪法原则在民法中的表现。“兼顾公益”的要求使民法中亦存在某种“公法”因素,这一因素是它与宪法之间的一座桥梁。

民法基本原则中还有一些较为明显的道德因素,如诚实信用原则固然体现了宪法中的法治原则精神,其宗旨是为了维持社会的经济交易秩序(一种公益),秩序是法治的基础价值,“法律旨在创设一种正义的社会秩序”。〔13〕但诚信原则又不完全是一种法律原则,它最初树立的是一个“诚实商人”的道德标准,“在历史上,诚实信用这一道德原则曾长期以商业习惯的形式存在,作为成文法的补充而对民法关系起着某种调整作用。”诚实信用原则被民法所吸收后,先是作为债的关系之原则,后来才“上升为涵盖整个私法领域的基本原则”,成为其“帝王条款”。〔14〕这一原则中的道德成分往往直接源于社会生活,而不是直接源于宪法。当它作为民法的基本原则时,它的主要作用是指导整部民法,构建具体的民法制度和民法规范。这种对民法规范的指导作用,即主要约束立法者的作用,多是通过民法的子原则和民法规则表现出来的,如我国《民法通则》第 106 条第 1 款规定:“公民、法人违反合同或者不履行其他义务的,应当承担民事责任。”我国《合同法》第 114 条第 1 款规定:“当事人可以约定一方违约时应当根据违约情况向对方支付一定数额的违约金,也可以约定因违约产生的损失赔偿额的计算方法。”这些子原则和规则都是诚实信用原则的具体化,它强调只有当事人的诚实守信才能维系民事法律的秩序,“这种秩序或体现为一定的利益平衡,或体现为一定道德基础的可供依赖”。〔15〕在个别时候,当民法规范缺乏具体规定时,立法者授权法官可以依据诚信原则直接进行案件的裁判,法官在这时候对这一原则的适用往往是在发挥该原则中的道德作用,法官的创造性司法活动所“创造”的是这一原则中的道德要求在具体案件中的运用,这种

〔12〕 我国《宪法》第 33 条第 4 款规定:“任何公民享有宪法和法律规定的权利,同时必须履行宪法和法律规定的义务。”第 51 条规定:“中华人民共和国公民在行使自由和权利的时候,不得损害国家的、社会的、集体的利益和其他公民的合法的自由和权利。”

〔13〕 [美]E. 博登海默:《法理学:法律哲学与法律方法》,邓正来译,中国政法大学出版社 1999 年版,第 318 页。

〔14〕 梁慧星:《民法解释学》,中国政法大学出版社 2000 年版,第 295 ~ 302 页。

〔15〕 彭万林主编:《民法学》,中国政法大学出版社 2002 年版,第 51 页。

道德性更多地体现的是社会因素而不是法律因素，反映的是社会上人们所普遍接受的道德水准，这种个别情况下的依诚实信用原则判案在很大程度上就是依道德判案。在明确要求“法无明文规定不为罪”的刑法领域这是不可想象的，它是民法领域的特有原则。因此，同是对宪法权利界限原则的具体化，刑法、行政法、诉讼法所确定的权利界限是明确或比较明确的，是相对固化的，而民法所确定的权利界限有时是明确的，有时是模糊的——是由法官临时裁量的。

民法中的具体规则以及相关子原则有的源自民法中的基本原则，有的直接源自宪法，如民法中的身体权、健康权与宪法中规定的人身自由，民法中的姓名权、肖像权、名誉权与宪法中规定的人格尊严，民法中的知识产权所包括的著作权、专利权、发明权、发现权及其他科技成果权等与宪法中的科研文艺创作权，民法中的财产权、继承权与宪法中的财产权、继承权等，都有一种直接的对应关系。像《继承法》这样的次级民事法律，其基本原则（保护公民私有财产继承权，继承权男女平等，养老育幼照顾病残，互谅互让，团结互助，权利和义务一致）〔16〕也往往与宪法原则或规则有直接关系，如保护公民继承权的原则直接源自《宪法》第13条，〔17〕继承权男女平等原则直接源自《宪法》第48条，〔18〕养老育幼的原则直接源自《宪法》第49条，〔19〕权利义务一致原则直接源自《宪法》第33条和第51条，〔20〕等等。民法规范与宪法中的公民权利规范十分相似，但同为权利规则，二者之间还是有明显的区别。民法中的权利所产生的义务是另一个或另一些权利主体的义务，而宪法中的权利所产生的义务主要是国家的义务，民法调整的是权利与权利的关系；民法中的权利对应的是义务，而宪法调整

---

〔16〕 巫昌祯主编：《婚姻与继承法学》，中国政法大学出版社2001年版，第71～75页。

〔17〕 《宪法》第13条规定：“公民的合法的私有财产不受侵犯。国家依照法律规定保护公民的私有财产权和继承权……”

〔18〕 《宪法》第48条第1款规定：“中华人民共和国妇女在政治的、经济的、文化的、社会的和家庭的生活等各方面享有同男子平等的权利。”

〔19〕 《宪法》第49条规定：“婚姻、家庭、母亲和儿童受国家的保护……父母有抚养教育未成年子女的义务，成年子女有赡养扶助父母的义务……禁止虐待老人、妇女和儿童。”

〔20〕 《宪法》第33条第4款规定：“任何公民享有宪法和法律规定的权利，同时必须履行宪法和法律规定的义务。”第51条规定：“中华人民共和国公民在行使自由和权利的时候，不得损害国家的、社会的、集体的利益和其他公民的合法的自由和权利。”

的权利与权力的关系，宪法中的权力对应的是国家的责任。

四、宪法在法律位阶上高于民法，是法律体系中的母法

民法距离宪法较远，但距离宪法的远近并不能作为判断法律重要性的依据。距离宪法越远，说明宪法对之干预越少，也即距国家权力越远（有国家权力的地方宪法都会有至少是原则性的规定）。从某种意义上来说，宪法不涉足或少涉足的领地，就是在告诫国家权力不涉足或少涉足，也就是表明此处属于“私法自治”之领域，而“私法自治”与宪法保障人权免受国家权力侵害的最高价值追求是完全一致的。因此，从形式上看民法与宪法距离最远，但从精神价值层面上看民法又与宪法最近。其他法律与宪法只是形似，而民法则与宪法神似，其他法律或许只是宪法实现其终极价值的途径和方式，如通过分权、限权来保障人权，而民法的终极价值本身就是宪法的终极价值，甚至宪法消逝之后，民法可能永存，即国家权力消逝，人权永存。从这个意义上来说，甚至宪法都只是实现民法价值的一种手段和方式。在哈耶克看来，宪法属性的吊诡性在于它既作为公法的上层建筑，然其最终目的又是为了实施私法。哈耶克与戴雪都认为，宪法乃私法之结果，而非私法之渊源。哈耶克更是作了进一步的推进，认为法治乃私法的公法之治，宪制乃以宪法的公法形式实施私法。〔21〕

但“公法易逝，私法长存”〔22〕只是遥远未来的一幅图景。以人类历史目前的发展来看，宪法还处在生命力旺盛的青壮年，在有的国家甚至还处于稚嫩的童年时代。在当今的宪制社会，宪法更宏观的视野，更复杂的结构，尤其是它以人民的名义说话而具有的一种自然法力量，使宪法在法律体系中居于“最高法”的地位，民法在法律位阶上不得不低于宪法。立法者在制定民法时也应注意不得与宪法相冲突，在宪法之前的民法规范只有在不与宪法相抵触时才能继续适用，民法随时都可能受到合宪性审查。虽然宪法之前的民法制定时并不需要宪法作依据，它依据的主要是人民的习惯、历史的传统、法之理念、自然法精神等，

〔21〕 参见高全喜：《法律秩序与自由正义——哈耶克的法律与宪政思想》，北京大学出版社 2003 年版，第 274、271 页。

〔22〕 ［英］哈耶克：《法律、立法与自由》（第 1 卷），邓正来等译，中国大百科全书出版社 2000 年版，第 212 页。

但有了宪法之后,这一切都蕴含在宪法之中了,宪法就是人民的习惯、历史的传统、法之理念、自然法精神的结晶。以前,它们分散地呈现在教科书中,在学术著作里,在乡规民约或法典汇编中,在人民的思想和信仰里,现在,它们集中体现在一部宪法文本中,以庄严的根本法规范明确而集中地表达出来,宪法因此而闪耀着神圣的光辉,成为“万法之母”。

宪法与民法的关系论纲

王　锴*

宪法与民法关系的症结在于“宪法是公法”与“宪法是最高法”这两个命题之间的协调。宪法的最高法地位恰恰来自宪法是公法——可以约束民事立法者——的属性。同时,宪法是公法的属性也决定了在调整民事关系上,宪法不可能发挥主要的作用,这就是私法自治的意义。宪法和民法都是存在立法委托的“母法”,但是不能得出宪法与民法效力相等的结论。同时,所谓“根据宪法、制定本法”,主要不是指民法要依据宪法上的某个条文来制定,也主要不是指“民法是宪法的具体化”,而在于宪法为民法介入私人自治设定框架或者界限上。这对于越来越强调“依法”调整民事关系的我国民法来说尤为重要。

宪法与民法的关系是宪法与部门法关系中最富争议的一个,原因可能在于宪法与民法分属公法与私法所带来的形式上的“不可通约性”。但问题在于,宪法同时又是最高法,如果宪法与民法之间没有关系,宪法的最高法地位如何体现?因此,在笔者看来,宪法与民法关系的症结就在于“宪法是公法”与“宪法是最高法”这两个命题之间的协调。

一、宪法优位与私法自治

(一)宪法优位

我国《宪法》序言第13自然段规定,本宪法以法律的形式确认了中国各族人民奋斗的成果,规定了国家的根本制度和根本任务,是国家的根本法,具有最高的法律效力。这可以看作宪法优位在我国实定法上的明确体现。那么,导致宪法优位的原因是什么?学者 Kingreen 给出了两个原因。首先,从功能上来

---

* 王锴,北京航空航天大学法学院教授。

看,宪法是人民行使制宪权的产物,而立法是宪法所规定的立法机关行使宪定权的产物,即立法权是宪法所赋予、并不优于宪法而产生。其次,从制度上来看,宪法优位是基于宪法裁判权的优位。拿法国和美国的例子作比较,美国通过人民主权的思想和强有力的违宪审查权来贯彻宪法的优位性,而法国则把法律视为卢梭意义上的公意的体现,从而不信任法院对立法的审查。[1] 学者 Wahl 也认为,1933 年之前的德国之所以没有宪法优位的思想,与当时不承认法官对立法的审查权、缺乏对立法进行法律上的限制有关。[2] 耶林内克清醒地指出,如果没有法官的审查权,那么就无法保证与宪法相冲突的立法不是在修改宪法。[3] 这使宪法优位与默示的宪法打破(Verfassungsdurchbrechung)无法区分。[4] 对默示的宪法打破的承认导致了实质性的宪法优位无法产生,宪法对于立法者仅是一种没有法律约束力的指针(Direktive)。但是,旨在纠正宪法打破行为的宪法裁判只是对宪法优位的保障,而非宪法优位的原因。在一个缺乏宪法裁判权的国家,只能说宪法优位无法变成现实,但不能说它的宪法就不应当优位。

在笔者看来,宪法优位的原因在于两点:一是效力;二是约束对象。(1)从效力上来说,根据 Merkl 和凯尔森的法律层级理论(Der Stufenbau der Rechtsordnung),法律规范之间存在一个等级关系。Merkl 首先将法律秩序分为两个层级,一个是抽象——一般的法律行为,另一个是个别——具体的法律行为,比如法官的判决、行政处理和民事法律行为。[5] 他认为,在不同层级的规

---

〔1〕 Thorsten Kingreen, Vorrang und Vorbehalt der Verfassung, in: Josef Isensee und Paul Kirchhof(Hrsg.), Handbuch des Staatsrechts der Bundesrepublik Deutschland, Band Ⅻ, C. F. Müller, Heidelberg, 2014, SS. 297 – 303.

〔2〕 Rainer Wahl, Der Vorrang der Verfassung, in: ders., Verfassungsstaat, Europäisierung, Internationalisierung, Suhrkamp, Frankfurt am Main, 2003, S. 128.

〔3〕 Georg Jellinek, Allgemeine Staatslhere, 3. Aufl., Haering, Berlin, 1914, S. 538.

〔4〕 所谓“宪法打破”是指一个或几个特定的个别事例违反宪法,但被打破的宪法在其他情形下仍然一如既往地有效,因而既没有被永久地废除,也没有临时失效。参见[德]卡尔·施米特:《宪法学说》(修订译本),刘锋译,上海人民出版社 2016 年版,第 147 ~ 148 页。

〔5〕 Adolf Merkl, Allgemeines Verwaltungsrecht, Wiss. Buchges., Darmstadt, 1969, S. 172.

范之间存在条件联系。[6] 即一个规范的产生以另一个为条件。比如我国《宪法》第 31 条规定,国家在必要时得设立特别行政区。在特别行政区内实行的制度按照具体情况由全国人民代表大会以法律规定。据此,全国人大制定了《香港特别行政区基本法》和《澳门特别行政区基本法》,因此,宪法是基本法的上位法。这一标准可以称为"依据"标准,即下位法依据上位法的规定而产生,执行性立法都属于这一类。除了规范之间的逻辑—遗传的关系外,Merkl 认为,不同层级的法律规定之间还存在不同的毁损力(derogatorischen Kraft),即如果一个法律规定对于另一个法律规定有毁损力,而另一个法律规定对它没有毁损力,那么毁损者与被毁损者之间就存在高低位阶。[7] 比如我国《宪法》第 5 条第 3 款规定,一切法律、行政法规和地方性法规都不得同宪法相抵触。据此,宪法可以否定法律、行政法规和地方性法规的效力,反过来,法律、行政法规和地方性法规却不能否定宪法的效力,所以宪法成为法律、行政法规和地方性法规的上位法。这一标准可以称为"根据"标准,不同于"依据","根据"不需要其他立法与宪法存在具体内容上的相关,适用于非执行性立法之间的位阶判断。(2)从约束对象上来讲,宪法的特殊性在于,它是一个针对立法机关的法。[8] 因此,宪法优位意味着法律的下位,同时也意味着立法机关的下位。这不仅体现在宪法制定的层面和立法机关修改宪法的有限性上,而且也体现在立法机关受到宪法的约束。这一理论上的突破与北美殖民地反抗英国议会邪恶税法的经历有关。可以说,北美对宪法发展的最大贡献就在于将议会纳入宪法秩序之中。虽然说宪法约束所有的国家权力,但实际上,行政权和司法权依靠法律就可以受到限制,即所谓的依法行政和依法审判,只有立法权无法靠自身的法律来进行约束,否则就等于"自己当自己的法官"。因此,可以说,约束立法权是宪法的独有功能,也是成文宪法所代表的"人民主权"区别于不成文宪法所代表的"议会主权"的地方。

---

〔6〕 Theo Öhlinger, Der Stufenbau der Rechtsordnung: Rechtstheoretische und ideologische Aspekte, Manzsche Verlags-und Universitätsbuchhandlung, Wien, 1975, S. 15.

〔7〕 Adolf Merkl, Prolegomena einer Theorie des rechtlichen Stufenbaues, in: Alfred Verdross (Hrsg.), Gesellschaft, Staat und Recht: Untersuchungen zur Reinen Rechtslehre, Verlag von Julius Springer, Wien, 1931, S. 276.

〔8〕 前引注 1, Kingreen, S. 295。

(二)私法自治

私法自治是指私人自治的优先,私人自治是一种法秩序承认的个人自我调整自己的生活关系的自由。它具体化为个人根据自己的意志来自我形塑法律关系的原则,即个人在法律生活中的自我决定。[9] 私人自治有三要素:个人的行为自由是载体、法律行为是对象、通过法律秩序予以承认是效力基础。从载体的角度,私人自治被定义为法律上承认的个人在私法关系中的意志力;从对象的角度,私人自治意味着在法律行为的签订和形成中的自我决定;从效力基础的角度,私人自治意味着通过意思表达来产生和阻止某种法律后果的法律上的可能性。[10] 学者 Ruffert 将私人自治分为形式的私人自治和实质的私人自治,前者是指私人可以选择他如何调整与其他人之间的法律关系,它关注的是自由而非平等,关注的是合同的形成而非形成的结果是否符合正义。当法律承认和贯彻私人自主形成的调整的时候,形式的私人自治就受到了保障。后者是指私人自治行为的前提,哪些事实因素构成了实质的私人自治,没有固定的答案,而是一个教义学和法政策评估的问题。此时,平等协商与合同自由相联系。同时,目前和未来的财务裁量空间也对私人自治产生影响。[11]

私人自治与私法的区别在于,私人自治所产生的法(如合同)是建立在个人的意思形成基础上的,而私法是建立在国家的意思形成之上的。因此,从这个角度来讲,私法是他治而非自治。但是私人自治与私法的联系在于,私法是在维护私人自治,私法不是用国家的要求来取代私人自治,在民事关系中私人自治是优先的,私法中的强制性要求是例外。私法只是为私人自治提供了法律的框架,私人自治只要不违反该法律的框架就是有效的。一方面,私法承认了私人自治本身的法律效力。在凯尔森的理论中,缔结合同的双方就是立法的代

---

〔9〕 Matthias Ruffert, Vorrang der Verfassung und Eigenständigkeit des Privatrechts: Eine verfassungsrechtliche Untersuchung zur Privatrechtswirkung des Grundgesetzes, Mohr Siebeck, Tübingen, 2001, S. 55.

〔10〕 Josef Isensee, Privatautonomie, in: Josef Isensee und Paul Kirchhof (Hrsg.), Handbuch des Staatsrechts der Bundesrepublik Deutschland, Band Ⅶ, C. F. Müller Verlag, Heidelberg, 2009, SS. 210 – 211.

〔11〕 前引注 10, Ruffert, SS. 327 – 328。

表，他们去确定个别法律规范的内容，这就是立法的过程。[12] 另一方面，私法为私人自治提供保护。这种保护主要是维护私人自治的前提条件。私人自治要求所有的法律主体都享有平等地参与私法关系的自由。合同双方要想获得利益上的均衡，就必须要有一种最低的相对于另一方的独立性。但是，在现实中，参与双方的能力、认知、谈判技巧、人际关系的好坏等不同，这就在合同自由的保障和私有财产的保障之间产生了冲突。因为有产者在行使自由上显然比无产者具有优势，这种行使法律自由上的差距导致了一方相对于另一方成为社会权力（gesellschaftliche Macht）。为此，合同自由必须与权力平等相联系：每个人都有自我决定的权力，不能通过一方的权力去介入另一方的自我决定，从而形成单方的依赖。这种现实的不平等就成为私法保护私人自治的理由。

（三）宪法优位与私法自治

根据 Hesse 的观点，宪法与民法的关系并非法学上的单行道，而是一种相互补充和互为条件。[13] （1）宪法对民法的作用体现在三方面：保护、指引（Richtlinien）和刺激（Impuls）。首先，宪法设定了私法制度发挥作用的条件，即保护其免受立法的消除或者瓦解，通过宪法上的自由权和一般人格权来维护私法的基础，包括婚姻、财产、人的自由和自我决定。它不仅保护人及其自由免受国家的侵犯，还通过个别基本权利的保护义务——主要是生命和身体完整性——来保护其免受国家之外的侵犯。其次，宪法的指引作用来自它能够迅速对现实的变迁进行反应，这归功于宪法规范的宽泛和开放性，从而为私法进行符合实际情况的续造产生根本性的意义。最后，宪法也成为民事立法和判决发生变迁的"发动机"。[14] （2）民法对宪法的作用体现在，私人自治是宪法的前提条件和宪法的预期。宪法的前提是指宪法获得实效性的现实基础。没有私人自治，国家就会变成极权国家。同时，私人自治使每位公民都具有了平等地发展自己的可能性，从而与民主原则相联系。宪法预期是指宪法背后的"看不

---

〔12〕 Hans Kelsen, Allgemeine Staatslehre, Verlag von Julius Springer, Berlin, 1925, S. 153.

〔13〕 Konrad Hesse, Verfassungsrecht und Privatrecht, C. F. Müller Juristischer Verlag, Heidelberg, 1988, S. 31.

〔14〕 a. a. O., SS. 40 – 41.

见的手"。[15] 私人自治就是市场背后的看不见的手。私人自治是市场经济的法律基础,在私人自治的前提下,市场才接受法律对经济关系、产品、交换和利益分配的调整。私人自治取决于社会和国家权力之间的平衡,这个平衡导致了辅助性原则,即在实现公共福祉上,个人和社会力量在行动上处于优先地位,共同体是自下而上构建的。[16]

Ruffert 区分了宪法的效力优先和民法的认识优先。[17] 一方面,宪法通过废止和改变过度的立法或者恣意的司法来保护私人自治。另一方面,私法的认识优先体现在:首先,19 世纪下半叶,宪法教义学的产生是格贝尔和拉班德借鉴了民法的"法律方法论"(juristischen Methodik)的结果。[18] 就像拉班德所说,国家法领域中的大量概念,它们的确定和完善是在私法领域实现的,但是它们的本质并非私法的概念,而是一般的法律概念。因此,从特定的私法素材中得出的概念必须要被"纯化",简单地移植民法的概念和规则到国家法领域是不必要的。民法与国家法的处理经常是相反的,但是民法的方法是潜在的。在向自己"成熟的姐姐"学习的时候,国家法真正要担心的不是太民法化,而是非法学化和落入政治的日常文献中。[19] 其次,民法也对宪法的内容产生了形塑作用。[20] 尤其是宪法中的需要法律形成其保护范围的基本权利,比如婚姻、家庭、财产、继承权、合同自由。还有一些部分需要立法形成的基本权利,比如结

〔15〕 Herbert Krüger, Verfassungsvoraussetzungen und Verfassungserwartungen, in: Horst Ehmke/Joseph H. Kaiser/Wilhelm A. Kewenig/Karl Matthias Meessen/Wolfgang Rüfner (Hrsg.), Festschrift für Ulrich Scheuner zum 70. Geburtstag, Duncker & Humblot, Berlin, 1973, S. 298.

〔16〕 Josef Isensee, Subsidiaritätsprinzip und Verfassungsrecht: Eine Studie über das Regulativ des Verhältnisses von Staat und Gesellschaft, 2. Aufl., Duncker & Humblot, Berlin, 2001, S. 281ff., 365ff.

〔17〕 前引注 10, Ruffert, S. 51。

〔18〕 参见李忠夏:《宪法学的教义化——德国国家法学方法论的发展》,载《法学家》2009 年第 5 期。

〔19〕 前引注 14, Hesse, SS. 13 - 14。

〔20〕 a. a. O, S. 42.

社自由,它们都以私法秩序作为前提。[21] 针对有学者提出的民法优位的观点,[22] Jestadet 区分了宪法优位和民法优位的不同内涵:首先,宪法优位是一种规范的优位,而民法优位是一种历史的优位。[23] 宪法优位是解决规范之间的冲突,而民法优位是揭示基本权利的起源和背景。其次,宪法优位与民法优位并不排斥,尽管宪法在层级上是最高规范,但是制宪者在制宪时并不是处于一种经验——政治——社会的真空中,因此,对基本权利的解释要借助前宪法的状态。而民法往往对于宪法的历史解释具有突出的意义。[24]

私法优位应当是私法在保护私人自治上的优位。但问题在于,私法作为国家的法,其对私人自治并不完全都是保护(任意性规范),也有可能是限制(强制性规范)。此时就是宪法的"用武之地"。宪法优位是指宪法具有否定无法保护私人自治,甚至是侵犯私人自治的民法的效力的作用。所以,宪法的最高法地位恰恰来自宪法是公法——可以约束民事立法者——的属性。同时,宪法是公法的属性也决定了在调整民事关系上,宪法不可能发挥主要的作用。这就是私法自治的意义。

二、宪法是母法抑或民法是母法?

(一)何谓"母法"?

母法与子法的比喻显然是指一个法可以"产生"另一个法之意。[25] 这类似

---

〔21〕 参见王锴:《论立法在基本权利形成中的作用与限制——兼谈"公有制"的立法形成问题》,载《法治研究》2017 年第 1 期。

〔22〕 Fritz Rittner, Über den Vorrang des Privatrechts, in: Albrecht Dieckmann (Hrsg.), Festschrift für Wolfram Müller-Freienfels, 1986, Nomos, Baden-Baden, 1986, S. 509ff.

〔23〕 Freienfels 也指出,宪法优位是一个实定法的规范,民法优位则是一个历史的事实。Vgl. Wolfram Müller-Freienfels, Vorrang des Verfassungsrechts und Vorrang des Privatrechts, in: Manfred Löwisch (Hrsg.), Beiträge zum Handels-und Wirtschaftsrecht: Festschrift für Fritz Ritter zum 70. Geburtstag, Beck, München, 1991, S. 423ff。

〔24〕 Matthias Jestaedt, Grundrechtsentfaltung im Gesetz: Studien zur Interdependenz von Grundrechtsdogmatik und Rechtsgewinnungstheorie, Mohr Siebeck, Tübingen, 1999, SS. 27 – 28.

〔25〕 参见林来梵:《宪法学与民法学》,载徐秀义、韩大元主编:《现代宪法学基本原理》,中国人民公安大学出版社 2001 年版,第 485 页。

于凯尔森所说的法律层级理论判断法位阶的第一个条件,即一个法以另一个为条件或者一个法依据另一个法制定。这要以一个法中存在对另一个法的立法委托为前提。诚如前述,宪法中存在这样的立法委托,比如《宪法》第 31 条。但是,在民法中同样存在这样的立法委托。比如我国《婚姻法》第 50 条规定,民族自治地方的人民代表大会有权结合当地民族婚姻家庭的具体情况,制定变通规定。自治州、自治县制定的变通规定,报省、自治区、直辖市人民代表大会常务委员会批准后生效。自治区制定的变通规定,报全国人民代表大会常务委员会批准后生效。再如《收养法》第 33 条规定,国务院可以根据本法制定实施办法。就此而言,宪法和民法都是母法,都可以产生其他的立法。

但是,与民法相比,宪法可以“产生”法律,而民法只能“产生”法律之下的其他立法。因此,即使宪法和民法都可以作为“母法”,也不能得出宪法与民法效力相等的结论。

(二)国家与社会的二分及其联系

有学者认为,宪法是国家的根本法,民法是市民社会的根本法。[26] 还有学者认为,宪法是限制权力的,民法是保护权利的。[27] 这些论述都以国家与社会的二分作为基础。但是国家与社会的二分不是绝对的。因为市民社会将“受国家保障”视为一种秩序原则,某种程度上就是它的宪法。因为国家介入的目的是防止社会陷入自我毁灭。国家必须通过社会衡平和社会给付来使个人和社会的自由以及法律上的平等获得真正的实现。当然,国家对经济—社会领域的干预必须限于特定的目的,也就是说,国家对社会介入是有限度的,即所谓的辅助性原则。[28]

其实,宪法和民法的目的是相同的,都是保障人权。宪法限制权力的目的也是保障人权。只不过在保障人权上,宪法和民法存在时间和效力上的不同。

---

〔26〕 参见赵万一:《从民法与宪法关系的视角谈我国民法典制定的基本理念和制度架构》,载《中国法学》2006 年第 1 期;赵万一:《再谈民法与宪法的关系》,载《清华法学》2009 年第 2 期。

〔27〕 参见郝铁川:《宪法是万法之父、民法是万法之母》,载《法制日报》2018 年 11 月 7 日,法学院版。

〔28〕 Burkhard Schöbener/Matthias Knauff, Allgemeine Staatslehre, 2. Aufl., Verlag C. H. Beck, München, 2013. S. 85.

根据辅助性原则,人权首先应当通过社会自治来实现,只有在社会无法落实该目的的时候才转由国家保障。所以,民法在保障人权上是第一位的,具有时间上的优先性;而当民法无法保障人权的时候,宪法具有矫正民法的作用,体现了效力上的优先性。在笔者看来,大多数主张“民法是市民社会的根本法”从而与作为调整政治国家的宪法“平起平坐”甚至“分庭抗礼”的学者,是将“国家制定的调整市民社会的民法”等同于“市民社会的法”,从而低估了民法本身可能对市民社会和私人自治造成的危害。

三、民法要不要写“根据宪法、制定本法”?

目前我国法律中明确规定“根据宪法、制定本法”的只有大约 1/3,而有近 2/3 的法律并没有写明“根据宪法、制定本法”。(如表 1 所示)[29]

表 1 相关法律数量统计

法律数量(部)		规定了“根据宪法、制定本法”或者类似字眼的法律数量及其占比		没有规定“根据宪法、制定本法”的法律数量及其占比	
宪法相关法	37	28	75.7%	9	24.3%
行政法	82	31	37.8%	51	62.2%
民商法	34	8	23.5%	26	76.5%
刑法	1	1	100%	0	0%
经济法	63	3	4.8%	60	95.2%
社会法	22	9	40.9%	13	59.1%
诉讼与非诉讼程序法	9	4	44.4%	5	55.6%
总计	248	84	33.9%	164	66.1%

这种状况可能涉及对“根据宪法”的内涵的理解。宪法与立法的关系可以有两种理解:一种是“立法是宪法的具体化”,比如 Fritz Werner 于 1958 年发表

〔29〕 王锴:《〈监察法〉要不要写“根据宪法、制定本法”?》,载 http://blog.sina.com.cn/s/blog_53944d570102x3dq.html,最后访问日期:2018 年 5 月 7 日。

的《行政法作为宪法的具体化》一文。这使每一部立法的内容都或多或少地与宪法相联系，但是这必然导致一个结论，即宪法是不确定的，宪法的规定在概念内涵上是模糊的。然而这无法解释为什么有的时候立法的规定比宪法更不确定、更模糊。比如《民法总则》第 8 条、第 10 条中的“公序良俗”。同时，如果法律都是宪法的具体化，那么，法律和宪法之间的界限就会消失。[30] 宪法优位也就失去了意义，因为那些具体化宪法的法律也参与了宪法优位，修改法律就等于在修改宪法。[31] 与之相对立的是“宪法作为框架秩序”(Rahmenordnung)的理解，[32]“宪法作为立法的框架”认为宪法只是为立法提供了边界，立法只要不违反这个边界就是立法裁量的空间。宪法的规定不是指示立法者如何立法，而更多是指示立法者不得如何立法。框架秩序的理论最早由凯尔森提出，后来由博肯福德引入宪法。[33] 所谓框架秩序是指每一个被适用的法都构成了一个框架，每一个位于该框架之内的行为都是合法的，在某种意义上都是在填充该框架。[34] 因此，在凯尔森看来，法院或者行政机关的法律适用绝非完全由立法所确定好的执行行为，而是带有法形成的因素。

笔者认为，宪法与立法的关系中的这两种理解，表面上相反，但实际上可以并存。因为虽然同一个宪法条文无法同时体现这两种关系，但是不同的宪法条文是可以分别反映这两种关系的。以我国宪法为例，既存在立法对宪法的具体化，也存在宪法作为立法的框架秩序。前者以宪法委托的形式出现，主要表现为宪法课予立法机关以立法作为义务，如果立法机关违反了该义务，将导致立法不作为的后果。[35] 根据笔者的统计，目前我国宪法上的立法委托至少有 41

〔30〕 前引注 25，Jestaedt，S. 17。

〔31〕 Peter Lerche，Grundrechtswirkungen im Privatrecht，Einheit der Rechtsordnung und materielle Verfassung，in：Reinhard Böttcher/Götz Hueck/Burkhard Jähnke (Hrsg.)，Festschrift für Walter Odersky zum 65. Geburtstag am 17. Juli 1996，de Gruyter，Berlin，1996，S. 219.

〔32〕 Rainer Wahl，Der Vorrang der Verfassung und die Selbständigkeit des Gesetzesrechts，in：ders.，Verfassungsstaat，Europäisierung，Internationalisierung，Suhrkamp，Frankfurt am Main，2003，S. 168.

〔33〕 参见王锴：《国家法何为？》，载《中国社会科学报》2017 年 11 月 29 日。

〔34〕 前引注 13，Kelsen，S. 348。

〔35〕 参见王锴：《论立法不作为的违宪》，载《东吴法学》2007 年春季卷。

处,包括表述为“由法律规定”或“以法律规定”的明显性委托和表述为“依照法律规定”“依照法律”“依法”“在法律规定范围内”的隐含性委托。但是,问题在于,宪法对民事立法的委托是很少的。主要有《宪法》第 10 条第 4 款(土地的使用权可以依照法律的规定转让)、第 11 条(在法律规定范围内的个体经济、私营经济等非公有制经济,是社会主义市场经济的重要组成部分)、第 13 条第 2 款(国家依照法律规定保护公民的私有财产权和继承权)。这其中的原因可能在于,真正调整民事关系的并不是国家的民法,而是私人自治或者私人所产生的“民法”。国家的民法只是承认和保护这种私人产生的“民法”,在调整民事关系上,国家的民法乃至宪法都是次要的,这与其他法律关系主要依靠国家的法律调整是不同的。后者以立法界限或者框架的形式出现。[36] 凯尔森认为,实证法的最高层级是宪法规范,它包含了对下位规范产生的调整;它不仅规定了立法的形式和程序,也调整下位规范的内容,主要是以排除特定内容的消极方式。[37] 以我国宪法为例,宪法为民法提供的框架包括:(1)形式框架。第一,是否超越立法权限。包括宪法中规定的基本法律和非基本法律的立法权限、人大与行政之间的立法权限、中央与地方之间的立法权限。第二,是否违反立法程序,主要包括宪法中规定的法律修改程序、人大开会程序。比如 2009 年全国人大常委会通过的《侵权责任法》是否突破了民事基本法律应当由全国人大制定的形式框架。(2)实质框架。第一,是否不当限制了公民的基本权利。此时,可以按照“基本权利的保护范围—干预—干预的阻却违宪理由”的顺序来进行审查。[38] 第二,是否有助于宪法序言和总纲中的国家目标、国家任务的实现,是否有助于保护国家象征。[39] 比如在楚某与陈某欠款纠纷案(2001 晋民再审字第 1 号)中,法院认为,国务院《农副产品购销合同条例》制定于计划经济色彩非常浓厚的 1984 年,现商品经济极大发展,建立社会主义市场经济已列入宪法,原判仅以未签书面协议为由,将购销行为认定无效不符合经济发展规律和时代

〔36〕 Hans Kelsen, Reine Rechtslehre, 2. Aufl., Deuticke, Berlin, 1960, S. 228.

〔37〕 a. a. O., SS. 230, 238.

〔38〕 参见张翔:《基本权利限制问题的思考框架》,载《法学家》2008 年第 1 期;赵宏:《限制的限制:德国基本权利限制模式的内在机理》,载《法学家》2011 年第 2 期。

〔39〕 参见王锴、刘犇昊:《宪法总纲条款的性质与效力》,载《法学论坛》2018 年第 3 期;王锴:《论宪法上的首都》,载《中国法律评论》2017 年第 6 期。

精神。据此,山西省高级人民法院判决排除了国务院在计划经济时代颁布的民事行政法规在本案中的适用,相当于对该行政法规进行了合宪性审查,最终判决该购销协议有效。[40]

因此,所谓"根据宪法、制定本法",主要不是指民法要依据宪法上的某个条文来制定,也主要不是指"民法是宪法的具体化",而在于宪法为民法介入私人自治设定框架或者界限。这对于越来越强调"依法"调整民事关系的我国民法来说尤为重要。[41] 除了宪法明确规定对民事立法者的立法委托外,民法对宪法进行具体化的可能性是很小的。如果将所有民法都视为宪法的实施细则,不仅可能导致公私法的界限消失,同时也可能导致国家过度干预私法自治。[42] 所以,民法对宪法更多是"根据"而非"依据",即民法只要不违反宪法所规定的框架秩序即可。当然,这种"根据"需要通过实效性的宪法裁判或者违宪审查制度来实现,在缺乏相关制度的情况下即使民法写明"根据宪法、制定本法"顶多只具有宣示意义。[43]

四、结语:民法的宪法化还是宪法的民法化?

民法的宪法化的前提是民法可以发挥跟宪法相同的功能。[44] 一方面,古典宪法的功能是构建国家,而民法构建的是社会,[45] 并非国家;另一方面,近代宪法的功能是约束国家公权力乃至约束立法权,而民法顶多只能约束国家的民事活动,比如政府采购、国有企业的经营行为、行政私法行为等,这些活动都不

---

〔40〕 参见林孝文:《我国司法判决书引用宪法规范的实证研究》,载《法律科学》2015年第4期。

〔41〕 据笔者统计,我国目前正在起草《民法典分则》各编中"依法"出现了80次之多,已经出台的《民法总则》中"依法"出现了57次。

〔42〕 参见叶海波:《"根据宪法,制定本法"的规范内涵》,载《法学家》2013年第5期。

〔43〕 参见苗连营、程雪阳:《民法帝国主义的虚幻与宪法学的迷思——第三只眼睛看"根据宪法,制定本法"的争论》,载《四川大学学报》(哲学社会科学版)2008年第2期。

〔44〕 参见谢鸿飞:《中国民法典的宪法功能——超越宪法施行法与民法帝国主义》,载《国家检察官学院学报》2016年第6期。

〔45〕 参见林来梵:《民法典编纂的宪法学透析》,载《法学研究》2016年第4期。

以行使公权力为前提。所以,民法的宪法化只能表明民法是“市民社会的宪法”这一比喻意义,民法本身就是国家立法权的产物,根本无力抵御政治国家的“入侵”,因此,所谓“民法的宪法化”不过是“民法的合宪化”,即民法被宪法规训的反映。[46]

宪法的民法化则是从一个极端走向另一个极端,从泛民法思维走向泛宪法思维,[47]认为所有的民法问题都需要回归宪法,都可以在宪法上找到答案。这不仅是合宪性审查机构和宪法学人的不能承受之重,更是用宪法取代了民法。国家与社会、公法与私法之间的界限荡然无存,不符合国家对社会的辅助性原则以及公法是私法的特别法。应当讲,在保护人权的共同目标上,宪法和民法是一致的。但是,为了维护私人自治和社会自治,民法在保护人权上处于优先地位,宪法一方面通过矫正民法的制定与适用来保护人权,另一方面则通过基本权利来保护“民事权利所保护的法益”,以此实现公力救济对私力救济的取代。

宪法虽然与民法调整对象不同但又高于民法,因为“宪法是公法”与“宪法是最高法”并不矛盾。“宪法是最高法”主要通过“宪法是公法”来保障和实现。如果宪法不去约束立法权,宪法就不可能成为高于其他立法的最高法。而宪法约束立法权,这恰恰又是“宪法是公法”的反映。“宪法是最高法”不在于其内容,而在于其对象。如果认为“宪法是最高法”就必须调整所有的法律关系,[48]这不仅会使宪法的功能“失焦”,而且也会导致宪法的内容“无限膨胀”,从而让其他部门法的存在变得没有意义。

---

〔46〕 参见李玲:《论法国民法典的宪法化》,载《北方法学》2013年第6期。

〔47〕 参见林来梵、朱玉霞:《错位与暗合——试论我国当下有关宪法与民法关系的四种思维倾向》,载《浙江社会科学》2007年第1期。

〔48〕 比如,有学者认为宪法是公私法共同的母法,参见蔡定剑:《关于什么是宪法》,载《中外法学》2002年第1期。

宪法与部门法的三重关系

张　翔*

宪法与部门法的关系是宪法学的重要课题。自2001年“齐玉苓案”以来，随着宪法学的“议题化”，[1]对宪法与部门法关系的研究愈加从宏观走向微观，从理论走向实践。借由“宪法的辐射效力”“基本权利的第三人效力”“国家的保护义务”等学理的引入和本土化，中国宪法学初步建立起了宪法与部门法关系的学理框架，并与各部门法学展开了互动。笔者亦曾初步概括了宪法与部门法的三重关系：“法律对宪法的具体化”“法律的合宪性解释”“法律的合宪性审查”，[2]本文将在此基础上做进一步的补充和扩展。

一、宪法与部门法？抑或宪法与法律？

尽管“宪法与部门法”的表述已为学界普遍使用，但对相关概念似仍有界定的必要。一方面，从最狭窄的“形式意义的宪法”概念（以宪法典的形式表现出来，具有最高效力的宪法）到宽泛的“实质意义的宪法”概念（以国家权力的配置与运行以及人权保障为内容的法的总称），“宪法”的所指是有差异的。而如果把“经验性的宪法”（一国政治生活的事实、政治关系的状态）概念考虑进来，

---

* 张翔，中国人民大学法学院教授。

〔1〕 参见苏永钦：《走向规范宪法——从台湾的经验看大陆的选择》，载吴庚教授七秩华诞祝寿论文集编辑委员会编辑：《政治思潮与国家法学》，台北，元照出版有限公司2010年版，第246页。

〔2〕 参见张翔：《“近亲属证人免于强制出庭”之合宪性限缩》，载《华东政法大学学报》2016年第1期。

其内涵就更为模糊不清。[3] 另一方面,各个部门法的一些基础性规范,往往就规定在宪法中(如作为民法基础规范的市场经济、私有财产权、人格权等条款,作为财税法基础规范的预算权、纳税义务条款),“对每一个法律部门都必须首先以其宪法性基础为源头来理解”,[4]各个部门法的学理也多将宪法作为本部门法的法律渊源之一。可以说,“实质意义上的宪法”除了包括宪法典和各种组织法之外,还包含了散落于各个部门法中的规范;而各部门法又往往将宪法典的部分条款作为本部门法的当然内容。在此交织混合的状态下,我们所讲的“宪法与部门法”实际上指的是什么呢?

在笔者看来,出于清晰讨论以形成有效学术对话和积累的必要,似乎可以将“宪法与部门法的关系”界定为:“形式意义的宪法”(具有最高效力的宪法典)与由低位阶的规范所构成的各个法律部门之间的关系。这些法律部门,可以是在法制史和法学史上业已形成的,具有较强的内在体系性的法律部门,比如民法、刑法、行政法、诉讼法等,也可以是在某些领域形成的具有更强问题导向性的新兴的法律部门,比如财税法、社会法、环境法等。各法律部门的规范,不仅来自“形式法律”(由议会制定的),也来自更低位阶的规范性文件。而且,由于“法律体系允许多种排列和分类的存在,因此,一个规范或一个制度完全可以出现在多个法律部门中”。[5] 因此,各个法律部门并非泾渭分明,但是,都在宪法之下。

这样界定,是以明确效力等级意义上的上位法与下位法的纵向思维,替代

---

[3] 关于“宪法”概念的所指,参见刘晗对“宪法”(the constitution)、“《宪法》”(the Constitution)、“宪律”(constitutional law)的梳理(刘晗:《合众为一:美国宪法的深层结构》,中国政法大学出版社2018年版,第5~6页),以及笔者对“经验性的宪法”和“规范性的宪法”的梳理(李忠夏:《宪法变迁与宪法教义学》,法律出版社2018年版,序二)。

[4] [德]弗里茨·里特纳、迈因哈德·德雷埃尔:《欧洲与德国经济法》,张学哲译,法律出版社2016年版,第30页。

[5] 同上书,第32页。

并列的、重叠的、模糊的横向思维,〔6〕在笔者看来,更有利于厘清宪法与部门法的关系。

二、法律对宪法的具体化

宪法与部门法的第一层次关系,是宪法约束立法机关,立法机关通过制定法律来具体化宪法以形成部门法秩序。宪法是最高法,是一切立法的依据,立法是在宪法约束下在法秩序的各个领域的规范展开。“立法一直担负着实施宪法的任务,负有具体化宪法规范内涵,并将之体现在生活关系中的义务”,〔7〕《中共中央关于全面推进依法治国若干重大问题的决定》中“使每一项立法都符合宪法精神”的表述也体现了宪法约束立法的规范性。我国的形式法律,会在开宗明义的第1条写入“根据宪法,制定本法”。在“物权法草案违宪”争议后,这一做法更为所有的立法所坚持。叶海波教授认为,“根据宪法,制定本法”的规范内涵包括了“权源内涵”和“法源内涵”两个层次,分别是指立法者的立法权来源于宪法,以及立法者对于法律的内容形成应该以宪法文本所蕴含的立法指示为依据,具体化或者至少是不抵触宪法。〔8〕 宪法作为部门法的“法源内涵”意味着,立法者首先应当明了宪法对于该部门法领域的价值和规范设定,并通过更为具体的法律规范将其落实为部门法秩序。

但于此还应注意,尽管立法要受到宪法约束,立法活动应当是具体化宪法的活动,但立法者仍然享有宪法作为“框架秩序”之下的“形成空间”或者“形成

〔6〕 这里需要对另外两个被习惯性使用的概念“宪法性法律”“宪法相关法”做一点说明。这两个概念都缺乏明确的界定,而其所指主要是与国家组织、国家权力配置和国家象征等相关的法律。在笔者看来,“宪法性”和“宪法相关性”都太过模糊,无法合理解释众多的归类问题。例如,刑事诉讼法对人权保障有重大意义,因而与宪法的相关性极强,但却只能归类于诉讼法部门。在“依法治国首先是依宪治国”“使每一项立法都符合宪法精神”的现代法治理念下,没有什么法律是与宪法不相关的。“宪法相关法”的概念于此只能制造混乱与困扰。在笔者看来,用“组织法”去概括这两个概念的所指大体可以覆盖,或者,“实质意义的宪法”概念也足以承担这两个概念的学理功能。

〔7〕 郑贤君:《宪法虚伪主义与部门法批判》,载《中国法律评论》2016年第1期。

〔8〕 参见叶海波:《“根据宪法,制定本法”的规范内涵》,载《法学家》2013年第5期。

自由”。在凯尔森看来，任何的规范都是一个框架(Rahmen)，其中包括着多种可能性。[9] 就像法律要为行政机关和司法机关保留裁断的余地一样，作为约束立法的规范，宪法也为立法预留出自行判断和创设的空间。宪法不可能针对一切生活领域的未来生活事实预先提供全部解决方案。同时，任何成文宪法的制定，都是期待在未来很长的时间稳定地发挥规范效力，因此，宪法一定要为立法者保留作出新的规范安排的可能性。未来的不可知性决定了，不可能以制宪当时的认识来刻板约束立法者，相反，要以一个大体的框架来保持一个开放的态度，认可立法者因应现实需求的腾挪空间。此外，立法作为民主政治的过程，就是要把宪法所保障的、相互之间恒久冲突的各种利益置于公开的讨论和博弈之中，以程序来落实民主原则，并实现政治的功能。立法过程本质上是个政治过程，宪法对于政治而言也只是“框架秩序”，一方面为政治设定边界，另一方面为政治保留必要的功能空间。宪法要为作为“政治机关”的立法机关保留对社会事实等的自我评估，作出自我决定的空间。此外，立法还有其科学性(正确性)的要求，必须能够准确反映和恰当规制不同生活领域，这也决定了立法的形成自由的必然存在。立法的形成自由，即使在分权体制下，都是违宪审查机关所不可干预的。

于此，宪法对部门法的立法的约束可以概括为两个层面：“内容形成”和“越界控制”。前者意味着，立法者必须考量，宪法的哪些规范构成了对该部门立法的委托，宪法在此领域设定了何种国家目标，要求达到何种基本权利保障标准；后者意味着，在考量该法律部门的规范领域的特定情形而形成具体规范时，立法者不能逾越宪法设定的边界，不能背弃国家目标，不能侵害基本权利，在权衡各种利益时，应谨慎裁断，避免草率放弃宪法的任何价值设定。笔者曾以刑事诉讼法中的证人出庭和近亲属证人免于强制出庭制度为例，说明刑事诉讼法对宪法“被告人有权获得辩护”和“婚姻、家庭受国家保护条款”的具体化。借由“辩护权——获得有效辩护权——对质权——不利证人出庭”的学理脉络，我国刑事诉讼法规定的证人出庭制度，将“获得辩护权”进行了诉讼制度和诉讼权利层面的具体化；而近亲属证人免于出庭的制度则体现了立法者基于宪法上的婚

[9] Hans Kelsen, Reine Rechtslehre. 1. Aufl. 1994, S. 94.

姻家庭作为客观价值秩序的要求而做出的制度安排。[10] 尽管对刑事诉讼法规定的证人出庭制度仍然多有批评,但应该意识到"具体化宪法"是一个不断趋近和调整的过程,对于立法者在特定时空下,在部门法领域的具体化宪法的方案,应保持理解和宽容的态度。并以积极的学理研究,为其未来的自我完善提供建构思路。

三、法律的合宪性解释

法律在制定出来之后,就进入执法和司法的层次。在法治国家,国家权力受到法律的约束,这是民主原理的直接体现。但是,受法律约束(法律优先)的国家公权力仍然要受宪法的约束。尽管在具体化宪法上,立法权具有优先性,但其他国家权力仍然负有在其职权的行使中落实宪法精神的义务。现代法治是宪法优先的法秩序,法秩序的位阶原理[11]要求所有法律的解释和适用也要合于更高位阶的宪法规范。这就催生了"法律的合宪性解释原则"(Grundsatz der verfassungskonformen Auslegung von Gesetzen)。也就是要求对法律的具体解释和适用,必须时刻关照宪法价值的落实,将宪法作为法律解释的"补充性"和"控制性"因素,使法律的具体操作合于宪法的整体秩序。对法律做合宪性解释的最基本要求是:当某个法律规范存在多种的解释可能性,其中的某些会导致该规范违宪,而另外一些使该规范合宪,则法律的解释者应当选择与宪法相一致的解释可能性。而更高层次的要求是:在法律解释中,将宪法的基本价值决定引入,以推进法秩序的宪法化。后一个层次,也被称为"基于宪法的解释"(verfassungsorientierte Auslegung)。[12]

法律的合宪性解释原则,首先是一种解决法律解释冲突的方案。在传统的文义解释、历史解释、体系解释、目的解释等方法的运用下,同一个法律条文可

---

〔10〕 参见张翔:《"近亲属证人免于强制出庭"之合宪性限缩》,载《华东政法大学学报》2016 年第 1 期。

〔11〕 Hans Kelsen, Reine Rechtslehre. 1. Aufl. 1994, S. 74ff.

〔12〕 参见[德]斯特凡·科里奥特:《对法律的合宪性解释:正当的解释规则抑或对立法者的不当监护?》,田伟译,载《华东政法学院学报》2016 年第 3 期。本文特别回应了中国学者在相关概念使用上的困惑。

能有多种的解释可能性,也就是多种规范意涵。此时应选择哪一种作为解决具体争议的法规范大前提,在法学方法论上一直存在争议。合宪性解释要求的出现,意味着在相互冲突的规范意涵之间,解释者应当选择与宪法一致的。于此,宪法的约束性具备了法学方法论意义。宪法约束法律的解释者,其不可以谋求违反宪法地解释法律,而是要通过法律解释来继续形塑合宪性法秩序。此外,法律的合宪性解释原则还意味着,对于立法者制定的法律条文,要尽可能使其被认为是合宪的,也就是推定立法者一直取向于实现宪法的要求而不是相反。于此,合宪性解释还具有尊重立法者的立法意图、保全法律的意义。

法律的合宪性解释,是对法律的解释,是对法律解释结果的合宪性控制。与下文将要论及的法律的合宪性审查不同,法律的合宪性解释发生的主要场域是各个部门法的司法过程。如前文所述,各个部门法都是对宪法的具体化,但在具体个案的司法中,这些法律规范的内涵需要被进一步明确(进一步具体化),而已经被具体化于部门法中的宪法价值也可能在具体情境下出现冲突。在此情况下,重新回到宪法就是必要的。法律解释,正如其他在宪法价值笼罩下的法律活动一样,都应该以宪法作为修正法秩序缺漏、补充漏洞的规范来源。"来自合宪法秩序的意义整体,对法律可以发挥补正功能的规范;发现它,并将之实现于裁判中,这正是司法的任务。"〔13〕

我国对于法律的合宪性解释的研究开启于 2008 年。〔14〕而 2008 年年底"齐玉苓案"批复的废止,标志着合宪性审查意义上的"宪法司法化"暂时不再有实现的可能。宪法学者开始从法律的合宪性解释的角度探索宪法影响司法

〔13〕[德]卡尔·拉伦茨:《法学方法论》,陈爱娥译,台北,五南图书出版公司 1996 年版,第 279 页。

〔14〕较早的研究参见张翔:《两种宪法案件:从合宪性解释看宪法对司法的可能影响》,载《中国法学》2008 年第 3 期;上官丕亮:《当下中国宪法司法化的路径与方法》,载《现代法学》2008 年第 2 期。

的其他可能性。[15] 这一研究进路必然地深入到了各部门法司法的具体争议，并得到了部门法学者的积极回应。[16] 从司法实践情况来看，尽管我国最高人民法院一再表示法院裁判不宜援引宪法，但法院援引宪法的实践却从未中断，而其中多体现出合宪性解释的意味。[17] 而2016年的《人民法院民事裁判文书制作规范》中又有这样的表述：“裁判文书不得引用宪法和各级人民法院关于审判工作的指导性文件、会议纪要、各审判业务庭的答复意见以及人民法院与有关部门联合下发的文件作为裁判依据，但其体现的原则和精神可以在说理部分予以阐述。”在判决的说理部分体现宪法的原则和精神，与学界关于“法律的合宪性解释”的主张实际上形成了呼应。

四、法律的合宪性审查

如果说，合宪性解释是在部门法规范的解释和适用中，施加合宪性的控制，确保其不偏离宪法的框架秩序，那么，如果部门法的规范或其解释确实存在偏

〔15〕 参见蔡琳：《合宪性解释及其解释规则——兼与张翔博士商榷》，载《浙江社会科学》2009年第10期；谢维雁：《论合宪性解释不是宪法的司法适用方式》，载《中国法学》2009年第6期；柳建龙：《合宪性解释原则的本相与争论》，载《清华法学》2011年第1期；王书成：《论合宪性解释方法》，载《法学研究》2012年第5期；黄卉：《合宪性解释及其理论检讨》，载《中国法学》2014年第1期；黄明涛：《两种“宪法解释”的概念分野与合宪性解释的可能性》，载《中国法学》2014年第6期；王锴：《合宪性解释之反思》，载《法学家》2015年第1期；杜强强：《合宪性解释在我国法院的实践》，载《法学研究》2016年第6期；夏正林：《“合宪性解释”理论辨析及其可能前景》，载《中国法学》2017年第1期。

〔16〕 参见发表于《华东政法大学学报》2016年第1期的专题“具体法治中的宪法与部门法”。参见王利明：《民法上的利益位阶及其考量》，载《法学家》2014年第1期；时延安：《刑法规范的合宪性解释》，载《国家检察官学院学报》2015年第1期；陈璇：《正当防卫与比例原则——刑法条文合宪性解释的尝试》，载《环球法律评论》2016年第6期。

〔17〕 参见邢斌文：《法院如何援用宪法——以齐案批复废止后的司法实践为中心》，载《中国法律评论》2015年第1期；杜强强：《合宪性解释在我国法院的实践》，载《法学研究》2016年第6期；冯健鹏：《我国司法判决中的宪法援引及其功能——基于已公开判决文书的实证研究》，载《法学研究》2017年第3期；税兵：《宪法规范何以进入民事裁判：1995—2015》，载《华东政法大学学报》2018年第1期。

离的宪法轨道的可能，对其进行合宪性审查就是必要的。如前所述，宪法对于特定领域的国家目标的设定，以及相关的基本权利的规范，一方面构成对立法者在各法律部门进行立法的宪法委托，另一方面也构成其立法权的边界控制。同时，宪法对于立法也做了权限、程序方面的规定，这些都构成了判断法律合宪与否的依据。细分起来，这里又存在两种情形：一是部门法的规范无论做怎样的解释，都无法被认为是合乎宪法的；二是部门法的规范尚有被解释为合宪的可能，但法律解释者并未采纳此种解释可能。也就是说存在法律违宪和法律的适用违宪两种不同情形。

立法者接受宪法委托，根据社会生活的事实在不同领域制定法律，通常不会谋求显然违宪的效果。法律的违宪，经常是在法律制定出来之后的具体操作中，在具体个案的适用才可能展现出来。此外，在部门法的立法中，立法者往往偏重于该法律所要核心维护的价值，而法律在具体运行中，往往会展现出与其他宪法所保护的价值之间的冲突。例如，环境立法的重点可能在于维护环境利益，但此种公益目的的实现在具体情境中可能表现为对公民财产权的限制而有违宪之虞。人格权立法当然指向人格利益的保障，但其在运行中却可能出现压抑言论自由、新闻自由、艺术自由之可能。因此，对部门法进行合宪性审查，也是现代宪法国家通行的做法。

我国现行宪法将“监督宪法的实施”职权赋予全国人大及其常委会，但此项职能长期未能落实。2018 年宪法修改，将专门委员会“法律委员会”更名为“宪法和法律委员会”。此后，宪法和法律委员会又被全国人大常委会赋予包括“推进合宪性审查”在内的多项职责。同时，长期处于“鸭子浮水”〔18〕状态的备案审查也走向前台，全国人大法工委在 2017 年和 2018 年年底，两次就备案审查工作做了年度工作报告，与合宪性审查有密切关系的备案审查开始更为公开和积极地运作。尽管我国的合宪性审查机制正在建构过程中，对于法律的合宪性审查暂时也至多是在法律草案的阶段，但其与备案审查制度的结合，还是展现出新的制度可能性。从现在已经公布的案例来看，也多与各部门法有密切关系。合宪性审查机制的建立和完善，在可以预见的未来，一定会增强宪法与部门法

〔18〕 曾任全国人大法律委员会副主任委员的乔晓阳将全国人大常委会的违宪审查工作比喻为“鸭子浮水，脚在下面动，上面没有看出来”。参见李丽：《违宪审查：树立宪法的最高权威——纪念 82 宪法实施 30 周年》（下），载《中国青年报》2012 年 10 月 18 日，第 1 版。

关系议题的重要性。

五、“部门法的宪法化”？抑或宪法与部门法的“交互影响”？

近代以来，成文宪法的最高法地位的确立，深刻影响了人类的法律体系。而合宪性审查制度的建立以及基本权利对整个法律体系的辐射效力的确立，更是推进了法秩序宪法化的根本性变革。民法、刑法、行政法等有着久远历史，有着相对独立的规范与学理体系的部门法，都开始出现了“宪法化”的趋势。石佳友教授在对德国、法国、尼德兰、英国、意大利、美国以及加拿大、南非、爱尔兰等国进行了比较法考察后作了这样的概括，“总体而言，民法宪法化成为第二次世界大战后许多国家的民法发展的一项普遍性趋势。此种现象并不局限于某一法系，大陆法系和英美法系都有国家出现了此种趋势”，并且，即使“在没有宪法法院的法律体系中，通过民事法官的司法活动，宪法基本权利却有可能在私法中产生深远的影响”。〔19〕 在德国刑法学上，出现了这样的观点，“原则上讲，所有刑法问题都可以从宪法角度来解释”。〔20〕 在宪法借由现代违宪审查制度赋予其辐射整个法律体系的程序机制后，许多原本属于法体系外的讨论，就转而表现为宪法秩序下的讨论，“刑法（‘法学—哲学的’）问题，被转移成了宪法（‘实定法的’）问题”，“以前属于法学—哲学的内容因而处于体系之外的学说讨论，今天进入到民主法律秩序之内，从而演变成了体系之内的问题，乃至成了实定法上的问题”。〔21〕 法益概念的宪法化（以基本权利为其实质内容）、刑事政策受到宪法控制而成为宪法下的实证法内的因素，都是“刑法的宪法化”的表现。〔22〕

此种部门法的宪法化，往往体现着立宪主义价值在部门法中的贯彻。例如，意大利现行的刑法典制定于 1930 年，正处法西斯统治时期。“合乎逻辑的

---

〔19〕 石佳友：《民法典与社会转型》，中国人民大学出版社 2018 年版，第 133 页。

〔20〕 ［德］洛塔尔·库伦：《论刑法与宪法的关系》，蔡桂生译，载《交大法学》2015 年第 2 期。

〔21〕 同上。

〔22〕 参见张翔：《刑法体系的合宪性调控——以“李斯特鸿沟”为视角》，载《法学研究》2016 年第 4 期。

追问是：为何这部在狂热的墨索里尼威权时代诞生的刑法典能在当代意大利依然得以沿用？”[23] 意大利在第二次世界大战后并未被废除这部法西斯色彩浓郁的刑法典。1948 年，意大利制订新宪法，在新宪法的自由民主价值笼罩下，意大利的刑法体系进行了从立法到司法的多层次调整，包括对刑法典的个别修补、宪法法院的运作，在刑法的司法适用中以宪法精神来消除专制色彩，变革刑法学的理论学说，等等。[24] 最终，1930 年刑法中的法西斯因素被排除，自由民主的宪法秩序成为其基石理念。宪法在刑法的规范性和正当性之间架构了桥梁，完成了刑法秩序的合宪性调整，也根本性地完成了刑法体系合乎正义目标的价值再造。石佳友教授也指出，不必担心民法对于宪法的开放性，“经由‘新’宪法‘改造’而获得新生的‘新’民法，由于更‘人性化’而具有更大的合法性，它也必将具有更为长久的生命力”。[25] 在宪法规范的约束下，各部门法固有的规范和学理体系要向着宪法的方向进行调整，是现代法治的基本趋势。

但同时也应注意到，“部门法的宪法化”并不足以描述宪法与部门法关系的全部。宪法固然因其最高法地位及其所包含的人权保障等客观价值而对各部门法产生法秩序统一和价值辐射的作用，但部门法秩序的固有安定性和科学性也应受到宪法的尊重。于此，“交互影响”理论应该是更为妥当地描述和处理宪法与部门法关系的学理。

基本权利与法律的交互影响（交互效果、相互影响，Wechselwirkung）理论，最早是由德国魏玛时代的另一位法学巨匠鲁道夫·斯门德在 1927 年德国国家法学者联合会年会上提出。他在学术报告《自由的意见自由》中表达了这样的观点：基本权利是文化价值的一部分，如果基本权利可以被“一般性法律”（allgemeine Gesetz）限制的话，将使应受保护的价值相对化。他引用伍尔夫的话来说明那些本来存在于普通法律中的规范在进入宪法后产生了怎样的规范意义：“即使宪法完全照搬一个私法规范，被照搬的规范也是被引入了另一个层次的、全新的、不同以往的语境中，并因此与其前身和之前的技术背景有着一种

[23] 吴沈括：《贯穿意大利刑法的基石理念》，载《检察日报》2016 年 8 月 9 日，第 3 版。

[24] 参见陈忠林：《关于我国刑法学界对意大利现行刑法的几点误解》，载《中外法学》1997 年第 5 期；[意]杜里奥·帕多瓦尼：《意大利刑法学原理》，陈忠林译评，中国人民大学出版社 2004 年版，第 7 页。

[25] 石佳友：《民法典与社会转型》，中国人民大学出版社 2018 年版，第 195 页。

独特的不可通约的关系。”〔26〕因此，基本权利并不只是对既有部门法的修正，而首先意味着其排除违反基本权利的法律。在此意义上，基本权利可能最初来自部门法，但最终却具有相对于部门法的优越性。斯门德的这一思想，在第二次世界大战后被新成立的德国联邦宪法法院采纳而成为通说。在著名的吕特判决〔27〕中，针对《德国基本法》第5条第2款“一般性法律可以限制言论自由”的规范，宪法法院指出：即使认为一般性法律可以限制基本权利，但在自由民主的体制下，法律也要依据基本权利的价值来解释。不能仅认为基本权利受到了法律的单方限制，而要同时认识到，基本权利在自由民主国家是宪法所追求的客观价值所在，对于法律的解释必须基于此项认识而进行，这意味着法律本身也受基本权利的限制，两者是相互影响的关系。

尽管“交互影响”理论的提出直接针对的是言论自由，但这一理论对于理解其他基本权利与相关的部门法的关系也具有普遍的适用性。在笔者看来，对宪法与部门法关系的法思考，应该有此种交互影响、反复衡量的用心。一方面，宪法要依赖部门法去落实和实践，立法者构建部门法秩序的过程也是宪法具体化的过程，要尊重立法者对宪法的理解和规范展开；另一方面，部门法规范又必须受宪法精神的笼罩和调适，宪法与部门法的关系是相互影响而非单方面的控制，而且是“互文性”的。〔28〕 宪法与部门法的交互影响并非静态化的过程，而表现为一个“相互动态调适”的过程。诚如学友杜强强兄所言，“一国法律秩序本是一个动态的规范体系，对法律的解释需要考虑到宪法的规定，而对宪法的解释也需要检视普通法律的规定。法律解释者负有义务将宪法与下位阶法律规范互为动态调整而维持法律体系的过程”。〔29〕 在这种相互动态调适的过程中，逐步趋向整体法秩序的和谐。

对学术研究而言，宪法学者与部门法学者都要有将宪法与部门法进行关联的自觉意识，既不可互相漠视，也不可傲慢地以为本学科可以自足。在理解宪法与部门法的交互影响关系基础上，尊重和理解对方的学科知识和体系，走向宪法教义学与部门法教义学的体系融合。

---

〔26〕 Rudolf Smend, Das Recht der freien Meinungsäußerung, VVDStRL 4(1927), S. 45 f.

〔27〕 BVerfGE 7, 198.

〔28〕 参见石佳友：《民法典与社会转型》，中国人民大学出版社2018年版，第195页。

〔29〕 杜强强：《论宪法规范与刑法规范之诠释循环——以入户抢劫与住宅自由概念为例》，载《法学家》2015年第2期。

宪法和民法关系研究的冷思考

李　岩*

宪法和民法的关系，如某些学者所言是“历久弥新”的议题，〔1〕一方面源于宪法和民法关系议题的宏大而深邃，另一方面也源于该问题研究中的多面性偏颇。本文无意对这一“难啃的骨头”进行挑战，而只是客观地对二者关系研究中出现的问题进行梳理，这更像是一种文献梳理中的感悟，以期通过梳理得到问题的症结并试图指明未来的可能方向。

一、宪法和民法总体关系研究的“运动性”特点

为研究宪法和民法这一问题的讨论时间点，以知网为研究工具，为准确确定文献数量，以题目为“宪法”和“民法”的关键词进行搜索，得到论文 101 篇。这些论文均直接讨论了宪法和民法的关系，通过题目限定缩小范围可以更为准确地反映数据。数据显示，宪法和民法的关系这一“看起来”重大的理论问题，并非一直是学者的研究焦点。当然这有可能源于一种“当然论”，即在法学研究者看来两者的关系无须研究，即可通过宪法的地位轻易得到结论，但随后的两次研究热潮却可以轻易地否定上述观点。

从图 1 可知，宪法和民法关系的讨论有过两次热潮。第一次在 2006 年开始到 2007 年研究数量达到顶峰，后数量递次减少，到 2010 年恢复平静。第二次从 2013 年开始到 2016 年研究数量达到峰值。两次学界的讨论热潮毫无疑问都和重大的民事立法活动紧密联系在一起。第一次即《物权法》制订时，物权法是否违宪问题。第二次为民法典的制订引发的宪法是否作为民法渊源的争

---

* 李岩，辽宁大学法学院教授。

〔1〕 参见税兵：《宪法规范何以进入民事裁判：1995 ~ 2015》，载《华东政法大学学报》2018 年第 1 期。

论。上述现象有学者称其为"潮汐现象",即宪法与民法关系问题在立法过程中被热议,在立法活动结束时则迅速退潮,周期性反复。[2] 这一现象让人不禁生疑:第一,宪法和民法关系问题的学术讨论(注意本人提的是学术讨论的重要性,而非二者关系的重要性)如果真的非常重要,为何只在重大民事立法活动时才会形成所谓的"对话"时段?第二,热度的退去当然都以民事立法对宪法条款接纳的结果为前提,这是否意味着只要在立法依据中加入"宪法"即表明了宪法的重要地位,并给民法注入了新的活力?或者说给民法渊源以正当性?答案当然是否定的,笔者将在后面宪法的司法适用中予以简要说明。

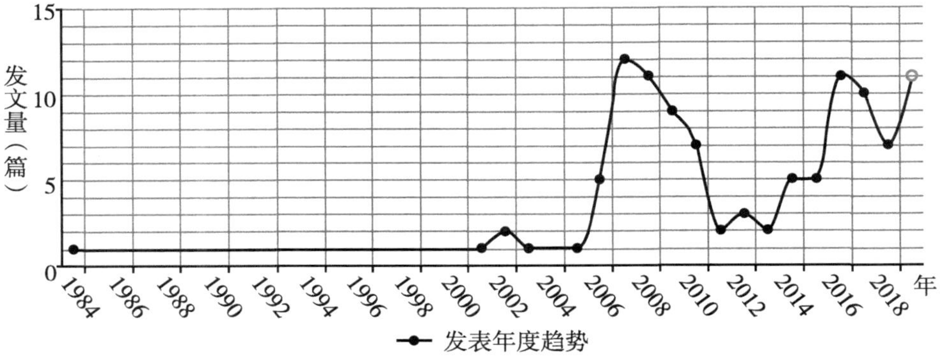

图1 宪法和民法关系的研究数量统计图

二、宪法和民法的关系研究的"主义性"特点

既有宪法和民法关系的讨论过于强调"主义",即民法宪法谁更根本,宪法是否为民法依据等宏大叙事问题,而对具体的宪法和民法关系中的规范性命题的讨论在数量上明显不足。这也让讨论的重要性大打折扣,至少笔者看来与其讨论宏大叙事,不如正视没有讨论依据时是否出现了什么问题。当然有宪法学者已经意识到了这一问题,即"宪法和民法关系的讨论一直浮在抽象的、宏大

〔2〕 参见税兵:《宪法规范何以进入民事裁判:1995~2015》,载《华东政法大学学报》2018年第1期。

的、没有实效的层面上,希望能够在更具体的层面上展开”。[3] 努力已经开始,但也只是开始。

（一）民法和宪法在制订依据讨论中的“主义”

龙卫球教授在访谈中谈及,其提出“民法制订不能写根据宪法”的观点是想解决我国民事立法自物权法以来在坚持独立性方面的溃退。他认为那个溃退给民法带来了严重的后遗症,让民法在很大范围的发展上受到限制,甚至畏缩不前、功能不彰。如果民法典的编纂继续维持这种根据理论,可能是一个历史遗憾,导致这部民法典的编纂在基础上就先天不足。[4] 但是,龙卫球教授并未就这种严重后果具体进行论述,何种发展限制之表现及功能不彰并无说明。而宪法学者面对这种结论也并未追问以将讨论进行交锋。反过来,宪法学者也没有对民法学者提问,“宪法制订”依据不写入民法会导致什么结果?

毫无疑问,制定依据的必要性,即民法典不写上“依据宪法”制定的后果,无论是民法学者还是宪法学者,都没有从后果的角度进行论证。因为从法律位阶上看宪法的高级性,民法学者并未否认,也没有必要将这一常识写进民法。按照宪法学者的观点“民法是作为宪法的实施法”,[5] 又有哪个部门不是宪法的实施法呢?此时写上这一常识的现实意义又何在呢?

也有学者认为,新中国成立以来的立法体现了一种事实论的思维,因此如果以“中国实际情况”为民法的制定依据,可能会导致体系化思维不足的结果。[6] 该观点是“依据宪法”的规范主义实现的保证。但这同样不能绕开上述笔者所提之问题:假设真的存在上述学者所说的立法事实性思维,“依据宪法”的依据入法是否可以解决这一问题。况且民法中的立法事实性思维是否真的存在?如果存在具体表现又为何?宪法依据何以解决这些具体表现呢?当然,上述问题该学者并未论及。

---

[3] 参见林来梵、龙卫球、王涌、张翔:《对话一:民法典编纂的宪法问题》,载《交大法学》2016年第4期。

[4] 同上。

[5] 参见郑贤君:《作为宪法实施法的民法——兼论龙卫球教授所谓的“民法典制定的宪法陷阱”》,载《法学评论》2016年第1期。

[6] 参见林来梵、龙卫球、王涌、张翔:《对话一:民法典编纂的宪法问题》,载《交大法学》2016年第4期。此观点为提问阶段某一提问人所提。

(二)民法和宪法在基本价值差异讨论中的"主义"

按照凯尔森所说,"宪法是政治活动的框架秩序原理",民法典的编纂是一项政治立法活动,自然要受到宪法框架秩序的框定。民事立法也一直恪守这一框定,又有何种民事立法曾经超越这一界限?另外,按照张翔学者观点,"立法者可以决定民事规范的具体内容,只要不违反宪法的基本价值设定就好"。[7] 这里的问题是,宪法设定的基本价值和民法设定的基本价值区分何在?民法上的一些内容和宪法上的内容存在一致性,例如所有权分类等。但这毕竟是少数内容。为此,民法学者提出各种具体民法制度如代理制度、时效制度,不可能从宪法找到依据。但宪法学者会提出反驳,即宪法此时会在价值上对民法制度予以关照。(展开)对于宪法价值和民法价值二者的关系,已有学者提出二者存在重合之处,但语焉不详,也并未继续论述何种价值重合,何种价值为宪法特有,何种价值为民法特有。对此,笔者只找到徐国栋教授曾对平等原则做的研究。[8] 徐国栋教授对民法和宪法中的平等原则进行频度考察后提出这一问题,通过分析平等和平等观的类型,得出平等原则属于宪法,民法中的平等的规定都属于不得歧视的命令的结论,并建议民法删除该原则。徐老师的研究为民法和宪法学者提出了讨论的新路径,即从具体对象出发,从问题出发,而非整体上夸夸而谈失之论证深入性及研究可信度。

另外,王涌教授从另一个角度提出了宪法的价值对民法的拯救作用。他认为在这样一个解法典化(decodification)的时代,法律规范呈现了细致化、精细化、技术化的特点。但同时,民法不能忘却价值,否则法治就是一种伪法治。宪法可以承担拯救这一局面的重任。拯救的方法就是面对规则推理不能时,要运用原则进行推理。原则是一个国家的法律体系承载的价值,对于价值的序列和价值的实现民法只能起到一定的功能,这样的功能真正是由宪法完成的。王涌教授还认为,宪法在很大程度上是一个国家价值的宣言,是原则构建起了宪法,原则的特点是一种价值序列。宪法的价值序列是要拯救民法的,而这就是新时

[7] 参见林来梵、龙卫球、王涌、张翔:《对话一:民法典编纂的宪法问题》,载《交大法学》2016 年第 4 期。

[8] 参见徐国栋:《平等原则:宪法原则还是民法原则》,载《法学》2009 年第 3 期。

代宪法和民法之间的关系。〔9〕 上述观点看似新颖，但依笔者来看，也只是规则缺失或规则冲突时原则适用的传统问题。而此时仍然要面对宪法原则和民法原则所蕴含的价值有何种差异的困惑。如同为平等的价值，在民法原则中也有规定，公序良俗也早已入法，这和宪法中的平等价值和公共利益的区分何在？上述基本价值的差异如不能从学理上透彻地进行阐释，讨论的价值也将大打折扣。

在民法的基本原则已经体系化，基本原则内涵的价值已经在民法典中确立的背景下，再谈及宪法作为“一个高位的价值对民法的辐射作用”，其现实意义确实需要宪法学人进行深入并更为具体的论证才能让民法学人信服。

另外，王涌教授一直强调第二次世界大战后宪法出现了一个复杂的价值群，这个复杂的价值群在传统民法典中是无法达到那样的高度的。在价值的质和量上，民法和宪法是有很大差别的。民法的诚实信用、公序良俗等是一种简单的价值体系，而宪法是复杂的价值体系。王涌教授观点意在指明宪法和民法价值上的差异以及复杂表现程度，但并未展开的论述也表明民法和宪法学界对此仍然任务繁重。

（三）民法和宪法在基本功能讨论中的“主义”

按照宪法学者的观点，民法是宪法的实施法，民法在宪法设定的秩序框架内可以有充分的自由进行立法，从而体现民法的意思自治原则。但同时，宪法学者又在忧心“民法典的制定是否更有利于保护人民的权利和利益，包括弱势群体的利益”。〔10〕 林老师举了两个具体事例：其一为从学生口中听到的例子，即在学生的家乡，农民将地包出去，但农民又听信农场主的话入股投资，后农场主开发房地产失败捐钱逃走，导致农民失地又失钱。其二为城镇化浪潮中，土地被征收后农民到城镇买房，只能够首付，失去工作，没办法交按揭。依据林老师上述两个例子来说明，宪法民法化功能的发挥不一定有利于人民利益的保障。面对土地承包经营权三权分置的问题，宪法学者对农民弱势群体的体谅自然可以理解，但从其所举例子让我对民法中意思自治原则的理解、意思自治原则的界限，甚或说民法中到底有没有宪法限定框架内的意思自治原则产生了深

〔9〕 参见王涌教授观点，林来梵、龙卫球、王涌、张翔：《对话一：民法典编纂的宪法问题》，载《交大法学》2016年第1期。

〔10〕 同上。

深的质疑。土地承包经营权的三权分置,意在为农民提供一种处置土地经营权的权利。依照通常理解,权利只是一种可能性。作为一种权利,农民可以行使,当然也可以不行使,也就是说农民可以将经营权进行市场化流转,以实现经营权的市场化价值,这也是进行三权分置制度改革和法律确认的题中应有之义。但是,立法并未将其作为一种强制性手段,农民自然可以不进行流转,由自己继续耕作。况且,经营权的流转尚需二级市场的存在,这也就是说,并非全部地区的农民都可以有条件实现经营权的流转。作为一种农民自我选择实现的权利流转后所得的价金,再由其进行所有权的自我支配,农民作为金钱的所有人可以自由进行处分,自然可以将其入股。市场的风险自然需要自我承受,并不会因为其是农民而在投资手段上受到限制,并进而否认其入股的权利。三权分置制度是民法学人在宪法框架之内为农村土地改革精心设计的制度,既没有突破宪法对土地权利规定的体系框架,又为农村土地的流转提供了法律依据,在这种意义上体现了宪法的实施功能。宪法学者如果对此有所忧虑,更多的应该是从功能实现路径上、具体制度设计上提供更为详尽的思路。

三、宪法对第三人效力研究中存在的问题

(一)过于倚重德国法而对法国及日本的研究现状关注不够

宪法对第三人效力问题是宪法学者提出的进入民法的重要管道,学界对此也展开了丰富的研究。另从成果内容上来看,在此问题上宪法学者多以德国法为研究视角,意在将德国的间接效力说直接引入中国。但从研究成果上看,对该问题过于倚重德国法,对他国如法国以及日本的研究发展、我国的立法跟进都需进一步深入,以使该问题的讨论更令人信服。对此,日本学者高桥和之提出了质疑,他认为整体上来看,该问题的研究具有"强烈的,作为特例的德国的味道"。[11] 高桥先生反思道:"至少直到现在,认为即使是在私人间也应该承认人权效力的观点在正式承认人权规定的法律效力后,似乎再没有其他论述,也没有当然予以适用的观点,从这一点上看,法国采'非适用说'。如果即使是这

---

〔11〕 [日]高桥和之:《"宪法上人权"的效力不及于私人间——对人权第三人效力上的"无效力说"的再评价》,陈道英译,载《财经法学》2018 年第 5 期。

样,也不认为存在困境,又是为什么?”〔12〕

（二）对宪法客观价值与民法价值的异同性缺少说明

另从成果上看,宪法学者对此探讨较多,但鲜有民法学者触碰这一主题,能找到的几篇也是从批判的角度对此进行反驳,这其中的原因值得深入探讨。以一般人格权为例,德国法上的一般人格权并未立法化。在一般人格权的技术层面上,德国仍然不能达成一致意见,即是否要通过一个概括条款保护人格利益以及以该概括条款为内容的规则能不能构成一个权利问题上的分歧。〔13〕虽然《德国民法典》第823条的“其他权利”理论上可解释为一般人格权,但在内涵上仍然要在司法实务中通过案例进行具体化解释性适用。我国对一般人格权的研究也已经开始多年,且在《民法总则》的第109条规定了自然人的人身自由、人格尊严受法律保护。该条的规定为实务中的案例提供了请求权的基础,且其自由、尊严等内容在解释上有了相对具体的界限,虽然实务中案例的类型化对一般人格权的适用更有价值。理论上需要解释的是在一般人格权已经法定化,且公序良俗原则也已经作为基本原则法定化后,谈及宪法对第三人效力的法律价值何在的问题如果说自由、尊严等价值的判断需要仰赖于宪法上的价值判断,那就意味着同样的自由和尊严在宪法和民法中有所差异,如果真如此也就说明宪法上的自由和尊严是给国家设定的义务,民法上的自由和尊严才是给私人设定的义务。当然也可能有另一种解释,宪法上的自由和尊严价值对民法自由和尊严价值产生了指导性影响,但这样的解释则要说明民法总则将一般人格权立法化后,其具体判断价值上仍然要到宪法上去寻找确定标准,这样的立法意义何在?另外,宪法上的自由和尊严价值又具体指什么?如果宪法有明确的价值标准,就无须通过公序良俗的转介条款经由民法实现了。另如果该价值明确具体,“立法者怠于履行宪法要求的制订法律的义务时又如何呢?”〔14〕似乎只有一种可能,这里的价值判断是一种非宪法和民法既定之内的法外判断,这也就是公序良俗的适用空间。

---

〔12〕［日］高桥和之:《“宪法上人权”的效力不及于私人间——对人权第三人效力上的“无效力说”的再评价》,陈道英译,载《财经法学》2018年第5期。

〔13〕参见沈建峰:《一般人格权研究》,法律出版社2012年版,第47页。

〔14〕［日］高桥和之:《“宪法上人权”的效力不及于私人间——对人权第三人效力上的“无效力说”的再评价》,陈道英译,载《财经法学》2018年第5期。

（三）对基本权利从主观权利到客观价值体系的转变缺少论证

宪法学者对从主观权利到客观价值体系这一飞跃性转变缺乏说明，"而是以基本权利并非仅是主观的、个别的权利，更是一种客观的价值体系"这样简单的语言，是在不知不觉中悄悄完成的。〔15〕当然，依照德国的理论，基本权利确实具备主观权利和客观法的双重法律性质的理论。但该理论中的"客观法"指的是基本权利本身就是约束国家公权力的法律，从而在基本权利作为一种主观权利可以防御国家侵害之外，以"客观法"概念科以国家积极的保护义务，此种保护义务主要是指立法机关的立法义务。该理论仍然是在调整国家和人民之间的关系，并旨在加强国家一方的义务，与间接适用说中将主观权利抽象为得对抗一切主体、科以私人义务的纯粹诫命是不同的。〔16〕

（四）对民法的运作之效果及逻辑缺少现实性思考

宪法研究学者对该问题的研究过于强调宪法对民法的辐射效力，意在通过宪法在民法中的适用达到人权保障之目的，其寓意自然无可厚非。但宪法学者并未认真考量民法实际运行之效果及逻辑。我国通说认为，民法规范兼具行为规范和裁判规范的双重性质，〔17〕其既有行为规范对民众行为之引导作用又可作为法官裁判之依据作用。由于裁判机关进行裁判时，当然必须以行为规范为其裁判的标准，故行为规范在规范逻辑上应当同时为裁判规范。否则，若行为规范不同时为裁判规范，则行为规范所预示之法律效果不能在裁判被贯彻，从而它便失去命令或者诱导人们从事其所欲命令或诱导之作为或不作为的功能。〔18〕而裁判规范却并不必然为行为规范，存在专为裁判者设置的法律规范，其与民众的行为并没有关系，不以行为人为规制对象，从而是纯粹的裁判规范。由此，行为规范与裁判规范的关系可以表述为：行为规范兼具裁判规

〔15〕张翔：《基本权利的双重性质》，载《法学研究》2005年第3期。

〔16〕同上。

〔17〕参见梁慧星：《民法总论》，法律出版社2011年版，第35～36页；王利明：《民法总论》，中国人民大学出版社2015年版，第16页；张俊浩主编：《民法学原理》（上册），中国政法大学出版社2000年版，第9页。

〔18〕参见黄茂荣：《法学方法与现代民法》，中国政法大学出版社2001年版，第111页。

范的效力,[19]而裁判规范并不必然为行为规范。法律规范如果既不能为行为人提供行为指引也不能为裁判者提供裁判标准,则其就丧失了法律规范的"规范的性格"。法律规范的属性决定了法律责任的适用,民事责任大体分成侵权责任和合同责任。宪法对第三人效力的适用空间仅系侵权领域,即通过公序良俗原则将客观价值引入民法中,以判断该价值的可保护性。但这样的思路没有对侵权法的基本范畴进行现实性思考。所有的侵权行为都围绕着权益保障和行为自由的基本范畴展开。通过转介条款确实实现了权益即客观价值的保护,但对行为人的行为自由构成的阻碍缺乏正当性论证。客观价值并非法定的权利蕴含的价值,不具有公示性并不能给行为人以行为的预期。但此时,可能会有人说,作为一种客观的价值应推定行为人知晓并遵守,但问题是如果作为一种明确的客观价值,又会回到上述的立法者怠于履行法律义务问题上。在目前争论尚存并未在学理上达成一致意见情况下,要求普通的行为人去遵守尚未确定的客观价值是高估了对他的要求。

四、宪法在民事判决适用中研究存在的问题

"司法判决援引宪法是一个联结宪法学理论和实践的、历久弥新的重要问题",[20]也有学者对宪法在民事判决中的适用进行了实证性研究,形成了较多的研究成果,但存在如下问题。

(一)在合宪性解释的性质及适用条件上尚未达成共识

民法合宪性解释,是指当民法规范存在多种解释的可能时,选择其中不与宪法冲突或者符合宪法的解释作为最终解释方案的法律解释方法。[21]卡尔·拉伦茨教授也在书中表达了同样的观点,即"始终优先选用最能符合宪法原则"的

[19] 王轶教授认为存在纯粹的行为规范,其认为倡导性规范就属于纯粹的行为规范。由于倡导性规范只是提示交易的风险,没有包含安排交易各方利益的具体内容,因此在产生纠纷时,其无法发挥裁判规范的功能,而只具有行为指引的作用,即倡导性规范并非裁判依据,只属于行为规范。该观点当然受到各方的质疑,本文不予采纳。

[20] 冯健鹏:《我国司法判决中的宪法援引及其功能》,载《法学研究》2017年第3期。

[21] 参见李海平:《民法合宪性解释的事实性条件》,载《法学研究》2019年第3期。

解释方案。[22] 合宪性解释依据最高人民法院2016年发布的《人民法院民事裁判文书制作规范》规定，“裁判文书不得引用宪法……作为裁判依据，但其体现的原则和精神可以在说理部分予以阐述”。上述规定似乎为合宪性解释提供了可供参考的依据，但同时该文件并未规定适用条件。这也就为司法审判中合宪性解释的适用带来了问题。

在合宪性解释的性质界定上，宪法学界尚未达成一致意见，在其适用条件上学者也持不同观点。在合宪性解释是一种间接适用方法还是一种法律解释方法尚未达成一致的前提下，将其适用到司法裁判中对民事立法规则带来的可能是一种全面否定的后果。加之合宪性解释的适用条件为何，是否是“法院作为公权力主体承担宪法义务的基本方式”“最佳方式”，还是如德国法的观点，认为“不具有废止规范权限的法院”[23]不应进行合宪性解释均不确定的情况也会带来对民法既定规则的冲击。

（二）合宪性解释在民事判决适用上缺少对具体民法规则的考量导致其必要性受到质疑

合宪性解释的司法适用也有多篇论文论及，但整体上显示的问题均呈现同一特点，本文选取李海平教授的论文进行说明。李海平教授对民法合宪性解释的事实条件进行了类型化研究，并将其分为三类：国家权力事实、社会公权力事实、公共利益事实。在分析第一类国家权力事实中，又分为国家立法权事实、行政权事实和司法权事实。

在带有国家立法权事实特征的民事案件上，李海平教授引用了《侵权责任法》第36条的“通知——删除”规则来说明，这是立法者实质上授予了网络服务提供者单方实施强制移除网络用户发布信息的权力，因此法院在对第36条进行解释适用时要运用合宪性解释，以该条中的“侵权行为”“必要措施”作为通道，引入宪法言论自由等相关条款的原则和精神，明确该条在个案中的规范内涵和效力，进而对案件作出处理。[24] 另有学者从案例梳理角度对此进行了

---

〔22〕［德］卡尔·拉伦茨：《法学方法论》，陈爱娥译，商务印书馆2003年版，第217页。

〔23〕参见冯健鹏：《我国司法判决中的宪法援引及其功能》，载《法学研究》2017年第3期。

〔24〕参见李海平：《民法合宪性解释的事实性条件》，载《法学研究》2019年第3期。

研究。[25] 上述宪法学者对合宪性的解释显然对侵权法中该制度的运行条件考虑不够全面。按照"通知——删除"的规则运行设定,第一,网络服务商负有在被侵权人通知后的后续性义务,该义务即在初步判断侵权后采取必要措施。而该义务是民事立法赋予网络服务商的义务。如果要说此处与合宪性的联系应考察的是立法时该制度本身的合宪性问题。在制度已经进行合宪性考察立法化后还要求考虑具体运行中的合宪性解释问题则对立法合宪性构成了质疑。第二,该制度的设计已经为网络服务商删除等必要性措施的实行提供了合宪性义务的设置,即被侵权人必须要提供初步的网络用户实施侵权行为的证据。另外,依照《信息网络传播权保护条例》的规定,对于被侵权人的通知依照相应的"通知——删除——通知转送——反通知——恢复"的程序处理。反复的举证过程已经足以对"删除"等必要措施的实行提供合宪性保证。第三,上述观点中陈述的是要求法院在法律适用中对第 36 条进行宪法性解释,主要针对的是"侵权行为"和"必要措施",运用的是宪法言论自由的精神去解释,按照笔者的观点就是要在"言论自由"和"权益保障"之间进行衡平。但实际上所有的侵权行为都在围绕"权益保障"和"行为自由"之间进行利益衡平这一基本范畴进行立法和司法。《侵权责任法》第 36 条涉及的是宪法上的言论自由,但一般的侵权案件涉及的人身自由、财产自由又何尝不是宪法上的权利?因此,上述所谓合宪性解释的运用不过是一般侵权法基本范畴在司法裁判中的适用,同时该制度的设计也没有必要提及合宪性解释。

在带有国家行政权事实特征的民事案件中,李海平教授认为,该类案件通常发生在民事主体根据国家行政权主体授权或者委托事实民事行为,或者国家行政权主体深深卷入民事活动的其他情形。如民事主体根据国家行政权主体授权或者委托实施民事行为尚且可归入此类的话,那么国家行政权主体卷入民事活动则在笔者看来完全和该类别没有关系。在李海平教授列举的案例中涉及民事主体对石油管理局工作人员进行名誉权侵权的认定。虽然被侵权人为石油管理局工作人员,但其也为普通民事主体。在侵权认定上,并不能因为民事主体同时具备行政主体身份而有所差异。第一,针对公权力工作人员的人格

[25] 参见郑海平:《网络诽谤刑法规制的合宪性调控——以 2014—2018 年间的 151 份裁判文书为样本》,载《华东政法大学学报》2019 年第 3 期;郑海平:《网络诽谤案件中"通知——移除"规则的合宪性调控》,载《法学评论》2018 年第 2 期。

权保护，实践中早已发展出“实际恶意”的原则对其主观性进行限定。第二，如果针对侮辱和诽谤的侵权损害事实，非要针对不同主体运用所谓合宪性解释进行差别对待，区分成对有行政身份的民事主体的侮辱和诽谤以及对普通民事主体的侮辱和诽谤，恰恰违反了民法的平等原则。无论其是否具有行政身份在民事领域都是民事主体，都不能行使行政权力。而对于侵权人来说，如果因为其是否具有行政身份而行使宪法所称的“监督权”则可能不承担责任或承担更重责任的逻辑实属对平等原则的违反。因此，在本案中法院认为，“潘某不能证明其举报、传播、散布内容真实性，且散布的范围超出了法定范围，造成栾某社会评价降低，构成对栾名誉侵权”的判决在笔者看来并无问题，反倒是李海平教授认为的，“法院拒绝运用合宪性解释并对当事人提出的以《宪法》第 41 条解释侵权责任不予任何回应的做法有失妥当”〔26〕的观点值得商榷。因此笔者认为，本案无须考虑《宪法》第 41 条的宪法解释，按照《侵权责任法》对名誉权的认定要件，直接可得出结论。

五、简短的结语

面对这一宏大问题，笔者的能力实难对此作出自我观点，文中的批判也只是在资料整理中的一点感悟。笔者实愿民法和宪法的研究能继续深入达致清晰状态以为进入私法裁判提供坚实的基础，在此之前必须正视宪法的非司法化现状。

〔26〕 李海平：《民法合宪性解释的事实性条件》，载《法学研究》2019 年第 3 期。

论宪法关于公民财产权的规定

艾尔肯*

人们常说的“有恒产者有恒心”“物质生活条件决定社会意识”等话语，道破了公民个人合法财产在社会生活中的重要性。为了切实保护公民个人合法财产所有权不受非法侵犯，十届全国人大二次会议2004年3月14日审议通过的宪法修正案根据我国的现实情况，对宪法有关保护私有财产的规定作了重要的修改，进一步明确规定了“公民的合法的私有财产不受侵犯”，“国家依照法律规定保护公民的私有财产权和继承权”，“国家为了公共利益的需要，可以依照法律规定对公民的私有财产实行征收或者征用并给予补偿”等。宪法作出的这些重要修改，必将对我国当今的社会生活产生重大而深远的影响。

一、关于财产权内涵的界定

一般意义上的财产权指的是一种个人权利，在我国民法学上称为财产所有权，即所有人在法律规定的范围内，对自己的财产以占有、使用、收益、处分等方式进行全面支配，并排除他人干涉的权利。这种民法规定的财产权与宪法上保障的财产权不尽相同。宪法上的财产权系为防范来自国家公权力对人民财产权的侵害，是确定人们免于压迫的私人领域的基础，而这种财产权属于古典人权即防御权的范畴。这种意义上的个人财产权一般产生两种法律效果：一是立法机关在建立人民财产权的制度时，应当遵循基本权利的有关原则，注意保障个人的私有财产；二是既然宪法上的财产权属于防御权，那么就在个案中，个人自然可以根据这一权利来防止来自国家的非法侵犯。

在国际人权法上财产权被认为是介于公民与政治权利以及经济、社会、文

* 艾尔肯，辽宁师范大学法学院教授。

化权利两组权利之间的权利，既不能归入完全的公民或政治权利，也不能归入完全的经济或社会权利。作为经济自由基础的财产权，既与公民自由的保障有关，是个体独立和自由的前提条件，又与其他各项社会权利的实现密切相关，是确保人们一定的生活水平的物质基础。从性质上来看，传统的财产权属于自由权范畴，是具有消极特性的权利。但是，随着西方国家现代福利制度逐渐确立与完善，使获得退休金的权利、社会保险利益、廉价住房权、免费教育权、健康权、环境权等社会保障和社会福利方面的权利都已纳入财产权保护的范围。因而使财产权部分具有了积极的特征，即国家有义务积极采取措施以确保每个人事实上享有对其现有和应得合法财产的权利。因此，对财产权的概念作较为宽泛的解释，强调国家对财产权的积极义务，这不仅符合人权相互依存和不可分割的理念，也符合社会主义财产关系的基本宗旨。

宪法作为规定国家经济制度和公民权利重要内容的根本大法，对私有财产的保护问题应当作出明确规定。纵观世界主要发达国家宪法关于私有财产保护的规定，主要有两种表达形式：一种表述为私有财产不可侵犯。这种表述最早见于1787年法国大革命中的《人权宣言》。它宣称“财产是神圣不可侵犯的权利”，其他国家后来沿袭了这一规定，但是去掉了“神圣”二字，如《日本宪法》规定“财产权不得侵犯”。另一种表述为财产权受法律保护。如《德国基本法》规定：“财产权和继承权受到保障，它们的内容和范围由法律规定。”《意大利宪法》规定：“私有财产得到法律的承认和保护。”苏联解体后的《俄罗斯宪法》规定：“私有财产受法律保护”，“每个人有权拥有私有财产，有权单独或与他人共同掌管、使用和支配这些财产”，“任何人都不能被剥夺属于自己的财产，法律判决的除外”等。这次我国宪法修正案的表述采取的是第二种形式，即表述为财产权受法律保护，这种规定适应了保护私有财产的客观需要。2004年宪法修正案将1999年《宪法》第13条的“国家保护公民的合法的收入、储蓄、房屋和其他合法财产的所有权”“国家依照法律规定保护公民的私有财产的继承权”，修改为“公民的合法的私有财产不受侵犯”，“国家依照法律规定保护公民的私有财产权和继承权”，“国家为了公共利益的需要，可以依照法律规定对公民的私有财产实行征收或者征用或给予补偿”。这样的修改进一步完善和发展了我国的私有财产保护制度。根据《宪法》第13条及相关法律的规定，一切具有财产价值的权利，无论是物权，还是债权、著作权等，都应得到保障。具体说，包括四个方面的内容：第一，公民自由占有、使用、收益、处分其财产，排除他人的干涉；第二,国家征收、征用公民财产必须为公共利益,且依法给予合理补偿;第三,国家机关及其工作人员违法侵犯公民财产权的,应负赔偿责任;第四,私人不得非法侵害他人财产权,否则应负相应的民事或刑事责任。

必须指出的是,对公民享有财产权的问题,宪法只作出了较为原则性的规定,是否将一切具有财产价值的权利都纳入宪法保障的范围,还有待相关的法律法规作出具体规定,从而使宪法的这一规定在现实生活中得到进一步的贯彻和实施。但是,目前,从我国国家赔偿法、土地管理法等法律对财产权的保障来看,无论是征收、征用的补偿标准还是国家赔偿的标准都明显偏低,行政程序还远未达到防范财产权受公共权利侵害的作用。因此,对这些法律的相关规定,应当按照市场经济所要求的财产权保障的精神进行全面的修改。

二、确立财产权的必要性

财产权是实现包括政治权利与其他法律权利在内的众多权利的基础。公民个人自由的实现都与财产的安全和保障具有密切的关系,作为一个健全的人,基于人的生存本能,除了应当拥有自己的身体及行动自由外,还应当拥有财产。因此,财产权应当是一种天赋权利。一般认为,财产权与财产的配置关系不存在必然的联系。无论是穷人或富人,其财产如有被抢走的危险,他们的人身安全都面临着同样的威胁。谁被剥夺了财产权,谁就会沦为被占有、被支配和被奴役的对象。也就是说,剥夺一个人的财产权就等于剥夺了其自由;离开了财产权,人就不能过上最起码的有尊严的生活。因此,财产权应当是公民的一项基本的权利。具体说,其理由表现在以下几个方面。

第一,保障财产权与市场经济的要求是一致的,在市场经济条件下,不保障个人财产权,经济就不可能出现繁荣。如果财产缺乏所有权主体,那么任何人都不会有足够的积极性去充分利用它,或者防止人们去自私地加以利用。如果不给予宪法规定的财产权以充分的保障,一方面,社会经济不可能出现繁荣,因为这时个人很难有利用有限的资源去追求自身利益的最大化的动机和激励,也很难将货物和服务带给自己或自己所关心的人,而个人一旦失去利用自己有限的资源去追求利润最大化的动机或欲望,懒惰和浪费现象都将难以避免;另一方面,国家公权力来参与对财产的分配和转移,腐败就将横行无忌。也就是说,财产如果没有保障,就意味着人们就不愿意再通过生产性的劳动来创造财富,其结果必然是导致社会经济的发展出现停滞甚至倒退,腐败现象蔓延等局面。因此,由宪法确认公民的财产权对于建立社会主义市场经济具有积极的推动作用。

第二,财产权是实现生命权和自由权的必要工具。财产权与生命权、自由权一起构了公民最基本的三项权利。只有经济自由得到了保障,其他自由的实现才可能具有现实的基础。在现代社会里,个人财产权作为个人在社会中实现自我发展的前提条件,明确了个人与个人之间权利义务的界限,从而避免了人类不再过那种野蛮的、不道德的生活。同时,人类维持和繁衍自己的生命,改进生存的质量首先是自己的事,这就如同人的尊严只能属于自己一样。实践证明,窒息个人自由的最有效途径是剥夺个人的财产,这主要有三个方面的原因:其一,当个人的财产权得不到保障时,个人不仅不可能对自己的行为承担责任,更不可能产生通过自己生产性的劳动来创造新的财富的动机。整个社会中人与人之间的关系就将处于一个混乱无序的状态。其二,由于人类欲望的无限性与财富生产能力的有限性之间的矛盾,财产就成为人们生活所关注或争夺的焦点,财产权自然就成为生存权的基石。也就是说,它不仅是人对现在物的财产所有权,而且也是个体自主采取行为追求自由与幸福的权利。其三,没有财产权,作为依托的其他权利和自由只是空洞的权利与自由,不仅个人的生存失去了动力和条件,而且个人的自由也失去了保障。因此,正是基于这些原因,国家不仅将发展整个社会生产力作为头等大事来抓,而且在宪法上明确确认了公民的财产权。

第三,宪法保障财产权体现了国家的政治文明。因为稳定的财产权保障制度有助于实现个人的自治和人格的自我发展,是促进个人进取心和社会公益的强大力量,是实现民主的必要条件,它是否得到宪法的保障,一定程度上成为一个国家的政治是否文明的标志,财产权作为一种正当的权利是野蛮与文明的分水岭,是人类文明的推进器和标志,是迄今为止人类所发现的维持文明、制约国家权力最有效的手段之一。因此,个人一旦没有了财产权,就会受到国家行政权的侵害,个人的创造力、勤奋、积极和趋善的倾向就会严重受阻,没有财产权的保障,人们就会陷入永无休止地争夺财产的斗争之中,文明就将不复存在。因此,对财产权加以保障完全符合社会正义的基本要求。

第四,确立私有财产权的保障制度有利于加强保护其财产。几十年来,尽管公有财产按照不同于私人财产的规则运取得了不少成绩。但是,由于公有财产权利主体的虚位,使公有财产流失现象极其严重。因此,在市场经济条件下如何更好地保护公有财产是当前面临的一个严峻的课题。事实上,公共财产尤其是经营性的国有资产完全可以采取私人财产的形态进入市场,从而使私人财产权保障的条款同样适用于经营性的公有财产,使公有财产的宪法保护得到加强。

三、加强保护财产权的意义

随着改革开放的深化,经济的发展和人民生活水平的提高,公民拥有的私人财产普遍有了不同程度的增加。因此,在宪法中进一步加强和完善私有财产保护制度,对于坚持和完善我国的基本经济制度、促进非公有制经济的发展、保障公民权利的实现、促进依法治国、调动广大人民群众的积极性和创造性、全面建设小康社会都有重要的意义。具体表现在以下几个方面。

第一,有利于坚持和完善基本经济制度,促进非公有制经济的发展。个体、私营等非公有制经济是社会主义市场经济的重要组成部分,是促进社会主义生产力发展的重要力量,在保持经济持续快速健康发展、吸纳就业、优化产业结构、带动新型产业发展和促进市场竞争等方面发挥着重要作用。党的十五大第一次明确提出:“公有制为主体、多种所有制经济共同发展,是我国社会主义初级阶段的一项基本经济制度。”1999 年 3 月,第九届全国人大第二次会议修改宪法部分内容,将社会主义初级阶段的基本经济制度载入国家的根本法,明确规定:“国家在社会主义初级阶段,坚持公有制为主体、多种所有制经济共同发展的基本经济制度,坚持按劳分配为主体、多种分配方式共存的分配制度。”同时强调“在法律规定范围内的个体经济、私营经济等非公有制经济,是社会主义市场经济的重要组成部分”。将个体经济和私营经济由“公有制经济的补充”地位提升到“社会主义市场经济的重要组成部分”。党的十六大再次强调:“必须毫不动摇地鼓励、支持和引导非公有制经济发展。”2004 年的宪法修正案更加明确肯定了这一方针。

那么,宪法规定保障财产权,对发展非公有制经济将产生什么样的作用呢?对这一问题一般认为:首先,保护私有财产权是发展非公有制经济的土壤和前提,只有承认和保护私有财产权,才能产生和发展非公有制经济。目前,在私人财产中,除了个人收入、储蓄、房屋等生活资料外,还有机械设备、厂房等生产资料以及股票、债券等投资性资产，不仅包括有形财产，还包括商标、专利等无形资产。在这些私有财产中，有相当一部分是个体工商户，私营企业主从事生产经营赚取的，也是他们从事生产经营所不可缺乏的。其次，保护海内外各类投资者的创业活动，党的十六大提出：“完善保护私人财产的法律制度”，“海内外各类投资者在我国建设中的创业活动都应该受到鼓励；一切合法的劳动收入和合法的非劳动收入都应该得到保护”。在宪法中进一步加强对公民合法私有财产的保护，包括保护现有的个体工商户、私营企业主通过自己的劳动和合法经营创造和获得私人财产，可以起到鼓励公民从事个体工商业和创办企业的积极作用，也有利于引进和吸收海外资本，解除非公有制经济发展的后顾之忧，这对坚持和完善社会主义初级阶段的基本经济制度、促进非公有制经济的发展必将发挥重要的作用。

第二，有利于保障和促进依法治国。我国是工人阶级领导的以工农联盟为基础的人民民主专政的社会主义国家，国家的一切权利属于人民，人民是国家和社会的主人，人民在政治、经济、文化和社会等各方面享有广泛的权利。历史唯物主义者认为，无论在哪一个社会形态中，没有物质生活资料的生产，就不可能从事其他各种社会活动，也不会有社会历史。公民权利的实现，同样需要有相应的物质基础作保障，拥有私有财产权，意味着可以有条件实现自己合法的权利。因此，保护公民的合法的私有财产不受侵犯，对于保障和实现公民的权利具有重要的作用。《宪法》规定：“中华人民共和国实行依法治国，建设社会主义法治国家。”依法治国的一个重要方面，就是规范和制约公共权力，保障公民权利的实现，而私有财产为公民权利的实现提供了物质基础，也使公民有条件、有能力运用自己的权利制约和监督公共权力，进而推进依法治国。

第三，有利于调动民众的积极性和创造性，全面建设小康社会。人类社会的发展历史表明，人类的进步、社会的发展必须保持和发挥作为个体的人的活力和创造力，财产权体现了对公民个人的物质利益的保护，以及对追求个人物质利益的肯定，可以促使人们追求和创造财富，保护私有财产，可以极大地调动人们创造物质财富的积极性和主动性。改革开放的实践证明，我国的经济体制改革首先从农村开始，在农村实行分田到户，家庭承包经营责任制“实行交足国家的，留够集体的，剩下都是自己的”分配原则。这种由农民首创而悄然进行的改革，取得了意想不到的成效，极大地解放了生产力，农民的生产积极性得到空前的发挥，解决了长期困扰我国的粮食生产问题。可见，我国的改革从农村到城市,从沿海到内地,从生产领域到流通领域,从使用权到所有权,层层推进,步步深入,取得了举世瞩目的成就。在整个改革开放进程中,无不体现了对个人财产的保护与肯定。因此,党的十六大确定了全面建设小康社会的目标,提出"要在本世纪头二十年,集中力量,全面建设惠及十几亿人口的更高水平的小康社会"。保护私有财产,鼓励个人合法致富,勤劳致富,增加公民的家庭财产,使人们的生活殷实起来,将会促进全面建设小康社会目标的实现。

论良法标准及其审查机制*

王利民**　郭明龙***　尚海涛****

良法是善治的根据。“立善法于天下,则天下治;立善法于一国,则一国治。”[1]没有良法,难有善治。“法治就是良法和善治的有机结合。”[2]良法构成我国社会主义法治和法治文化实践的制度基础,是建设社会主义法治文化的民法精神实践——善治的必要前提。一方面,民法精神是良法的本质;另一方面体现民法精神的良法又必然作用于民法精神实践。良法是实行和达成善治的规范条件,善治则是良法被合理运用的必然结果。建设以民为本的社会主义法治文化及其民法精神实践,既需要良法,又需要善治,是良法的制度建设与善治的行为实践的统一。

一、良法的历史追寻

法律的良善与否,是法治建设的制度品质问题,只有良法才能够成为法治与法治实践的制度根据。建设社会主义法治文化的民本模式及其民法精神实践,必然追寻良法的制度品质,从而保证社会主义法治文化建设的正确方向。

---

* 本文系国家社科基金重大项目“民法精神与建设社会主义法治文化民本模式研究”(批准号:14ZDC022)阶段性成果。

** 王利民,大连海事大学法学院教授。

*** 郭明龙,天津师范大学法学院教授。

**** 尚海涛,天津师范大学法学院副教授。

〔1〕(宋)王安石:《临川先生文集·周公》,中华书局1959年版,第678页。

〔2〕王利明:《法治:良法与善治》,载《中国人民大学学报》2015年第2期。

（一）良法的概念与自然法理论

自亚里士多德在《政治学》中提出了法治的概念，对于良法的追寻就一直贯穿于人类的法律与法治实践。虽然在学术史上并不是所有的学者都明确提出了良法的概念，或者不同的学者对良法的内涵有不同的界定，但是这都没有影响和阻止人们追寻良法的脚步。通过对于良法学术史的梳理，我们既可以看到良法概念在不同历史时期的流变，同时也可以看到良法概念中那些经久不变的要素，从而为建设社会主义法治文化的良法确认必要的基础与标准。

虽然亚里士多德没有明确定义良法，但是通过他在《政治学》一书中的论述可知，良法不能是部分人利益的代表，而应当是全城邦人民利益的代表，从而良法是“促成全邦人民都进于正义和善德的法律”。[3] 自斯多葛学派创建自然法理论以后，良法即与自然法结下了不解之缘。无论是古罗马的西塞罗，还是中世纪的教会法学，乃至17世纪至18世纪的经典思想家，他们所界定的良法概念，皆由自然法观念引申而来。虽然他们对于自然法的认识也有一个渐趋变化的过程，但基本都把自然法视为高于实在法的一种更为高级、更具效力的法。[4] 自然法的核心是理性，自然法是理性的法，理性构成了自然法的基础。自然法既是实在法制定的指导和依据，同时也是评价实在法合理与正当与否的标准和尺度。西塞罗对于良法的界定，主要基于其对自然法认识的基础。他认为，自然法适用于所有的民族和时代，无论是以元老院还是人民的名义，都不能取消自然法。法律应当符合自然法的正义标准，邪恶的、不公正的立法不能称

[3] [古希腊]亚里士多德：《政治学》，吴寿彭译，商务印书馆1981年版，第138页。

[4] 自然法学派是当今世界范围内居主流地位的法学学派。代表人物有格劳秀斯、洛克、孟德斯鸠、卢梭、潘恩、杰斐逊等。自然法学派特别重视法律存在的客观基础和价值目标，即人性、理性、正义、自由、平等、秩序，重视对法律的终极价值目标和客观基础的探索。自然法学派强调自然法的价值和作用。自然法是指宇宙秩序本身中作为一切制定法之基础的关于正义的基本和终极原则的集合。自然法学派以昭示宇宙和谐秩序的自然法为正义的标准，坚持正义的绝对性，相信真正体现正义的是在人类制定的协议、国家制定的法律之外的、存在于人的内心中的自然法。自然法学派分为古典自然法学派和新自然法学派。西方法律的基本价值和原则，如私有财产不可侵犯、法无明文不为罪、人身自由不可侵犯、人民主权、权力分立等思想，都发端于自然法学的理念，可谓主导了西方社会法律发展的一方向。

为法律。[5]“真正的法律是与自然相一致的正确理性,它普适、恒常、永续……去改变这种法律是一种罪过,也不允许试图限制它的任何部分,而完全废除它则是不可能的。”[6]中世纪时,基督教和教会法学说取得了全面的正当性,占据着支配地位。良法被认为是对于上帝法和自然法的描绘,其中贯穿着基督教的神圣教义。17 世纪至 18 世纪的经典思想家们也推崇自然法,他们认为,自然法就是一套确认和保护人的自然权利的体系,是不证自明且自然有效的,即便是上帝也不能予以改变;对于自然权利,它是每个人生而有之、不可或缺,且不可被剥夺的,包括生命权、自由权、平等权和财产权等。[7] 霍布斯认为,自然权利包括平等原则和自由原则,前者是目的权利,后者是手段权利,没有目的就无所谓手段,没有手段就满足不了目的。[8] 洛克认为,社会契约保全了民众的生命、自由、财产等天赋权利,这种天赋权利源于自然法,是任何法律都不能限制和剥夺的。[9] 卢梭认为,制定法律的最终目标是实现人民的最大幸福,他认为,“如果我们努力探索全体人民的最大幸福——这是一切立法体系的最终目的——究竟是什么,那么,我们将发现他可以归结为两大主要目标:即自由与平等”。[10] 可见,自然法及其价值的“良法”性,在于它与人的本质与需求的内在关系,作为对人的本质及其客观需求的揭示,显然是最具有“良法”条件的法律。

(二)法律实证主义与自然法理论的不同良法观

19 世纪,随着主要资本主义国家陆续建立政权制度,并完善法律体系,被作为思想启蒙和价值呼唤的自然法思想逐渐衰弱,而研究法律内部结构的法律实

---

[5] 参见[古罗马]西塞罗:《论共和国、论法律》,王焕生译,中国政法大学出版社 1997 年版,第 120 页。

[6] [美]雷蒙德·瓦克斯:《法哲学》,谭宇生译,凤凰出版传媒集团 2008 年版,第 3 页。

[7] 参见李龙、汪进元:《良法标准初探》,载《浙江大学学报》2001 年第 3 期。

[8] 参见[英]霍布斯:《利维坦》,黎思复、黎廷弼译,商务印书馆 1985 年版,第 104、261 页。

[9] 参见[英]洛克:《政府论》(下篇),瞿菊农、叶启芳译,商务印书馆 2009 年版,第 52～53 页。

[10] [法]卢梭:《社会契约论》,何兆武译,商务印书馆 1980 年版,第 57 页。

证主义异军突起。[11] 从边沁和奥斯丁，到凯尔森和哈特，再到拉兹、麦考密克和魏因贝格尔等，法律实证主义对于法律的认知基本上是统一的，即'法律是什么是一回事，法律的好坏是另一回事"；[12] 法与道德不存在必然的联系，在确定法律的内容和性质时，不能引入道德因素。[13] 与自然法学派不同，法律实证主义不再承认法律的道德性，而重点关注法律的权威性；法律的功能和意义不在于它符合某种道德价值，即具有"良法"性，而在于它是由国家权威机关制定或认可，在于它们符合某类形式性原则和程序。换言之，他们认知中的"良法"是体系完备、逻辑统一、语意清晰、不溯及既往等符合诸多形式要求的法律。

第二次世界大战以后，基于对纳粹德国惨痛历史的反思，自然法思想重新获得了思想家们的青睐，新自然法学派呼之欲出。[14] 由此，在对法律实证主义

---

〔11〕 法律实证主义（legal positivism），又称法律实证论、实证法学，是当代的一种法理学和法哲学流派，是以 19 世纪孔德的实证主义为思想基础的法学的泛称。狭义上，实证主义法学是指各种分析法学派，因此又称分析实证主义法学。这一学派认为，各种自然法学派都是形而上学的，只有它才是以实证材料为根据的法律科学，它强调的实在法，即国家制定的法。该学派主张区别"实际上是这样的法"和"应当是这样的法"，即区别实在法与正义法或理想法；申明只研究实在法，着重分析实在法的结构和概念；根据逻辑推理来确定可适用的法；认为法是人定规则，与道德无关或至少二者没有必然的联系。

〔12〕 J. Austin, *The Province of Jurisprudence Determined*, Weidenfeld & Nicholson, 1954, p. 13.

〔13〕 H. L. A. Hart, "Positivism and separation of law and Morals", *Harvard Law Review*, 1957 – 1958, p. 601.

〔14〕 新自然法学派又称"复兴自然法学派"，出现于 19 世纪末和 20 世纪初，是以主张自然法为特征的西方法学流派。西方法学对新自然法学派有广义和狭义两种理解，广义指从 19 世纪末起所有关于自然法或类似自然法的学说流派，包括天主教神学的新托马斯主义法学流派和非神学的世俗的自然法学说流派。狭义指 19 世纪以来特别是第二次世界大战以后兴起的非神学的自然法学说流派。与十七八世纪的古典自然法学派不同，新自然法学派不主张探索永恒的自然正义，认为应当寻求可以适应现实环境的理想标准，即主张内容可变的自然法，倡导阶级调和。例如，法国法学家夏蒙主张复兴自然法，要求个人权利与社会权利在理性和正义的制度下相互结合；又如，德国法学家施塔姆勒提出了内容可变的自然法学说。第二次世界大战以后，随着法西斯政权的崩溃，否认公平、正义等价值准则的实证主义法学开始衰落，主张实在法应当从属于公平、正义等价值准则的自然法学说进一步兴起。主要代表人物有美国法学家富勒、罗尔斯和德沃金等。他们主张实在法的价值准则，强调法与道德的不可分性。在西方现代法哲学中，新自然法学派是与实证主义法学派相抗衡的重要法学流派。

批判的基础上，新自然法学家重拾法律的道德性，在界定良法时多侧重强调良法的正当价值基础，即良法应当奠基于公平、正义、自由、人权和人的尊严的基础之上。在哈特的带领下，法律实证主义法学对于新自然法学的诸多方面进行了论辩，在真理越辩越明的结果下，两派虽然仍旧恪守自己的核心命题，但已经有限度地相互吸收对方的成果。如哈特就承认了最低限度的道德，〔15〕而新自然法学家菲尼斯所界定的良法则针对法律的形式要求和程序标准："法律规则是关于未来的，是可能服从的、公开的、清晰的，与其他规则是一致的、充分稳定的；裁决和命令的制作是由其公布的、清晰的、稳定的和相对一般的规则指导的；制定、执行和适用规则者有责任遵守与其活动相关的规则，并且实际上是前后一致的依法执法的。"〔16〕伯尔曼提出了法律的"形式合理"与"实质合理"的标准与要求："法律中形式合理表示通过逻辑概括和解释的过程，对抽象规则的系统阐述和适用；它强调的是通过逻辑的方法收集全部法律上具有效力的规则并使之合理化，再把它们铸造成内部一致的复杂的法律命题。相比之下，实质合理突出的方面不是符合逻辑的一致性，而是符合道德考虑、功效、便利和公共政策。"〔17〕

上述对于良法追寻历史的梳理集中于西方，因为法治和良法的概念本身都源于西方，且西方理论界对于良法的认识和研究更为彻底和透彻。尽管如此，我们还是要将目光转向中国，界定符合我国国情的良法标准，从而使其正确服务于中国特色社会主义法治和法治文化的建设。

二、良法的一般标准

显然，法是有良与恶的划分与标准的。受西方对良法的界定进路影响，我国理论界对良法的标准的研究同样与形式法治论、实质法治论的分歧相联系。国内学者对于形式法治论的研究主要承续国外研究，尤其是受到拉兹、富勒、菲尼斯等学者的影响。有人专文《为形式法治理论辩护》，认为"法治是法律所特

---

〔15〕 参见沈宗灵：《现代西方法理学》，北京大学出版社 1992 年版，第 32 页。

〔16〕 J. Finnis, *Naturaland natural rights*, Oxford: Oxford University Press, 1980, p. 270.

〔17〕 [美]哈罗德·J. 伯尔曼：《法律与革命——西方法律传统的形成》，贺卫方等译，中国大百科全书出版社 1993 年版，第 654 页。

有或固有的美德”,“法治是一套形式化或程序化的法律原则”,“法治是一系列以上述原则为核心的制度”,“法治是一种以上述原则和制度为基础的社会治理模式”。[18] 不过,我国大多数学者还是受传统文化和政法思想的影响,秉持实质法治论。如学者认为,实质法治是中国法治发展的进路,“当下,中国正处于全面建成小康社会、全面深化改革和全面推进依法治国的关键阶段,以法治凝聚改革共识、规范发展行为、促进矛盾化解、保障社会和谐,必然要求所追求的法治是一种实质法治”。[19] 也有学者认为,法治要素既包括程序的内容,也包括法律形式上的要求,以及一些基本的法律价值。[20] 还有学者认为:“实质法治在实质正义之外还应当容纳形式正义的理性因子,但我们绝不是要否定和抛弃实质正义,而是要走一条‘经由形式正义的实质法治’之路,形式正义的加入只会让实质法治发展得更好更快而不是更糟。”[21] 中国特色社会主义法治建设必须在中国传统社会的实际与实践的基础上进行,只有将当代中国的法治建设置于中国语境中方能有正确解释和理解。“法治,并不仅仅是一种形而上的价值追求,或者程序化的规则训诫,它更是一种特定时空背景下的社会实践,它与特定历史场域下的其他社会实践深深地联系在一起,它也必须回应特定时空背景下特定的社会、政治诉求。”[22] 从十八届四中全会通过的《中共中央关于全面推进依法治国若干重大问题的决定》的内涵来看,我国法治实践的类型不仅趋向综合而且更接近实质法治,系经由形式法治而进入实质法治。[23] 一方面,该决定提出的我国新时期法治建设的方针,即“科学立法、严格执法、公正司法、全民守法”,属于典型的实质法治的条件和要求;另一方面,该决定进一步强调了对于公民权利的保障,“依法保障公民权利,加快完善体现权利公平、机会公平、

---

[18] 黄文艺:《为形式法治理论辩护——兼评〈法治:理念与制度〉》,载《政法论坛》2008 年第 1 期。

[19] 付子堂:《实质法治:中国法治发展之进路》,载《学术交流》2015 年第 3 期。

[20] 参见张文显:《法治与法治国家》,法律出版社 2011 年版,第 5 ~ 28 页。

[21] 江必新:《严格依法办事:经由形式正义的实质法治观》,载《法学研究》2013 年第 6 期。

[22] 付子堂、常安:《民生法治论》,载《中国法学》2009 年第 6 期。

[23] 参见李树忠:《迈向“实质法治”——历史进程中的十八届四中全会〈决定〉》,载《当代法学》2015 年第 1 期。

规则公平的法律制度，保障公民人身权、财产权、基本政治权利等各项权利不受侵犯，保障公民经济、文化、社会等各方面权利得到落实，实现公民权利保障法治化。增强全社会尊重和保障人权意识，健全公民权利救济渠道和方式"，这一法治建设的目的与目标，显然反映了一种实质法治的内涵。

对于良法的标准，我国主流观点坚持了"实质法治观"，主张通过形式法治的完善，逐步走向实质法治的发展目标。"广义的良法就是'真、善、美'的法。'真'是指法的内容的合规律性，即：符合事物性质，反映时代精神，适应客观条件。'善'是指法的价值的合目的性，即体现人类正义，实现人民利益，促进社会进步。'美'是指法的形式的合科学性，即：结构严谨合理，体系和谐协调、语言规范统一。"〔24〕有学者从法美学角度系统地揭示法的真善美，认为法存在真善美的三维构造。"法之真的真主要是在'法之合规律性、合目的性'这一层面上理解的。"〔25〕"法之善所表现的，是客观的、外部的、实证的法即真的意义上的法，向着人的主观的、内部的、形而上的法转化；合乎规律的法向着合乎目的和理想的法转化；自在的法向着自为的法转化；进而直接地起到启发人的主观能动性和对人的行为的规范作用。"〔26〕"美是真与善的统一，也就是合规律性与合目的性的统一"；"要实现主体自由，实现主客体之间全面现实的统一，社会主义法就必须扬弃真和善各自的片面性而在更高层次上实现新的综合，这就是使社会主义法臻至美的境地。只有在美里，主体与客体之间的对立才能真正消解，主体与客体才能真正打成一片。社会主义法求美之维是对其求真与求善之维的扬弃和超越，美以真为现实前提又包含了真，美也以善为良知的基础又涵容了善"。〔27〕有学者认为，良法是指符合法律的内容、形式和价值的内在性质、特点和规律性的法律。良法的标准表现在三个方面：在法的内容方面，必须合乎调整对象自身的规律；在法的价值方面，必须符合正义并促进社会成员的公共利益；在法的形式方面，必须具有形式科学性。〔28〕在当代中国的语境中认识良法，根据十八届四中全会通过的《中共中央关于全面推进依法治国若干重大问

〔24〕 李步云、赵迅：《什么是良法》，载《法学研究》2005年第6期。

〔25〕 吕世伦主编：《法的真善美：法美学初探》，法律出版社2004年版，第29页。

〔26〕 同上书，第268页。

〔27〕 同上书，第414～416页。

〔28〕 参见李桂林：《论良法的标准》，载《法学评论》2000年第2期。

题的决定》的要求,良法"要恪守以民为本、立法为民理念,贯彻社会主义核心价值观";要"符合宪法精神、反映人民意志、得到人民拥护"。综上,我们认为,良法的主旨是科学,在科学的主旨下,体现良法的实体标准、价值标准、规范标准和程序标准。

（一）良法的实体标准

所谓良法的实体标准,是指良法在实体和内容方面所要符合的诸多标准和要求,这些标准和要求重点着落于法律的内容上。这包括良法要反映人民群众的意志和利益,良法要以中国的国情为根植基础,良法要反映自然运行、社会发展和人类交往的客观规律,良法既要表现出它的自足性,同时也要表现出它的谦抑性。

第一,良法要真切反映人民群众的意志和利益。在坚持人民主体地位和以人民为中心的社会主义法治原则下,人民群众的意志和利益是良法制定的核心与根本点。"在中国社会主义制度下,有事好商量,众人的事情由众人商量,找到全社会意愿和要求的最大公约数,是人民民主的真谛。"〔29〕一切的法律制定都要围绕着人民群众的意志和利益展开,尤其是在我国社会转型的关键时期。目前,虽然我国在经济和民生领域取得了重大成就,但是暴露出来的贫富差距、社会冲突、环境恶化等问题也较为严重。由此,在制定和修改法律时,一方面,要适应社会的发展形势,着重处理好那些关切民众利益的根本问题;另一方面,要真切倾听民众的呼声,切实将民众的意志和利益反映在立法之中,提高社会主义法律的良法属性。

第二,良法要以中国的国情为根植基础。"从最广泛的意义来说,法是由事物的性质产生出来的必然关系。在这个意义上,一切存在物都有他们的法。"〔30〕中国的立法,必须立足于中国国情,把握和反映中国社会的法治发展规律。"认识和把握我国社会发展的阶段性特征,要坚持辩证唯物主义和历史唯物主义的方法论,从历史和现实、理论和实践、国内和国际等的结合上进行思考,从我国社会发展的历史方位上来思考,从党和国家事业发展大局出发进行

〔29〕 习近平:《在庆祝中国人民政治协商会议成立65周年大会上的讲话》(2014年9月21日)。

〔30〕 [法]孟德斯鸠:《论法的精神》(上册),张雁深译,商务印书馆1959年版,第1页。

思考,得出正确结论。"[31]社会主义初级阶段,是我们党从社会性质和发展阶段上对中国国情所做的全局性、总体性判断。中国的良法制定,需要从中国社会的实际出发,总结历史经验,解决中国社会法治建设的实际问题。

我国的法治和良法具有政治制度的决定性特点。我国的历史和现今国情决定了法治建设必须建立在现有的政治基础之上,不能脱离中国的政治基础而简单照抄照搬西方的法治经验。我国最大的政治基础是坚持中国共产党领导,中国共产党是我国国家和社会的领导核心,这是中国政治制度的基本特点。中国法治发展不仅离不开政治制度的决定性,而且政治制度也是中国法治发展的前提。"在依法治国的整个过程和各个主要环节上,都必须强调坚持党的领导,防止淡化党的领导讲法治,脱离党的领导搞法治。"[32]因为只有在党的领导下才能全面贯彻依法治国方略、厉行法治,人民当家作主才能充分实现,国家和社会生活法治化才能有序推进。党的领导是制定良法的重要保证,党团结带领全体人民,充分发扬民主、凝聚民意,深入推进科学立法,才能真正保证良法的品质。坚持中国共产党的领导是我国制定科学合理的良法以及走法治之路的前提,中国共产党的正确领导同时也为良法的顺利运行提供了保障。

第三,良法要反映自然运行、社会发展和人类交往的客观规律。十八届四中全会通过的《中共中央关于全面推进依法治国若干重大问题的决定》指出,要科学立法,科学的第一要义在于立法要反映客观规律,要准确把握自然和社会发展的规律性与规定性,并对未来的发展作出一定前瞻性的预见,引导自然和社会朝着正确的方向发展。这里的规律既有自然运行的规律、社会发展的规律,也有人类交往的规律。事实上,法律本身就是人类自然进化与发展的社会产物,也必然遵循人类自然进化与发展的规律。"立法者应该把自己看作一个自然科学家。他不是在创造法律,不是在发明法律,而仅仅是在表述法律,他用有意识的实在法精神把精神关系的内在规律表现出来。如果一个立法者用自己的臆想来代替事物的本质,那么人们就应该责备他极端任性。同样,当私人

---

〔31〕 习近平:《在省部级主要领导干部专题研讨班上的讲话》(2017 年 7 月)。

〔32〕 张文显:《走向和谐法治》,载张文显:《法治与法治国家》,法律出版社 2011 年版,第 353 页。

想违反事物的本质恣意妄为时,立法者也有权利把这种情况看作是极端任性。"〔33〕

第四,良法应当表现出自足性和谦抑性。良法的自足性,是指良法要覆盖社会生活的基本方面,将国家治理、经济运行、民众生活等诸多方面纳入法治的轨道;良法也要表现出它的谦抑性,即良法不能调控所有的社会关系,有些法律不适宜调控的地方要留给技术、道德、习俗、礼仪、社团纪律等,从而法律要衔接、协调好与道德、习俗等的关系,进一步构造良好的社会秩序体系。

(二)良法的规范标准

所谓良法的规范标准,是指良法在形式方面所要符合的诸多标准和要求。良法的规范标准主要包括良法的确定性、统一性和语意清晰性。

第一,良法的确定性。人们之所以关注法律的确定性,是因为它体现了人们对于法律可预测性的期望。"确定性可能意味着存在对于法律问题的唯一正确的答案,这个答案应该是可以复现的。换句话说,对于同样的法律问题,所有受过法律训练的人,借助于正常的推理程序,最终都能够得出同样的答案。"〔34〕正是在这个意义上,学者们将法律的确定性视为法律正确发挥社会功能的前提。"如果法律不能提供稳定性和一定程度的确定性,那么结果必将导致混乱。这便是以其正义意识和对社会功利的关注而著名的法官布兰克斯说以下话的原因:'法律规则的确定常常比正确地确定来得更为重要'。"〔35〕

第二,良法的统一性。法治即规则之治是为克服人治的任意性而创设的,它必须追求法律的确定性、可预见性与统一性。"编撰法典有很多原因,但是最主要的还是人们怀有使法律明确和使全国的法律保持统一的愿望。"〔36〕所谓统一性是指良法体系内部应当协调一致,即法律体系内部法律之间、法律与法规之间、法律与规章之间、法规与规章之间应当相互协调、具有内在的逻辑统一

〔33〕 马克思恩格斯列宁斯大林著作编译局译:《马克思恩格斯全集》(第1卷),人民出版社1995年版,第347页。

〔34〕 梁治平:《解释学法学与法律解释的方法论——当代中国法治图景中的法解释学》,载梁治平编:《法律解释问题》,法律出版社1998年版,第97页。

〔35〕 [美]埃尔曼:《比较法律文化》,贺卫方、高鸿钧译,三联书店1990年版,第67页。

〔36〕 [法]勒内·达维:《英国法与法国法:一种实质性比较》,潘华仿等译,清华大学出版社2002年版,第26页。

性。具体表现在:一是良法体系的各部分要以宪法为根据,统一于宪法;二是良法体系内部的不同法律规范之间要相互统一,不能相互冲突;三是良法体系要具有整体的完备性,构成一个完整的社会规范体系。

第三,良法的语意清晰性。霍布斯说:“良法就是为人民的利益所需要而又清晰明确的法律。”[37] 富勒则认为:“清晰性要求是合法性的一项最基本的要素。”[38] 立法者要有概念明确即确定概念内涵与外延的逻辑意识。自然语言是开放的,意义具有不确定性,许多语词具有多义性和模糊性;法律语言是不自足的,并且大多数法律语词不为法律所独有,它建立在自然语言的基础之上,以自然语言为载体,依赖于自然语言,离不开自然语言。为了达到法律的明确性或确定性,就需要考虑根据法律表达的需要和语境的变化选择恰当的语词,并对语词指涉的对象或应用范围及意义仔细斟酌,并加以必要的确定和限定。如果在法律语境中对这些语词不加以必要解释和界定,自然语言的不确定性就会传递到法律语言之中,法律概念就可能是含混不定和模糊不清的。“倘若立法者忽略这一点,就可能导致法律的不明确或不确定。就可能导致法律适用的混乱或困难,法律的权威就会受到极大的损害。”[39]

(三)良法的价值标准

所谓良法的价值标准,是指良法在价值方面所要符合的基本要求,即在制定法律时,法律所欲追求的那些价值目标,包括正义、秩序、自由、平等、安全和利益等。良法的价值标准众多,但这些价值并非出于同一位阶之中。一般而言,良法的核心价值是秩序和正义,其他价值如自由、平等、安全和利益等是正义和秩序价值的表征,是正义和秩序价值的下位概念。由此,本研究对于良法的价值分析主要集中于秩序和正义。

第一,秩序。“秩序是法的基本的价值之一,秩序的存在是人类一切活动的必要前提,秩序乃是构成人类理想的要素,同时也是人类社会活动的基本目标,而法律,也在建立和维护秩序的过程中成为秩序的象征。”[40] 良法所追求的秩序应当是“包容性秩序”,这种秩序是在社会主义核心价值观引领下百花齐放、

---

[37] [英]霍布斯:《利维坦》,黎思复、黎廷弼译,商务印书馆1985年版,第113页。

[38] [美]富勒:《法律的道德性》,郑戈译,商务印书馆2009年版,第46~47页。

[39] 王洪:《制定法推理与判例法推理》,中国政法大学出版社2016年版,第19页。

[40] 张文显主编:《法理学》,法律出版社2004年版,第234页。

百家争鸣、尊重差异、包容多样、"和而不同"的秩序,是充满活力的秩序。〔41〕在秩序中,自由而平等的竞争和人道主义的生活成为可能,各种社会分歧、矛盾和冲突能够在道德精神和法律理性的技术上得以和平解决或缓和,从而实现社会组织健全、社会治理完善、社会安定团结、人民群众安居乐业的秩序形态。

第二,正义。正如《法国民法典》之父波塔利斯所指出的:"实定法是永恒的正义的要求,一切立法者都不过是这种永恒正义的诠释者,否则一切法律都会具有随意性和不确定性。"〔42〕习近平总书记指出:"不论处在什么发展水平上,制度都是社会公平正义的重要保证。我们要通过创新制度安排,努力克服人为因素造成的有违公平正义的现象,保证人民平等参与、平等发展权利。要把促进社会公平正义、增进人民福祉作为一面镜子,审视我们各方面体制机制和政策规定,哪里有不符合促进社会公平正义的问题,哪里就需要改革;哪个领域哪个环节问题突出,哪个领域哪个环节就是改革的重点。对由于制度安排不健全造成的有违公平正义的问题要抓紧解决,使我们的制度安排更好体现社会公平正义原则,更加有利于实现好、维护好、发展好最广大人民根本利益。"〔43〕公平正义是社会主义法治建设的本质所在,社会不公正,发展便失去基本价值和方向。从一定意义上说,公平正义是社会的最大公约数,也是改革的最大共识度。

(四)良法的程序标准

所谓良法的程序标准,是指良法制定过程中所要遵循的诸多程序性要求,即立法程序。立法程序即法的创制程序,是指有法的创制权的国家机关在制定、修改、补充和废止等法的创制活动过程中所应当遵守的法定步骤和方法。〔44〕现在世界各国由于国情不同,法的传统及法的创制体制亦不同,因而在立法程序方面既有相同之处,也有不同之点。世界各国的立法程序,一般由专门的立法法和立法程序法来作出规定,并且对于不同层级的法的创制有不同的立法程序。在我国,按照法的创制种类,有两种类型的立法程序,即权力机关的

〔41〕参见张文显:《法治与国家治理现代化》,载《中国法学》2014年第4期。

〔42〕[法]波塔利斯等:《法国民法典开篇:法国起草委员会在国会面前的关于民法典草案的演讲》,载何勤华主编:《20世纪外国民商法的变革》,法律出版社2004年版,第3页。

〔43〕习近平:《在中央全面深化改革领导小组第三十次会议上的讲话》(2016年12月5日)。

〔44〕参见张文显主编:《法理学》,法律出版社2004年版,第348页。

立法程序和行政机关的立法程序。《立法法》对最高立法机关和地方立法机关的立法权限和程序作出了规定，涉及法律、地方性法规、自治条例和单行条例的制定、修改和废止，又对最高行政机关的立法权限和程序均作出了规定，涉及国务院行政法规、国务院部门规章和地方政府规章的制定、修改和废止。按照《立法法》的规定，我国的立法程序包括法律议案的提出、法律草案的审议、法律草案的通过和法律的公布等四个阶段，严格的程序对于规范立法活动、健全国家立法制度、提高立法质量并保证"良法"的出台具有重要作用。

三、良法的审查机制

宪法与法律的效力及其审查机制是一个重要的问题，这个问题不解决，法律体系的统一性和确定性就只是空中楼阁，"良法"也难以得到保证。再精美的制度设计，再华丽的"权利"和"自由"，如果没有宪法和法律审查机制的保障也就只能成为空幻。

（一）宪法优位与违宪审查

在良法的审查机制中，合宪性审查机制最为重要。德国学者克纳德认为，从一般意义上来讲，宪法通过法治国家秩序，赋予国家及其功能以统一的标准与形式。法治国家的最基本要素之一是"法的最高性"。〔45〕在宪法体系中，法的最高性一般分为宪法优位与法律优位两种形式。就宪法优位，我国宪法明确规定其"具有最高的法律效力"；"一切法律、法规不得与宪法相抵触"。《立法法》规定："宪法具有最高的法律效力，一切法律、行政法规、地方性法规、自治条例和单行条例、规章都不得同宪法相抵触。"各国为了确保宪法优位，纷纷建立自己的违宪审查制度。西方宪法审查实践证明，违宪审查机制系实现稳定的宪法秩序与社会秩序的重要保障。要防止法律违反宪法，就必须审查立法的合宪性，并授予某种司法性质的独立机构以解释宪法的最高权力。〔46〕在我国，是否应当建立违宪审查制度，理论界进行过十分激烈的讨论。在程序保障方面，多数人主张借鉴国外先进经验，制定一部专门性的单行法律——宪法监督法，对

---

〔45〕［德］克纳德：《德国宪法原论》，韩国博英社 2001 年版，第 3 页。（引自韩大元：《中国宪法文本中的"法治国家"规范分析》，载《吉林大学社会科学学报》2014 年第 3 期。）

〔46〕参见张千帆：《宪法学导论：原理与应用》，法律出版社 2008 年版，第 13 页。

违宪审查程序作出完善、周密的规定；在审查机构设计方面，可谓见仁见智，但无外乎借鉴国外做法，采取如下做法。

第一种方案：将权力赋予普通法院，在具体做法上坚持“宪法司法化”或附带性审查的观点。宪法司法化又称司法审查，是指法院或司法性质的机构对各种法律合宪性的审查，美国式的司法审查权由普通法院行使源于 1803 年的“马伯里诉麦迪逊案”，该案的推理使宪法成为国家法律体系中的一部分，并可以在审判过程中直接作为判案依据，因而导致了宪法的“司法化”(judicialization)。〔47〕中国并无普通法院对法律法规合宪性进行司法审查的制度设立，但在 2001 年最高人民法院作出的《关于以侵犯姓名权的手段侵犯宪法保护的公民受教育的基本权利是否应承担民事责任的批复》中，明确判定被告侵犯了原告“依据宪法规定所享有的受教育的基本权利”，从而引发了宪法“司法化”的广泛讨论。〔48〕

第二种方案：将审查权力赋予专门设立的宪法法院。典型模式是 1920 年奥地利设立“宪政法院”来审查立法的合宪性，这种模式由奥地利法学家凯尔森所倡导。〔49〕在我国，有人主张最高院设立专门的宪法法院行使违宪审查权。〔50〕

第三种方案：将权力保留给最高立法机关。主张或者在全国人大下面设立一个与人大常委会平行的宪法委员会，专司违宪审查职责；或者把现行的全国人大法律委员会改为宪法和法律委员会，在保持其原有职权不变的基础上，增加违宪审查权；或者在全国人大下面设立一个性质及职责与各专门委员会相同，协助全国人大及其常委会监督宪法实施的宪法委员会。〔51〕

---

〔47〕张千帆：《宪法学导论：原理与应用》，法律出版社 2008 年版，第 154、162 页。

〔48〕参见《冒名上学事件引发宪法司法化第一案》，载《南方周末》2001 年 8 月 16 日；王磊：《宪法的司法化》，中国政法大学出版社 2000 年版。需要专门提及的是，7 年之后，该批复被最高人民法院《关于废止 2007 年底以前发布的有关司法解释（第七批）的决定》以“已停止适用”为由废止，至于何以“停止适用”则未见说明，所谓的“宪法司法化”的实践由此止步。

〔49〕参见［奥］汉斯·凯尔森：《立法的司法审查——奥地利和美国宪法的比较研究》，载《南京大学法律评论》2001 年春季刊，第 1～9 页。

〔50〕参见张庆福、甄树青：《宪法监督发展趋势简析》，载《外国法译评》1998 年第 1 期。

〔51〕参见肖北庚：《宪政法律秩序论》，中国人民公安大学出版社 2002 年版，第 230 页。

我们赞同“宪法适用应遵循宪法本身规定的路径”的观点，仍由最高立法机关行使对合宪性的审查权。[52] 首先，依据我国的政治制度，我国目前并不具有在司法审判中直接适用宪法的基础，宪法不能作为直接裁判依据进行司法适用。[53] 从方法论视角来看，我国理论界在对完善进而建立符合本国国情的违宪审查制度的问题研究上缺乏对马克思主义普遍性与特殊性相结合原理的运用，至少是运用不够，没能充分将其放至我国政治、经济、法制等环境的现状中考察该制度，也没有从足够研究现实问题的视角，认真分析我国应当确立什么样的违宪审查制度。其次，应当充分利用现有的法律资源，尤其是宪法资源，如果完全摈弃现有法律资源，另外设计一套审查制度，既会造成法律资源的浪费，又会使新设计的制度缺乏基础，难以施行。将违宪审查权赋予最高立法机关与其宪法解释权相适应，也符合我国宪法规定的“一切权力属于人民”的人民代表大会制度的要求。宪法实施和依宪治国是现代政治的果实，要立足本国土壤去培育。“我们所要求的宪法实施，必须是符合本国国情的社会主义宪法实施和监督。”[54] 习近平在首都各界纪念现行宪法公布施行 30 周年大会上的讲话中指出：“宪法的生命在于实施，宪法的权威也在于实施。”十八届四中全会通过的《中共中央关于全面推进依法治国若干重大问题的决定》要求：“完善全国人大及其常委会宪法监督制度，健全宪法解释程序机制。加强备案审查制度和能力建设，把所有规范性文件纳入备案审查范围，依法撤销和纠正违宪违法的规范性文件，禁止地方制发带有立法性质的文件。”下一步，应当考虑创制专门的人大监督法，涉及审查方式（事先、事后、附带式等）和程序（审查申请的提出、议决方式、听证、决定的批准权限等），补上我国违宪审查的短板。

（二）法律优位与规范选择适用权

《立法法》规定了应当由法律加以规定的“法律保留”事项，国务院的行政法规制定权与“法律保留”原则相联系。所谓“法律保留”是基于权力分工的角度设立的，行政权受到立法权的限制，特定领域的国家事务应保留由立法者以法律规定，行政权唯经法律的指示始能决定行止。换言之，特定领域的行政行

---

〔52〕 童之伟：《宪法适用应依循宪法本身规定的路径》，载《中国法学》2008 年第 6 期。

〔53〕 参见王伟国：《齐玉苓案批复之死——从该批复被忽视的解读文本谈起》，载《法制与社会发展》2009 年第 3 期。

〔54〕 韩大元：《略论社会主义宪政的正当性》，载《法学》2011 年第 12 期。

为非有法律依据不得为之，法律保留在法技术观点上明显对行政权的发动造成一种“附带许可保留之禁止”的效果，使行政权对法律保留范围内的事务，在未经立法者事先“许可”前，不得主动、积极作为。[55] 而对于法律、行政法规、地方性法规、规章的效力，依据《立法法》的规定，前者的效力均高于后者，发生效力冲突时应当由“有权机关”裁决，而非由法院进行附带性审查，但此举可能有脱离实际的问题。

可以作为例证的是2003年“洛阳玉米种子案”。该案系伊川县种子公司与汝阳县种子公司之间的玉米种子代繁合同纠纷，涉及国家《种子法》和《河南省农作物种子管理条例》的效力问题，审判长李慧娟在判决中明确认为《种子法》效力高于上述条例，后者不应适用。这一似乎不起眼的判决却触怒了条例的制定者河南省人大常委会，其认为洛阳市中级人民法院的判决“实质是对省人大常委会通过的地方性法规的违法审查，违背了我国人民代表大会制度，侵犯了权力机关的职权……是严重违法行为”，并据此向河南省高级人民法院和洛阳市人大常委会发出通报，要求前者对“洛阳中院的严重违法行为作出认真、严肃的处理”，要求后者“纠正洛阳市中级人民法院的违法行为，对直接责任人员和主管领导依法作出处理，通报洛阳市有关单位”。最终，洛阳市中级人民法院党组作出处理，决定免除李慧娟的审判长职务及助理审判员的资格。[56] 尽管最高人民法院后就此案作出了批复，河南省高级人民法院也维持了原判决，但法官在司法裁判过程中究竟如何处理此种违反上位法的下位法，仍是一个值得深入思考的问题。

有持“违法说”者认为：“我国法律只赋予法院有限的司法审查权，而没有完全的司法审查权。具体地说，就是法院可以在审理行政诉讼案件时，参照规章进行判决，对规章以下的规范性文件可以进行合法性审查，甚至可以直接拒绝适用。而对于法律、行政法规和地方性法规的适用是无条件的，如果发现位阶较低的法律与上位法相抵触的，也不能直接宣布下位法规定无效，而必须依据上述法定的程序提交有权的机关进行审查处理。很明显，就目前情况来看，法院无权直接拒绝适用与法律相抵触的地方性法规，出现这种情况时，只能中止

---

[55] 参见许宗力：《法与国家权力》，月旦出版公司1993年版，第118页。

[56] 参见郭国松：《法官判地方性法规无效：违法还是护法》，载《南方周末》2003年11月20日版。

案件审理逐级上报有权的机关进行审查，待审查结果做出后再恢复案件审理。”[57]也有法官提出审慎的做法，认为即使不适用之，也完全可以采取更为妥当的做法，在判决中直接适用《种子法》，而无须对《河南省农作物种子管理条例》进行评价。[58]

有持“护法说”者主张：“现行法律特别是《立法法》已解决了这一问题，即不论根据法律规定还是根据实际和法理，我国法院均应当享有对不一致或者相抵触的法律规范的选择适用权，无须一概送请有权机关裁决。”“《宪法》既然规定了法制统一原则，《立法法》既然规定了法律、法规、规章的位阶，法院在办案时遇到了同一问题存在两个相互冲突规范时，就应允许其自行依法选择适应法律效力高的规范，而不宜要求法院层层请示，乃至必须由全国人大常委会最终答复。”[59]

我们认为，尽管《立法法》对改变或者撤销法律、行政法规、地方性法规、自治条例和单行条例、规章的权限作出规定，但并不意味着司法必须等待有权机关对该广义法律的处理，司法裁判中依据法律适用规则的处理本身构成裁判权的一部分，应予尊重。原因在于。

第一，司法机关的规范选择适用权符合《立法法》的基本精神。《立法法》第五章专门规定了“适用与备案审查”，包括适用规则、裁决机制与备案审查三个方面：适用规则、裁决机制属于法律规范的具体适用规则（个案中的选择适用），备案审查则是釜底抽薪式地彻底解决法律冲突的程序和途径，通常与特定情况下的具体适用规则并行不悖。[60] 对于适用规则和裁决机制，“执行机关不能根据效力高低确定如何适用”[61]是送请有权机关裁决的前提条件，或者说《立法法》有关条款规定的“不能确定如何适用”时送请裁决的反面解释是：如

---

〔57〕 李克杰：《法院有权拒绝适用地方性法规吗？》，载《南方都市报》2003 年 11 月 8 日版。

〔58〕 参见张千帆：《宪法学导论：原理与应用》，法律出版社 2014 年版，第 197 页。需要说明的是，张千帆教授并未持该看法。

〔59〕 孔祥俊：《论法官在法律规范冲突中的选择适用权》，载《法律适用》2004 年第 4 期。

〔60〕 同上。

〔61〕 顾昂然：《关于〈中华人民共和国立法法（草案）〉的说明》，载《中华人民共和国全国人民代表大会常务委员会公报》2000 年第 4 期。

果能够确定如何适用,就无须送请有权机关裁决或者解释,适用规则与裁决机制系选择关系。

第二,规范选择适用权与“宪法司法化”“违宪审查权”并不相同。在“洛阳种子案”中,河南省人大常委会认为,“实质是对省人大常委会通过的地方性法规的违法审查,违背了我国人民代表大会制度,侵犯了权力机关的职权,是严重违法行为”,有混淆概念之嫌。司法机关的规范选择适用权虽然也属于司法审查,但并非违宪审查意义上的司法审查,而仍然仅是在个案中行使法律适用权,也即其当然属于法律适用的范畴。目前我国宪法体系中,法院并无违宪审查权,不得将《宪法》和《立法法》的相关条款规定,作为认定法律是否违宪的适用规则,但对于法律之下的法律渊源,法官在审判案件时可以按照其效力等级决定其直接适用问题,即行使选择适用权。

关于规范选择适用权的意义,根据学者概括:“肯定法院在审理案件中的法律规范选择适用权,除直接维护法治统一外,还可以对下位法的制定机关形成一种预先的外在约束和压力,减少越权立法的现象。”〔62〕

四、小　　结

建设社会主义法治文化需要良法的制度建设与善治的行为实践相统一。受西方对良法的界定进路影响,我国理论界对良法的标准的研究同样与形式法治论、实质法治论的分歧相联系,当代中国法治实践的类型趋向综合但更接近于实质法治,系经由形式法治而进入实质法治。良法制度建设需要以宪法与法律的效力及其审查机制作为保障。在良法的审查机制中,合宪性审查机制与宪法优位相联系,宪法适用应遵循宪法本身规定的路径,宪法实施和依宪治国是现代政治的果实,要立足本国土壤去培育,我们所要求的宪法实施,必须是符合本国国情的社会主义宪法实施和监督。在良法的审查机制中,规范选择适用权与法律优位相联系,规范选择适用权与“宪法司法化”“违宪审查权”并不相同,法官在审判案件时可以按照其效力等级决定其直接适用问题,即行使选择适用权,不必一律报请立法机关裁决。

---

〔62〕 孔祥俊:《论法官在法律规范冲突中的选择适用权》,载《法律适用》2004 年第 4 期。

民法合宪性解释的事实条件

李海平*

引 言

民法合宪性解释,是指当民法规范存在多种解释的可能时,选择其中不与宪法冲突或者符合宪法的解释作为最终解释方案的法律解释方法。民法合宪性解释可以在两种意义上使用:宪法审查机关对民法规范实施合宪性审查过程中的合宪性解释和普通法院审判民事案件过程中解释民法规范的合宪性解释。就内容而言,民法合宪性解释又可分为两种类型:对具有违宪疑虑的民法规范进行合宪性解释和对无违宪疑虑的民法规范进行合宪性解释。〔1〕虽然这两种合宪性解释都"根基于'宪法为最高法'这一规范事实",但它们"在学理上截然有别,应当加以辨别,否则会在方法适用上出现'囫囵吞枣'或'一叶障目'等情形"。〔2〕本文主要研究法院在民事裁判中运用的、针对无违宪疑虑的民法规范进行的合宪性解释,探究法院基于宪法或者依据宪法解释民法规范的事实条件

---

* 李海平,吉林大学法学院教授。

〔1〕 瑞士学者坎皮休和穆勒将合宪性解释规则分为三种,"一是单纯的解释规则,指宪法相关规定应在法律解释时直接发生一定影响;二是冲突规则,指在数种可能的法律解释中应优先选择与宪法内容相符者;三是保全规则,指当法律有违宪疑虑而有数种解释可能时,应选择不违宪的解释"(参见苏永钦:《合宪性控制的理论与实践》,台北,台湾月旦出版社1994年版,第84页)。在上述三种规则中,保全规则是唯一的在有违宪疑虑情形下适用的合宪性解释规则。如果以是否具有违宪疑虑为标准,可以将上述三分法改造为二分法,将合宪性解释区分为有违宪疑虑的合宪性解释(保全规则)和无违宪疑虑的合宪性解释(单纯解释规则和冲突规则)。

〔2〕 王书成:《论合宪性解释方法》,载《法学研究》2012年第5期。

问题。

近年来,我国学界有关合宪性解释的研究热潮中,民法合宪性解释的条件问题较少有学者关注。无论是对合宪性解释一般原理的研究,〔3〕还是对民法合宪性解释的专门研究,〔4〕均是如此。我国《宪法》序言中关于宪法“具有最高的法律效力”及一切国家机关“负有维护宪法尊严、保证宪法实施的职责”的规定表明,法院作为国家机关在审理民事案件时进行合宪性解释具有宪法规范依据。〔5〕但从宪法与民法分属公法、私法不同类型的角度分析,民法的合宪性解释还须具备一定条件,保持一定限度。合宪性解释“如果只是为解释者增加一个选择,而不能在一定程度内清楚界定它的运用时机与条件,实际上只是扩大了法律适用的恣意性”,〔6〕“如果我们对合宪性解释的性质与适用条件无法做

---

〔3〕 代表性的研究文献,参见张翔:《两种宪法案件:从合宪性解释看宪法对司法的可能影响》,载《中国法学》2008 年第 3 期;周刚志:《论合宪性解释》,载《浙江社会科学》2010 年第 1 期;刘练军:《何谓合宪性解释:性质、正当性、限制及运用》,载《西南政法大学学报》2010 年第 4 期;王书成:《论合宪性解释方法》,载《法学研究》2012 年第 5 期;黄卉:《合宪性解释及其理论检讨》,载《中国法学》2014 年第 1 期;黄明涛:《两种“宪法解释”的概念分野与合宪性解释的可能性》,载《中国法学》2014 年第 6 期;王锴:《合宪性解释之反思》,载《法学家》2015 年第 1 期;夏正林:《“合宪性解释”理论辨析及其可能前景》,载《中国法学》2017 年第 1 期;朱福惠:《法律合宪性解释的中国语境与制度逻辑——兼论我国法院适用宪法的形式》,载《现代法学》2017 年第 1 期。

〔4〕 代表性的研究文献,参见杜强强:《论民法任意性规范的合宪性解释——以余丽诉新浪网公司案为切入点》,载《华东政法大学学报》2014 年第 6 期;杜强强:《论合宪性解释的法律对话功能——以工伤认定为中心》,载《法商研究》2018 年第 1 期。

〔5〕 关于法院是否具有合宪性解释的权力,学界已有共识,差异只在论证方法上。有学者以合宪性解释不属于宪法解释为由承认普通法院的合宪性解释权(参见张翔:《两种宪法案件:从合宪性解释看宪法对司法的可能影响》,载《中国法学》2008 年第 3 期),有学者则在区分法院解释权和全国人大常委会的最终解释权意义上承认法院的合宪性解释权(参见黄卉:《合宪性解释及其理论检讨》,载《中国法学》2014 年第 1 期;黄明涛:《两种“宪法解释”的概念分野与合宪性解释的可能性》,载《中国法学》2014 年第 6 期)。

〔6〕 苏永钦:《合宪性控制的理论与实践》,台北,台湾月旦出版社 1994 年版,第 124 页以下。

出确切的说明,那这种解释方法的适用就是滥用"。[7]

在民法合宪性解释适用条件的问题上,苏永钦曾主张通过司法者的自我克制来限制合宪性解释的适用,并对"尊重修宪者的自我设限""尊重立法者的自我设限""尊重行政机关的自我设限""宪法法官与普通法官间彼此尊重"等规则进行了阐述。[8] 张翔基于待解释法律条文的差异提出了合宪性解释的基本规则,分别针对法律条文至为明确、法律条文一定程度的抽象、法律条文较高程度的抽象、例外情况下的合宪性解释等不同情形提出建议。[9] 王利明强调合宪性解释相较于传统法律解释方法的独立性,主张"只有在其他方法不能适用的情况下,才能采用合宪性解释"。[10] 上述学者阐述的合宪性解释条件尽管内容各异,但总体上都属于规范层面的条件。试图通过规范条件的设定来防范合宪性解释的滥用,无疑是有益的尝试。但除此之外,还应当进一步追问,民法的合宪性解释应否具备事实条件?合宪性解释的事实条件具体包括哪些内容?尽管合宪性解释在我国的民事审判中早有实践,并已然成为"宪法作为判决依据功能"的主要形式之一,[11] 法院在运用合宪性解释方法裁判案件时却鲜有提及启动合宪性解释的事实条件。最高人民法院 2016 年 6 月发布的《人民法院民事裁判文书制作规范》关于"裁判文书不得引用宪法……作为裁判依据,但其体现的原则和精神可以在说理部分予以阐述"的规定,似乎肯定了合宪性解释理论的实践效用,[12] 但对于何时可以对民法规范进行合宪性解释却只字未提。各级法院在运用合宪性解释方法裁判案件时,也很少交代合宪性解释的事实前提。有学者研究了我国民事判决引用《宪法》言论自由条款的司法案例,发现我

---

〔7〕 张翔:《两种宪法案件:从合宪性解释看宪法对司法的可能影响》,载《中国法学》2008 年第 3 期。

〔8〕 苏永钦:《合宪性控制的理论与实践》,台北,台湾月旦出版社 1994 年版,第 70 页以下。

〔9〕 参见张翔:《两种宪法案件:从合宪性解释看宪法对司法的可能影响》,载《中国法学》2008 年第 3 期。

〔10〕 王利明:《法律解释学导论——以民法为视角》,法律出版社 2017 年版,第 470 页。

〔11〕 参见冯健鹏:《我国司法判决中的宪法援引及其功能——基于已公开判决文书的实证研究》,载《法学研究》2017 年第 3 期。

〔12〕 夏正林:《"合宪性解释"理论辨析及其可能前景》,载《中国法学》2017 年第 1 期。

国法院“没有附加任何条件即承认了言论自由条款在私人间的直接效力”。[13]这似乎表明,在我国的民事审判过程中,法官对于是否适用以及何时适用合宪性解释方法等问题的判断都具有较强的随意性。

合宪性解释既是一种法律解释方法,也是一种宪法适用方式。为避免民法合宪性解释的滥用,启动民法合宪性解释的事实条件问题值得认真研究。在基本权利私人间效力的路径选择上,德国的合宪性解释理论曾提供了有益借鉴,但在合宪性解释事实条件的确定问题上,美国的国家行为理论更具启发意义。美国的国家行为理论以私主体间存在特定事实作为基本权利私人间效力的发生条件,通过设定明确的事实条件为法官引入宪法规范辅助民事裁判划定了界限,有利于限制法官的自由裁量权。此种做法的合理性因素值得我国借鉴。[14]民法合宪性解释的事实条件是有别于民法合宪性解释规范条件的另一套“启动装置”,它使民事裁判过程中合宪性解释的启动更加有章可循、有据可依。假如缺少这套装置,仅仅依靠法官根据规范条件自我设限,实践中难免会出现当用不用、不当用而用的情形,无法有效防止合宪性解释的滥用。

一、民法合宪性解释事实条件设定的理论证成

民法合宪性解释的适用应否设定事实条件,是由合宪性解释的性质、宪法与民法的属性差异以及合宪性解释对于民事裁判结果的实质性影响共同决定的。合宪性解释的法律适用性质决定了民法合宪性解释事实条件设定的正当性。宪法与民法分属公法与私法的异质性决定了民法合宪性解释事实条件设

〔13〕 陈道英:《我国民事判决中宪法言论自由条款的解释——以2008~2016年103份民事判决为样本》,载《华东政法大学学报》2017年第1期。

〔14〕 比较而言,德国的基本权利间接效力理论更受我国学者青睐,国内学界几乎形成了一边倒式拥抱德国间接效力理论的态势。然而,德国的这一理论恰恰忽略了合宪性解释的事实条件。在运用合宪性解释方法裁判的“吕特案”“闪亮信号杂志案”“基金会案”等一系列判例中,德国宪法法院“裁判之意旨并未明示国家介入私人关系时应有如何之界限”(参见李惠宗:《宪法基本权与私法的关系——德国联邦宪法法院判决解析》,收录于我国台湾地区“最高司法机关”编:《德国联邦宪法法院裁判选集(六):宪法与私法》,台湾裕文实业有限公司1996年版,第27页)。

定的合理性。滥用合宪性解释可能导致宪法过度干预私人自治、损害民事主体权益的不良后果,决定了设定民法合宪性解释事实条件的必要性。

(一)设定民法合宪性解释事实条件的正当性

有关合宪性解释性质的讨论“容易在有意无意间造成不必要的学理误会”,〔15〕但其对于合宪性解释事实条件的探究而言,是一个无法回避的前提性问题。是否承认合宪性解释属于宪法适用是证成民法合宪性解释事实条件设定之正当性的关键。在学理上,所谓的宪法适用是指将宪法“符合事实地适用于当时的纠纷”。〔16〕“认定特定事实是否该当于法律规范要件”的涵摄是法律适用的核心。〔17〕借助逻辑三段论式的涵摄,宪法对于法律规范含义和裁判结果的控制能够发挥重要作用。如果承认合宪性解释具有宪法适用性质,则必然要求合宪性解释具备事实条件;反之,对于合宪性解释的事实条件也就不存在讨论的意义。

2008 年前后我国学界开始关注合宪性解释问题,当时学者们曾就合宪性解释是否属于宪法适用产生过争论。有学者提出,合宪性解释是我国宪法在司法中适用的最佳方式。〔18〕但从该学者论证和推理的具体过程来看,其所谓的合宪性解释属于宪法的适用方式,主要指法院在判决书中引用宪法及发挥宪法的说理功能。然而,宪法适用作为法律适用的一种形式,包含法律涵摄过程,关乎法律规范含义和裁判结果的控制。以此来衡量,引用宪法说理与宪法适用的本质内涵存在较大差距,并非真正意义的宪法适用。基于对上述解释进路的不满和担忧,有学者明确反对将合宪性解释视作宪法适用,称这一观点的提出者“犯下了一个不可宽宥的错误”。〔19〕遗憾的是,相关争论没有持续下去。在其后的

---

〔15〕 黄卉:《合宪性解释及其理论检讨》,载《中国法学》2014 年第 6 期。

〔16〕 [德]伯恩·魏德士:《法理学》,吴越、丁晓春译,法律出版社 2013 年版,第 285 页。

〔17〕 参见王泽鉴:《法律思维与民法实例:请求权基础理论体系》,中国政法大学出版社 2001 年版,第 201 页。

〔18〕 参见上官丕亮:《当下中国宪法司法化的路径与方法》,载《现代法学》2008 年第 2 期。

〔19〕 谢维雁:《论合宪性解释不是宪法的司法适用方式》,载《中国法学》2009 年第 6 期。

合宪性解释研究中，尽管宪法适用的概念频频出现，但人们究竟在何种意义上谈及宪法适用，以及合宪性解释作为宪法适用的制度机理并没有得到展开和详细揭示。

我国学界更多的是将合宪性解释视作一种法律解释方法加以关注。体系解释说、目的解释说、多元解释说、独立解释说等莫衷一是。体系解释说认为，合宪性解释为体系解释的一种。[20] 法律是以宪法为根本法的体系，在整个法律体系中进行并且考虑宪法价值的法律解释就是体系解释。[21] 目的解释说认为，合宪性解释属于客观目的解释，“法官在进行价值衡量与选择的时候，需要以宪法秩序为基本的客观标准，而不能从自己的价值立场出发，需要通过援用、分析宪法相关条款及落实在部门法中的条款，来理解宪法对某些价值的排序与选择”。[22] 多元解释说强调，仅以体系解释或者目的解释中的任何一种来界定合宪性解释都是片面的，合宪性解释体现在多种传统法律解释方法之中。[23] 独立解释说认为，合宪性解释中包含了体系解释和目的解释的因素，但其具有自身特点，不宜将其纳入体系解释或目的解释，而应认定为独立的解释方法。[24]

合宪性解释的过程的确伴随着法律解释，认为其是一种法律解释方法并不为错。但是，合宪性解释绝非普通的法律解释方法，更不能仅从法律解释方法的角度加以认识。应当看到，宪法适用才是合宪性解释的核心和实质。

第一，合宪性解释包含了宪法解释。合宪性解释要求依据宪法解释法律，将其视为一种法律解释方法是毋庸置疑的。“合宪解释的过程也是宪法解释的

---

〔20〕 参见王泽鉴：《法律思维与民法实例：请求权基础理论体系》，中国政法大学出版社2001年版，第196页。

〔21〕 参见舒国滢等：《法学方法论问题研究》，中国政法大学出版社2007年版，第391页。

〔22〕 王旭：《行政法律裁判中的合宪性解释与价值衡量方法——对一个行政案件法律推理过程的具体考察》，载《行政法学研究》2007年第1期。

〔23〕 参见张翔：《两种宪法案件：从合宪性解释看宪法对司法的可能影响》，载《中国法学》2008年第3期。

〔24〕 参见王利明：《法律解释学导论——以民法为视角》，法律出版社2017年版，第469页。

过程,至少宪法解释是合宪解释的第一步骤。”〔25〕“解释不是一种在理解之后的偶尔附加的行为,正相反,理解总是解释,因而解释是理解的表现形式。”〔26〕合宪性解释的目标是解释法律,而非解释宪法,但其过程伴随着对宪法的理解,系依据宪法来确定具有多重解释方案的法律规范含义。离开了对宪法的理解,合宪性解释便无法完成。因此,合宪性解释既包含法律解释,也包含宪法解释,是一个基于宪法和法律的双重解释过程,“不能掩耳盗铃地否认宪法解释曾经在解释法律的过程中出现过”。〔27〕

第二,合宪性解释蕴含逻辑三段论的法律推理。法律的适用通常被认为系属于逻辑上之三段论法的应用,亦即“法律之一般的规定是大前提,将具体生活事实通过涵摄过程,归属于法律构成要件底下,形成小前提,然后通过三段论法的推论导出规范系争法律事实的法律效果”。〔28〕合宪性解释系依据宪法在法律规范的多种解释方案中做出选择的过程。如果法律规范的多种解释方案中存在某个更加符合宪法的方案,那么,这个方案就将被确定为最终解释方案。对于如何在法律规范的多种解释方案中作出选择或排除,宪法发挥了判断标准的功能。宪法对法律规范多元解释方案的判定衡量与普通法律对当事人之间权利义务的裁判衡量,遵循同样的逻辑。宪法的规范含义是大前提,法律的多种解释方案是事实,某种解释方案与宪法的符合或者违背是小前提,最终筛选出的解释方案是结论。从表面上来看,合宪性解释影响的是法律解释方案的选择或者排除,实质上却左右着案件的最终裁判结果。在运用合宪性解释进行裁判的案件中,裁判结果乃是宪法和被解释的部门法共同作用的结果,宪法构成案件裁判依据的重要组成部分。“合宪性解释在很大程度上已不是传统的‘解释法律’方法。”〔29〕在合宪性解释过程中,宪法能够发挥直接控制法律规范解释

---

〔25〕 参见上官丕亮:《当下中国宪法司法化的路径与方法》,载《现代法学》2008 年第 2 期。

〔26〕 [德]汉斯－格奥尔格·伽达默尔:《诠释学 I:真理与方法——哲学诠释学的基本特征》,洪汉鼎译,商务印书馆 2007 年版,第 418 页。

〔27〕 黄明涛:《两种“宪法解释”的概念分野与合宪性解释的可能性》,载《中国法学》2014 年第 6 期。

〔28〕 黄茂荣:《法学方法与现代民法》,中国政法大学出版社 2001 年版,第 181 页。

〔29〕 王书成:《论合宪性解释方法》,载《法学研究》2012 年第 5 期。

方案和间接控制裁判结果的双重控制功能。正是在这一意义上,合宪性解释不仅是法律解释方法,还具有宪法适用的性质。

第三,合宪性解释的宪法适用具有抽象性。解决纠纷是法律适用的核心任务。一般意义的法律适用所要解决的纠纷是案件当事人之间的具体权利诉求争议。合宪性解释具有解决案件具体权利义务争议的指向性,但这种指向是间接的。合宪性解释直接面对的是多种法律规范解释方案之间的选择或者排除问题。通常的法律适用系依据法律规范对特定当事人之间的权利义务争议作出裁判,合宪性解释的法律适用则是依据宪法对法律规范的多元解释方案进行最终判定,并不直接面向当事人之间的权利义务争议。如果说一般意义上的法律适用是具体的法律适用,那么,合宪性解释的法律适用则是抽象的法律适用。

综上所述,合宪性解释属于法律解释方法,同时也具有抽象的宪法适用的性质。合宪性解释虽然不直接决定案件的裁判结果,却充任了作为案件裁决依据的部门法规范解释方案的判定准则,间接控制着案件的裁判结果。法律适用是一个将案件事实涵摄于法律规范并得出结论的推理过程。只要是法律适用都需要具备一定的事实条件,宪法适用也不例外。合宪性解释的过程是依据宪法对多种法律解释方案做出选择或排除的过程。在这一过程中,法律的多种解释方案与宪法的含义相互印证,其中包含了各个法律解释方案中的事实条件与宪法规范的事实条件的相互印证与匹配。不对事实条件进行考量的合宪性解释是残缺不全的,非真正意义的合宪性解释。当我们意识到合宪性解释具有宪法适用的性质时,探讨合宪性解释的事实条件就成为一个无法回避的重要任务。

(二)设定民法合宪性解释事实条件的合理性

合宪性解释的宪法适用性质决定了合宪性解释需要具备一定的事实条件。然而,需要具备事实条件是一回事,是否需要将事实条件明确列出是另一回事。如果宪法适用的事实条件同部门法适用的事实条件基本一致,部门法的适用条件大致便能够覆盖宪法的适用条件,合宪性解释的事实条件也就没有必要被明确列出。然而,部门法适用的事实条件能否覆盖宪法适用的事实条件?回答这个问题,需要具体问题具体分析。

“现代的国家,是以区别其全部为公法或私法为当然的前提的,对于国家的一切制定法规,若不究明该规定属于公法或私法,而即欲明了其所生的效果和内容,盖不可能。"[30]在公法与私法二元划分的框架下,对不同属性的法律进行合宪性解释,在事实条件的设定上必然有不同要求,公法领域下的合宪性解释必然异于私法领域下的合宪性解释。宪法属于公法,其他公法在一定程度上可以被视作宪法的具体化,宪法适用的事实条件能够全部或者部分融入其他公法规范当中,相关合宪性解释的事实条件也就没有必要另外列明。行政法的合宪性解释就是公法合宪性解释的典型范例。行政法在价值理念、调整领域和调整方法方面同宪法高度接近,可以说是宪法在行政权领域的具体化。行政法的合宪性解释虽然也需要具备一定的事实条件,但由于其基本已经被行政法规范的适用条件所涵盖或者具体化,也就无须特别提及。当然,这并不意味着行政法合宪性解释可以任意为之,其运用仍然需要遵循"在宪法中寻找到法律的意义联结""文义界限""行政处罚一般原理"等规范条件的限制。[31]

无论合宪性解释事实条件的设定还是规范条件的限制,根本目的都是避免合宪性解释的滥用,防止宪法对部门法过度入侵,保障部门法体系的相对独立性和完整性。但不同类型的部门法对于事实条件和规范条件的依赖程度存在较大差异。在行政法合宪性解释中,行政法的独立性和完整性主要依赖规范条件的限制;在民法合宪性解释中,民法的独立性和完整性更加依赖事实条件的设定。尽管宪法在效力上高于民法,但民法并非宪法的具体化。"作为私法的民法,它和公法在内容上有着很大的差别,一般来说,不会是由宪法派生出来,而是在民间社会自生自发形成的。"[32]宪法和民法分属公法和私法两个不同法域,具有鲜明的异质性,决定了事实条件的设定对于民法合宪性解释具有特殊意义。

首先,宪法和民法在调整领域上具有异质性。宪法作为公法,调整的是有关社会制度、国家制度的根本原则,国家政权的组织形式以及公民的基本权利和义务。民法调整的关系领域是私主体之间的关系,且民事主体具有平等的法律地位。对于调整关系领域异质于宪法的民法而言,如果不对合宪性解释的适

---

〔30〕［日］美浓部达吉:《公法与私法》,黄冯明译,中国政法大学出版社2003年版,第3页。

〔31〕谭清值:《行政处罚规范的合宪性解释——基于66个行政处罚案例的实证考察》,载《交大法学》2019年第1期。

〔32〕林来梵:《宪法学讲义》,清华大学出版社2018年版,第53页。

用设定事实条件,将有可能导致法律适用的混乱。

其次,宪法和民法在调整理念上具有异质性。宪法是限权法也是保权法。从公权力主体的视角来看,宪法是限制公权力的法;从私主体的角度考察,宪法是保障基本权利的法。民法是以私人自治为前提的保障私权利的法。自由、平等是宪法和民法共享的理念,在二者权利形态上也有重合的部分。但是,宪法中的自由和平等同民法中的自由和平等并不能完全等同。宪法中的自由和平等是私主体相对于国家而言的,民法中的自由和平等则表征私主体之间的关系状态。国家作为宪法关系的主体永远是义务主体而不具有权利主体的资格,而民法上的自由和平等对所有民事主体一视同仁。民法的合宪性解释要求将宪法的原则和精神注入民法之中,但由于宪法和民法在理念上存在异质性,将宪法原则和精神注入民法必须是有条件的,仅有规范层面的限制条件还不够,还必须具备一定的事实条件。

最后,宪法和民法在调整方法上具有异质性。宪法调整对象和理念的特殊性决定了宪法调整方法的倾斜性,其侧重于对国家权力的限制和对公民基本权利的保护。这种调整方法上的倾斜性,意在使处于强势地位的国家和处于弱势地位的公民实现力量对比上的均衡。与宪法不同,民法以平等主体之间的私人关系为调整对象,民事法律关系中的一方主体通常不具有对另一方主体在法定上或者事实上的支配力,也无权迫使对方做出违背自由意愿的选择。以倾斜性保护作为调整方法的宪法若在民法中无条件适用,会打破平等私主体之间的平衡关系,破坏作为民法根基的私人自治。因此,民法的合宪性解释只能是例外而不可为常态。

(三)设定民法合宪性解释事实条件的必要性

合宪性解释的宪法适用性质以及宪法同民法的异质性表明,民法合宪性解释是用异质的宪法规范确定具有复数解释可能的民法规范内涵的过程。有待解释的民法规范类型不同,合宪性解释中宪法判定民法规范解释方案的方式也会有所差异。如果被解释的对象属于内容较为具体的民事规则,民法的合宪性解释就需要在民法规范的复数解释中确定一种解释方案。如果被解释的对象是一个高度抽象的法律概念或者高度概括的原则性条款,如公共利益、善良风俗、诚实信用等,合宪性解释的实质任务就是在塑造民法不确定法律概念或者概括条款在具体个案中的含义。如果合宪性解释进行了超越法律文义的法的续造,其实质便是对于民法规范的创制。无论何种类型的民法合宪性解释,宪法的价值取向都将通过对民法规范解释方案的选择改变民法规范的结构和含义,最终决定或者部分决定裁判结果。民事审判是否运用合宪性解释,裁判结果会有很大差异,甚至是截然相反。

以上判断尚属理论上的抽象推演,其正确性也可通过具体案例加以验证。以被认为是德国法上“具有基础性意义”的“吕特案”为例,〔33〕本案若不根据宪法言论自由条款对民法善良风俗条款进行解释,裁判结论将是完全相反的。民事法院和联邦宪法法院同样是以德国民法典中的善良风俗条款为依据裁判案件,但民事法院支持被告(电影制片商、发行商)的诉求,宪法法院则支持了原告(吕特)的诉求。〔34〕 上述裁判思路的差异在于,民事法院仅仅是在民法规范体系内部解释善良风俗条款,宪法法院则认为民法善良风俗条款需要依据宪法上的言论自由加以解释。善良风俗是高度不确定的法律概念,当依据宪法言论自由条款解释善良风俗时,善良风俗的内涵实质上就被言论自由塑造了。德国宪法法院对“吕特案”的裁判与其说是依据民法善良风俗条款裁判案件,不如说是依据了宪法言论自由条款更为确切。我国台湾地区学者吴庚指出:“德国联邦宪法法院关于言论自由优于其他私法上权利的判决,实际已经是直接效力了,宪法法院却不欲明讲而已。”〔35〕从某种意义上来说,民法善良风俗条款只是充当了“包装”宪法言论自由的容器,真正对案件裁判发挥实质作用的乃是宪法言论自由条款。民事法院排除宪法言论自由条款的适用,宪法法院则基于言论自由解释善良风俗,导致民事法院和宪法法院的裁判结论截然相反。这一案件的法律推理和适用逻辑,充分体现了民法合宪性解释对裁判结果的实质性影响。

总之,民法规范的合宪性解释不是一个单纯的法律解释技术问题,其会影响乃至决定民事案件的裁判结果。如果缺乏必要的事实条件设定,合宪性解释就有可能被滥用,导致宪法对私人自治的过度干预。为了保障民事主体权益,

〔33〕 [德]伯恩·魏德士:《法理学》,吴越、丁晓春译,法律出版社2013年版,第321页。

〔34〕 参见《关于“吕特事件”之判决》,黄启祯译,收录于我国台湾地区“最高司法机关”编:《西德联邦宪法法院裁判选辑(一)》,台北,台湾达昌印刷有限公司1990年版,第100页以下。

〔35〕 吴庚、陈淳文:《宪法理论与政府体制》,台北,三民书局2013年版,第142页。

防止法官在民法合宪性解释适用情形上的过度自由裁量,设定启动合宪性解释的事实条件非常必要。

二、民法合宪性解释事实条件的类型

民事案件在具备何种事实条件时才能运用合宪性解释?要回答这一问题,仍须回到合宪性解释的宪法适用性质这一理论原点。合宪性解释在性质上属于宪法适用,但民法合宪性解释的宪法适用毕竟是宪法在私法中适用,而非宪法在公法中适用。运用民法合宪性解释方法裁判的案件仍是民事案件,而非严格意义上的宪法案件。显然,把有待进行合宪性审查的宪法案件所需具备的事实条件,完全照搬到运用合宪性解释的民事案件上不具有可行性。宪法既是规范体系,也是价值体系。规范意义上的宪法和价值意义上的宪法是理解宪法的两个不同侧面。据此,宪法适用的事实条件也可以分成两种类型:规范意义上宪法适用的事实条件和价值意义上宪法适用的事实条件。规范意义上宪法适用的事实条件适用于实施合宪性审查的宪法案件,实施合宪性解释的民事案件只需具备价值意义上宪法适用的事实条件即可,无须达到规范意义上宪法适用条件的程度。这即是说,当民事案件的事实基础在宪法价值的辐射范围内时,就可以启动合宪性解释。如果民事案件的事实基础超出了宪法价值的辐射范围,运用合宪性解释便不具有正当性。由此,我们要分析民法合宪性解释的事实条件,必须首先确定价值意义上宪法适用的事实条件。

宪法价值源于对宪法规范的理论抽象。宪法规范经"抽离行为主体、行为内容以及义务主体",就可以得到宪法规范的"客观价值秩序"。〔36〕 同理,价值意义上宪法适用的事实条件,需要借助规范意义上宪法适用事实条件的理论抽象加以确定。从规范意义分析,宪法作为公法,关涉国家权力或国家利益。一方主体属于国家权力主体或者双方主体之间权利义务内容涉及国家利益,是实施合宪性审查的宪法案件必须具备的事实条件。规范意义上的宪法总是与国家权力或者国家利益密不可分。从规范层面上升到价值层面,经对宪法的国家权力或者国家利益属性进行理论抽象,宪法就可以被理解为有关公权力或者公

〔36〕 张嘉尹:《基本权理论、基本权功能与基本权客观面向》,载翁岳生教授祝寿论文编辑委员会编:《当代公法新论(上)》,台北,元照出版有限公司2002年版,第53页以下。

共利益的法。公权力或者公共利益是宪法价值秩序的覆盖范围,也是价值意义上宪法适用的判断标准。[37] 由此可以推出,民事案件中存在公权力或者公共利益的事实基础是民法合宪性解释的事实条件。一旦民事案件涉及公权力或者公共利益因素,宪法的价值就对其产生辐射效力,合宪性解释的适用也就具有了正当性。

公权力包括国际公权力、国家权力和社会公权力。国际公权力属于国际法领域的问题,本文无须讨论。在国内法层面,国家权力和社会公权力是两种主要的公权力形式。[38] 于是,可以把民法合宪性解释的事实条件分为三类:国家权力事实、社会公权力事实和公共利益事实。只要民事案件中能够找到上述事实条件中的一种,就存在启动合宪性解释的可能。三种类型的事实条件中,前两个条件属于主体条件,后一个是内容条件。除此之外,还需考量民事主体实施的行为属于事实行为还是法律行为。

(一)国家权力事实

符合国家权力事实条件的民事案件,系指案件一方当事人与国家权力密切关联,其实施的民事行为带有国家权力因素,因而不宜被视为单纯民事行为的民事案件。根据国家权力性质和类型的不同,可以将国家权力事实大致分为国家立法权事实、行政权事实和司法权事实。

带有国家立法权事实特征的民事案件,是指案件一方当事人根据民事立法的规定,对其他私主体单方实施具有强制意义行为的案件。基于民法的平等原则,民事立法中一般不会出现授权某类私主体对其他私主体实施强制意义行为的情形。但是,随着信息和互联网技术的发展,民事立法中逐渐出现了此类情形。民事主体依据该民事立法实施的单方强制意义行为就属于带有国家立法权事实特征的行为。法院在审理此类民事案件并对该民事立法进行解释时,就需要进行合宪性解释。我国《侵权责任法》第36条所确立的"通知—移除"规则

---

〔37〕 这一论证思路借鉴了德国宪法理论中从基本权利抽象基本权利客观价值秩序进而推导出基本权利第三人效力的论证模式(参见张嘉尹:《基本权理论、基本权功能与基本权客观面向》,载翁岳生教授祝寿论文编辑委员会编:《当代公法新论(上)》,台北,元照出版有限公司2002年版,第53页以下;张嘉尹:《论"价值秩序"作为宪法学的基本概念》,载《台大法学论丛》2001年第5期)。

〔38〕 参见李海平:《基本权利间接效力理论批判》,载《当代法学》2016年第4期。

就是一个典型的例子。该条规定网络服务提供者接到被侵权人要求“删除、屏蔽、断开链接等必要措施”通知后“未及时采取必要措施的,对损害的扩大部分与该网络用户承担连带责任”,表明立法者实质上授予了网络服务提供者单方实施强制移除网络用户发布之信息的权力。在因网络服务提供者实施单方移除信息行为而产生争议的案件中,由于存在国家立法授权的事实,法院在对《侵权责任法》第36条进行解释适用时就需要运用合宪性解释,以该条中的“侵权行为”“必要措施”作为通道,[39]引入宪法言论自由等相关条款的原则和精神,明确该条在个案中的规范内涵和效力,进而对案件作出处理。

带有国家行政权事实特征的民事案件,是指案件一方当事人的行为同国家行政权的行使或享有行政权的行政主体存在一定关联的民事案件。由于我国区分了民事诉讼和行政诉讼,对国家授权或者委托实施管理的行为不服提起诉讼,属于行政诉讼的管辖范围,故不存在此类案件的民法合宪性解释问题。存在国家行政权事实的民事案件,通常发生在民事主体根据国家行政权主体授权或者委托实施民事行为,或者国家行政权主体深深卷入民事活动的其他情形。此时,民事案件的一方当事人名义上属于私主体,但其实施的民事行为与行政权主体有盘根错节的联系,以至于视其为纯粹的民事主体明显欠妥,需要通过合宪性解释对该类民事主体的行为进行某种程度上的公法约束。例如,普通公民针对国家行政机关公职人员进行批评或者散布不实负面信息的名誉侵权纠纷就会涉及这一问题,需要依据《宪法》第41条的监督权条款对民法的侵权责任条款进行合宪性解释。然而,从审判实践的具体情况来看,法院在裁判此类案件时往往回避合宪性解释方法。在“潘某与栾某名誉权纠纷案”中,[40]栾某是胜利石油管理局工作人员,其以潘某散布不实负面信息导致其名誉受损为由提起名誉侵权诉讼。在再审程序中,潘某提出其享有《宪法》第41条规定的监督权,认为其针对栾某发布的负面信息“不存在对栾某进行侮辱和诽谤的侵权损害事实,不具备名誉侵权的法定要件,不构成侵权”。显然,潘某的法律论证中运用了合宪性解释方法,系依据《宪法》第41条对侵权责任的构成要件予以解释。而法院则对《宪法》第41条采取了回避态度,认为“潘某不能证明其举

---

〔39〕 参见郑海平:《网络诽谤案件中“通知—移除”规则的合宪性调控》,载《法学评论》2018年第2期。

〔40〕 山东省东营市中级人民法院(2014)东民申字第48号民事裁定书。

报、传播、散布的相关内容的真实性,且散布的范围超出了法定范围,造成栾某社会评价降低,构成对栾某名誉侵权”。实际上,本案中潘某的行为是否构成侵权与应否运用合宪性解释是两回事。运用合宪性解释方法并不必然得出潘某不构成侵权的结论。认定是否构成名誉侵权除了需要考虑《宪法》第 41 条外,尚须综合考量潘某的动机、行为、损害结果、因果关系等各种因素。仅就本案的法律解释和适用过程而言,由于本案一方主体同国家行政权具有密切关联,法院拒绝运用合宪性解释并对当事人提出的以《宪法》第 41 条解释侵权责任不予任何回应的做法似乎有失妥当。

(二)社会公权力事实

传统法学理论体系中,私主体之间的法律关系并不涉及公权力问题。然而,“社会的需要和社会的意见常常是或多或少走在法律前面的”。[41] 随着市场经济的纵深发展,很多像企业、劳工组织、经济团体、职能团体等拥有巨大势力的私团体日渐成为市场社会中的支配性力量。电子通信技术的广泛普及以及信息社会的来临,也催生了巨型企业、跨国公司、网络平台、公众人物等凭借技术、信息、文化等资源优势支配他人的社会强势主体。这种社会强势主体对其他私主体具有的事实上的支配力,可被称为社会公权力。这些社会公权力主体与其他私主体在形式上处于平等地位,却可能凭借明显的资源优势对其他特定或者不特定多数的私主体形成强制或支配。明显的资源优势、实际形成的支配力和影响范围的广泛性,是社会公权力主体的基本特征。一个具有明显经济、技术或者信息资源优势的强势企业可以隐性地支配消费者的消费行为;另一个具有明显政治、社会、文化资源优势的社会组织和公众人物对一定范围内的公众思想和行为也会形成潜移默化的支配。如果固守近代民法形式上的自由和平等原则,私主体资源占有的巨大悬殊必然导致实质上的不自由和不平等。

为回应社会变迁,近代民法开启了向现代民法的转型,“民法理念由形式正义转向实质正义”,财产所有权的行使、契约自由的施行受到诸如诚实信用、善良风俗、禁止权利滥用等原则的限制。[42] 当私主体之间存在社会公权力事实

〔41〕 [英]梅因:《古代法》,沈景一译,商务印书馆 1959 年版,第 15 页。

〔42〕 参见梁慧星:《民法学说判例与立法研究(二)》,国家行政学院出版社 1999 年版,第 93 页以下。

时,民法规范的解释和适用就需要诉诸以权利义务倾斜配置为基本理念的宪法,以矫正私主体间事实上的强弱悬殊差距,实现对社会公权力的必要控制和私主体间权利义务配置的实质公平。此时,善良风俗、交易习惯以及诚信原则等一般条款需要法院以宪法价值观点为标准予以具体化。“民事法院在宪法上有义务在一般条款之解释与适用时,将(宪法)基本权视为‘方针’。倘若民事法院对此漠视并因此作出对诉讼一造不利之判决,即已对其(宪法)基本权造成侵害。”〔43〕由此,社会公权力事实成为了与国家权力事实并列的民法合宪性解释事实条件的类型之一。

根据社会公权力主体对其他私主体事实上构成支配所凭借的资源优势类型差异,社会公权力主体可以分为政治性社会公权力、经济性社会公权力、文化性社会公权力、技术性社会公权力和信息性社会公权力。我国司法审判实践中,因存在社会公权力事实而运用合宪性解释的案例目前主要发生在文化性社会公权力领域,体现在法院审理涉及文化公众人物的民事案件中。法院常常会以一方当事人属于公众人物为由,借助民法中的侵权、过错等概念,使宪法言论自由的效力及于该当事人。例如,在“孔某某与南京广播电视集团等名誉权纠纷案”中,判决指出:“应允许相关公众对公众人物的行为特别是不当行为提出合理的质疑、指责甚至刺耳的批评。”〔44〕法院认为,除非发言人发表相关言论时具有明显的恶意,否则不能简单地认为构成侵权,以保证公民和媒体享有充分的言论自由。孔某某作为知名教授,其在社会公众中具有一定影响力和支配力,属于文化性社会公权力主体。法院通过对故意、侵权等民法概念的解释,将宪法言论自由引入民事案件裁判,实质上运用了合宪性解释。此案反映了对存在社会公权力因素的民事案件运用合宪性解释进行裁判时的一般操作过程和基本逻辑。遗憾的是,到目前为止,合宪性解释方法除了在带有文化性社会公权力因素的民事案件中得到过运用外,在涉及其他类型社会公权力的民事案件中,几乎很少能看到运用合宪性解释进行裁判的情形。

---

〔43〕《关于“法院对不平等民事契约之内容审查之宪法要求”之裁定》,李惠宗译,收录于我国台湾地区“最高司法机关”编:《德国联邦宪法法院裁判选集(五)》,台北,台湾文瑞印刷文具公司1994年版,第393页。

〔44〕北京市第一中级人民法院(2015)一中民终字第02203号民事判决书。

（三）公共利益事实

前文主要是从民事争议主体的角度对民法合宪性解释的事实条件进行分析。公共利益事实作为合宪性解释的事实要件，主要是从争议内容出发进行的考量。将公共利益事实作为民法合宪性解释事实条件的一种类型，与现代民法同公共利益的关联性密不可分。仅就涉及私人利益的民事案件而言，民法是一个自足的体系，无须借助任何民法以外的规范进行裁判。但若民事案件关涉公共利益，民法体系有时难以完全自足，需要通过合宪性解释寻求公法上的支援。

民法是维护个人利益之法，这一观念自古罗马时期就已经确定，民法的基本准则被确定为“诚实生活，不犯他人，各得其所”。〔45〕上述精神被近代民法再度确认，所有权绝对、契约自由和责任自负被视为民法的基本理念。早期民法是关涉个人利益的法，与公共利益无关，涉及公共利益的问题完全由公法加以调整。在这种公私法截然二分的情况下，合宪性解释在民事裁判中没有任何适用余地。然而，人是社会性的存在，在很多情况下个人行为也会对公共利益产生影响。进入20世纪，特别是第二次世界大战以后，近代民法理念逐渐被现代民法理念所取代，民法的调整对象虽然没有发生变化，但理念的变迁使公共利益的因素被纳入民法的考量视野，诚实信用、善良风俗、禁止权利滥用等原则的重要地位日渐凸显。民法不再仅仅关乎私人利益保护，也渐渐带有了公共性的特征。

一般而言，国家权力主体或者社会公权力主体实施的行为往往涉及公共利益，法院在运用合宪性解释方法裁判这两类案件时，也会相应提及公共利益。例如，在“孔某某与南京广播电视集团等名誉权纠纷案”中，法院判决书除了强调孔某某作为公众人物“对不具恶意的批评、质疑应有一定的宽容度量”，也指出对孔某某的批评涉及“公众事务、公共利益”，从而将宪法上的言论自由在本案中加以适用。除此种情形外，还存在因当事人之间权利义务内容涉及公共利益因素而运用合宪性解释的情形。“北京迅奥科技有限公司与成都世纪安胜信息技术有限公司技术服务合同纠纷案”就是这一类中的典型。〔46〕双方当事人

---

〔45〕［意］彼德罗·彭梵得：《罗马法教科书》，黄风译，中国政法大学出版社2005年版，第5页。

〔46〕北京市第一中级人民法院（2014）一中民终字第1677号民事判决书。

订立的技术服务合同中,有偿网络删帖服务条款是否有效是本案的争议焦点。从案件主体判断,本案中既不存在国家权力事实,也不存在社会公权力事实。一审法院以协议系出于双方当事人真实意思为由认定网络删帖服务条款有效。二审法院则认为,“言论自由是宪法赋予公民的一项基本权利,而互联网言论自由是传统言论自由在互联网时代的体现,该项服务内容侵犯了公民的言论自由,不利于公民的表达权和监督权的实现,损害了社会公共利益,应属无效条款”。《合同法》第52条是二审法院判决网络删帖服务条款无效的依据。〔47〕法院所说的“该项服务内容侵犯了公民的言论自由”“损害了社会公共利益”,实质上是以宪法言论自由条款解释了《合同法》第52条第4项中“社会公共利益”这一内涵不确定的法律概念,是对合宪性解释的运用。本案中合宪性解释方法的运用又是以案件中存在“网络删帖影响公共利益”这一事实为前提的。网络删帖服务条款尽管是双方当事人的真实意思表示,但因其影响到了公共利益,合宪性解释方法在本案中的运用便具备了合理性。

(四)启动民法合宪性解释的行为因素

关于国家权力事实、社会公权力事实、公共利益事实的论述,系从民事案件的主体因素和内容因素两个层面展开。除此之外,行为因素也是判断是否启动合宪性解释时应当考虑的重要内容。民事主体的行为是否包含意思表示或者意思表示是否一致对于合宪性解释的启动尤其关键。意思自治、契约自由是民法的基础,合宪性解释对于私人间意思自治的干预应当有所克制。在具备公共利益事实的情况下,行为因素并不会对合宪性解释的启动产生影响。无论当事人间的关系是法律行为关系还是事实行为关系,只要案件事实中存在公共利益因素,就应当启动合宪性解释。但是,对于仅具备主体因素的情形,是否启动合宪性解释就需要结合行为因素综合判断。当私主体间的关系属于法律行为关系时,只要当事人意思表示真实合法,双方约定的权利义务内容便应得到尊重,除非约定构成“严重的恣意”,即严重超过一个理性人所能容忍和接受的限度,否则不宜启动合宪性解释。在能够发现国家权力事实或者社会公权力事实,且民事主体实施的行为属于事实行为的情况下,由于不存在双方意思表示一致的

〔47〕《合同法》第52条规定:“有下列情形之一的,合同无效:(一)一方以欺诈、胁迫的手段订立合同,损害国家利益;(二)恶意串通,损害国家、集体或者第三人利益;(三)以合法形式掩盖非法目的;(四)损害社会公共利益;(五)违反法律、行政法规的强制性规定。”

基础,只要存在国家权力事实、社会公权力事实,便可以考虑启动合宪性解释。

三、民法合宪性解释事实条件设定的理论效应

民法合宪性解释涉及多个层面的理论问题,包括合宪性解释的性质、合宪性解释的条件、合宪性解释的运用等。上述问题相互影响、相互支撑,形成了民法合宪性解释理论的完整体系。目前的合宪性解释理论,主要是从合宪性解释作为法律解释方法这一基点上展开的。从宪法适用性质的角度认识合宪性解释,无疑是对传统合宪性解释理论体系在整体上的冲击。作为一个逻辑自洽的理论体系,当其中某个环节发生重大变化,其他环节也须作出相应调整,以重新实现体系整体的协调。前文关于合宪性解释事实条件类型的内容,可以理解为合宪性理论体系调整的一部分。除此之外,合宪性解释作为解释方法的属性、法官义务的性质等也应作出相应调整。

(一)从特殊到一般的解释方法

合宪性解释作为解释方法具有特殊性,在我国学术界具有普遍共识。这种特殊性主要呈现为两种方式:第一种是强调合宪性解释因方法的独立性而具有特殊性,认为合宪性解释是不同于体系解释和目的解释的独立的解释方法,“只有在其他方法不能适用的情况下,才能采用合宪性解释”。〔48〕 第二种强调合宪性解释因适用的规则特殊而具有特殊性,合宪性解释虽然可以作为体系解释、目的解释的法律解释方法,但需要遵循特殊的解释规则。〔49〕 学者之所以坚持合宪性解释方法的特殊性,很大程度上是为了防止合宪性解释的滥用。因为一旦将合宪性解释纳入传统解释方法的范畴,民法合宪性解释的运用就会变为常态,民法既有体系的自治性就难以获得保障,甚至会面临被宪法“殖民”的危险。对于独立解释说而言,只有将合宪性解释排除到体系解释、目的解释等传统解释方法之外,为其设定特殊的规范条件才能实现限制其恣意适用的目的。对于多元解释说而言,只有对合宪性解释作出特殊的规则设定,才能克服其“破坏部

---

〔48〕 王利明:《法律解释学导论——以民法为视角》,法律出版社2017年版,第46页。

〔49〕 参见张翔:《两种宪法案件:从合宪性解释看宪法对司法的可能影响》,载《中国法学》2008年第3期。

门法的固有逻辑和固有概念体系从而损害法的安定性的危险”。[50]

强调合宪性解释的特殊性,并以特殊的规范条件对其加以限定,有其合理性。但这种限定又存在明显问题。独立解释说的问题主要体现在逻辑方面。将合宪性解释排除在体系解释和目的解释之外,违反了法律体系性和位阶性的基本逻辑。所谓体系解释,就是把法律规范作为整个法秩序的构成要素加以理解的法律解释方法。体系解释的基础是“整个法律秩序,也就是大量有效的具体规范与所有法律部门的法律的综合,形成一个统一体、一个‘体系’”。[51] 无论从形式体系考量还是从价值体系分析,宪法都是法体系的重要组成部分。[52] 独立解释说否认合宪性解释之体系解释属性的观点难以令人信服。同理,将合宪性解释排除出目的解释的观点也不能成立。与独立解释说存在逻辑错误不同,多元解释说的问题主要在于其目标的落空上。或许正是由于认识到独立解释说的逻辑错误,多元解释说对合宪性解释作为体系解释或者目的解释方法持肯定意见,只是在适用规则方面作出一些特殊限定。然而,多元解释说的目标并不能实现。对合宪性解释设定规范条件无非意在限制法官启动合宪性解释的自由裁量权。但是,仅仅在法律方法的技术层面设定特殊条件,而疏于事实条件的设定,其作用注定有限。没有事实条件的设定,法官适用合宪性解释的自由裁量就难以有效控制,实践中就难免发生当用不用或者不应当用而滥用的情形。

尽管强调合宪性解释特殊性的观点存在上述问题,我们仍须对其作同情式理解。在合宪性解释适用条件不明、适用与否须依赖法官自由裁量的情况下,这是可能想到的最好办法。但是,当合宪性解释事实条件划定后,合宪性解释的特殊性就丧失了存在的必要。合宪性解释应当回归其本来面目,作为体系解释和目的解释的一种形式存在。当进行体系解释和目的解释时,宪法需要融入其中。至于合宪性解释究竟作为体系解释还是目的解释而存在,或是在体系解释和目的解释中同时考量,则取决于具体个案中宪法可能发挥的功能。若案件

---

〔50〕 张翔:《两种宪法案件:从合宪性解释看宪法对司法的可能影响》,载《中国法学》2008 年第 3 期。

〔51〕 [德]伯恩·魏德士:《法理学》,吴越、丁晓春译,法律出版社 2013 年版,第 316 页。

〔52〕 同上书,第 322 页。

已经具备了前文所述的民法合宪性解释事实条件，法官既可以在统一的法秩序框架下依据宪法解释民法规范，也可以将宪法作为确定民法规范之立法目的的考量因素。总之，在明确划定民法合宪性解释事实条件的前提下，无须再将合宪性解释当作一种独立的解释方法，也无须强调其解释规范条件的特殊性。合宪性解释就是一种常规的、一般的解释方法，可以作为体系解释、目的解释的一种形式在法律解释过程中加以运用。

（二）从裁量到羁束的法官义务

强调合宪性解释的特殊性，是忽略合宪性解释事实条件的必然结果。对合宪性解释事实条件的忽略又意味着当前合宪性解释的运用主要依赖法官的自由裁量。最高人民法院2016年颁布的《人民法院民事裁判文书制作规范》规定，宪法不得作为民事案件裁判依据，但宪法“原则和精神可以在说理部分予以阐述”。这一规范性文件不仅没有明确运用宪法原则和精神说理的案件类型或者事实条件，对法院进行合宪性解释所提出的要求也只是“可以”在说理部分阐述，意味着审判过程中是否运用合宪性解释需要由法官进行自由裁量。

合宪性解释作为宪法适用的一种形式，其运用既关乎宪法作为最高效力的法的实施问题，更关乎具体个案中当事人的权利保护。如前所述，民事裁判是否运用合宪性解释可能会对裁判结果产生决定性影响。如果对法官的合宪性解释要求仅仅停留在“可以”层面，实践中就有可能出现权利保护不当或者保护不足的情形。合宪性解释的宪法适用性质以及事实条件的设定决定了，是否运用合宪性解释绝非法官可以自由裁量的事项，而是在审理符合条件的案件时必须履行的羁束性义务。义务的中心思想是“因为做某事是正确的而必须去做它。说某人有义务做某事，就是说不管愿意与否，他都必须做，因为这事在道德上和法律上是正当的”。〔53〕合宪性解释作为法院羁束义务，意味着法官在民事裁判中运用合宪性解释并非一项可以自由裁量的事项，而是在特定条件下必须加以考虑的选项。

目前，已有学者敏锐地意识到合宪性解释作为法官义务的问题。例如，张翔提出：“在当代的宪法理论下，合宪性解释已然从法律解释的方法转变为法官所负有的宪法义务，也就是说，作为公权力主体的法官，不论其有没有违宪审查

〔53〕［英］A. J. M. 米尔恩：《人的权利与人的多样性——人权哲学》，夏勇、张志铭译，中国大百科全书出版社1995年版，第34页。

权,他都有义务将宪法的基本决定和价值安排通过法律解释的技术贯穿于部门法的规范体系。"[54]将合宪性解释视作法官义务无疑是抓住了合宪性解释的实质,也为合宪性解释在实践中的切实运用提供了理论支撑。遗憾的是,张翔提出了合宪性解释作为法官义务的问题,但并没有将这一思想贯彻到底。在其提出的四个合宪性解释特殊规则中,除了第一项关于不适用合宪性解释的规则被明确表述为"应当"外,其余关于合宪性体系解释和目的解释的规则都表述为"可以",使法官对于合宪性解释的启动又变成了一个自由裁量的问题。一方面强调合宪性解释应当作为法官的义务,另一方面又承认合宪性解释的运用可以被自由裁量,这种看上去自相矛盾的判断,实际上是在缺乏合宪性解释事实条件之设定时的无奈选择。在未对合宪性解释的事实条件加以设定的情况下,将合宪性解释确定为法官的羁束义务,难免会造成合宪性解释的泛滥,从而破坏私法自治秩序。所谓条件,系指对某事或者某项行动提出的要求或者定出的标准。当对合宪性解释的事实条件加以设定后,是否运用合宪性解释就不再取决于法官的自由裁量,而是更加凸显其强制性特征。法律适用一般按照四个步骤进行:事实认定,寻找规范,法律涵摄,宣布法律后果。[55] 法官的合宪性解释羁束义务,相应地也体现在法律适用的全过程。

第一,事实认定阶段的合宪性解释事实条件识别义务。在事实认定阶段,法官应当识别案件事实中是否具有国家权力、社会公权力或者公共利益因素,以及当事人的行为是法律行为还是事实行为。

第二,规范寻找阶段的合宪性解释运用与否的判断义务。在这一阶段,法官应当作出是否进行合宪性解释的判定。当案件事实中存在合宪性解释的启动条件时,法官应当运用合宪性解释。如果案件事实不符合条件,法官则不应当运用。需要强调的是,法官应当坚持民事法律优先适用原则。当宪法的规定已经具体化为民法规范时,"法官应尊重立法者对具体化的优先特权。假使原则的具体化有多种可能性,只要立法者的抉择并未逾越其被赋予的具体化空

〔54〕 张翔:《两种宪法案件:从合宪性解释看宪法对司法的可能影响》,载《中国法学》2008 年第 3 期。

〔55〕 参见[德]伯恩·魏德士:《法理学》,吴越、丁晓春译,法律出版社 2013 年版,第 286 页。

间，则法官应受此抉择之约束”。[56]

第三，涵摄阶段的合宪性解释方法选择义务。在涵摄阶段，当案件事实符合合宪性解释条件时，法官应当通过合宪性体系解释或者目的解释的方法对民法规范进行解释。法官并非在所有案件中使用体系解释或者目的解释，但在符合合宪性解释事实条件的民事案件中，合宪性体系解释或者合宪性目的解释就是法官裁判案件的必备选项。

第四，法律后果宣布阶段的说理义务。在法律后果宣布阶段，尤其在裁判文书中，法官需要对案件中是否具备合宪性解释的事实条件以及这些条件如何呈现作出具体明确的说明。这是法官运用合宪性解释的羁束义务在法律后果宣布阶段的重要体现。

结　语

民法合宪性解释关乎宪法和民法的关系、基本权利私人间效力等重大理论问题，也影响着相关民事审判实践。尽管学界在这一领域已经形成了丰富的研究成果，民法合宪性解释的事实条件问题却一直被学者们忽略。本文的研究表明，合宪性解释的宪法适用性质，宪法和民法的公、私法类型区分以及民法合宪性解释对裁判结果的决定性影响，为民法合宪性解释设定事实条件提供了理论依据。民法合宪性解释的事实条件包括国家权力事实、社会公权力事实和公共利益事实三种类型。在存在国家权力事实或者社会公权力事实的民事案件中，合宪性解释的启动尚须在区分法律行为和事实行为的基础上综合判断。民法合宪性解释的事实条件设定对既有的合宪性解释理论体系提出了挑战，合宪性解释从特殊解释方法到一般方法的回归、法官义务从裁量义务到羁束义务的转变，是合宪性解释理论应当作出的相应调整。

本文的研究是从合宪性解释的宪法适用性质这一理论基点开始的，后续的论述都是对这一基点合乎逻辑的展开。相对于仅从法律解释方法层面认识合宪性解释，或者仅在裁判说理意义上理解合宪性解释，甚至是就明确否认合宪性解释的宪法适用而言，从法律规范和裁判结果双重控制的宪法适用层面理解合宪性解释，更能触及合宪性解释的本质。作为宪法适用的一种形式，合宪性

〔56〕［德］卡尔·拉伦茨：《法学方法论》，陈爱娥译，商务印书馆2003年版，第221页。

解释对宪法实施的意义不可估量。近年来,学术界尽管高度关注合宪性解释问题,但总体上还处在理论高度上不去、实践操作下不来的"瓶颈"状态。在"如何将合宪性解释与既有的法律解释方法相整合,并形成逻辑严谨并可资遵循的明确解释规则"方面,[57]尤显奇缺。究其原因,这与学界对合宪性解释的宪法适用性质缺乏清晰认识、对合宪性解释宪法实施意义的严重低估直接相关,也与宪法同其他部门法研究的严格划界密切关联。以合宪性解释的宪法适用性质为基点,对合宪性解释进行部门法交叉学科的研究,或许可以突破这一"瓶颈",并将研究真正推向深入。本文是对这一设想的初步实践。限于研究主题、篇幅以及目前思考的局限,本文对民法合宪性解释事实条件以及与此密切相关的合宪性解释一般原理的研究也只是初步的。有关民法合宪性解释事实条件的研究在横向和纵向上都具有很强的延展性,横向上可以延至刑法合宪性解释、行政法合宪性解释等其他部门法合宪性解释领域,纵向上可进一步追问合宪性解释的规范条件、合宪性解释的解释规则以及作为合宪性解释理论基础的宪法客观价值秩序等问题。无论如何,作为宪法适用方式的合宪性解释,是一座关乎重大理论问题和实践问题的富矿,有待宪法和其他部门法学者共同努力开掘。

---

〔57〕 张翔:《合宪性解释的两个面向——答蔡琳博士》,载《浙江社会科学》2009 年第 10 期。

民法典编纂中的宪法观与问题意识

任喜荣*

宪法与民法关系的理论研讨由来已久,进入21世纪以来,由于“齐玉苓案”以及《物权法》的起草而引起的宪法与民法关系的激烈的理论争论在中国也已持续十年。其间,不断有重要的理论成果产出,许多分歧正逐渐形成共识。然而,“根据宪法,制定本法”虽然被写进了《物权法》和《民法总则》,但是,公私法的界限及其互相渗透中的许多问题仍有待深入探讨。特别是党的十八届四中全会通过的《中共中央关于全面推进依法治国若干重大问题的决定》不仅重新按下了民法典编纂的启动键,也强调了“健全宪法实施和监督制度”在依法治国中的重大意义,在民法典呼之欲出以及宪法实施正在走向法治的中心舞台的历史时刻,继续深化二者之间关系的理论研究,不仅有利于制定出来一部真正“面向21世纪的、科学的民法典”,〔1〕而且也必将在整体上推动法学研究的进步。从宪法学的角度来看,在关于宪法实施的理论研究尚处在“瓶颈”状态的情况下,以理论与技术皆充满活力的民法学的发展为参照,从而获得鲜活的理论资源,也是宪法学发展的历史性契机。

对民法典编纂中的宪法观问题进行研究,是期待以民法典编纂为契机探讨民事立法者应该如何全面和有针对性地认识宪法的价值及其效力问题,从而推进符合时代发展需要的宪法观念的养成,为中国的宪法学理论和宪制实践发展助力。在民主立法、科学立法的制度机制下,参与民法典起草的主体广泛,并都在智识上作出独特的贡献。因此,民事立法者是广义的概念,不仅包括法定的立法机关,也泛指投入立法程序不同环节的各部门、专家等,是一个虚拟的“理

---

* 任喜荣,吉林大学法学院教授。

〔1〕 王利明:《走向民法典的路线图》,载《经济参考报》2015年5月26日,第8版。

性立法者概念”。[2] 着重探讨从一般到具体的逻辑上紧密相关的三个宪法认识论问题:其一,宪法相对于民法的基本价值。重点关注在现代民族国家的框架下,作为根本法的宪法对私法自治的政治正当性的证成,以及宪法对于私法自治所发挥的制度性保障功能。其二,宪法权利与民事权利在价值与内容上的“互释”与“反哺”,重点关注二者在价值上的互补和内容上的互相渗透。其三,宪法的中国问题意识,分析民法典在具体编纂过程中如何回应宪法的立法实施、“根据宪法制定本法”的文本价值,以及民法的法律渊源等问题。

宪法与民法的关系存在多元的解释路径,从中国法治发展的长远目标来看,应该充分理解宪法对于私法自治的制度支持,应该放大宪法与民法互相支撑的关系,而不是相反;民法典的编纂应该体现宪法问题意识。正如我国著名法学家张文显教授在法学时评《制定一部21世纪的中国民法典》中写到的,“虽然在法律发展史上民法先于宪法而存在、民事权利体系是现代法律权利体系的原型,但正是因为民法不能有效保护私权而产生了宪法,并由宪法构成了民事权利体系和整个权利体系的人权和物权基石。所以,制定民法典必须旗帜鲜明地‘根据宪法’”。[3] 站在法治发展的系统论的立场,民事立法者有必要养成更开放的宪法观,从而将宪法实施融进民事立法的制度目标中,全面推进中国法治的现代化。

一、宪法对私法自治的支持与保障

作为“民法的基本原理”,[4] 私法自治被认为“体现了民法最基本的精神”。[5] 它也是界分公法与私法,描述民法品性的基本原则。在民族国家的框架下,私法自治不仅需要价值正当性和历史正当性的论证,而且需要获得政治的正当性才能实现全面的规范化。现代法律体系所确立的宪法的“根本法”地位使宪法能够通过民主与法治的国家权力结构安排,为私法自治提供政治基础;通过对市场经济体制和基本权利体系的确认发挥着对私法自治的制度保障

〔2〕 苏永钦:《民事立法与公私法的接轨》,北京大学出版社2005年版,第1页。

〔3〕 张文显:《制定一部21世纪的中国民法典》,载《法制与社会发展》2015年第4期。

〔4〕 参见梁慧星:《民法总论》(第3版),法律出版社2007年版,第38页。

〔5〕 王利明:《负面清单管理模式与私法自治》,载《中国法学》2014年第5期。

功能。

站在世界法治发展的宏观历史维度，如果说从公法优位主义向私法优位主义的转变，代表了从国家中心主义到个人中心主义的法治精神的价值转向；〔6〕宪法的产生及其最高法律效力的确认，则代表了法律体系的规范构成的现代转向。从实证法律体系的规范逻辑出发，宪法的根本法地位（或称“宪法优位主义”）而不是其他的“优位主义”更能反映现代民族国家实现法治统一的制度选择。“宪法优位性乃是欧美法律文化的奋斗成果。”〔7〕实证法学对于法的位阶体系的研究，充分展现了现代国家对于法律体系统一性和法律秩序稳定性的追求。所谓“宪法优位主义”，首先是指以宪法为国家根本法，赋予宪法最高法律效力并辅以违宪审查机制，从而确保国家法治的统一；其次是指宪法通过对权力分立和人权保障的确认，全面吸收了现代自由主义法治精神的精髓，在价值上具有现代性和超然性；最后是指在福利国家、社会国家的发展背景下，宪法大多包含经济制度、社会发展、民族文化等基本政策条款，〔8〕成为部门法的制定依据。根本规范、现代价值和基本政策的统一使宪法自产生就超越于公私法的简单二分，具有独特的现代气质。

宪法优位主义所体现出来的规范与价值的统一，使一些民法学者也认识到：“在新的社会政治、经济的情势下，作为法律秩序整体构成部分之一的民法，其价值基础在最根本的意义上还是依托于宪法，因此民法的理论和实践一方面必须向着宪法开放，接受来自宪法的控制和影响；另一方面也应该面向宪法来寻求支持和解决民法价值判断问题的思路。”〔9〕宪法优位主义是在现代国家实证法律体系框架下理解民法与宪法关系的基础。

---

〔6〕 参见梁慧星：《民法总论》（第 3 版），法律出版社 2007 年版，第 35 页。

〔7〕 ［德］克理斯提安·史塔克：《法学、宪法法院审判权与基本权利》，杨子慧等译，台北，元照出版有限公司 2006 年版，第 139 页。

〔8〕 现代国家宪法的调整内容更为复杂，除国家权力配置以及人权保障外，还包含经济、社会、文化等基本政策性条款，我国台湾地区学者将基本政策条款称作除基本权利、政府的组织和权限之外的“第三种结构”（参见张嘉伊：《宪法、宪法变迁与宪法释义学》，载苏永钦主编：《部门宪法》，台北，元照出版有限公司 2005 年版，第 34 页）。

〔9〕 薛军：《“民法—宪法”关系的演变与民法的转型》，载《中国法学》2010 年第 1 期。

(一)“私法自治”政治正当性的宪法支持

私法自治的本质是划定私人活动的基本空间,限制国家权力对于私人生活的过度干预,其哲学理论的基础是奉行个人自治的自由主义。然而,纯粹的私法自治日益受到挑战。一方面,随着福利国家制度的发展,国家承担越来越多的社会责任;另一方面,随着市场经济制度和民主政治制度在整个世界的流行,私法自治面临更多元的社会和文化支持系统,带有西方文化基因的私法自治不断被修正。从现代国家制度运行的实际看,限制国家权力过度干涉私人生活的任务仅依靠私法无法完成,私法自身不仅无法抵挡公权力的渗透,事实上也无法支撑市场经济和全球化的重任。近年来被学术界广泛探讨的“私法的公法化”〔10〕问题,典型地反映了私法自治边界的变化,以及绝对意义上的“私法自治”无法存在的客观事实。对于这种变化,梁慧星教授很早就著文指出:“现代民法上,变化最大的莫过私法自治原则,特别是契约自由原则。”“在现代法上,私法自治或契约自由虽仍然是民法基本原则,但已不再是从前的状况,私法自治或契约自由受到多方面的限制。包括公法上对交易的规制,即所谓‘私法的公法化’,在民法上则通过诚实信用原则、公序良俗原则对私法自治或契约自由进行限制,以及由法律直接规定某些契约条款无效等。”〔11〕这种变化所反映出的民法现代化,已成为现代法治发展进程的一部分。

在私法自治已无法有效地划定国家与个人的权利边界的背景下,如何确保合理的公私领域的适当区分,从而做到“私法规范仍然应以任意性规范为主,表现为国家的主动干预的强制性规范应当严格控制在‘国家和社会忍无可忍’的范围内”,〔12〕成为现代社会迫切的时代话题和法律制度设计的必然要求。20世纪以来,宪法被设计来回答这一问题。宪法被称为“限法”,即限制国家公权力之法,就是在这个意义上使用的。可以说,现代宪法既是私法自治受到一定限制的创始者,又是使私法自治实质内容和基本内核保持不变的捍卫者。

宪法通过对国家权力的限制和个人权利的保障,确保私法自治的核心和灵魂不变。其一,是宪法而不是其他的法律全面界定了一个国家的民主政治关

〔10〕 薛军:《“民法—宪法”关系的演变与民法的转型》,载《中国法学》2010 年第 1 期。

〔11〕 梁慧星:《从近代民法到现代民法——二十世纪民法回顾》,载《中外法学》1997 年第 2 期。

〔12〕 钟瑞栋:《“私法公法化”的反思与超越》,载《法商研究》2013 年第 4 期。

系,从而为国家权力的运行提供了不能随意突破的政治架构和法治的运行机制。“法无授权不可为,法不禁止即自由”的法谚已经内化为宪法的法治精神。法治是现代政治文明发展的结晶,许多国家的宪法中并没有直接规定法治是国家权力运行的精神或原则,法治精神是融入对宪法最高法律效力的确认、对公民在法律面前平等的有关规定、对国家机关职权的法律限定等内容中的。其二,宪法确认了“人”相对于“国家”的核心地位的价值立场。近代民主运动的发展使“人是国家权力运行的目的”的观念逐渐成为主流。没有这样的价值观念,就没有近现代的民主国家。“离开了人的权利和自由来讨论民主政治,就缺少衡量是非的标准;离开了人的权利和自由来讨论民主政治建设,就会失去正确的方向。”[13]宪法是对一个国家的人权观念、人权体系、人权的制度保障机制的最完整的法律体现。

私法自治从来不是绝对的,但如何平衡自治与管制的界限,从而维护私法自治的核心价值不动摇,既是民法理论的研究目标,也是宪法理论的内在精神。

(二)宪法对私法自治的制度性保障

私法自治作为民法的基本精神,并不是虚无缥缈的抽象概念,而是表现为一系列的原则和制度,如所有权自由与物权制度、遗嘱自由与财产继承制度、契约自由与合同制度,等等。宪法在发展过程中,普遍存在将某些私法制度上升为宪法制度,从而增强对他们的保护力度的实践。同时,还从加强个人权利保护的角度持续推动某些私法制度的完善,成为民事制度完善的建构性力量。宪法与部门法之间的诠释循环通过这一过程得以实现。[14]

1. 通过宪法规范,对某些私法制度给予宪法上的保障

宪法因所调整的社会关系的广泛性,通常会以直接或间接的方式对公民私生活关系进行原则性规范。这样的规定往往一方面是制宪者认为该领域对于国家具有特别的意义,需要通过根本法加以确认;另一方面则对国家公权力机关的干涉设定了严格的宪法界限,并以此进行宪法审查。以婚姻和家庭关系为例,由于家庭是社会的基本细胞,许多国家宪法都对婚姻、家庭、母亲、儿童作出了保护性规定。如我国《宪法》第 49 条规定:“婚姻、家庭、母亲和儿童受国家的

---

〔13〕 周光辉:《论公共权力的合法性》,吉林出版集团有限公司 2007 年版,第 172 页。

〔14〕 宪法对于私法自治的最大、当然也是间接的制度性保障是对民主制度的规定,有关的研究极其普遍,笔者不再赘述。

保护……禁止破坏婚姻自由，禁止虐待老人、妇女和儿童。"《日本宪法》第 24 条规定："婚姻仅基于两性自愿结合而成立，以夫妇享有平等权利为根本，并须在相互协力之下予以维持。""关于选择配偶、财产权、继承、选择居所、离婚以及婚姻和家庭等其他有关事项的法律，必须以个人尊严与两性平等为基础制定。"《联邦德国基本法》第 6 条规定："婚姻和家庭受国家秩序的特别保护。""抚养和教育子女是父母的天然权利，也是其首先须承担的义务。国家机构对此类行为予以监督。""所有母亲均有请求社会保护和照顾的权利。"《意大利宪法》则以专章规定："伦理和社会关系"，其中第 29 条规定："共和国承认建立在婚姻基础上的作为一个自然的社会单位的家庭的各项权利。婚姻应建立在夫妻双方道德和法律平等的基础上，应遵守法律规定的各种限制，以保证家庭的团结。"我国的宪法学对于婚姻、家庭、母亲等权利的保护的研究通常语焉不详。要么笼统概括为"特定人的权利"，〔15〕要么则根本不加以研究。〔16〕 本质上，婚姻与家庭背后的权利基础可以通过性别平等权、人格尊严权以及人身自由权等加以具体化，但并不足以体现婚姻与家庭的本质，宪法的相关规定事实上将婚姻与家庭的整体作为一个制度赋予了宪法地位，从而使权利保护和制度保障叠加，维护社会细胞的健康、稳定。这在德国宪法理论上被称为"制度性保障"理论。德国宪法学家卡尔·施米特是制度性保障理论的系统阐释者。卡尔·施米特认为一些先于宪法存在的受到法律承认的制度，尽管不具有"先于或凌驾于国家之上"〔17〕的基本权利的特征，但应该具有宪法位阶，从而给予特殊保护。被卡尔·施米特作为制度性保障的实例有：《魏玛宪法》第 103 条关于职业公务员队伍保障机制的规定；第 105 条关于禁止设置例外法院的规定；第 119 条关于婚姻是家庭生活的基础的规定；第 127 条关于地区自主管理制度的规定；第 139 条关于星期日为休息日的规定；第 142 条对科学研究自由的宪法律保障；等等。〔18〕 既有公法上的制度，也有私法上的制度。"依照 Schimtt 的看法，其意指私人在社会生活中的一些先于宪法存在的既存事实，需由立宪后的各种法规范

〔15〕 周叶中主编：《宪法》（第 3 版），高等教育出版社 2011 年版，第 268～269 页。

〔16〕 参见林来梵：《从宪法规范到规范宪法》，法律出版社 2001 年版；韩大元：《宪法学基础理论》，中国政法大学出版社 2008 年版。

〔17〕 [德]卡尔·施米特：《宪法学说》，刘锋译，上海人民出版社 2005 年版，第 176 页。

〔18〕 同上书，第 182～184 页。

加以实践，形成其在整体法治上的宪法保障。宪法对于以上保障社会生活事实的法制，尤其应该保障其中具典型特征的传统核心原则，而免受立法者的侵犯。因此，Schimtt 认为制度性保障是宪法秩序对此种法制形成的一种现状担保。”〔19〕

随着宪法理论越来越成熟，许多宪制后发国家在制定宪法时，将构成市民社会的核心性私法制度直接确认为宪法性制度，从而使宪法发挥对私法的制度保障性作用。第二次世界大战结束以后，许多国家的宪法中明确界定了市场经济关系、家庭关系的基本要素，包括财产权的保护和限制、土地制度、劳动关系、金融制度、家庭伦理等内容。对这些制度的原则性规定，为有关私法制度的发展设定了宪法边界，确保了核心制度要素的稳定。

2. 宪法从加强个人权利保护的角度持续推动某些私法制度的完善，成为民事制度完善的建构性力量

民法的发展在英美法系强调是“自生自发秩序”的“自然成长”的结果，在大陆法系法典化后通过“技术中立”而强调其“超越体制”的特点，“这保障了民法对外部政策与公法秩序太极推手般的排斥力，标示了私法的边界”。〔20〕目的都是维护民法自身的边界，从而最大限度上排斥公权力参与的制度建构的影响。然而，这多少有些一厢情愿，尤其是考虑特别民法的发展而带来的“解法典化”的趋势，即“因特别民法的侵入与蚕食，民法典一统天下的风光难继”，〔21〕“层出不穷的法律特别规范造成传统民法典的内外体系逐步分解”。〔22〕这一现象推动民法学者“分析现代社会经济结构和组织关系的巨大调整对以自由至上主义为核心的传统民法体系带来的深远影响”。〔23〕在这一进程中，宪法多有作为。

宪法通过课予立法者制度建构的任务以保护个人权利的充分实现，这其中

〔19〕 许育典：《从权利救济宪法保障论公益诉讼制度》，载《南京大学法律评论》2011年第1期。

〔20〕 张力：《民法转型的法源缺陷：形式化、制定法优位及其校正》，载《法学研究》2014年第2期。

〔21〕 谢鸿飞：《民法典与特别民法关系的建构》，载《中国社会科学》2013年第2期。

〔22〕 陆青：《论中国民法中的“解法典化”现象》，载《中外法学》2014年第6期。

〔23〕 同上。

就包括私法制度的完善。宪法对于性别平等与婚姻自由的规定,在许多国家和地区推动了现代婚姻制度的确立,以及两性平等在社会诸领域的全面贯彻。如加拿大《人权法》第3条禁止基于性别的歧视;澳大利亚1984年制定的《性别歧视法》保护澳大利亚境内的个人免予因性别、婚姻状况、怀孕、家庭责任而在就业方面受到歧视。[24] 我国香港特别行政区的反歧视立法始于1995年,至今已制定了《性别歧视条例》、《残疾歧视条例》、《家庭岗位歧视条例》以及《种族歧视条例》四部反歧视法,并设立平等机会委员会专门负责实施反歧视立法。印度等具有漫长等级制度传统的国家,宪法则推动了平等原则在民事领域的贯彻。例如《印度宪法》第15条禁止基于宗教、种族、种姓、性别或者出生地的歧视,具体包括“商店、公共饭店、旅馆或者公共娱乐场所的使用”以及“全部或者部分以国家基金予以维持或者捐献给一般公众使用的水井、贮水池、沐浴用的河边阶梯、道路及公共场所的使用”等内容。第17条规定“废除‘贱民制’并禁止以任何形式实行‘贱民制’”,扫除了社会中将某些群体视为不可与之接触的贱民的古老的陋习。宪法对于社会权利的确认,更是推动了介于公私法之间的社会法的出现和繁荣。宪法对于财产权等权利的观念转变,则引起了民法领域财产权保护的转变。例如从私有财产权神圣不可侵犯到对财产权的社会责任的宪法确认的转变。宪法以独特的制度压力“进入并改变了民法的价值中立外貌”。[25]

二、宪法权利与民事权利的“互释”与“反哺”

深入宪法与民法关系的内核,二者以更具体和紧密的方式彼此关联。“公私法的调和”“民法的公法化”“宪法的第三人效力”等概念和论断是宪法与民法日益复杂和紧密的相互关系在学理上的回响。其中宪法的第三人效力(或水平效力 horizontal effect)问题,由于将宪法权利规范适用于民事纠纷的解决,在国际国内引起的探讨最多。以确立宪法基本权利水平效力而闻名的联邦德国

〔24〕 参见李薇薇:《反歧视法原理》,法律出版社2012年版,第255页。

〔25〕 苏永钦:《民事立法与公私法的接轨》,北京大学出版社2005年版,第103~104页。

“吕特案”,被认为是“联邦宪法法院有史以来最为重要的一个判决”。[26] 该案促使人们思考基本权利的性质、功能和适用范围,并为大陆法系传统之下的宪法学带来了跨越性发展的机会。英国1998年《人权法》的颁布同样将英国这样一个英美法的国家带入基本权利水平效力的研究中。[27] 我国台湾地区著名法学家苏永钦教授则通过“民法的水平转介条款”和“宪法的垂直整合机制”来分析“公私法调和”的当代法治发展趋势。所谓“现代化同时带动公领域和私领域的扩张,两者之间呈现的不只是反映左右意识形态的波段式拉锯,而且是越来越多的交错,应然面的法律体系,很自然地也从公私法的二元变成多元。作为管制与自治工具的公私法规范,还因为两种理念的辩证发展而相互工具化,乃至相互提供‘避难所’。这都使公法和私法间的接轨问题变得越来越复杂”。[28]

无论是国际上的还是我国台湾地区的有关研究,都以宪法的司法适用或司法解释为制度基础,这对于缺少宪法的司法实践的我国而言,理论的批判性大于建构性,难免有隔靴搔痒之感。本部分的研究则专注于当下中国的宪法与民法关系的实践,通过对宪法权利与民事权利在价值与规范内涵上的关系的分析,展现二者通过“互释”与“反哺”形成的紧密关联度。所谓“互释”指的是某种权利既具有宪法权利属性又具有民事权利属性,通过交叉解释使权利内涵得以深化和丰富;所谓“反哺”则指的是两个领域的新兴权利的发展有可能在对方的传统权利内涵中寻找到正当性基础,从而使该权利得以确立。

(一)宪法权利的规范内涵通过立法解释渗透进民事权利

“权利是私法的核心概念,同时也是对法律生活的最后抽象。”[29] 由民法所规范化的权利观念,在宪法产生之后被全面接受,并成为宪法不可分割的内容。

---

〔26〕 曾尔恕、高仰光:《德国吕特案判决五十年来的社会影响》,载《河南政法管理干部学院学报》2009年第3期。

〔27〕 See Alison Young, *Mapping Horizontal Effect, The Impact of the UK Human Rights Act on Private Law*, Cambrideg, Cambridge University Press, 2011.

〔28〕 苏永钦:《民事立法与公私法的接轨》,北京大学出版社2005年版,第74页。

〔29〕 参见[德]迪特尔·梅迪库斯编:《德国民法总论》,邵建东译,法律出版社2000年版,第62页。

现代宪法的基本权利体系普遍涵盖了从平等权、政治自由权、财产权到精神自由权、社会权、文化权以及环境权等广泛的权利谱系。尽管民法学者将自由与平等作为民法的精神内核，并与其他类型的法律相区别，“私法的内在价值，构成了民法与其他类型法律得以区分的精神内核。如果对自古罗马以来的私法进行一个较为细致的审视，则可以发现此种价值主要表现为私法主体的人格平等与人格自由”。〔30〕 但至少从个人权利保护的角度来看，无法实现其与宪法的断然区分。宪法最重自由，宪法所确认的第一代人权便以三大自由权为核心，即政治自由、人身自由以及财产自由。宪法崇尚平等，宪法中平等权的内涵广于民法对于平等的界定，但精神内核则来源于商品经济所塑造的主体平等。以上述价值共识为基础，一些宪法权利的规范内涵得以延伸到私人权利关系中。其中，以人格尊严权以及经济和社会权利最为典型。

许多国家民法上的一般人格权来自宪法关于“人的尊严”的规定。如《联邦德国基本法》第 1 条规定，“人的尊严不可侵犯”，宪法上人的尊严在私法保护中位于核心位置。“在德国，相当一段时间里，人们几乎都是从宪法，而不是从民法中推导出一般人格权，尽管基本法不能对司法产生直接影响。”〔31〕 日本的情况也是这样。杨立新教授的研究指出：“在日本，原民法并无人格权的一般规定。‘二战’结束后修宪，其宪法第 13 条规定：‘凡国民之人格，均受尊重。’提出了一般人格权的宪法原则。为了使民法和宪法相协调，日本立即于 1947 年 4 月 19 日制定《日本国宪法施行后民法应急措置之法律》，与宪法同日实施，以应急需。该法第 1 条规定：‘本法律之目的，在于新宪法施行后，就民法方面，以个人之尊严，与两性之本质的平等为基础，为应急的措施。’开宗明义，明确规定了一般人格权。”

我国 1986 年制定的《民法通则》中也没有关于一般人格权的规定，只是在第五章第四节规定了“人身权”，“实际内容是规定人格权”，列举了“生命健康权、姓名权、名称权、肖像权、名誉权、荣誉权和婚姻自主权”〔32〕 等具体人格权。如果一般人格权（或抽象人格权）与具体人格权构成了人格权的完整体系的话，

---

〔30〕 屈茂辉：《民法引论》，商务印书馆 2014 年版，第 18 页。

〔31〕 周云涛：《论宪法人格权与民法人格权——以德国法为中心的考察》，中国人民大学出版社 2010 年版，第 17 ~ 18 页。

〔32〕 杨立新：《人格权法》，法律出版社 2011 年版，第 6 页。

那么一般人格权也同样要到宪法中寻找根本法的规范基础。正如王利明教授指出的:“宪法作为国家的根本大法,对部门法的制定和修改具有重要的指导作用。因此,当宪法确认了公民的人格尊严为基本人权后,就会对民法产生重要的指导意义。人格尊严在民法中的价值体现之一,就是人格权的确立和保护。”〔33〕我国现行《宪法》于1982年首次将“中华人民共和国公民的人格尊严不受侵犯”写入宪法文本,在时间上早于《民法通则》,而且2004年“国家尊重和保障人权”也被写入宪法文本当中,从系统论的解释原则出发,标志着对人的主体地位的全面确认的“人格尊严”权成为宪法基本权利体系的核心和现代法律价值体系的核心,对民法人格权的规定和救济具有根本法的效力。“虽然宪法上确定了人格尊严,并将其作为基本权利,但是仍然有必要通过民法人格权法予以落实,并使之成为整个人格权法的核心价值。”〔34〕王利明教授认为,“人格尊严应当直接转化为一般人格权”,〔35〕其中“转化”一词,明确揭示了宪法规范的内涵向私人权利关系的延伸。

宪法对于财产权利与社会权利的规定,对于私人权利关系的影响更为明显。要求财产权基于公共利益和人权保障的需要而承担社会责任,是近代宪法向现代宪法转型的标志性特征。在世界宪法史上以德国的《魏玛宪法》为分水岭,世界各国宪法纷纷规定了财产权的限制性条款,即征收、征用及其补偿。财产权的社会责任宪法化。如《大韩民国宪法》第23条规定:“国民的财产权受保障,其内容与界限由法律规定。”“财产权的行使要符合公共福利。”“根据公共需要而实施的财产权征用、使用或限制级补偿由法律规定,应支付合理的补偿。”《日本国宪法》第29条规定:“财产权不受侵犯。”“财产权的内容应与公共福祉相适合,由法律规定。”“私有财产在正当的补偿下,可收归公用。”财产权社会责任的宪法化,改变了私有财产权在民事领域的绝对性。契约自由、私权神圣等近代民法的精神和原则因应时代的变化,逐渐从绝对走向相对。我国《宪法》在2004年修改时将原来的第13条修改为:“公民的合法的私有财产不受侵犯。”“国家依照法律规定保护公民的私有财产权和继承权。”“国家为了公共利益的需要,可以依照法律规定对公民的私有财产实行征收或者征用并给予补

〔33〕 王利明:《人格权法中的人格尊严价值及其实现》,载《清华法学》2013年第5期。

〔34〕 同上。

〔35〕 同上。

偿。”表面上来看，修改前的条文中并没有关于“征收与征用”的规定，但在计划经济体制的背景下，只不过意味着对于私有财产权保护的整体弱化，修改后明确了征收与征用的条件，反而对公权力干预私有财产权设定了明确的边界，从我国的市场经济发展历程来看，更有利于保护私有财产权。我国2007年制定和实施的《物权法》明显在相关条文中遵循了财产权受限制、承担社会责任等宪法精神和规范要求。如第7条规定：“物权的取得和行使，应当遵守法律，尊重社会公德，不得损害公共利益和他人合法权益。”第42条第1款规定：“为了公共利益的需要，依照法律规定的权限和程序可以征收集体所有的土地和单位、个人的房屋及其他不动产。”第44条规定：“因抢险、救灾等紧急需要，依照法律规定的权限和程序可以征用单位、个人的不动产或者动产。被征用的不动产或者动产使用后，应当返还被征用人。单位、个人的不动产或者动产被征用或者征用后毁损、灭失的，应当给予补偿。”

宪法对于社会权利的规定也间接对财产权利设定了界限。如《宪法》第43条第1款规定：“中华人民共和国劳动者有休息的权利。”第44条规定：“国家依照法律规定实行企业事业组织的职工和国家机关工作人员的退休制度。退休人员的生活受到国家和社会的保障。”第45条规定：“中华人民共和国公民在年老、疾病或者丧失劳动能力的情况下，有从国家和社会获得物质帮助的权利……”“国家和社会帮助安排盲、聋、哑和其他有残疾的公民的劳动、生活和教育。”这些权利的实现需要制度保障，而国家在设计具体制度时，必然涉及利益的平衡和权利的冲突，从而将宪法的权利价值观和规范内涵贯彻到民事关系中。如为确保休息权利的实现而逐渐完善的关于最长工作时间的规定、加班补贴的规定、休假制度的规定等。这些制度都明显介入民事关系的运行，改变着民事权利的内涵。宪法对于弱势群体的权利保护伴随着对于国家与社会的责任的设定，其中的“社会”含义复杂，但“私法人”应该是被包含在内的，由此，在社会权利的保障上，民事主体也需要承担责任，权利也要受到限制。如企事业单位需要单独或与职工共同缴纳的“五险一金”就是用人单位法定的给予劳动者的几种保障性待遇的合称，包括养老保险、医疗保险、失业保险、工伤保险和生育保险，还有住房公积金。从财产权的角度来看，体现为国家基于人权保障的需要对于私有财产权的绝对性的限制。

(二)有些民事权利因其宪制价值而被叠加赋予宪法权利属性

在宪法权利体系的成长过程中，民事权利是重要的来源。一些权利首先是作为民事权利存在，但是，这些权利对于人性尊严和人的自由的维护具有至关重要的作用，在实践中也容易成为国家权力侵犯的客体，因此逐渐被吸收到宪法权利体系中，成为对抗国家权力侵害的重要的基本权利。其中，隐私权的发展可为代表。

在美国，隐私权首先在侵权行为法领域发展起来，旨在保护个人不受其他私人的侵害。1890 年美国学者沃伦和布兰代斯发表《论隐私权》（“The Right to Privacy”）一文，首次提出了隐私权的概念，指出：“隐私权乃在保护个人生活不受干扰、独处的权利，即个人具有不可侵害的人格，对其思想、情绪和感受等自身事务的公开、揭露具有决定的权利。”〔36〕 1905 年以佐治亚州最高法院的 *Pavesich v. New England Life Inn Co.* 一案为开端，司法机关承认了隐私权的权利地位。1960 年普洛塞教授在整理了以往 200 多个判例的基础上发表了《论隐私》一文，该文“认为隐私权的侵害涉及四种不同的利益，构成四个侵权行为”。〔37〕 该分类“为法院实务及学说所接受，构成美国侵权行为隐私权的基本体系”。〔38〕

作为民事权利的隐私权发展成熟之后，逐渐扩展到宪法领域，以保障个人隐私不受国家的侵害。在第二次世界大战之后，特别是进入 20 世纪 60 年代之后，各国相继将隐私权确认或者规定为宪法权利。〔39〕 1965 年，美国联邦最高法院在 *Griswold v. Connecticut* 案中，首次将隐私权确认为一项重要的宪法权利。根据电子私人信息中心（Electronic Privacy Information Center，EPIC）2004 年《隐私与人权——全球隐私权法律及发展调查报告》的统计：现今几乎世界上所有的国家均在宪法的层次上承认“隐私权”此一基本权利。从最低限度的“居住自由”（inviolability of the home）及“秘密通讯自由”（secrecy of communications），到晚近一些新成文宪法明文承认的“取得、控制个人资讯权利”。〔40〕

---

〔36〕 王泽鉴：《人格权的具体化及其保护范围·隐私权篇（上）》，载《比较法研究》2008 年第 6 期。

〔37〕 同上。

〔38〕 同上。

〔39〕 参见屠振宇：《隐私权：从民事权利到宪法权利——兼议民事权利与宪法权利的关系》，载《金陵法律评论》2009 年第 1 期。

〔40〕 同上。

从隐私权的发展趋势上来看，基本体现了“从纯粹私权利上升为宪法性权利”[41]这样一个发展历程。民法隐私权与宪法隐私权具有各自发挥作用的空间，并且互相作用。“民法隐私权首先确认和肯定了隐私权的价值，通过这种示范效应使隐私权的价值得到极大的提升，获得更大的社会认同。从而，在事实上为宪法隐私权的发展创造了良好的空间。而在宪法权利得到承认之后，又进一步带动全社会对隐私权价值的广泛认同，从而又进一步促使民法隐私权扩大和加强保护的力度和范围。”[42]

我国的隐私权也正在经历从民事权利走向宪法权利的过程。1986 年制定的《民法通则》虽然没有规定隐私权。但是，之后的一系列司法解释则逐步确认了隐私权的存在。[43] 2005 年修正的《妇女权益保障法》第 42 条第 1 款规定，“妇女的名誉权、荣誉权、隐私权、肖像权等人格权受法律保护”，首次在法律中明确使用了“隐私权”这一法律概念。2009 年 12 月通过的《侵权责任法》规定：“侵害民事权益，应当依照本法承担侵权责任。本法所称民事权益，包括生命权、健康权、姓名权、名誉权、荣誉权、肖像权、隐私权、婚姻自主权、监护权、所有权、用益物权、担保物权、著作权、专利权、商标专用权、发现权、股权、继承权等人身、财产权益。”首次在民事基本法领域直接确立了隐私权的法律地位，“将受保护

〔41〕 王利明：《隐私权的新发展》，载《人大法律评论》编辑委员会编：《人大法律评论》（2009 年卷），法律出版社 2009 年版，第 35 页。

〔42〕 屠振宇：《隐私权：从民事权利到宪法权利——兼议民事权利与宪法权利的关系》，载《金陵法律评论》2009 年第 1 期。

〔43〕 1988 年 4 月 2 日，最高人民法院公布实施《关于贯彻执行〈中华人民共和国民法通则〉若干问题的意见（试行）》，其中第 140 条第 1 款规定：“以书面、口头形式宣扬他人的隐私，或者捏造事实公然丑化他人人格，以及用侮辱、诽谤等方式损害他人名誉，造成一定影响的，应当认定为侵害公民名誉权的行为。”1993 年 8 月 7 日，最高人民法院颁布了专门针对名誉权案件审理的司法解释《关于审理名誉权案件若干问题的解答》。其中，第 7 问的第 3 款规定：“对未经他人同意，擅自公布他人的隐私材料或以书面、口头形式宣扬他人隐私，致他人名誉受到损害的，按照侵害他人名誉权处理。”2001 年 3 月 8 日，最高人民法院公布了《关于确定民事侵权精神损害赔偿责任若干问题的解释》，其中，第 1 条第 2 款明确规定：“违反社会公共利益、社会公德侵害他人隐私或者其他人格利益，受害人以侵权为由向人民法院起诉请求赔偿精神损害的，人民法院应当依法予以受理。”

的隐私利益上升为独立的法律权利,开创了我国隐私权保护的‘新权利时代’,这在我国隐私权保护的法律制度发展史上具有里程碑的重大意义”。[44]

我国《宪法》目前还没有隐私权的规定,但隐私权在民事领域获得了普遍认同后,完全可以通过对“人格尊严不受侵犯”条款的解释,使隐私权成为宪法中的“未列举权利”,或称“默示性隐私权”。[45]

(三)有些权利侵害无法通过传统的民事责任追究获得充分救济从而激发出新的宪法权利类型

环境权作为独立的权利是在20世纪六七十年代形成的,其产生的背景是工业化的快速发展和环境破坏的极度加剧。“环境危机”对人类生存、经济和社会发展的制约促使国际社会重视环境保护问题,并超越当时的法律框架和传统的权利体系提出了环境权利的概念。1972年联合国人类环境会议通过的《人类环境宣言》尽管没有直接和明确地提出环境权的概念,但是对环境权在世界范围内的广泛接受发挥了促进作用。该宣言宣称:“人类有权在一种能够过着尊严和福利的生活环境中,享有自由、平等和充足的生活条件的基本权利,并且负有保护和改善这一代和将来的世世代代的环境的庄严责任。”本文关注的是,在法律领域中促使人们将环境利益整体作为法律关系的客体加以保护的制度原因,是因为传统的民事侵权责任理论和实践无法满足环境保护的需要,传统的民事权利观念无法拯救日益受到威胁的环境。在传统的民事权利关系中,环境污染或环境破坏所导致的是对他人健康权利或财产权利的损害,如排放污水污染了他人的土地或河流,并因此危害了他人的健康,污染只是侵权的方式;民事责任的有无或大小则根据已造成损害的实际情况或赔偿损失、或停止侵害、或消除危险。然而,环境侵权具有二元性,[46]环境侵权责任也具有双重性,[47]民事权利中的人格权和财产权无法吸收清洁空气权、清洁水权、日照权等基于无

---

〔44〕 张新宝:《我国隐私权保护法律制度的发展》,载《国家检察官学院学报》2010年第2期。

〔45〕 朱应平:《作为默示性宪法权利的隐私权》,载《贵州民族学院学报》(社会科学版)2007年第4期。

〔46〕 参见吕忠梅:《论环境侵权的二元性》,载《人民法院报》2014年10月29日,第8版。

〔47〕 参见吕忠梅:《论环境侵权责任的双重性》,载《人民法院报》2014年11月5日,第8版。

法被个人所支配的阳光、空气、水等自然因素所提出的环境利益;民事侵权责任只能针对已经造成的损害提供救济,对于环境破坏的预防以及由于自然环境的物质循环、能量流动所带来的长期后果和广泛影响则无能为力。环境权是在这样的背景下产生的,并被提高到基本人权的高度。早在20世纪八九十年代,我国早期的环境法学者就旗帜鲜明地提出了这一观点。〔48〕因此可以客观地说,虽然是“侵权法首先对环境问题做出了回应,环境侵权的概念及环境侵权责任从民法中的‘妨害行为’(英美侵权法)、‘干扰侵害’(德国民法)、‘近邻妨害’(法国民法)、‘公害’(日本)等概念发展出来,并且使无过错责任、严格责任成为环境侵权责任的‘标志’也是民法的‘创造’”,〔49〕但也正是民事权利体系和民事侵权责任的不足,才使环境权和环境责任从民事领域挣脱出来,发展出环境法治的以及宪法基本权利的属性。

(四)宪法权利的成长通过返身寻求民事权利理论的支持得以实现

近来国内学术界关于“新财产”问题的研究,为我们展现了民事权利与宪法基本权利“互释”与“反哺”的另一面。

以福利国家的发展为背景,政府的财富再分配能力越来越强,由政府提供的各种类型的社会救助和社会保险越来越成为公民赖以为生的财富来源,公民获得这部分财富的权利基础就是社会保障权。然而,社会保障权作为一种积极权利,即使在宪法诉讼制度非常完善的国家,也只具有有限的可诉性。对这部分财富的控制,政府被赋予了较大的自由裁量权。其后果是,这种类型的财富体量越大,对这种类型的财富依赖性越强,就越受制于政府的自由裁量权,公民就越容易丧失自由。公民与这种财富的关系,在理论上需要破解。

不仅如此,政府还通过签订行政合同、设定行政许可、确定职业资格等方式,左右公民创造财富获得财产的机会。例如,政府在PPP(Public-Private Partnership)合作模式中与私营企业签订合同,允许他们参与某些公共基础设施的建设;政府通过设定行政特许,准许特定企业使用公共财产,或在一定地区享有经营某种特许业务的权利,如准许航空公司在政府规定的航线上,利用国有

〔48〕 参见蔡守秋:《环境权初探》,载《中国社会科学》1982年第3期;吕忠梅:《论公民环境权》,载《法学研究》1995年第6期;陈泉生:《环境权之辨析》,载《中国法学》1997年第2期。

〔49〕 吕忠梅:《论环境侵权责任的双重性》,载《人民法院报》2014年11月5日,第8版。

的机场设施,经营客货运业务,或者允许固定数量的公司从事出租车经营业务等;政府还对从事某些职业设定职业资格许可,如教师资格、法律职业资格、注册会计师资格、医生资格等。[50] 合同、许可、资格等成为政府分配公共资源的利用权限和特定市场的准入权限的手段。对于公民而言,这种许可、资格具有稀缺性,是特殊的、确定的财产利益。对于这种财产利益,公民除了在行政法上获得救济之外,是否可以主张更一般性的权利,从而对国家权力设定更高的限制?这也需要在理论上加以论证。

看起来,无论是公民基于社会保障权提出的行政给付请求权,还是基于社会治理的需要而提出的行政许可请求权,都是在人与国家的关系框架下,公民向国家提出的权利诉求,似乎与民事权利没有什么关系。然而,令人震惊的是,在没有将社会保障权视为宪法权利的美国首先提出了"新财产"理论,将政府控制的财富视作公民财产权利的客体,从而确保对公民权利的保障对国家权力的控制。1964 年,赖希教授在杂志上发表《新财产权》一文,第一次正式提出新财产的概念。"他认为应当把这些政府供给的新财富作为私人财产权来进行保护。为了发挥财产权保障个人人格独立和自由的功能,撤销这些新财富也要经过宪法规定的正当程序。"[51] 1970 年联邦最高法院在"戈德伯格诉凯利案"中采纳了赖希的主张,将公民赖以维持生存和基本生活的公共救助视为"法定权益",并通过宪法正当程序条款进行保护。[52] 尽管新财产权理论被批评为是模糊了公共领域和私人领域的界限,导致民众对政府过度的权利要求,但是,新财产权理论却借用私人财产权理论,在社会保障权未实现宪法化的美国,使公民的社会权利具备了价值根基,得到更好的保护。

将政府福利和具有经济利益的行政许可等视作财产权的观念,开始在中国产生影响,尽管没有接受美国赖希教授将其完全等同于私人财产权的观念,但也将其划入宪法财产权的范围。如谢立斌教授认为,对民法财产权的研究不能取代对于宪法财产权的研究,从宪法财产权的保护范围来看,包含但不限于民法中的财产权,即"在私法权利中,含有经济利益内容的私法权利,包括所有权、

[50] 2017 年 9 月 15 日,人力资源社会保障部印发《关于公布国家职业资格目录的通知》,公布国家职业资格目录,自 2017 年 9 月 15 日起实施。该目录共计 140 项职业资格。

[51] [美]查尔斯·赖希:《新财产权》,翟小波译,载《私法》2006 年第 2 期。

[52] 参见刘东霞:《行政法上的新财产问题研究》,吉林大学法学院 2015 年博士学位论文。

继承权和其他以经济利益为内容的权利,都属于宪法财产权的保护范围;在公法权利中,受教育权、担任公职的权利,不属于宪法财产权的保护范围;允许公民进行经济活动的行政许可以及部分社会保障权利,构成宪法财产权”。〔53〕最后一类已属于“新财产权”的范畴了。

新财产权理论再一次展现了民事权利与宪法权利在价值上的共识。

三、民法典编纂中的宪法问题意识

在民法典的编纂过程中,中国的民事立法者已经展现出了高度的宪法问题意识,其中,如何使拟议中的民法典发挥“半部宪法”的功能,可为代表。“今天已经不是拿破仑的时代了,民法的宪法功能的时代早已过去……但在中国,在宪法未全然发挥威力时,民法典需要发挥更大的威力。”“如果中国民法学者能将民法典起草成‘半部宪法’,这将是21世纪立法史上的绝唱。”〔54〕该说立意虽然高远,甚至隐含着不可言说的民法优越感,但事实上也并未超出民法典作为民事基本法所应该发挥的社会功能的范围。众所周知,民法的价值具有外溢性,从自治与中立的角度来看,民法通过保障私权的方式,界定了私主体的生活空间,从而发挥了限制国家权力的功能,具有宪制结构的意义。民法典发挥宪法的功能,甚至被视作“真正的宪典”,在民法学说史上是振聋发聩的学术判断。“在欧洲19世纪中后期的语境中,民法典在法律体制中具有一种实质上的‘宪法性’地位,这在欧洲学界基本上得到公认。直到当代,这样的判断仍然得到欧洲各国学者的广泛认同。”〔55〕其中,法国著名学者让·卡波尼埃教授曾将拿破仑时代的《法国民法典》描述为“法国的真正宪典”,尽管他后来强调这是在社会学意义上的判断,〔56〕但还是被民法学者广泛接受和引用。

然而,对于民法的宪制价值的认识,并不能取代民法典在编纂过程中如何

〔53〕 谢立斌:《论宪法财产权的保护范围》,载《中国法学》2014年第4期。

〔54〕 王涌:《民法典编撰的雄心、野心与平常心》,载 http://lawinnovation.com/html/bwgs/679587228141.shtmlhttp://lawinnovation.com/html/bwgs/679587228141.shtml,最后访问日期:2015年7月28日。

〔55〕 薛军:《批判民法学的理论建构》,北京大学出版社2012年版,第38页。

〔56〕 参见李玲:《论法国民法典的宪法化》,载《北方法学》2013年第6期。

处理宪法与民法的关系的问题。从前述第二部分的分析可见,宪法与民法的紧密关联已是法治发展的常态,二者对于彼此的意义,早已超出了产生时间的先后、司法实践的深浅、社会领域的分工等孤立的认识界面。事实上,从一国实证的法律体系出发,任何理性的民事立法者都不会反对宪法相对于民法的根本法地位,但是对于当下民法典的编纂而言,如何认识、维护和贯彻宪法的根本法地位,从而真正谱写"21 世纪立法史上的绝唱",还有许多值得细致梳理的地方。

(一)对于通过民法发展宪法的认识

中国的宪法缺少系统性的司法适用。所谓缺乏系统性的司法适用,是指法院在缺乏宪法解释权的情况下,无法直接引用宪法条文解决争议。司法实践中零星引用宪法条文的情况,也基本上作为判决的说理依据,"附随于法律而发挥作用"。〔57〕 在缺乏系统性司法适用的情况下,宪法又是如何获得发展并发挥效力的呢?宪法的大多数条款具有原则性和概括性,是对某一类社会关系核心内容的一般性规定,可以作为该类社会关系发展的指导原则和具体制度内容是否合宪的判断标准,但却缺乏可操作性的细节,需要具体法律来填补。因此,宪法的"法律化"是比违宪审查更常态化的宪法实施。中国宪法实施的实践反映了上述判断:"尽管宪法文本提供了三种平行的发展完善的程序和路径、尽管宪法解释和宪法修改被认为更为主流的发展方式,但立法却在程序竞争中最终脱颖而出,成为目前为止最主要的变迁途径。立法之所以成为主流的发展方式,是由现实的制度需求、其他发展方式受限以及其自身所具有的制度优势综合作用的结果。"〔58〕中国的宪法实施因而可以称为"立法中心主义"的,而不是"司法中心主义"的。卡尔·施米特在《宪法的守护者》一书中写道:"宪法的司法保障仅仅只能是组成宪法之保护与屏障的一部分,而如果我们在这样的司法保障之外不另外讨论所有司法权都应谨守的严格界限和保障宪法的其他方式与手段,那么这种论述也就只是蜻蜓点水而已。"〔59〕卡尔·施米特时代的德国宪法还没有真正获得实质上的最高法律效力,法院在适用宪法时还存在诸多障碍,

---

〔57〕 邢斌文:《法院如何援用宪法?——以齐案批复废止后的司法实践为中心》,载《中国法律评论》2015 年第 1 期。

〔58〕 林彦:《通过立法发展宪法》,载《清华法学》2013 年第 2 期。

〔59〕 [德]卡尔·施米特:《宪法的守护者》,李君韬、苏慧婕译,商务印书馆 2008 年版,第 7 页。

因此,对于宪法的保障这一问题,施米特采取的是一种更宽泛的看法。这在一定程度上也反映了中国的现实。尽管宪法的司法适用是宪法作为法的本质所决定的,但现阶段宪法的实施仍以立法实施为主。对宪法与民法关系的理解不能脱离中国宪法实施的现状。

民法承担着对宪法的立法实施的功能,抛开宪法谈民法是缺乏实证法律精神的表现。我国宪法由于承担着全面建构社会主义经济制度的任务,因此,《宪法》中有许多条款涉及对经济关系的调整,我国《宪法》总纲的第 6 条至第 18 条都是关于社会主义市场经济制度的规定,截至 2004 年通过的 31 条宪法修正案有 14 条是关于经济条款的修正。举例而言,《宪法》第 9 条第 1 款规定:"矿藏、水流、森林、山岭、草原、荒地、滩涂等自然资源,都属于国家所有,即全民所有;由法律规定属于集体所有的森林和山岭、草原、荒地、滩涂除外。"第 14 条中规定的"完善经济管理体制和企业经营管理制度",第 16 条第 1 款规定的"国有企业在法律规定的范围内有权自主经营",第 17 条第 1 款规定的"集体经济组织在遵守有关法律的前提下,有独立进行经济活动的自主权",第 11 条第 1 款规定的"在法律规定范围内的个体经济、私营经济等非公有制经济,是社会主义市场经济的重要组成部分。"上述内容都需要民事法律的具体化。根据《宪法》第 10 条规定,"土地的使用权可以依照法律的规定转让",如果能够像有些学者所期待的那样,"集体土地流转正在试验中,其经验如在民法典中固定,将实质突破传统的集体土地所有制的内核。当然,还有其他可写入民法典的宪法性的条款。"〔60〕宪法典如真能在这些方面有所突破,并被宪法所接受,则的确可说是居功甚伟。

（二）"根据宪法制定本法"具有法政策学上的正当性

是否应该在民事立法中写入"根据宪法,制定本法",已有众多的讨论。从民事立法实践来看,30 多部民商事立法中,有 10 部在法律文本中对宪法作了规定,其中 9 部在第 1 条规定了"根据宪法制定本法"的内容。这 9 部法律是:《民法总则》《外商投资法》《民法通则》《物权法》《继承法》《全民所有制工业企业法》《个人独资企业法》《农村土地承包法》《著作权法》。另外,《公司法》没有

〔60〕 王涌:《民法典编撰的雄心、野心与平常心》,载 http://lawinnovation.com/html/bwgs/679587228141.shtmlhttp://lawinnovation.com/html/bwgs/679587228141.shtml,最后访问日期:2015 年 7 月 28 日。

规定“依照宪法制定本法”的内容，但是在第18条第2款中规定：“公司依照宪法和有关法律的规定，通过职工代表大会或者其他形式，实行民主管理。”上述的规范现状反映出，一方面，立法者对于在民事法律中是否应写入“依据宪法”持非常审慎的态度；另一方面，对于在什么情况下写入“依据宪法”的字样，并没有形成严谨的技术性判断。由于宪法与民法各自所调整的社会领域的重大区别，在非民事基本法中不写入“根据宪法”的文本内容，是正常的现象。但是，对于民事基本法，由于涉及基本的财产制度和宪法权利，是否应写入“根据宪法”的内容，是争论最激烈的地方。

叶海波在《“根据宪法，制定本法”的规范内涵》一文中提出“‘根据宪法，制定本法’内含两层规范结构，即立法权源法定和法源法定。”[61] 对于前者，文章认为：“全国人大的权力渊源是现行宪法第62条，基于列举即限制的法治原则，全国人大的最高国家权力以第62条的列举为限，而普通立法草案中的‘根据宪法，制定本法’，指全国人大根据宪法第62条，行使法律制定权。”[62] 对于后者，即全国人大立法的内容渊源问题，笔者认为：“全国人大在立法时，应当遵循创制性立法具体化、确认性立法不抵触的法源原则。”[63] 并进一步分析认为：“民事立法主要是对社会中的实施规则进行确认，属于确认性立法，应当主要遵循不抵触的法源原则，即立法机关确认的事实规则不得抵触宪法上关于民事关系的直接规定。”[64] 笔者的分析颇有道理，对于全面理解“根据宪法，制定本法”的规范内涵，大有助益。但论文还是没有直接回应宪法学者和民法学者两个方向上的学术关切。

首先，对于宪法学者而言，作者提出来，“应当更明确地写入‘根据宪法第×条，制定本法”，从宪法释义学的角度来看，此说严重不周延，宪法中的许多条款具有复杂的关联性，全国人大及其常委会制定的法律调整的社会关系都很广泛，很难说仅基于宪法中的某一个或某两个条文，全国人大在普通立法中断然确认仅依据宪法中的某一或某些条文，有可能带来严重的违宪问题。这也是大多数普通法律中虽在文本中写入了“根据宪法，制定本法”，但很少有具体写入

〔61〕 叶海波：《“根据宪法，制定本法”的规范内涵》，载《法学家》2013年第5期。

〔62〕 同上。

〔63〕 同上。

〔64〕 同上。

“根据宪法×条,制定本法”的立法技术原因。其次,对于民法学者而言,该文还是没有回答将“根据宪法,制定本法”写入《物权法》或《民法总则》的必要性问题,因为,根据作者的分析,民事立法属于确认性立法,遵循“不抵触的法源原则”,基于基本的逻辑推演,自然没必要写入“根据宪法×条,制定本法”。如此一来,“根据宪法,制定本法”的规范内涵便主要承担澄清全国人大立法“权源法定”的任务,从而使这一表述完全画蛇添足。因为全国人民代表大会的立法权已由宪法规定,并不需要普通法律的进一步确认。因此,“根据宪法,制定本法”的规范内涵以及写入普通法律的文本必要性,仍然没有获得清晰的解答。

“根据宪法,制定本法”无论从法源的角度还是权源的角度来看,似乎写与不写的区别并不大,但最终无论是当年争议中的《物权法》还是刚通过不久的《民法总则》,都明确写入了这一表述。对这一现象只能从法政策学的角度进行解读。对立法者而言,法律制定的过程是一个利益衡量的过程,法律文本的逻辑自洽、社会发展的现实需要以及法律制度的未来走向,都应该成为立法的考量因素。法政策学因此成为法学的分支学科之一,并日益受到重视。“法并非如想象那般‘超凡脱俗’,而是体现时代特征并与公共政策保持密切亲缘关系的规则体系。法政策学的根本目的是通过观察、分析和反思从公共政策到法的转变过程,为良好的法律制度设计提供规律、准则和思考方法。”〔65〕由于我国公民的宪法观念还有待养成,宪法的根本法地位还没有普遍得到接受,甚至全国人大的立法权威还没有完全树立起来,在这种情况下,在普通法律中宣示宪法的权威性从法理上尽管并无必要,但从中国法治发展的实际状况来看,则实属必要。2007年童之伟教授针对《物权法》是否应写入“根据宪法,制定本法”时指出:“在这种大背景下,全国人大在制定基本的法律时在其中写进‘根据宪法,制定本法’,就成了在中国特定历史条件和社会环境下通常不得不采取的一种维护宪法根本法地位的立法措施。”〔66〕这就是一种法政策学的视角。

从法政策学的角度来看,在民法典中写入“依据宪法,制定本法”至少满足了三个方面的需求,从而具有正当性。其一,宪法具有跨越公私两大法域的根本法地位,近代成文宪法最早出现于18世纪的晚期,大规模的出现则要等到19世纪,远远晚于法律史上公私法划分理论出现的年代。公私法划分理论形成之

〔65〕 鲁鹏宇:《法政策学初探——以行政法为参照系》,载《法商研究》2012年第4期。

〔66〕 童之伟:《物权立法过程该如何做恰当评说》,载《法学》2007年第4期。

初,现代意义上的宪法并不存在。宪法中的一些内容涉及私法关系的调整,我国《宪法》总纲中更是有大量的条款调整国家的经济关系,无论从法理上还是从宪法效力的最高性上,“依据宪法,制定本法”的规范表述对于民法典而言都是客观表述,而不是宪法对于民法的“入侵”。其二,宪法缺乏司法适用性,这使宪法虽然是国家的根本法,但同时也是最不经常出现在公众视野中的法,通过在民事基本法中写入“根据宪法,制定本法”的内容,则使宪法的立法实施随时出现在人们的视野中,有利于展现宪法的活力。其三,反对将“根据宪法,制定本法”写入民法典的理由除已被论证并不成立的“宪法是公法、民法是私法”的僵化的法域划分外,便是民法的技术性思维所推演出的,“根据这一条款可能导致宪法对于民法的全面审查,最终导致公权力对于私法自治的全面干预”的判断,但这除了是一种技术性想象之外,并没有规范的和现实的基础。首先,即使是由违宪审查机关(在我国是全国人大及其常委会)对民事立法进行审查,也不能推演出国家权力对私法自治进行干预的结论,因为民法典本身也是由全国人大制定的。其次,民法与宪法在价值上的共识以及实践中的互相支撑关系,使宪法对于民法的审查不是原则上根本对立的审查,而只能是具体规范和条文是否冲突的审查,并不会动摇民法的根基。最后,“根据宪法,制定本法”并不会成为一个有效的“转介条款”,使宪法中的“管制因素”堂而皇之地走入民法,从而将中国本已有限的私法自治空间进一步压缩。法院缺乏宪法解释权使这一想象中的“转介”在制度上不可能。“根据宪法,制定本法”并不是洪水猛兽,而是树立宪法权威的实用主义的选择。

(三)不宜采用司法中心主义的法律渊源论

对于法律渊源,民法学家梁慧星教授的观点极有代表性,他认为:“发生法院裁判案件时应从何处寻求可以作为裁判基准的法律规范的问题,也就是所谓法源问题。民法,乃是规律市民的一般生活关系的规范,同时当这些关系发生纷争时,也作为法官判断的基准。所以,所谓民法的法渊源,是指作为私法的普通法的实质意义民法的存在形式。”[67] 这可以称为是“司法中心主义”的法律渊源论。

2015 年,中国法学会版的《民法总则专家建议稿》在法律渊源问题上采取了“司法中心主义”的理论立场。该建议稿第 9 条规定:“处理民事纠纷,应当依

---

〔67〕 梁慧星:《民法总论》(第 3 版),法律出版社 2007 年版,第 25 ~26 页。

照法律以及法律解释、行政法规、地方性法规、自治条例和单行条例、司法解释。”“法律以及法律解释、行政法规、地方性法规、自治条例和单行条例、司法解释没有规定的,依照习惯。习惯不得违背社会公德,不得损害公共利益。”从“处理民事纠纷”这一前置条件的表述来看,显然这里的“法律渊源”是一种司法裁判中心主义的法的形式的概念,即以是否可作为司法裁判的依据来判断是否属于法的形式。中国法学会版《民法总则专家建议稿》考虑全国人大和最高人民法院都明确反对法院适用宪法解决争议,〔68〕第9条的写法在表面上看没有问题。但其隐含的问题,以及长期的后果却值得认真探讨。

其一,根据我国的立法技术传统,法律文本在正式公布时并不会就每一条的立法内涵作出标注。在草案中标注立法内涵具有反映立法者原意的立法解释的意味。由于《民法总则专家建议稿》主要由专家起草,供立法机关作为民法典立法的基础,因此将这一条标注为“法律渊源”具有学理解释的意味。这里面隐含着明确的关于民事法律渊源的学术立场,即认为应当将渊源理解为可以作为裁判基准的法律规范。〔69〕将第1条与第9条结合起来作整体主义的解释,可以发现《民法总则专家建议稿》试图将“根据宪法,制定本法”与“法律渊源”问题分开来看。如果这种规定方式能够获得全国人大的认同,就将构成对“根据宪法,制定本法”的比较确定的立法解释,即仅指根据宪法的精神、原则或某些条款的规定制定法律,但制定完成后,宪法将不参与不同部门法对于相应领域的社会关系的调整或社会冲突的解决。这是一种可能架空宪法的理论方向。

其二,以能否作为裁判基准来确定是否构成某一法律部门的渊源,从法律后果上来看,现阶段由于我国的宪法没有司法适用性,这将导致在理论上宪法不构成任何部门法的法律渊源。这不符合宪法的原意。我国《宪法》序言最后一个自然段中规定:“全国各族人民、一切国家机关和武装力量、各政党和各社会团体、各企业事业组织,都必须以宪法为根本的活动准则,并且负有维护宪法尊严、保证宪法实施的职责。”《宪法》第5条第2款、第3款规定:“国家维护社

〔68〕 最高人民法院《关于裁判文书引用法律、法规等规范性法律文件的规定》已于2009年7月13日由最高人民法院审判委员会第1470次会议通过,现予公布,自2009年11月4日起施行。第4条规定:“民事裁判文书应当引用法律、法律解释或者司法解释。对于应当适用的行政法规、地方性法规或者自治条例和单行条例,可以直接引用。”

〔69〕 参见梁慧星:《民法总论》(第3版),法律出版社2007年版,第25页。

会主义法制的统一和尊严。一切法律、行政法规和地方性法规都不得同宪法相抵触。”我国《宪法》并未就法院是否可以适用《宪法》作出明确规定，为我国将来建立复合型的违宪审查机制〔70〕留下了空间。《宪法》第 62 条规定全国人大代表大会有权“监督宪法的实施”，《宪法》第 67 条规定全国人大常委会有权“解释宪法，监督宪法的实施”。2004 年《宪法》第 126 条规定：“人民法院依照法律规定独立行使审判权，不受行政机关、社会团体和个人的干涉。”上述文本内涵的解释空间巨大。在现阶段，司法中心主义的法律渊源理论势必将宪法排除在所有部门法的法律渊源之外，不独民事法律不以宪法为渊源之一，刑事法律、行政法律在相应诉讼中法官也不能引用宪法，也会将之排除在法律渊源之外。这不仅不符合大多数部门法学科在法律渊源上的基本态度，事实上，于中国的法治建设也很不利。

我国的宪法实施目前正处在理论的深度研究和实践的探索中，在公私法的接轨已成世界大势的背景下，民法典似乎不必急于将宪法排除在民法的法源之外。〔71〕已颁布实施的《民法总则》第 10 条规定：“处理民事纠纷，应当依照法律规定；法律没有规定的，可以适用习惯，但是不得违背公序良俗。”其中的“法律”是一个广义的类的概念，采取了折中的立场，是相对稳妥的策略。

---

〔70〕 参见包万超：《设立宪法委员会和最高法院违宪审查庭并行的复合审查制》，载《法学》1998 年第 4 期。

〔71〕 著名民法学家王利明教授在《民法总论》一书中仍然明确将宪法视作是民法的渊源，并解释称：“宪法仍然是法院在司法裁判中的参考性依据。法官在裁判过程中，如果因适用法律出现复数解释，在此情况下就应当以宪法的原则、价值和规则为依据，确定文本的含义，得出与宪法相一致的法律解释结论。通过合宪性解释来确定法律文本含义时，通常采取选择或排除的方式。这就是说，如果某个解释结论符合宪法，就应当选择其作为解释结论；如果所做的解释结论违反了宪法，就应当予以排除。通过这种方式，使文本的含义能够与宪法保持一致。从这个意义上说，宪法也可以成为民法的渊源。宪法中关于社会主义建设的方针和路线的规定、关于财产所有制和所有权的规定、关于公民基本权利和义务的规定等，都是调整民事法律关系的重要法律规范，也是《民法通则》和各种单行民事法规在制定时必须遵循的法律依据。”（王利明：《民法总论》（第 2 版），中国人民大学出版社 2015 年版，第 31 页。）

民法典的宪法使命及其实现

刘志刚*

在民法典的制定过程中,民法典的制定依据以及由此衍生出的民法典与宪法的关系问题是近年来国内学界关注的一个焦点问题,法理学者、宪法学者和民法学者围绕该问题进行了激烈的争论。本文拟立足宪法之根本法地位、最高法效力已然得到确立的制度现实,在纵向梳理民法典之宪法使命的基础上,对民法典实现其宪法使命的原则、保障以及路径等问题进行分析论证,以求正本清源、展现我国民法典与宪法关系的应然面相,进而为民法典制定过程中相关结点问题的梳理提供思路。

一、民法典之宪法使命的历史回顾

(一)20世纪20年代之前民法典的宪法使命

民法典是民法法系国家区别于英美法系国家的重要表征,其在思想层面的渊源最早可以追溯至东罗马的查士丁尼时代。但是,《查士丁尼民法大全》[1]严格来说并不是一部纯粹的民法典,而是一部公私规范杂陈其中、实体规范和程序规范交互混杂的综合性法典。后世之所以将其视为民法典的起源,主要是基于私法规范在其中所处的主体地位、它所开创的对法律进行系统化编纂的先例以及内蕴于其中的法典编纂技术。近现代民法典的编纂肇始于18世纪末,集中表现为欧洲大陆法系国家的民法典编纂运动。该时期欧洲各国民法典的

---

* 刘志刚,复旦大学法学院教授。

〔1〕 由《查士丁尼法典》《学说汇纂》《法学阶梯》《查士丁尼新律》四部法典组合而成。

编纂是建立在此前罗马法复兴过程中形成的欧洲共同法〔2〕的基础之上的，其直接动因是近代民族国家和主权观念的兴起。国内有学者指出，21 世纪之前，欧洲大陆国家民法典的编纂先后经历了三次浪潮，〔3〕具体包括：(1)18 世纪末到 19 世纪中叶的第一次民法典编纂浪潮。该时期代表性的民法典是：1804 年的《法国民法典》和 1811 年的《奥地利民法典》。(2)19 世纪中叶到 20 世纪 20 年代的第二次民法典编纂浪潮。该时期代表性的民法典是：1865 年的《意大利民法典》、1900 年的《德国民法典》、1912 年的《瑞士民法典》。(3)20 世纪 20 年代开始到 21 世纪初之前的第三次民法典编纂浪潮。该时期代表性的民法典主要是苏联和东欧社会主义国家的民法典，如 1922 年的《苏俄民法典》、1975 年的《德意志民主共和国民法典》等。该时期一些西欧国家也修改或者重新制定了自己的民法典，如 1942 年的《意大利民法典》。从纵向历史发展的角度来看，20 世纪 20 年代之前，欧洲各国编纂民法典大多是在君主制的时代背景下、〔4〕在君主的大力推动下〔5〕展开的，但是该背景下制定的民法典却得以在不同的政

〔2〕《查士丁尼民法大全》编纂完成之时，由于西罗马帝国业已灭亡，缺乏在西罗马帝国先前版图内获致实现的政治推动力量，其相较于西欧各国的影响直到时隔 600 余年之后方才由于罗马法的复兴而显现了出来。在罗马法的复兴过程中，以伊纳留斯(Irnerius)、阿佐(Azo Porcius)、阿库修斯(Accursius)为代表的前期注释法学派和以巴尔多鲁(Bartolus)、巴尔杜斯(Baldus)为代表的后期注释法学派或评论法学派运用经院主义辩证法，注释、评述《查士丁尼民法大全》，并适度融合部分教会法、地方法，在大学课堂上广为讲授，逐渐培育出了欧洲法律的共同基础，即欧洲共同法(*Jus commune*)。

〔3〕参见陈卫佐：《现代民法典编纂的沿革、困境与出路》，载《中国法学》2014 年第 5 期。

〔4〕Fassò, Storia della filosofia del diritto. III. Ottocento, Roma-Bari, 2006, 5ss. G. Tarello, Storia della cultura giuridica moderna. I. Assolutismo e codificazione del diritto, Bologna, 1976.

〔5〕1804 年《法国民法典》是在独裁者拿破仑的大力推动下编纂的；1865 年《意大利民法典》是国王伊曼纽尔二世颁布的；1896 年《德国民法典》是在国王威廉二世的推动下编纂的。作为它们共同思想渊源的《查士丁尼民法大全》则是在东罗马帝国皇帝查士丁尼的直接主导下完成的。

治体制下往来穿梭,〔6〕其相较于政治体制的中立性色彩得以凸显,自身逻辑体系的完整性和封闭性〔7〕得以维系。如是这些,彰显的一个主题似乎是:民法典仅是一套技术性规范,它与其旨在调整和维护的市场经济并存,跨越时空、超然于政治,并不承担什么宪法使命。究其原因,主要是因为该时期政治国家与市民社会的结构性分离,〔8〕以及旨在框定二者界限的公法、私法二元分离的法律体系建构模式。在该时期的法律文化氛围之下,宪法的根本法、最高法地位尚未得到确立,〔9〕而且,它在内容上是政治法、在性质上是公法,作为政治法、公法的宪法与作为私法的民法典所调整的领域不甚相同:前者指向于对国家政治权力的构筑、对国家权力与公民基本权利之间关系的调整,后者指向于对民事

〔6〕 自1791年《法国宪法》颁行以来,法国先后制定出11部宪法,它们所确立的政治体制不甚相同,在独裁、帝制、君主复辟、共和等政治体制之间来回摇摆。但是,1804年的《法国民法典》却能够在不同政治体制之下维持自身的存在。德国制定宪法的历史始源于1815年德意志联邦成立之后,先后颁布了1871年《德意志帝国宪法》、1919年《德国魏玛宪法》、《联邦德国基本法》和《民主德国宪法》。在德国政治的历史流变中,德国民法典长期存在,先后与德意志帝国、魏玛共和政体、纳粹极权政体、联邦德国的民主政体以及民主德国的社会主义政体(《德国民法典》在1875年之前的民主德国一直适用)并存。

〔7〕 哈贝马斯指出,"在德国,私法是在立宪君主制框架之内作为一个法官制定的法律的领域和法理学的领域而发展起来的。由于没有受到民主宪法秩序的构成性影响,在整个19世纪——也就是说一直到1900年资产阶级法典编纂为止——私法都具有一个独立的、自足的法律领域所具有的那种系统封闭性"。(参见[德]哈贝马斯:《在事实与规范之间》,童世骏译,三联书店2014年版,第491页。)市民社会的兴起及其与政治国家的分离和对立最早发端于西方国家,该时期政治国家首次获得了相较于市民社会的独立地位,不再像先前时期那样吞并和包容整个社会。[参见《马克思恩格斯选集》(第1卷上册),人民出版社2012年版,第69页。]

〔8〕 市民社会的兴起及其与政治国家的分离和对立最早发端于西方国家,该时期政治国家首次获得了相较于市民社会的独立地位,不再像先前时期那样吞并和包容整个社会。[参见《马克思恩格斯选集》(第1卷上册),人民出版社2012年版,第69页。]

〔9〕 例如,有德国学者指出,在德国民法典的编纂中,与宪法的关系问题完全被搁置在一边,根本不加以考虑。民法典应该遵守宪法原则的问题,很少进入德国民法典编纂者的视野。[See Hans-Peter Haferkamp, "The Science of Private Law and the State in Nineteenth Century Germany", 56 *Am. J. Comp. L.* 676 – 677 (2008).]

主体之间人身关系、财产关系的调整,二者之间泾渭分明。〔10〕 相应地,民法典在直观层面上似乎也就不承担宪法的使命。当然,必须申明的是:此处所说民法典不承担宪法使命的意思仅仅是说,民法典中并不包含宪法性质的条款,其内容相较于政治体制具有独立性;民法典具有自身的话语体系和逻辑线条、民法典体系具有明显的封闭性。笔者无意否认民法典间接承载着的政治功能,更无意否认其在客观上具有的限制国家权力的作用。从历史的角度来看,法典编纂历来都具有明显的政治因素,〔11〕无论是东罗马帝国皇帝查士丁尼编纂的民法大全,还是近代欧洲各国编纂的民法典,实际上都承载着某种特定的政治使命。〔12〕 而且,由于民法典在私法自治原理支撑下所具有的限制国家权力的功能,〔13〕民法典似乎自出生时起就具有了宪法作用,由此滋生出私法优位、〔14〕民法·宪法同位论〔15〕的观点。笔者认为,民法典的宪法功能与民法典的宪法使命是两个不同性质的问题。前者是从民法典客观上所具有的限制国家权力之宪法作用的角度来说的,它并不必然承认宪法的根本法地位、最高法效力,实践中往往和私法优位主义、民法·宪法同位论关联在一起,甚至有可能滋生出民法帝国主义的浪漫情怀。后者是从民法典规范体系内容的角度来说的,它关注的核心问题是民法典中是否以及如何设置衔接宪法与民法的接驳管道,在承认

〔10〕 例如,《法国民法典》第7条规定,民事权利的行使不以按照宪法取得并保持的公民资格为条件。

〔11〕 美国学者艾伦·沃森认为:"对于法典编纂而言,政治因素必定是重要的,并且当法典问世之时,也必定有适当的政治环境。从事实来看,到了近代法典编纂已经非常普及,这要么是由于颇不一样的政治条件有利于或至少允许编纂法典,要么是由于经常产生编纂法典所需要的政治条件,二者必居其一。"(参见[美]艾伦·沃森:《民法法系的演变及形成》,李静冰、姚新华译,中国法制出版社2005年版,第139页。)

〔12〕 就近代欧洲国家民法典的编纂而言,显然和促进民族国家的形成、建构统一的国内市场以及实现政教分离等因素有关。

〔13〕 参见[美]斯托林:《反联邦党人赞成什么——宪法反对者的政治思想》,汪庆华译,北京大学出版社2006年版,第124页。

〔14〕 参见梁慧星:《必须转变公法优位主义观念》,载《法制日报》1993年1月21日,第3版。

〔15〕 参见徐国栋:《市民社会与市民法》,载《法学研究》1994年第4期。

宪法根本法地位、且不损及民法典自身体系完整和逻辑自洽的前提下贯彻落实宪法赋予它的使命。20 世纪 20 年代之前,尽管欧洲各主要国家相继制定了宪法,但是,宪法在实在法层面似乎并未取得现今所拥有的这种根本法、最高法地位。从比较宪法学的角度来看,宪法的最高法地位主要通过四种方式加以确定:(1)成文宪法的自我规定;(2)硬性宪法的技术,即特别严格的制定和修改程序;(3)违宪审查机制的作用;(4)宪制传统或宪法惯例。〔16〕在这种四种方式中,第(1)种方式是确立宪法最高法地位的规范依据,第(3)种方式是“确保宪法最高性”的“手段”。〔17〕从该时期欧洲各主要国家宪法文本的规定和违宪审查机制确立的情形来看,宪法的最高法地位显然并未确立。20 世纪 20 年代之前法国制定的九部宪法〔18〕中均未明确规定宪法的最高法地位,而且,除 1799 年宪法和 1852 年宪法设立“元老院”作为违宪审查机关之外,其他各部宪法均排除对法律的违宪审查。事实上,1799 年宪法和 1852 年宪法所确立的违宪审查制度在法国宪制实践中也没有发挥实际的作用。在德国,从 1815 年到 1918 年的 100 余年的时间里,德国先后经历了德意志联盟、北德联盟和俾斯麦宪法时代,该时期的各邦宪法和 1871 年德意志帝国宪法中均未规定宪法的最高法地位,普通法院和 19 世纪初期一些邦国的国事法院(宪法法院)也没有被赋予违宪审查权。总体来看,20 世纪 20 年代之前,由于欧洲各国宪法的最高法地位并未在制度层面得以确立,宪法和民法呈现出一种平行发展的样态,宪法并没有对民法施加统合性的影响,民法因之也就不承担前述所说的宪法使命。

(二)20 世纪 20 年代之后民法典的宪法使命

笔者认为,民法典的宪法使命建立在两个制度前提之上:其一,宪法之根本法、最高法地位的确立;其二,宪法调整范围的拓展以及由此衍生出的政治宪法

〔16〕 参见林来梵:《从宪法规范到规范宪法》,法律出版社 2001 年版,第 302 页。

〔17〕 日本学者芦部信喜教授将第(2)种方式和第(3)种方式视为确保宪法最高性的手段。[参见[日]芦部信喜:《宪法学》(Ⅰ),有斐阁 1992 年版,第 60 页以下。]对此,笔者秉持不同的立场。笔者认为,第(2)种方式只能凸显宪法在形式上迥然相异于普通法律的特点,但却并不能确立宪法相较于普通法律的最高法地位。

〔18〕 即法国 1791 年宪法、1793 年宪法、1795 年宪法、1799 年宪法、1814 年宪法、1830 年宪法、1848 年宪法、1852 年宪法及 1875 年宪法。

色彩的蜕变。前者是民法典之宪法使命由以生成的制度前提,后者是民法典之宪法使命由以运行的内容基础。从历史的角度来看,只有20世纪20年代之后的民法典方才具有承担宪法使命的可能性,在此之前,民法典的宪法使命无从说起。根据尼德兰学者亨利·范·马尔赛文的统计,在全世界142个国家的成文宪法中,有122个国家的宪法中规定了宪法与普通法律之间的关系,占总数的85.9%;在该类规定宪法与普通法律之间关系的宪法中,有95个国家的宪法规定宪法具有最高法的地位,占总数的66.9%。〔19〕从该类宪法的内容来看,尽管它们规定自身根本法地位的方式不甚相同,〔20〕但在确立自身的根本法地位、最高法律效力方面所秉持的立场是一致的。从该类宪法的颁行时间来看,绝大多数宪法都是第二次世界大战以后的宪法,第二次世界大战之前的宪法为数不多,主要集中在20世纪20年代以后,典型的如1918年《苏俄宪法》、1924年以及1936年的《苏联宪法》。诚如前文所言,民法典的宪法功能和民法典的宪法使命在性质上不甚相同,前者并不必然以承认宪法的根本法地位、最高法律效力为前提,只要其客观上能够起到限制国家公权力、保护公民权利的效果,就可以认为其具有宪法功能;与之相比,后者在逻辑上是和宪法的根本法地位、最高法律效力关联在一起的,如果没有该种制度前提,宪法根本不可能施加对民法典的统合性影响,民法典的宪法使命无从说起。20世纪20年代之前,由于早期各国宪法中并未确立自身的根本法地位,民法典无由以承担宪法赋予它的使

〔19〕 参见[荷]亨利·范·马尔赛文、格尔·范·德·唐:《成文宪法:通过计算机进行的比较研究》,陈云生译,北京大学出版社2007年版,第117页。

〔20〕 95个国家在其宪法中规定自身根本法地位的方式总体上有三种类型:其一,在宪法名称中使用根本法或者基本法的术语确立自身的根本法地位,如1918年《苏俄宪法》、1978年《俄罗斯苏维埃联邦社会主义共和国宪法(根本法)》、1949年《德意志联邦共和国基本法》等;其二,在宪法文本内容中使用根本法或者最高法的术语确立自身的根本法地位,如1992年《越南社会主义共和国宪法》第164条、1946年《日本国宪法》第98条;其三,在宪法文本或者名称中不使用根本法或者最高法的术语,但在宪法文本内容中宣称自己的最高法律效力,如1974年《南斯拉夫社会主义联邦共和国宪法》第206条。

命;20 世纪 20 年代之后,由于 1918 年《苏俄宪法》、[21] 1924 年《苏联宪法》[22] 以及 1936 年的《苏联宪法》[23] 中相继确立了自身的根本法地位,宪法客观上具有了对民法施加统合性影响的可能性。舍此而外,由于前述宪法中均确立了捍卫自身最高法律地位的宪法监督制度,因此,不仅宪法得以从规范层面现实地施展其对民法的统合性影响,民法也因之合乎逻辑地担负起了践行宪法所作先期承诺的使命。从该时期前述宪法的内容来看,它们与此前各国宪法中的内容不甚相同。近代宪法时期,各国宪法中关涉公民基本权利的规定主要表现为自由权,其性质是指向国家公权机关的消极防御权,国家对该类权利所承担的责任仅仅是消极的不侵害,并无采取切实有效措施加以正向满足的宪法责任。由于国家权力被严格限制在政治生活领域,并不染指民事生活场域的相关事宜,因此,该时期的民法典在事实上处于一种外在于宪法而独立发展的状态,并不承担践行宪法承诺的制度性使命。与之相比,苏俄宪法以及此后受其影响制定的苏联宪法中关涉公民基本权利的规定不再仅局限于自由权,而是同时包括了经济、社会、文化等方面的权利。宪法的调整范围不再仅仅局限于传统的政治领域,经济制度等方面的内容开始被纳入宪法的调整范围之列,这种内容上的变化客观上为宪法对民法典的统合提供了制度层面的基础。与 1918 年《苏俄宪法》一样,1919 年的德国《魏玛宪法》也是近代宪法向现代宪法转变的标志。在《魏玛宪法》中,私产不再绝对神圣、契约不再绝对自由,公共福利受到强调和重视,国家被赋予广泛的干预社会经济和文化的权力。如是这些,标志着政治

---

〔21〕 1918 年 7 月 10 日第五次全俄苏维埃代表大会审议通过了《俄罗斯社会主义联邦苏维埃共和国宪法(根本法)》。该宪法在序言中宣告:"被剥削劳动人民权利宣言捍卫苏维埃宪法一起构成了俄罗斯社会主义联邦苏维埃共和国统一的基本法。"苏俄宪法的正式名称被确定为《俄罗斯社会主义联邦苏维埃共和国宪法(根本法)》。上述规定确认了宪法在国家法律体系中的最高法律地位。

〔22〕 1924 年 1 月 31 日,第二次全苏苏维埃代表大会审议通过了《苏维埃社会主义共和国联盟宪法(根本法)》。该宪法首次明文规定,加盟共和国宪法、加盟共和国苏维埃代表大会和中央执行委员会的决议必须符合苏联宪法,不得与其相抵触。

〔23〕 1936 年 12 月 5 日,第八次全苏苏维埃代表大会审议通过新的苏联宪法。该部宪法关于自身最高法律地位的表述更加明确。第一,该宪法规定,加盟共和国宪法和法律必须符合苏联宪法;第二,该宪法首次明文规定,苏联公民必须遵守苏联宪法。

国家与市民社会之间的结构性分离、公法与私法之间二元分立时代在宪法层面的结束。但是,由于《魏玛宪法》中并未规定宪法的最高法效力,也没有确立违宪审查制度,因此,宪法对民法也就不具有规范层面的统合性影响。〔24〕 1925 年 11 月 4 日,德国联邦最高法院第五民事审判庭在其所作判决中正式确立了违宪审查权,〔25〕由此使宪法开始具有了实质意义上的最高法效力,可以合乎逻辑地施展其对民法典的影响。但是,由于此后《魏玛宪法》很快遭到德国纳粹的践踏,其对民法典的统合性影响难以真正地发挥,民法典无由以担当践行宪法承诺的使命。

第二次世界大战结束之后,宪法的根本法地位在世界主要国家陆续得到确立,典型的如 1946 年《日本国宪法》、〔26〕1949 年《德意志联邦共和国基本法》、〔27〕1958 年《法国宪法》、〔28〕1974 年《南斯拉夫社会主义联邦共和国宪法》〔29〕等。随着宪法根本法地位的确立,各国纷纷建立和完善自己的违宪审查制度。1946 年,《法国宪法》一改此前的"议会至上"传统,建立宪法委员会,由其负责监督议会立法是否与宪法相一致。1958 年,《法国宪法》又进一步改组宪法委员会,凸显其在国家政治法律生活中的重要地位,强化其违宪审查权能。与法国不同,联邦德国、意大利、土耳其、塞浦路斯等西方国家建立的违宪审查

〔24〕《魏玛宪法》时代,以安序兹、卡尔·施米特为代表的宪法学者认为,基本权利仅仅是指向于立法者未来立法的一种方针条款,并无实际的拘束力。[参见陈新民:《德国公法学基础理论》(上册),山东人民出版社 2001 年版,第 140 ~ 143 页。]

〔25〕 德国《联邦法院民事判例》第 111 卷。

〔26〕 1946 年《日本国宪法》第 98 条第 1 款规定,"本宪法为国家最高法规,凡与本宪法条款相违反的法律、法令、诏敕以及有关国务的其他行为之全部或一部,一律无效"。

〔27〕 1949 年《德意志联邦共和国基本法》第 20 条规定,"立法权应受宪法之限制,行政权与司法权应受立法权与法律之限制"。

〔28〕 1958 年《法国宪法》第 61 条、第 62 条规定,"组织法在其颁布以前,议会两院的内部规则在执行以前,均应提交宪法委员会审查,以裁决其是否符合宪法。为了同样目的,各项法律在颁布以前应由共和国总统、内阁总理或两院中任何一院的议长提交宪法委员会审查"。"被宣布为违反宪法的条款不得公布,也不得执行"。

〔29〕 1974 年《南斯拉夫社会主义联邦共和国宪法》第 206 条规定,"共和国宪法和省宪法不得违反南斯拉夫社会主义联邦共和国宪法。一切法律以及社会政治共同体机关的其他条例和一般文件,以及联合劳动组织、其他自治组织和共同体的一般自治文件,必须同南斯拉夫社会主义联邦共和国宪法一致"。

机关不是宪法委员会,而是宪法法院,这在很大程度上受到了 1920 年奥地利设置的宪法法院的影响。据统计,目前共有 37 个西方国家建立了宪法法院型的违宪审查机关。[30] 与西方国家相比,社会主义国家建立的违宪审查制度类型比较多样化。例如,以南斯拉夫和波兰为代表的前东欧社会主义国家建立的是宪法法院型违宪审查制度,以罗马尼亚为代表的前东欧社会主义国家建立的是宪法和法律委员会型违宪审查机关。[31] 总体来看,尽管各个国家违宪审查机关的类型、职权范围以及职权运行方式不甚相同,但是它们均共同拥有和行使着违宪审查的权力,这就不仅在客观上为宪法根本法地位的确立提供了坚实的制度保障,而且也为宪法施加其对民法典的价值统合作用提供了可能。随着各国宪法在内容上的逐步现代化,该种可能性在宪法根本法地位的支撑以及违宪审查制度的强力冲刷之下逐步翻转为一种不可逆转的制度现实,民法典的合宪性开始成为新时期人们评价其正当性的重要标准。[32] 新时期的民法典不可能再像第二次世界大战之前,尤其是 20 世纪 20 年代之前的民法典那样外在于宪法而独立存在,它必须接受宪法对它的价值统合并谋求采取较为妥当的方式实现宪法赋予它的使命。[33] 与先前时期的宪法相比,新时期各国的宪法已经不再仅仅是政治法,而是包含更为全面丰富的社会法方面的内容。宪法中所规定的基本权利已经不再仅局限于政治权利和自由权利,而是同时包括经济、社会

〔30〕 参见陈云生:《走法治必由之路——论宪法和法律监督的制度化》,载《比较法研究》1997 年第 1 期。

〔31〕 原罗马尼亚的大国民议会是宪法监督的主管机关,它是罗马尼亚的最高国家权力机关。为了便于它行使该项职权,在它的组织机构内专门设立宪法和法律委员会来具体负责有关的宪法监督工作。

〔32〕 第二次世界大战之后,宪法在法律渊源体系中地位提升的突出表现是:人们开始在法律渊源体系中从效力等级层次的角度来区分"宪法性"与"法律性",并且将后者置于前者之下。(参见[意]罗伯特·隆波里:《意大利法律渊源体系和司法体制发展中法官的角色》,载[意]罗伯特·隆波里:《意大利法概要》,薛军译,中国法制出版社 2007 年版。)

〔33〕 第二次世界大战之后,随着宪法根本法地位的确立,欧洲国家不约而同地选择了一方面维持传统民法典的效力,另一方面对传统民法规范逐步进行宪法性改造的做法。这样的选择,决定了欧洲国家的民法在 20 世纪后半期的发展轨迹。(薛军:《"民法—宪法"关系的演变与民法的转型——以欧洲近现代民法的发展轨迹为中心》,载《中国法学》2010 年第 1 期。)

和文化等方面的权利。基本权利不再仅仅被视为对抗国家公权力的消极防御权,而是被理解为能够整合一个政治共同体并为其接纳的一套完整的价值体系,它是该政治共同体由以存在的正当性基础,[34]确保该套价值体系的实现是包括民法典在内的国家法律体系所担负的宪法责任。新时期的民法典不仅要践行宪法所作的先期承诺,而且要保持自身和其他同样肩负着宪法责任的公法、社会法之间的动线流畅,这不仅是确保宪法价值体系在国家法律体系中得以整体实现的基础,而且也是新时期民法典履行其宪法责任的必备条件。20世纪20年代之后,尤其是第二次世界大战之后,欧洲国家民法典之所以相继进行修订,原因固然是多方面的,但是,根据新时期宪法的价值理念对传统民法典进行宪法性改造无疑是其中重要的原因。[35]

二、民法典实现其宪法使命的原则及保障

(一)民法典实现其宪法使命的原则——地位独立

诚如前文所述,20世纪20年代之后,尤其是第二次世界大战结束之后,随着宪法根本法地位在各国的相继确立,民法典逐渐担当起了践行宪法承诺的制度性使命。对于那些已经制定了民法典的国家(如法国、德国等国家)而言,民法典先前时期在客观上具有的那种限制国家公权力的宪法功能已经发生了性质上的悄然变化,结构性转变为立法者为践行宪法承诺所作的制度性安排。与近代宪法相比,框定市民社会与政治国家之间的必要的界限、限制和规范国家公权力的运行固然不再是现代宪法的唯一主旨,但却是其永恒不变的价值追求。因此,以自由为中心构筑起来的传统民法典[36]在现代宪法语境下依然有其存在的正当性,与先前时期不同的地方仅在于其限权性质的结构性翻转[37]

---

〔34〕 Cfr. ,U. Breccia ed altri,Diritto privato(Parte prima),Torino,2003.

〔35〕 对传统民法典的宪法性改造在婚姻家庭法、继承法等领域表现得尤其明显。

〔36〕 传统民法典的典型特色是:民事主体之间地位上的平等与行动的自由、私权神圣、契约自由、以过错作为损害赔偿的归责基准等,其核心精神就是追求自由市场竞争。

〔37〕 即由宪法功能转变为宪法使命。前者植根于宪法不具有根本法地位的场景之下,限制国家公权力的功能是民法典客观上具备的,并不是宪法施加到其身上的责任;后者立足于宪法根本法地位已然确立的现实场景之下,限制国家公权力是宪法赋予它的责任。

而已。当然,现代宪法的价值诉求和近代宪法迥然相异,尽管它依然以规范和限制国家公权力为其不变的机轴,但是,国家公权力所涉及的事项范围已经不再仅局限于政治场域,而是结构性拓展到了经济、社会、文化等诸多场域;基本权利已经不再像先前时期那样仅局限于公民权利、政治权利等方面的内容,而是结构性拓展至经济权利、社会权利、文化权利等诸多方面。基本权利的功能已经不再仅局限于对国家公权力的防御,而是成为塑造政治共同体由以存在之正当性的价值体系。因此,新时期的民法典在继承传统民法典之自由价值理念的同时,必须对新时期宪法的价值诉求及其对民法典的价值统合要求进行制度上的回应,特别民法〔38〕由此得以兴起,传统民法典因之面临着解构的现实压力。〔39〕与欧洲国家相比,中国目前尚未制定出统一的民法典,因此,国内学者关注更多的是民法的法典化,而不是与之相逆的所谓"解法典"。〔40〕目前,尽管中国国内质疑民法法典化的声音零星出现,〔41〕但制定统一民法典的趋势不可逆转,质疑民法法典化的立场被冲刷成了编纂民法典的一种思路,即"松散式、邦联式"思路。〔42〕由于中国民法典的制定是在宪法的根本法地位已经确立、且内容与近代宪法迥然相异的环境之下,因此,如何贯彻落实宪法精神就成为我国民法典肩负的神圣使命,这和法国民法典、德国民法典制定时所处的环境显然不甚相同。然而,"根据宪法,制定民法典"这一在法理学者、宪法学者看来理

〔38〕 所谓特别民法,是指与民法典相对而言的、外在于民法典而存在的特别民事法律,它们所调整的对象是那些民法典已经调整或者潜在地属于民法典所调整的事项,它们的调整方式与民法典不甚相同,凸显了宪法所规定的政策判断和价值选择。See Cfr. ,S. Rodotà, Un codice per L. Éuropa Diritti nazionali diritto Europeo, Diritto globale, op. cit. , p. 445.

〔39〕 参见[意]那塔利诺·伊尔蒂:《解法典的时代》,薛军译,载徐国栋主编:《罗马法与现代民法》(第4卷),中国人民大学出版社2004年版,第80页。

〔40〕 参见王利明:《论法典中心主义与我国民事立法的体系化》,载《云南大学学报》2009年第2期。

〔41〕 参见张谷:《质疑"新人文主义"——评徐国栋〈两种民法典起草思路:新人文主义对物文主义〉》,载徐国栋编:《中国民法典起草思路论战——世界民法典编撰史上的第四大论战》,中国政法大学出版社2001年版,第214页。

〔42〕 梁慧星:《民法典制定的三条思路》,载王利明主编:《民商法前沿论坛》,人民法院出版社2004年版。

所当然的观点[43]却招致了民法学者的质疑,他们将其视为“泛形式主义或者全能主义的宪法观”,[44]提出“民法典编纂要警惕‘宪法依据’的陷阱”[45]的观点,明确反对“根据宪法制定民法典”的立场。笔者认为,民法典应当根据宪法制定,这是承认宪法之根本法地位、最高法律效力在逻辑推演上的必然结果。而且,“根据宪法,制定民法典”并不仅是为了彰显立法权力行使的正当性,[46]同时也是为了凸显民法典和宪法之间在内容上的逻辑关联,强化其在体制架构层面的正统性。但是,必须警醒的问题是:民法典固然是宪法的实施法,但却并不是宪法唯一的实施法。宪法是一套综合性的价值体系,宪法内容的立法实现需要包括民法典在内的整个法律体系,而不是仅通过民法典。除民法典之外,公法、社会法等也在以各自的方式承载着践行宪法承诺的使命。民法学者与法理学者、宪法学者的根本分歧不在于民法典是否要根据宪法制定,而是民法典在接受宪法的价值统合之后能否确保自身的独立地位。在国内学界围绕《物权法(草案)》的合宪性、以及近期围绕民法典是否要依据宪法制定而产生的争论中,法理学者、宪法学者在强调宪法根本法地位的时候,对于宪法如何统合具有独立性的民法并未作出一个令人信服的阐释。反之,民法学者在强调自身独立性的时候,对宪法的根本法地位也秉持了一种令人生疑的立场。甚至,有民法学者罔顾20世纪20年代之前欧洲各国宪法尚未取得根本法地位的历史事实,以该时期法国民法典、德国民法典没有依据宪法制定为由,质疑我国当下“依据宪法制定民法典”做法的正当性。[47] 前述立场导致的结果必然是围绕该问题所产生争议的恶性循环。在笔者看来,对该问题应当秉持的正确立场是:法理学者、宪法学者在捍卫宪法根本法地位的同时,必须正视民法在调整对象、调整

〔43〕 童之伟:《宪法民法关系之实像与幻影——民法根本说的法理评析》,载《中国法学》2006年第6期。

〔44〕 龙卫球:《民法依据的独特性——兼论民法与宪法的关系》,载《国家检察官学院学报》2016年第6期。

〔45〕 龙卫球:《民法典编纂要警惕“宪法依据”陷阱》,载龙卫球:《法学的自觉》,北京大学出版社2015年版,第175页。

〔46〕 朱庆育:《民法总论》,北京大学出版社2013年版,第13页。

〔47〕 龙卫球:《民法依据的独特性——兼论民法与宪法的关系》,载《国家检察官学院学报》2016年第6期。

方式方面迥然相异于公法、社会法的特殊秉性,体察民法在维护社会主义市场经济发展方面的不可替代的价值,避免在强调宪法统合民法的时候损害民法维持自身存在的基础;反之,民法学者在强调自身独立性的同时,必须正视第二次世界大战之后宪法根本法地位已经普遍得到确立、中国民法典制定环境迥然相异于法国民法典、德国民法典的社会现实,接受宪法对民法典的价值统合。如果前述立场能够成立的话,接踵而来的问题似乎就应当是:民法典如何才能在接受宪法价值统合的前提下,确保自身的独立地位?

(二)民法典确保自身独立地位的宪法保障

从追本溯源的角度来看,民法最早生成于罗马法时期,其由以生成的基础在于罗马奴隶制商品经济的发展以及由此衍生的对民法自身独立性的追求。该时期罗马人已经注意到了私人利益的独立价值,意识到了在制度层面区分公共利益和私人利益的现实必要,最终在乌尔比安的推动之下催生出了公法与私法划分的法律思想并进而将其付诸该时期的法律实践,制定出了彪炳于后世的《查士丁尼民法大全》。中世纪结束之后,市场经济在欧洲各国得到迅猛发展,内蕴于《查士丁尼民法大全》中的公法、私法分立的思想在新的时空场景下被重新激活,并被注入早期各国民法典的文本之中,使其相较于宪法的独立性地位得以彰显。从该时期西方各国民法典的内容来看,无论是 1804 年的《法国民法典》、1898 年的《日本民法典》,还是 1900 年的《德国民法典》、1907 年的《瑞士民法典》,均无“依据宪法,制定本法”之类的表述。1804 年《法国民法典》第 7 条甚至直接规定,“(民事)权利的行使,与市民资格相互独立,后者依宪法取得并保有之”。1889 年进一步将其修改为,“民事权利的行使,与依宪法和选举法取得并保有的政治上的权利的行使是相互独立的”。如是这些无疑凸显了该时期民法典相较于宪法的独立地位。与之相比,我国当下拟定中的民法典所处的环境与它们迥然相异。我国没有像西方国家那样的作为自发状态而存在的市场经济,从 1988 年开始,市场经济的一些元素方才逐渐在宪法中被确立下来,〔48〕在政府的

〔48〕 1988 年宪法修正案规定,“私营经济是社会主义公有经济的补充”。1993 年宪法修正案规定,我国正处于社会主义初级阶段,实行社会主义市场经济。1999 年宪法修正案规定,“在法律规定范围内的个体经济、私营经济等非公有制经济,是社会主义市场经济的重要组成部分”。2004 年宪法修正案规定,“国家保护个体经济、私营经济等非公有制经济的合法的权利和利益……公民的合法的私有财产不受侵犯。国家依照法律规定保护公民的私有财产权和继承权”。

强力推动之下，实行社会主义市场经济。在该种社会场景之下，公法、私法分立的传统无由以自动生成，私法的独立性地位得不到应有的体认，这在国内一些公法学者所秉持的立场中表现得尤其明显。例如，有宪法学者基于自身对宪法根本法地位的理解，不加思索地提出宪法是民法的制定依据、民法理所当然地是宪法的实施法或具体化法〔49〕的观点，对民法相较于宪法的独立地位缺乏应有的体察，由此不可避免地遭到了民法学者的反击，认为该种观点“粗暴地否定民法在制定依据上的独立性，实际也就是否认了民法的独立性，属于从源头切断民法源泉的做法”。〔50〕笔者认为，在宪法之根本法地位、最高法效力已经确立的时空场景之下，否认宪法相较于民法典的“依据”地位是不妥的。但是，承认宪法相较于民法典的依据地位必须建立在确保民法自身独立地位的前提之下。对此，具体可以从以下两个方面加以保障：其一，在宪法中确立符合时代发展理念的私法自治原则。私法自治原则在理念上肇始于罗马法中的意思自治，〔51〕在制度上最早确立于1804年的《法国民法典》。〔52〕20世纪以后，随着社会情势的变化，私法自治的理念逐渐发生了变迁，〔53〕但其在民法典中的基础性地位并未发生实质性的变化。与西方国家相比，我国民法典的生成具有明显的政府推动色彩，私法自治的理念无由以自动生成，在法理学界、宪法学界弥散

〔49〕参见郑贤君：《作为宪法实施法的民法——兼议龙卫球教授所谓的“民法典制定的宪法陷阱”》，载《法学评论》2016年第1期。

〔50〕龙卫球：《民法依据的独特性——兼论民法与宪法的关系》，载《国家检察官学院学报》2016年第6期。

〔51〕《十二铜表法》第5表规定：凡以遗嘱处分自己的财产，具有法律上的效力。该规定被认为是意思自治的萌芽，但它仅仅体现了意思自治的思想和精神，却未将意思自治抽象为私法原则。

〔52〕1804年《法国民法典》第1134条规定，“依法成立的契约，在缔约的当事人之间具有相当于法律的效力”。

〔53〕该种变迁主要表现为：从绝对的契约自由到相对的契约自由，从过错责任到无过错责任。

着一种公法优位、[54]宪法根本[55]的观念,这是前述宪法学者所秉持之“民法是宪法之实施法、具体法”立场的理念基础。笔者认为,“公法优位说”“宪法根本法说”所彰显的仅是宪法相较于民法的“依据”地位以及由此衍生出的公法在适用层面相较于民法的优先性,但它并不意味着对私法自治存在之现实必要性以及由此衍生出的民法基础地位的彻底否认。以“宪法是根本法”为由质疑和挑战民法学者所秉持的“民法优位说”、[56]“宪法、民法同位说”[57]固然有其可取之处,但由此彻底否定私法自治以及由此衍生出的民法相较于宪法的独立地位纯属对该命题的过当诠释。试问:如果不加思辨地将民法当作宪法的实施法、具体法的话,宪法所承载的全部价值在民法中长驱直入所造成的结果将会是什么呢?届时,民法原本应该承载的私法自治理念恐怕将会面临被彻底清除的危险,民法的基础地位也将难以确保。但是,如果彻底取消私法自治、摒弃民法在我国法律体系中所处之基础地位的话,我国宪法所确立之实行社会主义市场经济的目标又如何得到实现呢?基于此,面对私法自治理念难以自动生成、且在我国当下有其存在必要性的社会现实,为避免国家公权在私法场域的过当介入、防止宪法价值在民法典中的过当渗透,有必要在宪法中明确规定符合时代发展理念要求的私法自治原则,[58]由立法机关根据该原则对私法自治和公法规范之间的关系加以动态的中和。其二,确保民法典与特殊民法之间的动线流畅。在民法典形式缺位、但民法法典化不可逆转的现实场景下,中国民法既担负着建构逻辑自洽、体系完整的民法典的政治使命,同时又必须正视、并谋求较为妥当地处理和解决好它和泛化存在的特别民法之间的关系。但是,由于中国民法迥然相异于西方国家的“后发外启”[59]式的生成路径,中国民法的法典化

---

〔54〕 参见谢晖:《价值重建与规范选择:中国法制现代化反思》,山东人民出版社1998年版,第274页。

〔55〕 参见童之伟:《宪法民法关系之实像与幻影——民法根本说的法理评析》,载《中国法学》2006年第6期。

〔56〕 梁慧星:《必须转变公法优位主义观念》,载《法制日报》1993年1月1日,第3版。

〔57〕 王利明:《我国民法的基本性质探讨》,载《浙江社会科学》2004年第1期。

〔58〕 私法自治包括四个方面的内容:所有权自由、遗嘱自由、结社自由以及契约自由。新时期的私法自治应当受到来自公平原则、公共幸福、善良风俗以及公共利益等的限制。

〔59〕 罗荣渠:《现代化新论》,北京大学出版社1993年版,第126页。

和解法典化进程实际上是同步进行的,〔60〕构成未来民法典重要组成部分的诸民事基本法和特殊民法在立法意图和政策导向上具有高度的一致性,法典化和解法典化不像西方国家那样泾渭分明,因此,中国在处理未来民法典和特殊民法关系时似乎很难采取西方国家此前采取的那种模式,即“特别民法优先于一般民法”的模式,传统民法学解释学理论面临严峻挑战。〔61〕笔者认为,中国未来的民法典尽管不可能完全像传统民法典那样建立在经济人、理性人的前提假设基础之上,〔62〕建构一套以自由为中心的民事法律规范体系,但是,这丝毫也不意味着未来的民法典将完全偏离私法自治这一不变的中心主轴。因此,旨在构筑市场经济基本秩序、维护私法自治的民法典应该拥有相较于特殊民法的中心地位。基于此,处理民法典和特殊民法的关系时,应该厘清特殊民法的含义,〔63〕限定其形式、〔64〕界定其类型,而后加以妥当地处理和解决:对于以法规、规章形式表现出来的特殊民法,除民法典另有特殊规定之外,与民法典之间关系的处理一概采取上位法优于下位法的规则,优先适用民法典的规定。对于以法律形式表现出来的特别民法,首先要界定其属于补充型民法、政策型民法以及行政型民法中的何种类型。属于补充型民法的,如《著作权法》《商标法》《专

〔60〕 参见陆青:《论中国民法中的“解法典化”现象》,载《中外法学》2014 年第 6 期。

〔61〕 传统民法解释学理论在理解民事基本法与特别民法之间的关系时认为,民法基本原则是民事特别法的立法依据,也是检验特别法的规定是否与基本法的规定相矛盾的重要标准。因此,特别民法的规定不得与民事基本法的规定相违背,尤其是不得与其基本原则相抵触。当特别民法对某一问题没有专门规定时可以直接适用一般法的规则。参见孙鹏、高慧:《民主议定原则基础论》,载《湖南警察学院学报》2013 年第 2 期。

〔62〕 参见谢鸿飞:《现代民法中的“人”》,载《北大法律评论》2000 年第 2 期。

〔63〕 在民法典国家,民法典之外的私法规范都可以被视为特别民法(参见王泽鉴:《民法概要》,北京大学出版社 2009 年版,第 7 页)。在我国,由于目前没有民法典,学界关涉特殊民法内涵的理解存在诸多歧义。有的学者将商法称为特别民法(朱庆育:《民法总论》,北京大学出版社 2013 年版,第 14 页),有的将《民法通则》之外的单行法律一概视为前者的特别法(如梁慧星:《民法总论》,法律出版社 2007 年版,第 2 页),有的将特别民法分为补充型特别民法、行政型特别民法和政策型特别民法(如谢鸿飞:《民法典与特别民法关系的建构》,载《中国社会科学》2013 年第 2 期)。笔者倾向于采取最后一种理解。

〔64〕 特殊民法的外在表现形式,有可能是法律,如《消费者权益保护法》《劳动法》《食品安全法》等,也有可能是法规、规章等。

利法》等,要优先适用民法典;属于政策型民法的,如《消费者权益保护法》《劳动法》《食品安全法》等,要优先适用政策型民法;属于行政型民法的,要根据其所规范的民事行为的性质,分别适用民法典和特殊民法,既防止“行政遁入私法”现象的发生,也防止有可能出现的对契约自由的过当压制。总而言之,在宪法之根本法地位、最高法效力已然得到制度性确立的今天,民法典和特殊民法均担负着践行宪法承诺的使命,且它们所处的法律位阶不甚相同,如果一概采取“特殊民法优于民法典”的处理准则的话,未来中国的民法典将不可避免地像西方国家的民法典那样,成为“剩余法”。〔65〕 果如是,则当下我们为制定民法典而付出的努力就无法作出合乎逻辑的解释。反之,如果我们坚决维护民法典的中心地位,赋予其相较于特别民法之优先适用地位的话,则国家法律体系的内在适用逻辑又将不可避免地陷入完全紊乱化的状态。〔66〕 基于此,国家应当正视前述尴尬困境的现实存在,在维护私法自治原则的前提下,奉行私法基础、公法、社会法优先的准则,妥当处理处理和解决好民法典和特殊民法之间的关系。

三、民法典实现其宪法使命的路径

(一)制定逻辑自洽、体系完整、且符合宪法制度建构精神的民法典

作为市民社会的基本法,民法典应当在构筑市场经济秩序方面发挥基础性的作用,以践行《宪法》第15条第1款作出的“国家实行社会主义市场经济”的承诺。但是,以建构市场经济基本秩序为宗旨的民法典必须植根于当前我国迥然相异于自由竞争时代的社会环境,并对我国不同于西方国家市场经济的社会主义性质保持应有的制度性体认,审慎地构筑我国民法典的制度规则体系。简言之,我国未来的民法典不仅要力求维持自身的逻辑自洽、体系完整,捍卫私法

---

〔65〕 参见[意]那塔利诺·伊尔蒂:《解法典的时代》,薛军译,载徐国栋主编:《罗马法与现代民法》(第4卷),中国人民大学出版社2004年版,第80页。

〔66〕 我国民法在处理民事一般法与特别民法的关系时,往往适用“特别法优于一般法”“例外法优于原则法”的规则。但是,未来民法典制定之后,如果反其道而行之,适用相反的冲突解决规则的话,则法律适用逻辑就会显见得有些模糊。这固然可以用“新法优于旧法”的规则加以诠释,但是,由于特殊民法并不必然制定于民法典之前,且特殊民法往往承载着宪法上的特殊价值追求,因此,该种场景下的法律适用逻辑必然显见得有些紊乱。

自治这一不变的价值诉求，而且要践行宪法承诺，将宪法中的相关制度建构要求较为妥帖地嵌入民法典的规则体系之中。要达成前述目标，民法典除了要构筑侵权责任、民事法律行为〔67〕等诸项制度之外，还要重点从以下方面进行规划设计。

其一，确立民法典编纂与宪法之间的应有关系架构。在宪法之根本法地位、最高法效力已然得到确立的时空场景之下，民法典应该“依据”宪法加以制定，但是，这并不意味着民法典必须重复甚至“抄袭”宪法中的相关内容，〔68〕更不意味着由此摧毁民法典由以存在的平等基础。〔69〕宪法固然是根本法，但它是一套综合性的价值体系，宪法内容的立法实现需要依靠包括民法典在内的整个法律体系，由宪法的根本法地位“望文生义”〔70〕地推导出民法是宪法实施法的结论将不可避免地让民法典承担过当的宪法使命，危及其践行宪法使命的价值定位和自身由以存在的基础。正确的立场应当是：坚持宪法相较于民法典的“依据”地位，彰显其立法依据的正统性及其和宪法中相关条款之间的内在逻辑关联，在维护其市场经济基本法地位的前提下，将宪法中承载社会主义精神的相关条款〔71〕较为妥当地嵌入以私法自治为价值诉求的民法典规则体系之中。

---

〔67〕 侵权责任、民事法律行为等固然属于基础性民事制度，且对私法自治的实现至关重要，但基于避免和后文相关内容重复的考虑，且顾忌到该类制度的研究相对较为成熟的现实，在行文上将对前述内容中相关结点问题的阐释放在后文第二部分中。

〔68〕 参见韩大元：《由〈物权法（草案）〉的争论想到的若干宪法问题》，载《法学》2006年第3期。

〔69〕 在《物权法（草案）》的争论中，有学者主张在宪法中重复规定《宪法》第12条“社会主义的公共财产神圣不可侵犯”的规定，以凸显其不同于私有财产的法律地位（参见巩献田：《一部违背宪法和背离社会主义基本原则的〈物权法（草案）〉》，载《经济管理文摘》2006年第8期）。但是，问题的症结在于：民法由以存在的基础在于不同产权主体之间地位的平等。如果在物权法中作如是规定的话，民法将无由以存在。

〔70〕 龙卫球：《民法依据的独特性——兼论民法与宪法的关系》，载《国家检察官学院学报》2016年第6期。

〔71〕 例如《宪法》第7条、第8条、第9条、第10条、第11条、第12条、第13条。

在这方面,《民法通则》中采取的做法值得借鉴[72]。依托该种方式,不仅宪法相较于民法典的"依据"地位得以确立,以私法自治为机轴而展开的各项技术性规则[73]也得以合乎逻辑地生成,私法自治和宪法的价值统合在民法典中得以实现有机统一。

其二,确立以维护私法自治、接受宪法价值统合为目标的民事主体制度。作为市民社会的基本法,民法典应当为组织社会、关联私人联合体提供基本的制度资源,以落实现行《宪法》第35条关于公民结社权的规定,为《宪法》序言、《宪法》第17条、[74]第111条[75]等相关内容在民法场域的展开提供坚实的制度支撑。我国《民法通则》将法人分为国家机关、社会团体、事业单位、社会团体和企业法人两大类,但是,该种分类方法不仅不符合民事主体制度建构所必须的实质性区别标准,[76]而且不符合我国社会经济结构发生巨大变化的社会现实,因此不断遭到学界的质疑。[77]从民法典实现其宪法使命的角度来看,由于农村集体经济组织、城镇农村合作经济组织、基层群众性自治组织等为宪法确认其存在正当性的机构在民法中没有被赋予法人资格,因此《宪法》第17条、第111条等[78]相关条款在民事领域实际上无法顺畅地付诸实施。在我国民法总则起草的过程中,学界围绕法人的分类制度存在许多理解上的歧义,[79]2017年

---

〔72〕《民法通则》第1条规定:为了保障公民、法人的合法的民事权益,正确调整民事关系,适应社会主义现代化建设事业发展的需要,根据宪法和我国实际情况,总结民事活动的实践经验,制定本法。

〔73〕如法律行为规则、权利能力规则、合同类型、法人类型、侵权责任规定等。

〔74〕《宪法》第17条第1款规定,集体经济组织在遵守有关法律的前提下,有独立进行经济互动的自主权。

〔75〕《宪法》第111条第1款规定,城市和农村按居民居住地区设立的军民委员会或者村民委员会是基层群众性自治组织。

〔76〕参见罗昆:《我国民法典法人基本类型模式选择》,载《法学研究》2016年第4期。

〔77〕参见马俊驹:《法人制度的基本理论和立法问题之探讨》(上),载《法学评论》2004年第4期。

〔78〕《宪法》第17条涉及集体经济组织、第111条涉及基层群众性自治组织。

〔79〕参见王利明主编:《中国民法典学者建议稿及立法理由·总则编》,法律出版社2005年版,第152页。

3 月 15 日通过的《民法总则》最终将法人分为营利法人和非营利法人两大类，此外还专设特殊法人。经由《民法总则》的制度性重构之后，《民法通则》所确立法人制度中存在的诸种缺陷在较大程度上得到了解决，宪法确立的相关制度在民法中得以较为妥当地实施。但是，由于政党在性质上既无法归入《民法总则》第三章所确立之法人类型，也不属于《民法总则》第四章所界定的非法人组织，因此，构筑民事主体制度的任务事实上依然没有彻底完成。此前曾经有学者对此加以分析，〔80〕此处不再赘述。

其三，确立以维护私法自治、接受宪法价值统合为目标的财产权制度。物权制度是民法典中的基础性法律制度，该制度的合理构筑不仅关涉私法自治基础的确立及债权等相关民事法律制度的进一步展开，而且也直接影响宪法中相关内容在民法典中的实现。作为民事制度，物权制度必须确立平等、自由的基本原则，否则，民法由以存在的基础将不复存在。但是，由于我国是社会主义国家，宪法中公共财产和私有财产所处的地位是不一样的，因此，民法典如何在维护自身体系完整、逻辑自洽的前提下确立符合宪法精神的物权制度是一个难度很大且很现实的问题。经过《物权法》制定过程中的一番喧闹之后，该问题最终得以较为妥当的解决，具体表现在：(1)确立宪法相较于《物权法》的“制定根据”地位。《物权法》第 1 条规定，“根据宪法，制定本法”。(2)确立对不同类型物权的平等保护原则。《物权法》第 4 条规定：“国家、集体、私人的物权和其他权利人的物权受法律保护，任何单位和个人不得侵犯。”(3)确立物权法定原则。《宪法》第 9 条对自然资源的所有权归属、《宪法》第 10 条对土地所有权的归属作了明确的规定，这是《物权法》相关物权制度由以展开的基础，必须贯彻落实。为了维护国家基本经济制度，《物权法》第 5 条确立了物权法定原则，并进而在《物权法》第五章对《宪法》第 9 条、第 10 条的内容作了确认和拓展。〔81〕 但是，

---

〔80〕 参见秦前红：《民法典编纂中的宪法学难题》，载《国家检察官学院学报》2016 年第 6 期。

〔81〕 有学者对《物权法》机械照搬宪法条文的做法提出质疑，认为该种做法是一种立法怠惰。参见苗连营、郑磊：《民法典编纂中的宪法三题》，载《法制与社会发展》2015 年第 6 期。对此，笔者秉持不同的立场。笔者认为，《宪法》第 6 条、第 7 条、第 9 条、第 10 条、第 13 条的内容和物权法直接相关。立法者固然可以在此基础上进行具体形成，但是，不能以具体形成为由偏离前述宪法条文中的基本内容。物权法定原则的确立对此是一个很好的注解。

《物权法》中关于物权的规定在主题语境范围内还存在一些有待深入研究的问题，具体表现在：(1)《物权法》第42条、第44条的规定与私法自治的价值定位不符。现行《宪法》第13条第3款[82]规定了征收或者征用私有财产方面的内容，《物权法》第42条、第44条对财产征收、征用制度加以具体的贯彻落实，该做法遭到了宪法学界一些学者的质疑。[83] 笔者认为，民法典实现自身宪法使命的基本原则是地位独立，为确保其独立地位，民法典应当以私法自治作为自身的价值定位，不宜包含过多的公法强制性规范，否则，不仅将不可避免地退回到以往的诸法合体时代，民法实现自身宪法使命的基础也将不复存在。未来民法典的编纂应当对此保持足够的警觉。(2)《物权法》第124条、第125条关涉农村土地承包经营权的规定无法解决农村土地流转的问题，不能为私法自治的展开提供制度基础。现行《宪法》第8条第1款[84]对农村承包经营责任制作了规定，基于它和物权制度的内在逻辑关联性，《物权法》第124条、第125条对农村集体经济组织经营体制、农村土地承包经营权作了确认和拓展。尽管《物权法》将其性质定位为用益物权，但是，由于它无法资本化、无法自由流转，因此它本质上并不完全具有用益物权的特征。在中国民法学研究会2015年年会上，中国社科院法学研究所孙宪忠研究员作了以“推进农村土地经营的‘三权分置’的法律问题”为主题的发言，提出对农村土地承包经营权中的权能作进一步的类型化解分，构筑“土地所有权—土地承包经营权—耕作权”的结构，实行三权分置，以推动农村集体土地所有权制度的改革。[85] 未来民法典的编纂有必要对该种思路的合理性及由此有可能在政治及社会层面产生的传导性影响进行深入研究，以形成具有可行性的具体方案。

---

〔82〕《宪法》第13条第3款规定，国家为了公共利益的需要，可以依照法律规定对公民的私有财产实行征收或者征用并给予补偿。

〔83〕参见林来梵、朱玉霞：《错位与暗合——试论我国当下有关宪法与民法关系的四种思维倾向》，载《浙江社会科学》2007年第1期；苗连营、郑磊：《民法典编纂中的宪法三题》，载《法制与社会发展》2015年第6期。

〔84〕《宪法》第8条第1款规定，农村集体经济组织实行家庭承包经营为基础、统分结合的双层经营体制。

〔85〕王涌：《经济立法路线不能摇摇摆摆——2015年经济立法回顾》，载《中国民商》2016年第1期。

(二)在民法典中预设接驳宪法的管道,接受宪法的价值统合

宪法是一套综合性的价值体系,其内容的实现除了依靠违宪审查机关对宪法的直接操作之外,还需要借助立法机关等国家公权机关对宪法的实施。对于我国当前违宪审查制度总体虚置的现状而言,后者显见得更为重要。当然,由于行政机关、司法机关操作运行宪法的制度"瓶颈",立法实施在当下我国宪法实施的诸条路径中占据绝对主导的地位。但是,诚如前文所言,民法典在实施宪法方面固然担负着重要的使命,但宪法的立法实施不可能仅局限于民法典,公法、社会法等在实施宪法方面也承担着重要的责任。民法典要真正实现自身的宪法使命,不仅要构筑起逻辑自洽、体系完整的规范体系,而且要保持和公法、社会法之间的动线流畅,只有这样,宪法价值方才能够在国家法律体系的总体框架之内顺畅地流动,而不至于出现管道阻塞的现象。然而,由于立法缺位等诸多方面的原因,有时在穷尽法律救济的前提下,宪法价值依然不能经由公法、社会法中的相关法律规范合乎逻辑地注入民法场域,由此就引发了宪法出场的现实必要性。然而,由于宪法原则上不能直接适用于民法场域,〔86〕法官必须依托民法中的相关条款进行制度性的搅拌之后,方才能够将宪法价值注入其中,因此,在民法典中预设接驳宪法的管道以接受宪法的价值统合就显见得非常必要。笔者认为,该类接驳"管道"主要包括以下两种:

其一,民事法律行为的生效制度。私法自治是民法由以维持自身存在的基础,民事法律行为是实现私法自治的工具。在民法典总则编制定的过程中,民法学界围绕是否规定法律行为制度存在理解上的歧义。〔87〕对此,笔者秉持赞同的立场。笔者认为,该制度除却在私法层面的诸种价值之外,还具有接驳宪法、实现民法宪法使命的功能。法律行为制度由以实现私法自治的逻辑基点在于:借助法律所承载的国家意志,赋予私人所为之民事行为以强制性的力量,在尊重民事主体意思自由的前提下关联民事主体的私法行为,建构私法关系以及立基于其上的市民社会。由于民事主体所为之行为有可能损及公民的基本权利,法律行为制度在尽可能尊重民事主体意思自由的前提下,还应当通过技术性的手段,对自然私权和基本权利之间的潜在冲突加以制度性的中和,以此实现基本权利在民法场域的效力涵摄,确保民法所担负之宪法使命的完整实现。

〔86〕 参见刘志刚:《宪法"私法"适用的法理分析》,载《法学研究》2004年第2期。

〔87〕 参见王利明:《民法总则研究》,中国人民大学出版社2003年版。

法律行为制度的二元结构(成立和生效)实际上就是基于该种目的构筑起来的:法律行为的成立要件决定民事行为是否能够称为民事法律行为,而法律行为的生效要件决定已经成立了的民事法律行为是否能够顺畅地嵌入宪法统合下的国家法律秩序。《民法总则》第153条[88]规定,违反法律、行政法规的强制性规定以及违背公序良俗的民事法律行为无效。从直观上来看,前述规定的内容比较清爽,但是,由于学界对该"强制性规定"内涵的理解存在诸多分歧,[89]对违背法律、行政法规强制性规定的民事法律行为绝对无效将导致的过当压制私法自治风险的担忧,[90]有必要借助比例原则检视基本权利与强制性规范之间的逻辑关联并进而确定违背该类规范之法律行为的效力。[91] 同时,鉴于对违背公序良俗的民事法律行为无效有可能引发的法官进行自我价值理念逻辑走私的担忧,有必要通过基本权利对公序良俗原则进行客观化塑造。[92] 如是这些由于均不可避免地牵涉合宪性解释制度的健全与完善,因此,应当依托我国当前正在进行的民法典的编纂作好相应的关联性研究。

其二,一般人格权。目前各国民法典关于人格权制度的立法模式主要有两种:一种是规定在侵权法中,其典型代表是《德国民法典》《日本民法典》,另一种是规定在民法总则或者人法中,其典型代表是《法国民法典》。国内学界围绕人格权制度在民法典中的立法模式问题争议比较大。《民法通则》在其第五章民事权利部分单设人设人身权利一节,用8个条文的篇幅对人身权作了全面、

---

〔88〕《民法通则》第58条曾经规定,违反法律或者社会公共利益的民事行为无效。《合同法》第52条规定,违反法律、行政法规的强制性规定,损害社会公共利益的合同无效。

〔89〕有的学者认为,该类强制性规范包括民法和公法中的强行性规范。(参见孙鹏:《论违反强制性规定行为之效力——兼析〈中华人民共和国合同法〉第52条第5项的理解与适用》,载《法商研究》2006年第5期。)也有学者认为,法律行为所不得违反的规范不应当包括法律制度本身的效力性规范。(参见董安生:《民事法律行为》,中国人民大学出版社1994年版,第212页。)

〔90〕参见[日]末弘严太郎:《法令违反行为の法律的效力》,法学协会雜誌第47卷1号(1929)。

〔91〕参见刘志刚:《基本权利对民事法律行为效力的影响及其限度》,载《中国法学》2017年第2期。

〔92〕参见刘志刚:《公序良俗与基本权利》,载《法律科学》2009年第3期。

系统的规定。但是,它所规定的人身权在性质上主要是诸种具体人格权,并无关于一般人格权的规定。“此种列举方式对人格权的保护较欠周全,由于无一般人格权制度,因而在自由、贞操、隐私等人格利益遭受侵害时应如何处理尚缺乏依据。”〔93〕2010 年实施的《侵权责任法》第 2 条中对其保护的民事权益作了规定,但该条并未将“人格尊严权”“人身自由权”“其他人格权益”所承载的一般人格权包容其中,这一点与 2001 年最高人民法院《关于确定民事侵权精神损害赔偿责任若干问题的解释》第 1 条中的做法不甚一致。2017 年 3 月 15 日全国人大常委会审议通过的《民法总则》首次从立法层面规定了一般人格权,〔94〕这对于强化对人格权的保护无疑具有重要意义。与具体人格权相比,一般人格权在内涵上具有高度的不确定性,对一般人格权的过当保护将使民众陷入一种动辄得咎的风险之中,影响其民事行为自由的充分施展。反之,如果过度限缩一般人格权的范围,则不仅民事主体的人格权益难以得到周延的、合乎实际的保护,现行《宪法》第 37 条、〔95〕第 38 条〔96〕中所确立的人格权也将难以在民法场域得到完整的实现。较为妥当的方式应当是:确立一般人格权的宪法权利性质,赋予法官在民事审判中对其进行合宪性解释的权利,将宪法中所规定的诸种基本权利作为检视一般人格权是否遭受侵害的标准,通过法官在合宪性解释中所进行的制度性搅拌,在不危及民法自身逻辑自洽、体系完整的前提下,本着穷尽法律救济的原则,将基本权利对民法的价值统合要求,合乎逻辑地注入其中并进行动态的流量控制,最终实现宪法与民法典的无缝衔接。在前述设想中,民法一般人格权显然起到了接驳宪法的作用。但是,由于该接驳管道的顺畅行使也如前述第一个管道那般依赖于合宪性解释制度的健全与完善,因此,对民法典宪法使命的关联性研究任务依然现实存在!

---

〔93〕 王泽鉴:《民法学说与判例研究》(第 6 册),中国政法大学出版社 2003 年版,第 293 页。

〔94〕 《民法总则》第 109 条规定,“自然人的人身自由、人格尊严受法律保护。”

〔95〕 现行《宪法》第 37 条规定:“中华人民共和国公民的人身自由不受侵犯。任何公民,非经人民检察院批准或者决定或者人民法院决定,并由公安机关执行,不受逮捕。禁止非法拘禁和以其他方法非法剥夺或者限制公民的人身自由,禁止非法搜查公民的身体。”

〔96〕 现行《宪法》第 38 条规定:“中华人民共和国公民的人格尊严不受侵犯。禁止用任何方法对公民进行侮辱、诽谤和诬告陷害。”

改革开放40多年民法学家宪法观发展演变研究

申惠文*

一、引　　言

民法学家是民法知识的生产者,是民法知识的批判者。民法学家基于自身的知识结构、生活经验和价值追求,探究对民事现象的解释方法,寻求民事问题的解决路径,不断创造新的民法知识。改革开放40多年,民法学家初步构建了中国特色的民法知识体系,为中国民事立法和民事司法的发展提供了理论支持。梳理民法学家群体思维模式和研究偏好的历史变迁,有利于科学总结民法知识的生产过程和生产规律,为未来民法学研究范式的转型和发展提供较为科学的指引。

宪法意识是宪法实施的关键,宪法观是宪法意识的集中概括。由于知识结构的差异,法学家的宪法观与人民大众的宪法观存在较大的差异。也由于研究视角的局限性,民法学家的宪法观和宪法学家的宪法观也不尽相同。民法学家往往针对民法与宪法交织的某一问题,发表学术观点,阐释其宪法观。不同时期不同民法学家的宪法观不同,同一民法学家不同时期的宪法观亦有不同。目前学术界更多谈论的是国家机关和人民群众的宪法观,而较少论及法学家群体的宪法观。学术界更没有集中研究民法学家群体的宪法观,缺乏整体的科学认识。这不利于科学诠释民法与宪法关系的实然发展过程,不利于民法学与宪法学的对话和沟通。

民法学家通过论文和专著等表达的宪法观,只是形式和手段,实质目的要

---

* 申惠文,郑州大学法学院副教授。

表达的是民法观,是构建民法知识外部体系的重要组成部分。民法学家是民事立法的主要参与者,是民事司法的主要引导者,民法学家的宪法观直接决定着民事立法和民事司法的基本框架和逻辑思路。从知识社会学的角度,反思民法学家宪法知识的生产与再生产的过程,具有重要意义。"政治—法学"和"社会—法学"的研究路径,均是从中国法学的"外部"视角来认识和解释中国法学发展进程的,未来需要更多采取"内部"视角,也就是"知识—法学"的研究路径,反思和批判支配中国法学发展的知识范式。[1] 为此,本文以民法学家群体宪法知识的生产为中心,采用文献综述的研究方法,首先梳理改革开放40多年民法学家群体宪法观发展演变的过程和原因,然后从理论上进行反思,指出民法与宪法的关系具有时代性和多元性,指出民事宪法学的学科意义、基本框架和发展方向。

二、民法学家回避宪法观阶段(1978~1992年)

1978~1992年,民法学家存在矛盾的心态,一方面,将民法和宪法均视为公法,不承认私法的存在,高度认可宪法对民法的指引作用;另一方面,又静悄悄地回避宪法,无视民法与宪法的冲突,并不将宪法作为支撑自己学术观点的依据。宪法修改滞后于民事立法实践的需求,是民法学家回避宪法观形成的重要原因。民法学家不拘泥于宪法,将马克思经典作家论断和中央改革政策目标作为立论依据,积极参与政治,推动制度变革,展示了超高的政治智慧。

(一)将民法定性为公法

民法学家在谈及宏观理念时,往往将民法定性为公法,强调民法的社会主义性质,强调社会主义法律体系的单一性和整体性。1979年王家福教授指出,社会主义民法是公法而不是私法,这是工人阶级领导的工农联盟为基础的无产阶级专政的政权性质决定的,是建立社会主义公有制的必然结果。[2] 1980年王卫国教授指出,社会主义民法不是私法,是社会主义法学的基本观点;民法属于公有制经济的上层建筑范畴,是广大人民群众在无产阶级领导下运用国家政

---

〔1〕 参见邓正来:《中国法学向何处去》(第2版),商务印书馆2011年版,第65页。

〔2〕 参见王家福、苏庆、夏叔华:《我们应该制定什么样的民法》,载《法学研究》1980年第1期。

权对社会实行全面管理的工具。[3] 1986年佟柔教授指出,我国民法是社会主义民法,属于公法的范畴,将民法视为私法,在方法论上是错误的。[4] 根据本人阅读范围,直到1986年袁成弟教授才第一次指出,社会主义法应当有公私法的划分,将经济法定性为公法,将民法定性为私法,并不违背社会主义法的本质,《民法通则》就是一部私法性质的基本法。[5] 然而,禄正平教授1987年发表文章与袁成弟教授商榷,否认社会主义法存在公私法的划分,坚持对平等主体间的法律关系调整无须借助私法的范畴。[6]

(二)将马克思经典作家论断和中央改革政策目标作为立论依据

民法学家虽然理念上认同宪法的根本法地位,将民法作为宪法的子法,然而面对具体问题,往往将马克思经典作家的论断和中央改革的政策目标等作为立论依据,几乎不将宪法作为立论的依据。1978年王家福教授指出,应当迅速制定出民法,因为制定民法是维护社会主义公有财产的需要,是保护公民合法权益的需要,是实现毛泽东同志关于制定民法遗愿的需要。[7] 1979年杨振山教授指出,制定民法是保护、巩固和发展社会主义公有制的武器,是保护公民合法财产权益的工具,有利于确保四个现代化的顺利发展。[8] 1980年王保树教授指出,社会主义民法的调整对象是社会主义商品经济中等价有偿的财产关系,民法本身就是一个非常重要的经济法。[9] 1982年佟柔教授指出,经济法是各种经济法规的综合体,并不是独立的法律部门,经济法的名称也不科学,因为按照历史唯物主义的观点,所有的法律都具有经济属性。[10] 1985年佟柔教授

---

[3] 参见王卫国:《社会主义民法不是私法》,载《现代法学》1983年第2期。

[4] 参见佟柔主编:《民法原理》,法律出版社1986年版,第1页。

[5] 参见袁成弟:《社会主义法也应有公私法之分》,载《现代法学》1986年第4期。

[6] 参见禄正平:《与袁成弟同志商榷:社会主义法不应有公、私法之分》,载《现代法学》1987年第2期。

[7] 参见王家福、苏庆:《民法一定要搞》,载《人民日报》1978年11月24日,第3版。

[8] 参见杨振山:《略谈民法在实现四个现代化中的作用》,载《北京政法学院学报》1979年第2期。

[9] 参见王保树:《论民法的调整范围——兼谈民法在经济活动中的作用》,载《学习与探索》1980年第3期。

[10] 参见佟柔:《关于经济法几个问题的答问》,载《湖北财经学院学报》1982年第1期。

指出，从马克思和列宁关于商品、商品生产、商品交换、商品经济等论断看，民法是调整商品经济的基本法，民事主体制度、所有权制度、债和合同制度是民法的核心和精髓。[11] 1986年金平教授指出，《民法通则》是一部具有中国特色的调整经济关系的基本法，必将对我国的社会主义经济建设产生重大影响。[12] 1988年佟柔教授指出，如果没有党的十一届三中全会所确立的改革、开放、搞活的基本国策，民法就不可能成为经济活动的基本法。[13] 整体上，民法学家静悄悄地回避宪法，无视民法与宪法的冲突，但也有个别学者高度重视宪法问题，直面民事立法与宪法的冲突。例如，孟勤国教授1988年指出，根据我国宪法的规定，全国人大及其常委会、国务院和地方人大享有民事立法权，没有立法权的商业部等国家机构事实上行使民事立法权，破坏了法制的统一，还产生了部门利益。[14]

（三）宪法修改滞后于民事立法实践

宪法修改滞后于民事立法实践是回避宪法观形成的重要原因。虽然1986年颁布的《民法通则》第1条明确规定“根据宪法……制定本法”，为民法学与宪法学的交流提供了话语体系，但民法学家很少论及宪法问题。1990年佟柔教授对改革开放以来民法学研究成果进行综述后指出，在民法调整对象等重大问题上，已经取得了理论突破，未来需研究如何完善社会主义商品经济秩序的民法机制等诸多重大问题，但不包括民法与宪法的关系问题。[15] 这一阶段，民法学家无视宪法的存在，直接原因是当时的宪法本身存在诸多的问题，不能适应社会发展的需要。《民法通则》第1条规定“根据宪法”，只是为了突出民法的社会主义属性，只具有意识形态认同的政治属性，而不具有法律规范的指引属性。1978年《宪法》，经1979年和1980年两次修改后，仍然存在诸多根本性问题没有解决。1982年颁布了新《宪法》，1988年进行了第一次修改，仍然没有解决中国经济发展道路问题。在民法与经济法长期的论争中，宪法也没有出场，双方

〔11〕 参见佟柔、王利明：《我国民法在经济体制改革中的发展与完善》，载《中国法学》1985年第1期。

〔12〕 参见金平、赵万一：《民法与社会进步》，载《西北政法学院学报》1986年第4期。

〔13〕 参见佟柔：《十一届三中全会与民法的地位》，载《中国人民大学学报》1988年第6期。

〔14〕 参见孟勤国：《经济体制改革时期的民事立法》，载《中国社会科学》1988年第6期。

〔15〕 参见佟柔、罗明举：《十年民法学的回顾与展望》，载《法律学习与研究》1990年第5期。

均没有引用宪法作为立论依据。基于“摸着石头过河”的改革思维，民法在变迁，宪法也在变迁，民法学家以改革政策论证学术观点，具有历史合理性。

三、民法学家远离宪法观阶段(1993～2004年)

1993～2004年，民法学家将民法视为私法，将宪法视为公法，旗帜鲜明地绕开了宪法问题，突出强调民法的价值和功能。一方面，宪法修改确立了社会主义市场经济的目标，为民法学家论证民法属于私法，提供了宪法依据。另一方面，宪法修改仍然滞后于市场经济发展的需要，民法学家利用抽象的公私法划分理论，强调民法独立于宪法的地位和属性，强调民法与宪法的功能要适当加以区分。

(一)将民法定性为私法

1992年党中央确立社会主义市场经济的发展目标后，民法学家逐步改变了传统观点，将民法定性为私法。1993年梁慧星教授指出，社会主义市场经济条件下的民法是私法，将民法定性为私法而非公法，将导致国家观念的重大变革。〔16〕 1994年，张俊浩教授指出，市场经济制度应当首先集中表述为私法，列宁关于民法非私法的论断不应再坚持，要肃清苏式经济法的流毒，要走出“体用”误区，要约束“特色”情结。〔17〕 1997年杨振山教授指出，民法是私法，是以人为中心，以权利为本位，以自治为桥梁，对平等主体之间的财产关系和人身关系法治化科学构建的私法。〔18〕 1998年江平教授指出，民法是以市民社会为基础存在的，以权利为本位，以意思自治为主要手段，以人价值的实现为直接目的的私法。〔19〕 1999年，刘士国教授指出，我国民法是市民法的简称，是市民社会的一般私法，是调整私人之间关系的法。〔20〕

---

〔16〕 参见梁慧星：《社会主义市场经济与民事立法》，载《中南政法学院学报》1993年第1期。

〔17〕 张俊浩：《市场制度与中国大陆的私法》，载《政法论坛》1994年第6期。

〔18〕 参见杨振山：《一部历史性的基本法律——纪念〈民法通则〉实施十周年》，载《中国法学》1997年第1期。

〔19〕 参见江平、张楚：《民法的本质特征是私法》，载《中国法学》1998年第6期。

〔20〕 参见刘士国：《论民法是市民社会的一般私法》，载《法学杂志》1999年第6期。

（二）将宪法定性为公法

民法学家强调民法是私法，强调私法逻辑体系的自足性，促使宪法学家对宪法的属性也进行反思，强调宪法的公法属性，强调制衡公权力的价值，让宪法的功能更聚焦。以 2001 年“齐玉苓诉陈晓琪等以侵犯姓名权的手段侵犯宪法保护的受教育权案”为契机，民法学家与宪法学家展开讨论。民法学家梁慧星教授指出，冒名上学所侵犯的权利客体，不是齐玉苓根据宪法规定享有的受教育权，而是齐玉苓依据与济宁商校之间已经成立的教育合同所享有的债权。〔21〕张新宝教授指出，受教育权不是一种民事权利，最高人民法院对此案的批复只是普通民事司法解释，而不是宪法解释或者“宪法司法化”；法院不得解释和直接适用宪法，是由我国国家机关的权力分配构架所决定的。〔22〕与此相对应，宪法学家林来梵教授指出，齐玉苓案借取宪法规范的最高效力，弥补民事侵权救济的不足，体现了泛宪法思维和超民法思维，因为宪法上的权利规范，主要适用于公权力与私人之间的关系。〔23〕张千帆教授指出，宪法只是间接调整私法关系，只是在私法发生冲突时，提供超越的解释原则，把宪法适用于私人被告，不适当地扩大了宪法的适用范围。〔24〕民法学家和宪法学家整体上都认为，不能将该案提升到中国宪法司法化第一案的高度，反对宪法在私法领域的直接适用。

（三）聚焦于移植域外市场经济法律制度

聚焦于移植域外市场经济法律制度是远离宪法观形成的重要原因。1993 年、1999 年和 2004 年三次宪法修改，逐渐完善了社会主义市场经济的表述，逐

---

〔21〕 参见梁慧星：《最高法院关于侵犯受教育权案的法释[2001]25 号批复评析》，载梁慧星主编：《民商法论丛》（第 23 卷），香港，金桥文化出版（香港）有限公司 2002 年版，第 342 页。

〔22〕 参见张新宝：《民事法官能够直接引用宪法条文判案吗？——最高人民法院法释[2001]25 号司法解释另解》，载杨立新主编：《民商法前沿》（2002 年 1、2 辑），吉林人民出版社 2002 年版，第 313 页。

〔23〕 参见林来梵、朱玉霞：《错位与暗合——试论我国当下有关宪法与民法关系的四种思维倾向》，载《浙江社会科学》2007 年第 1 期。

〔24〕 参见张千帆：《论宪法效力的界定及其对私法的影响》，载《比较法研究》2004 年第 2 期。

步提高了非公有制经济的法律地位，为民事立法提供了宪法基础。然而，由于宪法修改仍然滞后于民事立法实践，民法学家就将公私法划分理论作为武器，论证民法具有不同于宪法的属性，论证移植域外市场经济法律制度的必要性和可行性。这一阶段相继颁布的《担保法》（1995年）、《票据法》（1995年）、《商业银行法》（1995年）、《保险法》（1995年）、《合伙企业法》（1997年）、《证券法》（1998年）、《合同法》（1999年）、《信托法》（2001年）、《证券投资基金法》（2003年）等法律，均没有规定“根据宪法”制定，均把“发展社会主义市场经济”或“促进社会主义市场经济的发展”作为立法目的。公私法二元划分体系，将民法定位成私法，将宪法定位成公法，是远离宪法观形成的理论支撑。民法学家大力弘扬私法精神，推动私权制度建设，促进了民法学的发展，也将宪法是母法的观念更新为宪法是公法的观念，推动了宪法学的发展。

四、民法学家宪法工具观阶段（2005～2013年）

2005～2013年，民法学家虽然有意识运用宪法知识论证学术观点，但是运用还很不成熟，往往只是将宪法作为论证问题的工具，还没有完全树立宪法至上的意识。一方面，民法学家要回应物权法草案违宪和侵权责任法立法程序违宪等质疑，不得不与宪法学家进行正面的交锋。另一方面，部分民法学家开始突破狭隘的民法实证主义路径，借助于宪法知识体系，反对其他民法学家的观点。

（一）民法学家将宪法作为反驳宪法学家对物权法草案违宪质疑的工具

围绕《物权法（草案）》是否违宪的问题，民法学家与宪法学家展开了激烈的学术争论。如民法学家梁慧星教授主张，全国人大的立法权并非来自“宪法”的授权，《物权法（草案）》不应写入“根据宪法，制定本法”，因为“人民代表大会制度”与“三权分立体制”具有本质的不同。[25] 而宪法学家童之伟教授指出，全国人大立法权是来源于宪法的授予，虽然有权修宪，但不能违反宪法；主张最高国家权力机关的权力不受宪法制约，是倡导国家主义和绝对的公权力观念将毁

〔25〕 梁慧星：《不宜规定“根据宪法，制定本法”》，载《社会科学报》2006年11月16日，第1版。

灭宪法。〔26〕宪法学家韩大元教授指出,《物权法(草案)》中明确写“根据宪法”,有利于从宪法秩序的角度评价物权法存在的社会价值与功能,有利于解释宪法变迁与民法发展之间的关系。〔27〕再如民法学家王利明教授认为,《物权法(草案)》平等保护各类所有权,体现了我国基本的经济制度,是符合宪法的。〔28〕而宪法学家童之伟教授指出,《物权法(草案)》平等保护原则确有违宪嫌疑,因为宪法不仅肯定了市场经济的发展目标,也确认了公有制的经济基础和国有经济的主导地位,两者存在矛盾和冲突。〔29〕

(二)民法学家将宪法作为反驳其他民法学家学术观点的工具

部分民法学家开始利用宪法论证自己的学术观点,反驳其他民法学家的观点。对于人格权是否应当独立成编,民法学界内部存在争议,双方争论围绕人格权立法的理念和立法的技术展开,基本都在民法学的范畴内。而一些民法学家就采用了宪法思维,提出了人格权不能独立成编的新理由。如尹田教授指出,人格权是宪法权利,而不是民事权利,民法不能确认人格权,而只能对人格权遭受的损害予以救济,人格权当然不能单独成编。〔30〕徐国栋教授指出,民法中的人格是一个公法问题,人格是国家赋予的资格,表达的是国家与民事主体之间的纵向关系。〔31〕邹海林教授指出,人格尊严的宪法规范,只是在宣示一种公共秩序而并不具有创设民事权利的效果,未经民法表达的人格利益,不受民法保护。〔32〕

---

〔26〕 参见童之伟:《立法“依据宪法”无可非议——评“全国人大立法不宜依据宪法说”》,载《中国法学》2007 年第 1 期。

〔27〕 韩大元:《由〈物权法(草案)〉的争论想到的若干宪法问题》,载《法学》2006 年第 3 期。

〔28〕 参见王利明:《物权法平等保护原则之探析》,载《法学杂志》2006 年第 3 期。

〔29〕 参见童之伟:《〈物权法(草案)〉该如何通过宪法之门——评一封公开信引起的违宪与合宪之争》,载《法学》2006 年第 3 期。

〔30〕 参见尹田:《论人格权的本质——兼评我国民法草案关于人格权的规定》,载《法学研究》2003 年第 4 期。

〔31〕 参见徐国栋:《寻找丢失的人格——从罗马、德国、拉丁法族国家、前苏联、俄罗斯到中国》,载《法律科学》2004 年第 6 期。

〔32〕 参见邹海林:《再论人格权的民法表达》,载《比较法研究》2006 年第 4 期。

针对侵权责任立法中的争议，一些民法学家也采用了宪法思维。如张新宝教授指出，不能将宪法上的基本权利和自由，如劳动权、休息权和受教育权等，统统纳入侵权责任法的保护范围，侵权责任法主要保护私法上的权益，而不是公法上的权益。[33] 方新军教授指出，违背善良风俗导致侵权类型中“善良风俗”的判断，首先要根据宪法确定的价值观念，然后要考虑底线的社会道德、互惠原则等。[34] 夏秀渊教授指出，把道义上的赔礼道歉上升为法律上的赔礼道歉，违反思想自由和良心自由，违反我国《宪法》第33条中“国家尊重和保障人权”之规定。[35]

（三）公私法交叉研究不成熟

公私法交叉研究不成熟是宪法工具观形成的重要原因。这一阶段，私法学者关注到了私法中的公法属性，公法学者也开始强调私法中的公法属性。如双方都认识到物权法的公私法交叉属性。私法学者申卫星教授指出，物权法要保护私权不受公权力的过度干预，又要防止私权的过度滥用，需要构建一个公权与私权平衡的环境。[36] 李显冬教授指出，私法主要实现的是初次分配的公平，公法则主要实现的是二次分配的公平，物权法要实现两者的平衡。[37] 公法学者应松年教授指出，分析物权法文本可以发现，行政权与物权存在多重复杂关系，包括物权排斥行政权、行政权确认物权、行政权保护物权、行政权消灭物权、行政权创设物权等。[38] 杨解君教授指出，物权法是公私混合法，物权法主要属于私法，兼容公法属性，特别物权法主要属于公法，兼容私法属性[39]。虽然民

[33] 参见张新宝：《侵权责任法立法：功能定位、利益平衡与制度构》，载《中国人民大学学报》2009年第3期。

[34] 方新军：《利益保护的解释论问题——〈侵权责任法〉第6条第1款的规范漏洞及其填补方法》，载《华东政法大学学报》2013年第6期。

[35] 参见夏秀渊：《对强制赔礼道歉的质疑》，载《民商法争鸣》2011年第1期。

[36] 参见申卫星：《构建公权与私权平衡下的中国物权法》，载《当代法学》2008年第4期。

[37] 参见李显冬、高健：《公法与私法在实现社会公平中的角色定位——以〈物权法〉为例》，载《国家行政学院学报》2007年第3期。

[38] 参见应松年：《行政权与物权之关系研究——主要以〈物权法〉文本为分析对象》，载《中国法学》2007年第5期。

[39] 参见杨解君：《物权法不应被笼统地视为私法》，载《法学》2007年第7期。

法学家逐步意识到,任何民事立法均具有一定的公法属性,但只是将宪法作为说理的工具,表达的宪法观存在诸多的误读、误解,甚至被宪法学家指责为幼稚。

五、民法学家宪法目的观阶段(2014年至今)

2014年至今,随着全面依法治国战略的实施,民法学家更加理性对待宪法,并不把宪法作为工具,而是将宪法作为目的,力争客观把握宪法的精神。一方面,民事立法依据宪法已经成为民法学家的基本共识;另一方面,民法学家主动对民法典编纂中涉及的宪法问题发表见解,一些观点得到了宪法学家的基本肯定。

(一)民事立法依据宪法成为民法学家的基本共识

经过物权法草案违宪之争等学术讨论,民事立法应当依据宪法,已经成为民法学家的共识,只是一些细节的表达还存在分歧。中国法学会版和杨立新版的民法总则草案建议稿的第1条,均明确规定“根据宪法,制定本法”。梁慧星版和龙卫球版的民法总则草案建议稿的第1条,均明确规定“根据宪法和我国实际情况……制定本法”。王轶教授指出,宪法是根本法,明确规定了国家尊重和保障人权,全面规定了公民的基本权利和自由,民法典的编纂应当将这些宪法原则和规则用民法的语言表达出来。〔40〕 谢鸿飞教授指出,要超越宪法实施法和民法帝国主义,人权保障是民法与宪法的共同基础。〔41〕 王利明教授指出,法律体系必须在宪法基础上建构,通过合宪性审查,形成合宪性法秩序。〔42〕

(二)主动对民法典编纂中涉及的宪法问题发表见解

一些民法学家表达的宪法观,得到了宪法学家的基本肯定。如民法学家王涌教授指出,民法典是一项神圣的事业,应当有一点野心,发挥一定程度的宪法

---

〔40〕 参见王轶:《我国民法典编纂应处理好三组关系》,载《中国党政干部论坛》2015年第7期。

〔41〕 参见谢鸿飞:《中国民法典的宪法功能——超越宪法施行法与民法帝国主义》,载《国家检察官学院报》2016年第6期。

〔42〕 参见王利明:《用合宪性审查构筑制约权力的“笼子”》,载《学习时报》2017年11月6日,第3版。

功能。[43] 谢鸿飞教授指出，民法和宪法共同服务于尊重和保障人权的终极目的，中国宪法实施不尽理想，中国民法典应当具有宪法功能。[44] 宪法学家林来梵教授认同民法典的宪法功能，指出民法典可以发挥构建市民社会秩序的准宪法功能，但不能发挥限制公权力滥用、形成最基本价值秩序的宪法最核心功能。[45]

一些民法学家发表的宪法观，由于语言表达的问题，受到了宪法学界和法理学界的批评。如民法学家龙卫球教授提出，民法典编纂要警惕“宪法依据”陷阱，“依据宪法，制定本法”的表述，容易误解误读，形成民事权利必须宪法明确授权的错误观念。[46] 对此，宪法学家郑贤君教授指出，过分依赖市民社会概念，阻碍了宪法高于民法的认识，需要在人权保护与宪法实施双重脉络下解读民法，否则孤立的私法概念将成为民法的方法论陷阱。[47] 法理学家张文显教授指出，民法不能有效保护私权而产生了宪法，宪法构成了民事权利体系的基石，应当旗帜鲜明强调“根据宪法”制定民法典。[48]

(三)全面依法治国战略的实施是宪法目的观形成的重要原因

党的十八届四中全会通过的《中共中央关于全面推进依法治国若干重大问题的决定》，提出了全面依法治国的总目标，将民法典编纂放置在“完善以宪法为核心的中国特色社会主义法律体系，加强宪法实施”的结构框架中，这是导致民法学家宪法观转变的直接原因。2014 年 11 月，第十二届全国人民代表大会常务委员会通过了《关于设立国家宪法日的决定》，将“法制宣传日”更改为“宪法日”。2017 年颁布的《民法总则》明确规定“根据宪法，制定本法”。全国人大更加强调法规备案审查工作，民事立法和司法解释也逐渐成为合宪审查的对象。如“妻子被负债”的事件频出，自 2016 年以来全国人大法工委法规备案审

〔43〕 参见王涌：《民法典编纂的雄心、野心与平常心》，载《凤凰周刊》2015 年第 10 期。

〔44〕 参见谢鸿飞：《中国民法典的宪法功能——超越宪法施行法与民法帝国主义》，载《国家检察官学院学报》2016 年第 6 期。

〔45〕 参见林来梵：《民法典编纂的宪法学透析》，载《法学研究》2016 年第 4 期。

〔46〕 龙卫球：《法学的自觉》，北京大学出版社 2015 年版，第 175 页。

〔47〕 参见郑贤君：《作为宪法实施法的民法——兼议龙卫球教授所谓的“民法典制定的宪法陷阱”》，载《法学评论》2016 年第 1 期。

〔48〕 张文显：《制定一部 21 世纪的中国民法典》，载《法制与社会发展》2015 年第 4 期。

查室,就收到公民提出的近千件针对最高人民法院《关于适用〈中华人民共和国婚姻法〉若干问题的解释(二)》第 24 条的备案审查建议。[49] 这导致最高人民法院于 2018 年 1 月颁布了新的司法解释《关于审理涉及夫妻债务纠纷案件适用法律有关问题的解释》,明确了“共债共签”原则。2018 年 3 月《宪法》修改,将“全国人大法律委员会”更名为“全国人大宪法和法律委员会”,进一步凸显宪法的权威和尊严。在全面依法治国战略的推动下,将民法典编纂作为宪法实施的重要组成部分,有意识从宪法的高度思考民法问题,已经成为民法学界基本的学术共识。此时,需要民法学家更多关注私法的公法属性,需要更加主动阐释基于民法的宪法观,解决公私法之间的矛盾和冲突。

六、改革开放 40 多年民法学家宪法观发展演变的理论反思

由回避宪法观到远离宪法观,由宪法工具观到宪法目的观,中国民法学家 40 年宪法观的发展演变,需要从理论上进行反思。回避宪法、远离宪法,将宪法作为工具,都不应当是民法学发展的主流。民事立法和民事司法应当体现宪法精神,受宪法制约和影响,民法宪法化是一种趋势。宪法不能只调控公法,而不统领私法,宪法民法化也是一种趋势。民法学家与宪法学家一起,以民法与宪法的关联为中心,构建和发展民事宪法学,具有重大的学科建设意义。民事宪法学可以初步细分为人格宪法学、家庭宪法学、组织宪法学和财产宪法学等部门宪法学。

(一)民事宪法学的学科意义

传统的宪法只是国家宪法,重点在于公权力防御功能的实现。随着时代的发展,国家积极作为,弥补社会自身发展存在的缺陷,社会宪法出场。目前主流宪法学主张的部门宪法,主要包括“财政宪法、经济宪法、文化宪法、教育宪法、社会宪法、环境宪法、科技宪法、军事宪法”[50] 等。“国家介入社会各个领域在宪法上的体现可归纳为各领域的‘部门宪法’,环境宪法和文化宪法是其中的代

〔49〕 参见《法工委:近两年收到近千件建议审查“婚姻法 24 条”正推动解决》,载 https://www.thepaper.cn/newsDetail_forward_1919507,最后访问日期:2018 年 10 月 9 日。

〔50〕 陈征:《2010—2014 年——中国宪法学研究综述》,载《中国法律评论》2015 年第 3 期。

表性领域”。[51] 部门宪法是“从社会功能领域出发,从实存的社会秩序出发,以宪法原则和基本权规定为线索,总结和归纳出该领域基本性、最高性以及机构性的规范”。[52] 部门宪法释义学是“从实存的社会秩序与部门法体系出发,通过宪法解释与合宪性解释等机制,构建宪法释义学原理,为立宪、立法与释宪、释法等提供理论指导”。[53] 这些研究成果以宪法与社会为纽带,初步诠释了部门宪法的基本内涵,为部门宪法学的发展提供了扎实的学理基础。

笔者认为,部门宪法学的进一步发展,需要中国民法学家的参与,需要考虑民法学发展的视角。由于民法学技术性较强,传统部门宪法学研究只关注宪法与行政法、刑法和诉讼法等公法的关系问题。中国民法学家的宪法使命,是与宪法学家一道开拓和发展民事宪法学。民事宪法学是以民事领域为中心,以宪法理念贯彻和宪法规范解释为主线的民宪交叉学科。民法基本原则的取舍、民法基本制度的架构、民法基本规则的设计,面临重大价值判断争议时,应当从宪法层面予以分析和评判。民法属于法律的范畴,同样具有国家的强制性。民事领域中私人自治和国家强制的具体比例关系,要通过对宪法条款解释予以确定。提出民事宪法学的概念,强调在民事立法和民事司法中贯彻宪法的基本理念,具有推动宪法在民事领域实施的重大实践价值,也具有推动学科建设的重大理论价值。

以民法的视角,开拓和发展部门宪法学,首先需要反思宪法的调整对象和民法的调整对象。从法律规范上,民法调整对象要与宪法调整对象有关联,应当是宪法调整对象的逻辑延伸。民法不直接维护和促进公共利益和国家利益,但要防止私人之间的利益安排间接损害公共利益和国家利益。《民法总则》第2条民法调整对象条款,强调民法调整平等主体之间的人身关系和财产关系。该条款采取的平等关系说,是传统公私法严格划分的一种表达,带有强烈的前宪法时代观念。仅将国家权力与公民权利之间的关系作为宪法的调整对象存在缺陷,仅将私权主体与私权主体之间的关系作为民法的调整对象也存在缺

[51] 陈海嵩:《“部门宪法”范式之反思与发展——以“环境宪法”与“文化宪法”为范例的理论分析》,载《中南大学学报》(社会科学版)2016年第6期。

[52] 周刚志:《部门宪法释义学刍议》,载《法学评论》2010年第3期。

[53] 赵宏:《部门宪法的构建方法与功能意义:德国经验与中国问题》,载《交大法学》2017年第1期。

陷。宪法要调控私权利关系,要从私法的角度认识宪法的本质,客观看待宪法私法化。民法要调控公权力关系,要从公法的角度认识民法的本质,客观看待民法宪法化。

(二)民事宪法学的基本框架

传统民法采取提取公因式的立法技术,主要包括总则、物权、债权、亲属和继承等内容。就具体领域而言,民法主要解决人格、家庭、组织和财产等问题。人格法解决人本身的定位问题,家庭法解决人在家庭中的定位问题,组织法解决人在社会中的定位问题,财产法解决人与物关系的定位问题。据此,民事宪法学可以大致构建为人格宪法学、家庭宪法学、组织宪法学和财产宪法学等。

人格宪法学要从宪法的高度,研究人格尊严、人格平等、生命权、身体权、健康权、姓名权、肖像权、名誉权、荣誉权、隐私权等人格权。围绕人格权立法中存在的诸多问题,民法学家进行了积极的探索。对于民法中人格与宪法中人格的关系,民法学家形成了三种不同的观点:一是主张人格权是宪法权利,不是民法权利。“人格权为自然人获得法律强制力保障的一般法律地位从权利角度进行的表达,自然人直接依据宪法生而有之,并非由民法赋予。”〔54〕二是主张人格权既是宪法权利,又是民法权利。“宪法人格权本质是基本权利的范畴,民法人格权本质是私法权利。”〔55〕三是主张宪法人格权是民法人格权的产生基础。“基本人权由宪法创设,私权由民法创设,但人格权的创设有其特殊性,民法是对人格权的第二次赋权。”〔56〕宪法规定了公民的基本政治权利,如自由权、通讯秘密权、人格尊严不受侵犯的权利。这些权利是制定人格权法的基本依据。〔57〕这些不同的观点,从不同层面进行解读,诠释了人格权的多元属性。2018 年 9 月公布的《民法典各分编草案》,将人格权单独作为一编,详细规定生命权、身体权、健康权等各种具体人格权,这将大大丰富宪法权利的内涵和外延。对于实

---

〔54〕 尹田:《论人格权的本质——兼评我国民法草案关于人格权的规定》,载《法学研究》2003 年第 4 期。

〔55〕 张善斌:《民法人格权和宪法人格权的独立与互动》,载《法学评论》2016 年第 6 期。

〔56〕 刘凯湘:《人格权的宪法意义与民法表述》,载《社会科学站线》2012 年第 2 期。

〔57〕 参见刘士国:《论主体地位人格与人格尊严人格》,载《法律科学》2016 年第 2 期。

践中的同命不同价问题、器官捐献的实现方式问题、言论自由与名誉权保护的限度问题、个人信息与大数据行业发展的冲突问题等,需要从宪法的角度予以分析说明。

家庭宪法学要研究家庭的宪法地位,要研究家庭成员的宪法地位,要研究宪法对家庭立法所产生的制约和导向作用。"婚姻、家庭作为一种私法制度,仍然受到宪法的保障,宪法通过对立法者施加义务来维护该制度的核心。"〔58〕要遵循国家保护婚姻家庭的宪法原则,"尽可能地保证每个符合结婚条件的公民的结婚权、生育权、维持婚姻家庭生活的权利得以全面实现"。〔59〕"在规范上,反家暴法是连接着宪法与婚姻家庭法的制度媒介;在功能上,反家暴法是运用宪法思维制止与抑制婚姻家庭关系中所异化出来的权力或支配力量的制度装置。"〔60〕婚姻法司法解释制定和实施中的诸多问题,充分说明婚姻家庭的基本理念,需要在宪法层面深入讨论。"比较来看,'解释二'对资本逻辑的贯彻还只限于家庭之外的企业,'解释三'则将资本的逻辑贯彻到家庭之内的房产。"〔61〕民法典婚姻家庭编在多大程度上吸收婚姻法司法解释的规定,多大程度上改变婚姻法司法解释的规定,涉及中国婚姻观和家庭观的选择,涉及婚姻家庭基本理念的定位。准确理解《宪法》第49条中"婚姻、家庭、母亲和儿童受国家的保护"的规定,如何在家庭立法和司法中贯彻宪法理念,学术界需要继续深入研究。

组织宪法学要研究法人和非法人组织的宪法定位问题,研究宪法理念变迁对组织设立、变更和终止的影响等。传统宪法的权利主体是公民,而不包括法人和非法人组织。随着社会的发展,法人和非法人组织逐步成为民事主体、行政主体、犯罪主体和诉讼主体。法人和非法人组织是否能够成为宪法主体,如何成为宪法主体,如何受到宪法条款的保护和制约,需要民法学界和宪法学界

---

〔58〕 王锴:《婚姻、家庭的宪法保障——以我国宪法第49条为中心》,载《法学评论》2013年第2期。

〔59〕 杨遂全:《论国家保护婚姻家庭的宪法原则及其施行》,载《中国法学》2001年第1期。

〔60〕 韩秀义:《部门宪法视角下的反家庭暴力法性质解析与反思》,载《辽宁师范大学学报》(社会科学版)2017年第1期。

〔61〕 赵晓力:《中国家庭资本主义化的号角》,载《文化纵横》2011年第1期。

的共同研讨。目前,学者基本是在宪法结社自由的逻辑框架下,研究组织的相关问题。公司设立与结社自由密切相关,"结社自由与经济自由的交叉和竞合表明结社自由同时具有经济自由权利的属性"。〔62〕"在团体立法问题上,我们应当牢记结社自由是宪法赋予公民的神圣权利,虽然不存在无法律限制的自由,但法律规定不能忘却立法的理念。"〔63〕《民法总则(草案)》在规定非经济目的社团时,"应该根据宪法确立更为开放的原则,以便将来对特别法加以修订,能更好地落实宪法上公民宗教信仰自由和结社自由的基本权"。〔64〕对于营利法人,目前已经基本实现了负面清单制度。对于非营利法人,目前还没有实现负面清单制度,还存在诸多的提升空间。农村集体经济组织法人、合作经济组织法人和基层群众性自治组织法人等特别法人,如何科学建构,如何进行特别立法,需要紧扣《宪法》相关条款。

财产宪法学要从宪法的高度,定位财产的归属、财产的交易和财产的侵害等问题,定位物权法、合同法和侵权责任法的社会功能。目前学者更多关注物权法中的宪法问题,而较少关注合同法和侵权责任法中的宪法问题。在物权法起草审议过程中,更多关注的是所有权问题。"关键在于有效区分宪法意义上的所有权和民法意义上的所有权,并依此在立法结构上妥善安排其各自位置,根据其属性设计具体制度。"〔65〕"公有制作为我国宪法的重要组成部分,制约着各部门法的活动空间",〔66〕物权立法应当充分反映公有制的要求。随着中央土地改革的深入和民法典编纂工作的推进,需要更多考虑用益物权制度的宪法定位问题。"设置永久性住宅建设用地使用权,是保障公民依据《宪法》规定享有的住宅权,并使其安居乐业之必须,与国有土地所有权的行使并不冲突。"〔67〕

---

〔62〕 参见邓辉:《公司法政治学研究初论》,复旦大学出版社 2015 年版,第 30 ~ 31 页。

〔63〕 谭启平、黄家镇:《民法总则中的法人分类》,载《法学家》2016 年第 5 期。

〔64〕 张谷:《管制还是自治,的确是个问题!——对〈民法总则(草案)〉"法人"章的评论》,载《交大法学》2016 年第 4 期。

〔65〕 徐涤宇:《所有权的类型及其立法结构——〈物权法草案〉所有权立法之批评》,载《中外法学》2006 年第 1 期。

〔66〕 孟勤国:《公有制与中国物权立法》,载《法学》2004 年第 2 期。

〔67〕 杨立新:《70 年期满自动续期后的住宅建设用地使用权》,载《东方法学》2016 年第 4 期。

"集体经营性建设用地流转的制度障碍,源于《宪法》第10条'城市土地属于国家所有'之规定及其体系效应。"[68]目前中央正在推进承包地三权分置改革和宅基地三权分置改革等,这更需要对宪法中的相关条款进行解释,需要运用宪法思维,贯彻依宪治国的方略。在财产交易领域,合同自由已经成为学术界和实务界的基本共识,目前存在的问题是如何更有效保护合同交易中的弱者,实现合同正义。"'租售同权'将租赁权这种民事权利与宪法平等权紧密相连,平等保护租赁权人和所有权人",[69]成为供给侧结构性改革中最大的法律亮点。在财产损害赔偿领域,立法如何确定过错推定责任和无过错责任的适用情形,仍然存在比较纠结的价值判断问题。从建筑物抛掷物品造成损害等情形,是否保留公平分担损失的规定,仍然是目前争论较大的问题,需要从宪法的层面深入论证。

(三)民事宪法学的发展方向

目前的研究成果虽然已经搭建民事宪法学的基本雏形,然而民法学与宪法学的对话往往局限于宏观问题,并没有触及微观问题的解决。未来发展需要更多考虑宪法民法关系的中国语境、宪法文本的解释适用、民法文本的合宪解释等问题。

民事宪法学的发展,应当关注民法宪法关系的中国语境。中国改革开放40多年来,民法学家在不同阶段表达不同的宪法观,折射出民法宪法关系的实践模式是多元的。中国宪法是中国共产党领导中国人民创造的,与西方宪法产生的历史文化背景具有较大的差异。基于中国特有的政治体制,中国民法肩负的历史使命,与西方民法也有较大的不同。例如1982年《宪法》禁止土地出租,直到1988年《宪法》修改才解决此问题。然而一些民事政策和法律早就突破了土地不得出租的规定,如通过允许"转包",变相实现了承包地可以出租的目的,形成所谓的良性违宪。再如2018年通过的《宪法修正案》增加了"倡导社会主义核心价值观"的表述,而2017年颁布的《民法总则》第1条已经将"弘扬社会主义核心价值观"作为立法目的。中国民法的功能与中国宪法的功能相互交叉,具有共同发挥作用的领域。严格的公私法二元划分知识体系,不适合中国实然

[68] 温世扬:《集体经营性建设用地"同等入市"的法制革新》,载《中国法学》2015年第4期。

[69] 谢鸿飞:《租售同权的法律意涵及其实现途径》,载《人民论坛》2017年第27期。

的民法与宪法的关系。

民事宪法学的发展,应当关注宪法文本的解释适用。规范宪法学的研究范式,是以宪法文本的解释适用为中心。我国宪法文本中大量的经济制度条款,如何在民事立法中予以落实,学术界研究不够。《物权法(草案)》是否应当规定财产权平等保护原则,民法学界和宪法学界产生了激烈的学术争论。民法学家往往以符合市场经济发展,来论证制度设计的合法性和正当性。以童之伟为代表的宪法学家,主张要善对宪法条款,符合市场经济要求不一定必然不违宪。“在提交全国人大审议贯彻平等保护原则的《物权法(草案)》前,全国人大常委会最好按平等保护价值取向正式释宪。”〔70〕后来颁布的《物权法》第3条复制了《宪法》中的基本经济制度条款,以达到消解违宪的质疑,而没有采取宪法解释的做法。2017年颁布的《民法总则》第113条再次直接强调了财产权利平等保护原则。对于《宪法》中“公共财产神圣不可侵犯”条款和“私有财产不受侵犯”条款之间的矛盾,最好通过宪法解释予以明确说明。随着承包地三权分置等中央土地改革的推进,“家庭承包经营为基础、统分结合的双层经营体制”等《宪法》土地制度条款,需要权威的宪法解释,以贯彻依宪治国理念,适应社会发展的要求。

民事宪法学的发展,应当关注民法文本的合宪解释,关注民事司法裁判的宪法维度。有民法学家将宪法中的比例原则,用于解决民事案件,拓展了研究问题的深度和高度。“比例原则成为现代法治体系中的一项宪法原则,对包括民法在内的整个法律秩序发生作用。”〔71〕“比例原则作为目的理性的集中体现,作为成本效益分析的另一种表达,使得其不仅仅构成公法中的法益衡量原则,其在私法中也具有普适性。”〔72〕“违反公法的法律行为是否无效,必须探究公法的目的,并运用比例原则来限制对公法目的的解释,以进一步区分公法责任与私法责任。”〔73〕最高人民法院针对“齐玉苓案”作出的批复,即最高人民法院

〔70〕 童之伟:《〈物权法(草案)〉该如何通过宪法之门——评一封公开信引起的违宪与合宪之争》,载《法学》2006年第3期。

〔71〕 郑晓剑:《比例原则在民法上的适用及展开》,载《中国法学》2016年第2期。

〔72〕 纪海龙:《比例原则在私法中的普适性及其例证》,载《政法论坛》2016年第3期。

〔73〕 谢鸿飞:《论法律行为生效的“适法规范”——公法对法律行为效力的影响及其限度》,载《中国社会科学》2007年第6期。

《关于以侵犯姓名权的手段侵犯宪法保护的公民受教育的基本权利是否应承担民事责任的批复》(法释〔2001〕25号),从法理上讲,只对《民法通则》第106条第2款的合宪性解释,并不是宪法解释或者宪法的司法适用。总体上,最高人民法院的司法解释没有区分条文含义澄清型的司法解释和法律漏洞填补型的司法解释,没有明确表明司法解释所采取的解释方法,如文义解释、体系解释和目的解释等,更没有明确采用合宪性解释的方法。因此,有意识通过合宪性解释,解决民事司法中遇到的价值冲突等重大问题,还需要实务界长期的努力和学术界持续的关注。一些民事裁判文书引用宪法条款,将宪法作为说理的依据,虽然也没有明确采用合宪性解释的方法,但作为有益的探索,值得鼓励和倡导。

七、结　语

民法知识是多元的,宪法知识也是多元的,宪法与民法的关系不是永恒不变的。民法学家选择何种民法知识体系,表达何种宪法观念,受制于特定时代的社会背景,服务于特定时代的法学命题。由宪法工具观到宪法目的观,民法学家在不同的时代,表达不同的宪法观,具有其历史合理性。改革开放40多年来,“民法除在国家或社会发展中发挥不可估量的促进作用外,还在人的自由、全面的发展方面显示了巨大威力”。〔74〕民法学家通过研讨抽象法律概念的方式,在特定的具体历史语境中参与政治决策、进而推动制度变迁。〔75〕中国特色社会主义进入新时代,中国特色社会主义法治进入新时代。民法宪法化和宪法民法化是社会主义法治体系完善的必然要求,为民法学和宪法学的发展提供了广阔空间。民法学家不应当继续以形式主义、技术主义的学理姿态论证民法的独立性,而应当理直气壮将宪法作为目的,将民法典编纂作为宪法实施的重要组成部分。中国民法学家的宪法使命,是与宪法学家一道开拓和发展人格宪法学、家庭宪法学、组织宪法学和财产宪法学等民事宪法学新领域。

---

〔74〕梁慧星:《民法对改革开放的促进作用》,载《人民政协报》2018年12月25日,第11版。

〔75〕参见郭锐:《抽象理论与现实关怀——以法人概念研讨和中国经济转型为例》,载《中国政法大学学报》2016年第5期。

构建和发展民事宪法学,具有学科建设的重大意义,有利于拓展民法知识的广度和深度。“持‘饭碗法学’观点者对其他领域的学者从事自己这个领域的研究往往表现出高度的警惕,一旦有越雷池者必然口诛笔伐,认为这种学者是不务正业,或者说是手伸得太长。”〔76〕学术研究如果固守“饭碗法学”,不敢越雷池半步,不客观看待学科之间的交叉与融合,就很难保证研究成果客观性和实践性。最近两年学术界提出的领域法学,强调“以问题为导向,以特定经济社会领域全部与法律有关的现象为研究对象”,〔77〕具有新兴学科和交叉学科理论定位的重大意义,具有复杂社会问题协同解决的重大意义。如实践中对于人格的保护问题,应当充分考虑以宪法为中心的包括民法、刑法、行政法等法律规范群的协调问题。刑事附带民事诉讼中的精神损害赔偿,是否要予以支持,涉及民法与刑法的规范冲突,就是一个典型的例子。随着民法公法化和行政法私法化的发展,民法与行政法在规范层面的冲突越来越多。随着民法刑法化和刑法民法化的发展,民法与刑法在规范层面的冲突越来越多。从宪法视野研讨民法问题,有助于运用宪法思维解决民法与行政法、刑法等规范冲突问题,有助于科学定位民法的边界,有助于科学解释民法规范生成和实施的政治环境。只关注公法的宪法学,只是一半的宪法学、残缺的宪法学或蹩脚的宪法学。只关注私法的民法学,无法解决私法自治的外部边界问题,无法解决民法学的外部边界问题,也只是一半的民法学。构建和发展民事宪法学,有利于规范民法学和民法解释学的进一步发展。

构建和发展民事宪法学,有利于民法学家群体增强宪法意识,有利于准确把握民事立法和民事司法的宪法边界。中国正在编纂民法典,比较法的经验可以充分说明该问题的重要性和迫切性。1959 年德国联邦宪法法院认定,《德国民法典》第 1628 条和第 1629 条第 1 款“父母意见不一致时,由父亲一方作出决定”,父亲最终决定权条款违反宪法。〔78〕 1993 年法国宪法法院认定,《法国民法典》第 175 条“共和国检察官在对婚姻允诺的效力存有怀疑时命令民事登记

---

〔76〕 王利明:《对法学研究现状的几点看法》,载《法制与社会发展》2005 年第 1 期。

〔77〕 刘剑文:《论领域法学:一种立足新兴交叉领域的法学研究范式》,载《政法论丛》2016 年第 5 期。

〔78〕 胡锦光、林来梵:《德国民法典之父亲最终决定权规定违宪案》,载《人大法律评论》2001 年第 1 期。

官将婚礼推迟三个月”之条款违反宪法。[79] 2012年俄罗斯联邦宪法法院认定,《俄罗斯民法典》第152条没有明确规定“传播损害他人名誉、尊严的虚假信息的网站的管理者或其他责任人员负有删除相关信息的责任”,没有为受害公民提供充分的保障,违反了宪法。[80] 2015年日本最高法院大法庭裁决,《日本民法典》第733条规定的“禁止女性在离婚后6个月内再婚”条款违宪,而第750条规定的“夫妻双方需使用同一姓氏”条款不违宪。[81] 2018年3月新修改后的中国宪法文本,对民法典的编纂将产生何种影响,以何种方式产生影响,需要民法学家更多关注。民事立法的发展,对宪法文本提出了哪些新挑战,如何科学解释宪法文本,甚至如何修改宪法文本,需要民法学家更多的关注。宪法文本中哪些条款,可以作为民事裁判文书说理的依据,在何种情况下作为说理的依据,如何进行逻辑展开,需要民法学家更多的关注。民法学家的宪法观具有引领和示范的作用,民法学家树立科学的宪法观,带头在宪法框架下思考民法问题,将大大促进宪法规范在民事立法和民事司法领域的贯彻和实施。

---

〔79〕 李玲:《论法国民法典的宪法化》,载《北方法学》2013年第6期。

〔80〕 参见王海军:《宪法规范具有直接效力——“克雷洛夫诉网络侵权案”》,载http://www.chinapeace.gov.cn/2017-05/24/content_11411586.htm,最后访问日期:2019年2月5日。

〔81〕 参见《日本法院裁决:女性再婚后半年内不可结婚违宪》,载http://news.sohu.com/20151217/n431576647.shtml,最后访问日期:2019年2月5日。

《民法总则》中“绿色原则”的宪法依据及其展开

张　震* 张义云**

早在20世纪90年代，就有外国学者已经指出，在21世纪由生态危机所导致的对人类社会的威胁，将会替代核战争的威胁。[1] 环境问题以及其所产生的负面影响迫使国家在环境保护、资源节约以及生态文明建设领域肩负起更多的职责。但是，民事主体也负有一定的责任和义务，必须将环境保护、资源节约以及生态文明建设纳入民事活动中。

“生态文明体制改革是全面深化改革的重要领域”，[2] 党的十八届五中全会提出的“绿色”发展理念蕴含了丰富的环保价值，党的十九大报告以及十九届二中全会公报也多次提及环境保护与生态治理，2018年《宪法修正案》将“生态文明”“新发展理念”等写入宪法，标志着对环境保护、资源节约以及生态文明建设的重视，也为法律措施的制定提供了宪法依据，并将从权利、义务角度对公民的个人行为产生影响。[3] 在“绿色原则”产生之前，学界对“绿色民法典”的呼

* 张震，西南政法大学行政法学院教授。

** 张义云，西南政法大学宪法学与行政法学硕士研究生。

〔1〕 See Alexandre S. Timoshenko, “Ecological Security: Global Change Paradigm”, 1 *Colo. J. Int' l Envtl. L. & Pol' y* 127(1990).

〔2〕 习近平：《推动我国生态文明建设迈上新台阶》，载《求是》2019年第3期。

〔3〕 参见张震：《中国宪法的环境观及其规范表达》，载《中国法学》2018年第4期。

声不断。[4] 而现行《民法总则》第 9 条规定：“民事主体从事民事活动，应当有利于节约资源、保护生态环境。”这不仅是对宪法环境权的有力回应，也从民事私法的角度主张了环境保护、资源节约以及生态文明建设的重要性。“将绿色原则确立为基本原则，规定民事主体从事民事活动，应当有利于节约资源、保护生态环境，这样规定，既传承了天地人和、人与自然和谐共生的我国优秀传统文化理念，又体现了党的十八大以来的新发展理念，与我国是人口大国、需要长期处理好人与资源生态的矛盾这样一个国情相适应。”[5]《关于〈中华人民共和国民法总则（草案）的说明〉》更进一步解答了“绿色原则”的产生背景和实践价值。为了实现环境保护、资源节约以及生态文明建设的目标，我们必须从制度以及观念层面作出相应的回应。现行宪法规范中的环境权条款，具有“模糊性与原则性”[6]特点，需要“绿色原则”展现其本质并将其具体化，使之更好地发挥保护环境、节约资源以及建设生态文明的作用，更好地实现宪法关系下的生态环境治理。

---

〔4〕 进入 21 世纪以来，学界对“绿色民法典”的关注度和呼声不断。仅就发表的文章的标题来看，就有一批蕴含着“民法点绿色化”观点的文章。吕忠梅：《如何“绿化”民法典》，载《法学》2003 年第 9 期；吕忠梅：《“绿色民法典”制定与环境法学的创新》，载《法学论坛》2003 年第 2 期；曹明德、徐以祥：《中国民法法典化与生态保护》，载《现代法学》2003 年第 4 期。

〔5〕 2017 年 3 月 8 日在第十二届全国人民代表大会第五次会议上李建国：《关于〈中华人民共和国民法总则（草案）〉的说明》，载新华网：http://www.xinhuanet.com/2017-03/09/c_129504877.htm，最后访问日期：2019 年 5 月 8 日。

〔6〕 笔者认为，“环境权”作为一项新兴的基本权利。关于其“模糊性”，从形式上来看，不仅是宪法文本中没有直接体现“环境权”三个字；从实质上而言，宪法文本中的关于“环境权”的规定，都比较原则和宏观，不能直接运用于实际的情形之中。参见吴卫星：《环境权的中国生成及其在民法典中的展开》，载《中国地质大学学报》（社会科学版）2018 年第 6 期。“环境权：法律关系主体享有的各种与环境相关的法律权益统称。狭义的环境权仅指公民个人享有的环境权益，广义的环境权还包括法人、国家的环境权益。环境权不是一个单一的法律权利，而是一种综合的概括性权利，包括与环境相关的各种权利和利益……”基于前述对“环境权”的描述，可见其也是一个兼备多种内涵与外延的复合型概念。详情参见《环境法学》编写委员会编著：《环境法学》，中国环境出版社 2017 年版，第 70 页。

一、立足于宪法根据的"绿色原则"

日益恶化的生态环境以及需要不断强化的环境保护推动了"绿色原则"的产生。[7] 但是就立法依据的角度而言,"绿色原则"需要从宪法规范的内涵中寻找根据,才能使"绿色原则"符合合宪性审查的结果,才能更准确地把握宪法与民法在环境保护、资源节约以及生态文明建设上的关系。笔者认为,以下提及的宪法根据,都可以是"绿色原则"产生的直接或者间接的依据,这些宪法依据使"绿色原则"的框架更加立体与饱满。

(一)源自宪法序言中的"绿色"内涵

"健全社会主义法治,贯彻新发展理念……生态文明协调发展,把我国建设成为富强民主文明和谐美丽的社会主义现代化强国,实现中华民族伟大复兴。"[8] 首先,其中的"新发展理念"包括了"绿色"的发展理念,"绿色"发展理念要求在发展过程中践行环境保护、资源节约以及生态文明建设的方针和策略。也即表明了不论是发展的过程,抑或发展的最终结果,都要始终遵循"绿色"理念。对应到民法总则"绿色原则"而言,即民事主体实施的民事行为应当符合环境保护、资源节约以及生态文明建设的价值目标。其次,"生态文明协调发展"则直接阐述了发展过程中要明确坚守的底线,即协调的生态文明。"协调的生态文明"不是粗放的、以资源浪费为代价的文明,相反,笔者认为,"协调"强调整体与系统,而不是片面与孤立的。就"绿色原则"的层面而言,民事主体从事民事活动时,任何民事活动都不能以破坏环境与生态文明为代价,而是要追求个人利益与环保利益的有机协调统一。最后,"美丽"一词间接地蕴含了环境保护、资源节约以及生态文明建设的内涵,她不仅使人在感官上或是心理上都会感受到由美好环境带来的欣慰,也会促使个体对美好生活环境的追求与向往。对于民事主体的民事行为而言,践行"绿色原则"也成为应有之义,并自觉地将自身的行为纳入"绿色原则"的指导之下。

---

〔7〕 参见王利明主编:《中华人民共和国民法总则详解》(上册),中国法制出版社2017年版,第45~46页。

〔8〕 现行《宪法》序言第7段后半段。

(二)立足于国家环境保护义务的展开

“国家保护和改善生活环境和生态环境,防治污染和其他公害。”〔9〕这是对国家在生态环境保护上应该承担义务的规定。持反对观点的学者可能会认为该条不能作为民事私法领域的立法依据,更不能作为“绿色原则”产生之根据。但是,就人文色彩的角度而言,有观点认为宪法学的发展是一个追求人性与人文价值的过程,从人文价值追求的角度来看,国家保护和改善生活环境和生态环境就彰显了人性关怀的色彩。〔10〕因此,这不仅是对我国人民不断追求的“美好生活需要”的回应,也是“绿色原则”的间接宪法依据。首先,虽然该条表达的是国家生态环境保护的义务,但是其从宪法规范的角度明确规定了“生活环境与生态环境”,为其他部门法的环保立法活动提供了可靠的依据,《民法总则》“绿色原则”的出台也与此息息相关。其次,在法律规范层面标志着,环境保护的对象即生活环境和生态环境,已经不再是无法可依的状态,“绿色原则”追求的“节约资源”和“保护生态环境”正是对该条的有力回应。最后,从规范意义而言,作为明确的保护“生活环境与生态环境”的宪法规范,是宪法作为根本大法在环境保护领域制度框架上的体现,有利于指导民法总则环境保护功能符合宪法环境权精神。

(三)尊重与保障人权原则

人权具有具体的社会价值。尤其是环境恶化、生态不平衡的境况下,环境权体现出来的人权价值就更加明显。有学者指出,就自然法意义层面而言,环境权也应当是一项基本人权;就实定法意义层面而言,环境权作为基本权利或法定权利的属性也愈加明显。〔11〕因经济发展水平提高而增强的环保意识与环境资源稀缺性突出的特点形成对比,环境利益成为不可或缺的物质与精神追求,由此环境权成为一项实际的人权。〔12〕可以明确的是,当生存与发展之间的矛盾发生变化,即人们开始追求良好的发展条件,更需要“良好的发展环境”的

〔9〕 现行《宪法》第26条第1款。

〔10〕 参见韩大元:《改革开放以来中国宪法学的学术贡献》,载《中国法律评论》2018年第5期。

〔11〕 参见吕忠梅:《环境权入宪的理路与设想》,载《法学杂志》2018年第1期。

〔12〕 参见张震:《民法典中环境权的规范构造——以宪法、民法以及环境法的协同为视角》,载《暨南学报》(哲学社会科学版)2018年第3期。

时候,环境权的价值就会逐渐彰显,因而,人权的价值也会随着“良好的发展环境”而提出更高的要求。于此,我们也可以更加清楚地明白环境权已经成为实实在在的人权,并在环保领域发挥着巨大作用。“时至今日,良好的环境是公民的基本生存需要,是体面生活的保障。换句话说,维护人的尊严需要良好环境,人的尊严为环境权提供权利正当性的价值基础。”〔13〕因此良好的环境在人的尊严维护层面已经产生了深远的影响,从对前述观点的分析中,我们又可以明白良好的环境、平衡的生态对于一个人能否体面地生活,能否保证人权不被践踏并尊严地活着的重要性。因而,人的尊严的维护需要环境权,保护环境与维护良好的生态环境就是对人权的尊重。就民事私法领域而言,就更需要能够发挥指导与评价作用的“绿色原则”。

(四)权利不得滥用原则

“中华人民共和国公民在行使自由和权利的时候,不得损害国家的、社会的、集体的利益和其他公民的合法的自由和权利。”〔14〕此外,基于“绿色原则”与《民法总则》第132条规定:“民事主体不得滥用民事权利损害国家利益、社会公共利益或者他人合法权益。”之紧密配合而产生的确保民事主体正当行使民事权利、维护生态环境的作用。〔15〕笔者认为,宪法中规定的权利不得滥用原则,表明了对个人权利行使界限的限定,应该作为“绿色原则”产生的宪法依据。首先,从内涵上来看,权利不得滥用包含了公民行使权利时的限制与界限,民事主体不得滥用自己的权利破坏生态环境。而“绿色原则”中也包括了民事主体从事民事行为时“保护生态环境”的义务,个人权利的行使应该围绕“保护生态环境”为中心展开。其次,从形式上看,权利不得滥用原则中“不得损害”一词属于强行性规定,划清了个人权利行使的最低底线。对于“绿色原则”而言,也应然地包含了行使民事权利时不得滥用个人权利,破坏生态环境、损害生态利益。最后,“绿色原则”不仅是一个原则也应当是一个可行的规则。“因此通过民法

〔13〕 张震:《民法典中环境权的规范构造——以宪法、民法以及环境法的协同为视角》,载《暨南学报》(哲学社会科学版)2018年第3期。

〔14〕 现行《宪法》第51条。

〔15〕 王利明主编:《中华人民共和国民法总则详解》(上册),中国法制出版社2017年版,第45页。

基本原则可以判断某项制度或权利在民法中的重要性及可行性。”[16]“绿色原则”发挥了评价民事主体的民事行为是否利于环境保护、节约资源以及生态文明建设的作用,通过该原则可以清楚地预见民事活动的过程乃至结果,以及民事主体权利行使得当与否。

二、“绿色原则”的规范构造

《民法总则》第9条规定:“民事主体从事民事活动,应当有利于节约资源、保护生态环境。”“这一目前世界上唯一的被作为民法基本原则的绿色原则,是我国民法典对世界民法发展做出的独特贡献,深刻地体现了宪法中的环境条款,并具有独特的规范内涵。”[17]作为未来民法典编纂必须考虑的“绿色化”板块,“绿色原则”蕴含丰富的环保价值,并反映了民法基本原则顺应民法“开放性与发展性”的基本规律和逻辑。[18]不仅如此,具有首创性的“绿色原则”也反映了当前我国严峻的环境形势,并深刻地蕴含保护生态环境以及资源的高效利用等内涵。[19]但是有观点认为“绿色原则”作为公法或者社会法的原则,不应该纳入民法基本原则的范围之内。[20]笔者认为,民法总则首创性地规定了“绿色原则”不仅是对当前我国环境保护形势严峻性的反应,也进一步阐明了社会活动中的民事主体,不能将自身的行为与环境保护的理念“背道而驰”。因此,“绿色原则”的制定是真切地期待宽泛的民事活动追求“绿色化”,进而实现环境保护、资源节约以及生态文明建设的目标。

---

〔16〕 张震:《民法典中环境权的规范构造——以宪法、民法以及环境法的协同为视角》,载《暨南学报》(哲学社会科学版)2018年第3期。

〔17〕 同上。

〔18〕 参见王旭光:《环境权益的民法表达——基于民法典编纂“绿色化”的思考》,载《人民法治》2016年第3期。

〔19〕 王利明主编:《中华人民共和国民法总则详解》(上册),中国法制出版社2017年版,第46~47页。

〔20〕 参见赵万一:《民法基本原则:民法总则中如何准确表达?》,载《中国政法大学学报》2016年第6期。

（一）“绿色原则”的主体界定

《民法总则》第9条对“绿色原则”的主体进行了界定。“民事主体”的范围不止公民，[21]这样规定不仅扩大了主体的外延，也囊括了民事活动中的绝大多数参与者，包括自然人、[22]法人或者非法人组织。在特定的情形下，国家机关也成为该原则的实施主体。这样的规定不仅扩大了保护生态环境的主体范围，也体现了“全民”参与的价值取向，也更进一步体现了生态环境保护所带来的利益与应该承担的责任，以及追求可持续发展的价值取向。[23] 主体范围的扩大不仅扩大了环境保护、资源节约以及生态文明建设参与者的范围，事实上，在实践层面上也扩大了参与者的范围，并将直接影响环境保护、资源节约以及生态文明建设的效果。可以说，“绿色原则”之所以这样规定，就是为了将广泛的民事活动都印上“绿色”的标签，通过囊括宽泛的民事活动中的“人”、物、财达到其所追求的“绿色目标”。

（二）“绿色原则”的保护客体

现阶段，经济社会快速发展与资源短缺、生态环境恶化形成鲜明对比。自然资源的不可再生性以及生态环境的脆弱性特点，决定了“资源”和“生态环境”成为“绿色原则”的保护客体，二者在“绿色原则”的规范构造中也占有重要地位。“资源”在民事活动中能够为民事主体带来经济利益，为了更好发挥自然资源经济效益，《物权法》第119条规定了国家对自然资源的有偿使用制度。但是高能耗经济活动中资源利用的矛盾与冲突，以及自然资源的稀缺性决定了“绿色原则”必须将“资源”作为保护对象，并确立其在民事主体经济活动中的重要地位。“生态环境”主要强调自然的因素，自然环境作为一种重要物质条件应当受到应有的重视与保护。[24] 作为“绿色原则”的保护对象，说明了人类活

[21] 一般认为“公民”概念的政治性较强，通说认为其指代的是具有一国国籍之个人。区别于《民法通则》中规定的“公民”概念，显然，“民事主体”这一称谓包含“公民”，其周延的范围也广于“公民”。

[22] 笔者认为“自然人”就是存在于一切社会活动中的个体，它突破了国籍、年龄的限制，将社会活动中的个体都包括进来，体现了全民参与的价值取向。

[23] 参见[日]黑川哲志：《从环境法的角度看国家的作用及对后代人的责任》，王树良、张震译，载《财经法学》2016年第4期。

[24] 参见张震：《宪法环境条款的规范构造与实施路径》，载《当代法学》2017年第3期。

动不应该对自然环境过度干涉,而是应该尊重和主动保护的状态。

(三)"绿色原则"的目标追求

"绿色原则"明确规定了"节约资源、保护生态环境",表达了民事主体从事民事活动时应当坚持的目标追求。"大自然的很多资源都是不可再生的,提倡节约利用资源是现代社会人类应该具有的基本价值观念之一。"[25]因此,"节约资源、保护生态环境"理应成为民事主体从事任何民事活动时的目标追求。民事主体从事民事活动,尤其是实施可能会对生态环境产生负面影响的活动时,应该尽量避免造成破坏生态环境的后果。就积极的角度而言,民事主体实施民事行为时,要努力追求节约资源的效果,达到保护生态环境的目的,将"节约资源"完全贯彻到民事主体实施的民事行为的整个过程。就消极的角度而言,民事主体应当杜绝个人权利的滥用,克制有可能对生态环境产生负面后果的行为。因此,"绿色原则"之中的"节约资源、保护生态环境",从积极和消极两个方面,指导民事主体民事活动的"起点、过程、结果"环节,以促使民事主体达到"节约资源、保护生态环境"的目的。

三、"绿色原则"中蕴含的宪法环境权

当前,我国社会正处于经济发展与环境保护矛盾高发期,环境问题的妥善解决,需要完备的环境法治体系予以应对。对于民事领域的环境保护而言,则需要民法在宽泛的民事活动领域中发挥环保功能。作为基本原则的"绿色原则"发挥着实际的指导与评价功能,也蕴含丰富的宪法环境权价值。以"权利"为核心建构起来的,并具有显著的开放性与发展性特点的民法体系,面对生存环境恶化、资源浪费严重、生态环境失衡等情况,民法权利体系所要求的权利保护的需求,自然扩展到保障和满足民事主体的环境权利领域。而宪法环境权的抽象性表达与概括性规范需要民法思维予以解读,才能架构起基于沟通与整合基础之上的"宪法—民法"环保价值体系。

(一)民法表达方式下的宪法环境权

"国家保护和改善生活环境和生态环境,防治污染和其他公害",该规定展

〔25〕 张震:《宪法上环境权的证成与价值——以各国宪法文本中的环境权条款为分析视角》,载《法学论坛》2008年第6期。

示了处于“权力本位”的国家所承担的环境防治职责，也强调了国家应该履行宪法规定的环境防治义务。这种基于国家立场的环保义务，其周延性主要覆盖了国家的环境保护职责，但是也需要从国家层面走向民事主体层面，才能更好地实现环境保护、资源节约以及生态文明建设的目标。如前所述，宪法环境权是一种带有“模糊性与原则性”的权利，准确地对其予以界定存在一定的困难，但是从民法思维的角度解读“绿色原则”之中的宪法环境权就限定了解释的边界与范围，减轻了民事主体的理解难度。从民法思维角度诠释宪法环境权的价值就是将国家的环境防治义务与民事主体的环保权利、义务结合起来理解，并解读出民法表达方式之下的宪法环境权。

1. 蕴含沟通职能的宪法环境权。面对日益严重的环境问题时，诠释宪法环境权的价值需要与民法进行良好的沟通，作为基本原则的“绿色原则”所持有的环保价值，是实现与宪法环境权沟通的有益路径。宪法环境权在民法领域中的合理表达，是“绿色原则”对宪法环保精神的积极回应。(1)从《民法总则》的内部价值意义来看。“绿色原则”规定民事主体在民事活动时，应当有利于节约资源和保护生态环境，就形式上而言，是对民事主体民事行为的引导和规范，旨在确立民事主体在民事领域中的环保理念。事实上，国家各项必须履行的义务需要人的参与，宪法环境权中包含的国家环保义务与职责的实现最终也需要人的参与。〔26〕立足于宪法环境权价值的“绿色原则”将宪法环境权所包含的更高一级的环保价值，细化为民事领域内民事主体的环境保护义务。“宪法保持它的效力根本上在于，它预设了一个潜在的实质宪法。”〔27〕因此，依据宪法而产生的“绿色原则”成为在民事领域内发挥环保功能的“实质宪法”，宪法环境权的价值也通过民事活动的途径得以实现。(2)从《宪法》与《民法总则》规范体现的外部价值意义来看，“国家”到“民事主体”的概念变化，体现了不同的义务主体之范围，明示了处于外延范围包含与被包含关系之下的主体，清晰地表达了依据宪法环境权而产生的“绿色原则”的渊源，并直接揭示了宪法环境权的实现从

〔26〕 国家是由公民构成的集合，因此整个集合的运转都需要人的参与，因此国家职能的实现最终还是需要人的参与。参见［英］马丁·洛克林：《为国家学辩护》，王锴译，载《北京航空航天大学学报》（社会科学版）2015年第2期。

〔27〕 ［英］马丁·洛克林：《为国家学辩护》，王锴译，载《北京航空航天大学学报》（社会科学版）2015年第2期。

国家义务的层面迈向民事主体的层面的转化过程。因此,既是参与者又是受益者的民事主体,必须严格约束自身的行为并符合节约资源和保护生态环境的目标。

2. 承载整合功能的宪法环境权。随着2018年《宪法修正案》将生态文明建设的内容写入《宪法》,即标志着生态文明建设不再是一句空洞的口号,修宪内容中序言部分关于生态文明建设的目标也需要各个部门法的紧密配合才能实现。作为民事领域基本法的《民法总则》发挥了在民事领域内,指导众多民事主体将民事行为符合生态文明建设标准的功能。“生态文明入宪,宪法上的国家基本制度也从经济制度、政治制度、文化制度、社会制度拓展到生态制度。”〔28〕毫无疑问,“绿色原则”从民私法领域对将宪法环境权的价值予以整合,并确保宪法环境权所蕴含的生态文明建设的目标在民事领域得到实现。一是“绿色原则”直接表达了宪法环境权价值在民事活动领域的价值,即自然人、法人或非法人组织设立、变更、终止自身民事权利或义务时,必须考虑资源节约和保护生态环境,一系列民事活动的效力等都必须符合“绿色原则”的评判基准。二是“绿色原则”作为已经生效的《民法总则》的基本原则,在民法典诞生之前承担着民事领域生态文明建设的重任,并传递了“绿色民法典”的立法价值取向,即在未来的民法典编纂历程中,节约资源和保护生态环境一定会成为民法典编纂必须考虑的内容。因此,宪法环境权价值的实现通过“绿色原则”的巧妙安排,被纳入即将诞生的民法典的制定过程之中,为未来的民法典系统化地表达宪法环境权价值提供了理论与实践经验。

(二)宪法环境权在民事活动中的实际价值

依据宪法环境权价值而产生的“绿色原则”,对民事主体设立、变更、终止民事权利与义务影响深远。环境权作为公私权利的复合载体,〔29〕其在特定的背景之下也表现为一种公共利益。“绿色原则”作为民事私法领域中的基本原则,将宪法环境权所承载的环保价值贯穿到民事活动的始终,将原则化的宪法环境权类型化为民事领域中极易接受的“绿色”理念与价值观。《民法通则》规定了“民事活动应当尊重社会公德,不得损害社会公共利益,扰乱社会经济秩序”。其中“公共利益”的外延极具广泛性,也并未直接阐明环境保护的相关内容。相比之下,“绿色原则”则直接表达了对环境公共利益的维护,更加清晰和简洁地

〔28〕 张震:《生态文明入宪及其体系性宪法功能》,载《当代法学》2018年第6期。

〔29〕 参见《环境法学》编写委员会编著:《环境法学》,中国环境出版社2017年版,第70页。

表达了民事主体行使权利、履行义务时的环保理念。

1.“绿色权利”之行使。民法赋予民事主体以环保的方式追求个人利益的权利,民事主体行使权利时应该树立节约资源与生态环境保护意识,在“绿色原则”范围内的权利行使法律予以保障。但极具公法权利色彩的宪法环境权在民事私法领域的实现,需要“绿色原则”发挥媒介作用,笔者认为,“绿色原则”的媒介作用就是将宪法环境权环保价值的理念,通过“绿色原则”的规范表达而形成了民事主体的易于接受的基本原则,并兼具指导与评价民事活动的作用,从而影响民事权利的行使。首先,“绿色原则”发挥着指导作用,引导民事主体将民事权利的行使符合既定“绿色标准”。其次,作为一种具有评价功效的民事原则,“绿色原则”将会对整个权利行使的过程进行评价,否定危害生态环境、浪费资源的行为、结果。强调“绿色权利”的意义在于重视“绿色权利”行使之下的塑造作用,即重视“绿色原则”对民事主体“绿色权利”行使的规范作用。最后,“绿色原则”强化了民事主体对民法上环境权利的认知,在实证法秩序上不断加强对环境权利的认可,进而增强环境权利维护意识。

2.“绿色义务”之履行。民事主体履行民事义务应当区别于破坏环境、浪费资源等不环保的义务履行方式。同时,民事义务体现的是义务主体的不利益,即为他方权利实现而约束自身行为。“绿色义务”的重要功能在于:一方面,对受到不利益约束的主体而言,尊重他方“绿色权利”的实现,应该严格约束自身的恣意妄为;另一方面,就权利义务相对性的角度而言,二者的相对性决定了民事主体有权行使“绿色权利”,同时也必须履行与之先对应的“绿色义务”,“绿色原则”标准下的民事义务要求民事主体为了他方“绿色权利”的实现必须作出符合“绿色”标准的行为。因此,民事主体必须以作为或者不作为的方式履行符合“绿色原则”的“绿色义务”。

3.“绿色权利与义务”之高度协调。民法作为权利宣言书,私法制度围绕“权利体系”而展开,“在某种程度上,我国几乎所有权利立法皆在此框架下展开,因此,它实际起到‘权利普通法’的作用。”〔30〕实际上,以权利为核心而构建的民事权利体系,对民事主体权利的维护、实现发挥着重要功能。但是,完善的权利体系的构成,也发挥着对义务履行的保障作用,即民事权利界限的清晰划定平衡着民事义务的积极履行或消极尊重的功能。至此,民事主体在民事活动

---

〔30〕 朱庆育:《民法总论》,北京大学出版社2016年版,第505页。

中行使的“绿色权利”隐含地包括了“绿色义务”的相互对应,“绿色权利义务”形成了一组高度协调的规范构造,进一步强化了民事主体对“绿色民事行为”的认知,有助于民事主体在民事活动中自觉增强环保意识、践行环保行为。

四、跳出文本窠臼的体系性“绿色原则”

“绿色原则”制定出来以后需要进入实践阶段,并发挥规范现实、理论沟通的作用。在强调依宪治国、依法治国的中国,单纯地将“绿色原则”融入民事私法领域中,显然不能完成作为部门法的民法与法治体系中其他涉及生态环境保护职能的部门法之间的沟通。但是,值得注意的是在环境保护呼声居高不下的背景之下,需要厘清“绿色原则”与依宪治国、依法治国理念间的关系,并确保环境治理法秩序的稳定与发展。在笔者看来,出于对环境治理良好效果的目标追求,以及实现法治大环境之下的部门法对话,可以从“绿色原则”内涵下的宪法实施、环境权秩序“绿色”因素融入以及民法典编纂三个层面展开。

(一)“绿色原则”内涵下的宪法实施

自党的十八届四中全会以来,宪法因素在各个部门法的诞生过程中愈显突出。“依宪治国”就是要是保证宪法得到切实的实施。党的十九大报告中强调“加强宪法实施”,党的十九届二中全会公报强调:“宪法的生命在于实施,宪法的权威也在于实施。”“要加快形成完备的法律规范体系、高效的法治实施体系、严密的法治监督体系、有力的法治保障体系,形成完善的党内法规体系,用科学有效、系统完备的制度体系保证宪法实施。”[31] 在此背景之下,推动宪法实施已成为不可逆转之潮流,但是,区别于西方国家的宪法司法化,我国的宪法实施更多的是通过部门法而实现的,部门法秩序的建立都立足于合宪性基础。因此,诞生于合宪性背景之下的《民法总则》,必须为宪法实施提供新的动力。

就纵向法律关系层面而言,“绿色原则”是对宪法环境权价值在民事活动领域最好的反映。作为业已形成较强的体系性的民法,“绿色原则”将此体系中涉及生态环境保护的内容,以精练的语言予以展现。“宪法是最高法,是一切立法

〔31〕 2018 年 2 月 24 日在中共中央政治局第四次集体学习上习近平:《更加注重发挥宪法重要作用 把实施宪法提高到新的水平》,载新华网:http://www.xinhuanet.com//mrdx/2018-02/26/c_136999780.htm,最后访问日期:2019 年 5 月 8 日。

的依据，立法是宪法约束下在法秩序的各个领域的规范展开。”〔32〕“绿色原则”所代表的在民事领域的环保价值，就是宪法约束下的立法成果，换言之，产生于宪法环境权价值之下的“绿色原则”就是“实质意义”的宪法环保规范在民事领域的展开。此时，作为“实质意义”的宪法环保规范的“绿色原则”要尽可能将宪法环保价值实现于宽泛的民事活动之中。

一方面，“绿色原则”要发挥好基本原则的功能，作为私法领域中节约资源和保护生态环境的基本原则，应该将其所具备的引导与评价功能彻底地发挥在民事活动之中。即“绿色原则”要基于立法的目的和原意，将承载着“绿色发展理念”的宪法规范的精神贯穿到民事私法领域。另一方面，“绿色原则”不是“根据宪法，制定本法”简单复制的结果，更不是刻意的宣示。它还承担着彰显宪法根本法地位和治国安邦总章程的重要使命，同时，在民事规则不足以应对的时候发挥兜底作用，将自身蕴含的“绿色内涵”功能运用到解决民事纠纷、促进社会和谐以及生态文明建设之中。因此“根据宪法，制定本法”表明《民法总则》对宪法规范的尊重，也进一步诠释了依据宪法环境权价值而产生的“绿色原则”在生态文明建设上蕴含的重要功能。

需要注意的是，“绿色原则”内涵之下的宪法实施，并非“宪法的民法化”的极端思维，“认为所有的民法问题都需要回归宪法”〔33〕这种只从宪法中找答案的思维极不适当。照此，“绿色原则”内涵之下的宪法实施就要求我们主动避免两个陷阱：一是过分强调“绿色原则”的唯宪法化，只按照宪法环境权的价值发挥功能，而忽视了其本身的价值与规律。二是过度地强调“绿色原则”在私法领域中的原则性作用而忽略了与宪法环境权价值的对话，过分矫正“绿色原则”对权利义务的影响，而未考虑宪法环境权在维护个体环境权利时表现出来的共性。那么，“绿色原则”内涵之下的宪法实施，就是统一宪法环境权与“绿色原则”在环境权益维护上的共性，但是，也要区别二者的个性，并将属于各自个性的那部分内容归属到各自的领域中。

（二）环境权秩序中的“绿色”因素

以环境问题为导向而产生的年轻法律部门——环境法，作为一个年轻的学

---

〔32〕 张翔：《宪法与部门法的三重关系》，载《中国法律评论》2019 年第 1 期。

〔33〕 王锴：《宪法与民法的关系论纲》，载《中国法律评论》2019 年第 1 期。

科,产生于民法、刑法、行政法等法律部门的边缘地带。[34] 事实上,根据有关学者的研究表明,大量涉及民事、行政、刑事责任的环保案件的判决,其判决中引用环保法的寥寥无几,环保法的主要功能在于对事实的认定。[35] 此外,对于环境法中环境权的性质,可谓仁者见仁、智者见智。有观点认为,根据《人类环境宣言》《东京宣言》《社会进步和发展宣言》《内罗毕宣言》的内容,环境权属于公民的基本权利,也应当属于人权。[36] 有观点主张将抽象的环境权具体化之后纳入民事权利体系,因此该观点倾向于主张环境权的私权性质。[37] 有观点认为环境权是一种概括性权利,需要立法加以完善。[38] 也有观点认为环境权具有基本权利的特征,同时也兼具公益性、预防性、有限性等特征。[39] 可见,学界对环境权性质并未达成一致的观点。

与发展成熟的法律部门相比,比如刑法、民法,环境法显然是一门新兴的法律部门。依照前述,环境法似乎可以容纳其他成熟学科边缘地带中的有关环境法治的相关内容。以笔者看来,这种现象是造成环境权性质乃至环境法定位模糊的原因之一,但是这种局面显著的优点便是:扩展了环境法体系的开放性,并奠定了环境权利义务秩序的发展性。据此,纵向维度上,环境法产生于宪法之下,符合合宪性审查之结果。同时,环境权也符合宪法环境权之价值,成为"实质意义"的宪法环境权。横向维度上,环境法与其他涉及环境保护的部门法之间的交流也更加符合实际之需求。笔者认为,正是因为作为部门法的环境法中的环境权性质的多样性,并且当环境权被解释为私权时,作为私法原则的"绿色原则"才有融入环境权秩序中的可能性。

实现环境权秩序中"绿色"因素融入的目标,需要民法与环境法的对话,尤

---

〔34〕 民法中有污染环境造成他人损害而应当承担民事责任的规定,刑法中有关于危害环境而构成犯罪的刑事处罚的规定,行政法中也有关于环境执法的相关规定,可见环境法生长与多数部门法之外的边缘地带。

〔35〕 参见吕忠梅:《环境法回归　路在何方? ——关于环境法与传统部门法关系的再思考》,载《清华法学》2018 年第 5 期。

〔36〕 参见吕忠梅:《论公民环境权》,载《法学研究》1995 年第 6 期。

〔37〕 参见马晶:《论环境权的确立与拓展》,载《长白学刊》2001 年第 4 期。

〔38〕 参见唐澎敏:《论环境权》,载《求索》2002 年第 1 期。

〔39〕 参见蔡守秋:《论环境权》,载《金陵法律评论》2002 年第 1 期。

其是当环境权被认为是私权的时候。二者的融合沟通是“个人主义与整体主义两种理论范式之间的对话”。[40] 两种不同主义之间的对话是两种不同立场和视角的交融。诚然,当环境权利义务秩序表现为私人的权利义务时,“绿色原则”的价值与此时的环境权就处于同一对话范围之内,它们都追求同一价值目标,即“生态、资源本位”,这也恰当地反映了“民事主体从事民事活动,应当有利于节约资源、保护生态环境”。尤其是,在生态和环境日益恶化的今天,环境权秩序表达的权利义务规范与“绿色原则”的丰富内涵相互配合,既可以应对实证法意义上的环境与生态问题,也从自然法层面填补了环境权的缺失的“绿色”价值。

(三)民法典编纂的理性开展

“民法总则是民法典的开篇之作,在民法典中起着统领性作用。民法总则规定民事活动必须遵循的基本原则和一般性规则,统领民法典各分编;各分编将在总则的基础上对各项民事制度作出具体规定。”[41] “绿色原则”作为民事私法领域中具有生态价值的基本民事法律制度,必将对民法典分编中涉及环境保护、资源节约以及生态文明建设的规定提供依据,并决定其内在环保价值理念。因此,在民法典编纂的过程中,“绿色”价值在分编各部分中的占比,对民法典形成体系化的环保功能有重要的影响。

目前,我国正处于社会主要矛盾变化后的初始期,人民对美好生活向往当然包括干净的空气、美丽的环境等,[42] 民法典的编纂不得不考虑关乎人民切身利益的环保与生态因素。民法典不再单纯地考虑民事主体经济利益的得失,而将环境利益的重要性摆在了民法典中更显眼的位置,因此民法典的转型过程中必然包含朝着“绿色民法典”发展的可能。“绿色原则”作为在民法典诞生前的重要基本原则,实现了对民事私法领域中民事活动的“绿色”评判,展现了民事基本原则对生态与环境问题的重视,同时“绿色原则”的功能发挥也刺激了民法环保精神的诞生。因此,民法典转向的“绿色”之路是民法自我反思和自我扬弃

---

〔40〕 侯佳儒:《环境法学与民法学的对话》,中国法制出版社 2009 年版,第 257 页。

〔41〕 2017 年 3 月 8 日在第十二届全国人民代表大会第五次会议上李建国:《关于〈中华人民共和国民法总则(草案)〉的说明》,载新华网:http://www.xinhuanet.com/2017-03/09/c_129504877.htm,最后访问日期:2019 年 5 月 8 日。

〔42〕 参见习近平:《推动我国生态文明建设迈上新台阶》,载《求是》2019 年第 3 期。

之路，也是民法固有精神与价值的修正，〔43〕作为体系性地表达环保理念的民法典，必将重视“绿色原则”产生的实际环保价值与效果。

在传统的民法视角下，民法的功能主要是为“个人本位”之上的理性“经济人”服务的，“经济人”符合了追求利益与经济价值最大化的目标。但是，随着“绿色原则”的诞生，理性“经济人”需要文明“生态人”的适度修正，至少二者要进行平等的沟通与对话。〔44〕所以，民法典的编纂更需要更认真地定位“绿色原则”的环保价值，更严谨地规定分编各部分中的“民法环保功能”条款。环境问题的有效解决是环境立法的出发点，但是带有“绿色”性质的民法典也即将发挥其在民事领域中的环保功能。笔者认为，这样规定正是环保价值在民法体系中的不断得到重视的表现，也是从民法角度对亟待解决的环境问题的回应。

蕴含“绿色性质”的民法典极易被贴上“环境法化”的标签，这种简单且极端的看法并不能正确看待“绿色”民法典的发展路径。所以理智的看法是：民法典仍然是民事主体活动领域的基本法，只不过时代赋予了其在民事领域更多的环境保护职责。

五、余　　论

“绿色原则”产生于日益严峻的环境形势之下，其深刻地诠释了宪法环境权在民事领域的时代价值，也标志着宪法生态文明内涵在民事领域得到实现。“绿色原则”不仅承担着民事领域中的环保使命，也包含各种各样的关于民法是否需要包含环保价值的立法思想。〔45〕即便作为根本大法的宪法并没有明确规定“环境权”，但是2018年《宪法》修改后，《宪法》序言等部分无处不体现着环

〔43〕 参见周珂编著：《我国民法典制定中的环境法律问题》，知识产权出版社2011年版，第65～66页。

〔44〕 同上书，第58～59页。

〔45〕 这里所言的“各种各样的立法思想”，其实指“绿色原则”是否作为《民法总则》基本原则的确立过程中的各种观点与思考。可以说第9条在《民法总则》中“功成名就”的过程，的确是一个“一波三折”的过程，甚至是煎熬。可参见吕忠梅等：《“绿色原则”在民法典中的贯彻论纲》，载《中国法学》2018年第1期；刘益灯、王伊迪：《论〈民法总则〉中的绿色原则》，载《社科纵横》2018年第10期。

境保护、资源节约以及生态文明建设的目标追求,展现了我国宪法文本中丰富的环保价值。当然,"绿色原则"诞生的意义并不仅限于民法领域,即指导民事主体实现保护环境、资源节约以及生态文明建设的目标,以及为即将诞生的民法典分编部分中环保价值的确立提供理论与实践基础。就广义的环境法治体系角度而言,"绿色原则"的确立为整个环境法治体系注入了活力,并对综合性的环境法治体系的形成产生深远影响。

宪法私人效力中的事实与规范:一个分析框架

姜　峰*

一、引　　论

宪法的私人效力或“第三人效力”“水平效力”问题,因其在宪法理论与实践中所处的基础性地位,在欧美和我国学界引发的争议已旷日持久。但我国学者在借鉴他国学说的同时,尚存能否有裨益于本国立法与司法实践的疑问,这在民法典编纂与宪法的关系、劳动立法中的反歧视等议题上已经有所显现。对宪法私人效力持肯定说者,主要依循两条论证路径:一是事实路径,即基于“社会强力”而主张宪法应具私人效力。“社会强力”或“社会权力”、“社会公权力”等,〔1〕系指某些私主体如大企业、劳工组织、社会团体等,虽不属于国家机关,但因具有强大的资源优势和议价能力而能对个人产生巨大影

---

* 姜峰,华东师范大学法学院教授。

〔1〕 较早讨论此问题的郭道晖教授采“社会权力”概念,参见郭道晖:《社会权力与公民社会》,载《山东大学学报》2007 年第 2 期;使用“社会公权力”者,如[日]芦部信喜:《宪法》,[日]高桥和之增订,林来梵、凌维慈、龙绚丽译,北京大学出版社 2006 年版;参见李海平:《论基本权利对社会公权力主体的直接效力》,载《政治与法律》2018 年第 10 期;陈新民教授译为“社会实力”,参见陈新民:《德国公法学基础理论》,山东人民出版社 2001 年版,第 291 页;“社会强力”是德国法学家卡纳里斯教授著述的中文译法,参见[德]克劳斯 - 威尔海姆·卡纳里斯:《基本权利与私法》,曾韬译,载《比较法研究》2015 年第 1 期。不同用法的内涵基本一致,外延有宽窄之别,本文采“社会强力”用法。

响,以至于"非政府主体对基本权利日益增长的侵犯远远超过人们的想象程度",〔2〕人们担心在失衡的缔约环境中弱势一方只具有虚幻的平等地位,故应以宪法直接矫正。〔3〕我国有学者据此提出系统的"私法立宪主义"或"社会宪政"命题,主张将传统立宪主义制约国家权力的机制引入私法关系。〔4〕二是理论路径,即依据德国宪法学中的"客观价值秩序"论和"国家保护义务"论,〔5〕主张即使不考虑"社会强力"事实,宪法也应具有私人效力。客观价值秩序论认为,宪法作为一国的最高法,虽然主要用以约束国家权力,但其价值辐射整个法律体系。国家保护义务论则认为,基本权利不限于防备国家,私人之间也存在基本权利侵害,国家有责任禁止这种侵害。这两种理论为国内不少学者所接受。

有些学者认为,事实路径和理论路径是难以分割的,"社会强力"是"基本权利的效力扩及私人关系领域的基本社会现实基础"。〔6〕在衍生这一问题的德国,它被一些学者视为"处理宪法第三人效力问题的抓手"。〔7〕的确,社会强力也支持了客观价值秩序论、国家保护义务论等理论主张,但是两条路径在逻辑上没有必然的联系。基于社会强力理由而支持宪法私人效力的学者,即使赞同

---

〔2〕 Jan Arno Hessbruegge,"Human Rights Violations Arising from Conduct of Non-State Actors",11 *Buffalo Human Rights Law Review*,88(2005).

〔3〕 相关讨论可参见[日]芦部信喜:《宪法》,[日]高桥和之增订,林来梵、凌维慈、龙绚丽译,北京大学出版社 2006 年版,第 106 页;Gunther Teubner,"The Anonymous Matrix: Human Rights Violations by 'Private' Transnational Actors",69 *Modern Law Review*,327(2006);[德]贡塔·托依布纳:《宪法的碎片:全球社会宪治》,陆宇峰译,中央编译出版社 2016 年版;Florian Rödl,"Fundamental Rights,Private Law,and Societal Constitution: On the Logic of the So-called Horizontal Effect",20 *Indiana Journal of Global Legal Studies*,1015 - 1034(2013);陈新民:《德国公法学基础理论》,山东人民出版社 2001 年版,第 297 页;等等。

〔4〕 参见薛军:《私法立宪主义论》,载《法学研究》2008 年第 4 期;李海平:《论社会宪政》,载《法律科学》2012 年第 1 期。

〔5〕 对这两种理论的介绍,可参见张翔:《基本权利的双重性质》,载《法学研究》2005 年第 3 期;陈征:《基本权利的国家保护义务功能》,载《法学研究》2008 年第 1 期。

〔6〕 杨仁寿:《法学方法论》,中国政法大学出版社 1999 年版,第 131 页。

〔7〕 [德]克劳斯 - 威尔海姆·卡纳里斯:《基本权利与私法》,曾韬译,载《比较法研究》2015 年第 1 期。

"直接效力"，也不一定支持宪法一般性地适用于私人，哪怕是"间接效力"。[8] 而基于客观价值秩序论、国家保护义务论采理论路径者，主张宪法可以一般性地具有私人效力——通过宪法的价值辐射效力发挥调整私人关系的作用，即便是在不存在社会强力的场合。这样来看，两条路径非但不同，支持间接效力的理论路径倒是比支持直接效力的事实路径更为激进。两条路径旨趣有别，均有值得商榷之处，有必要予以认真检讨。

在事实路径方面，对待社会强力的态度正出现两个极端：一个极端是，仅基于其事实上的强大影响力而扩大社会强力的主体范围，几乎将所有社团组织都纳入其中。例如，有学者使这一概念涵盖了除私人企业之外的几乎所有社团组织，包括学术社团、行业社团、基金会、民办非企业单位、事业单位、基层群众自治组织、政党、政协等，甚至扩及某些有影响力的个人。[9] 与主体的扩张相适应，他们建议采用的措施更引发我们的担心，例如主张把限制国家的那些宪法原则如人民主权、权力制约、保障人权等，平移于对"社会公权力"的限制，[10] 或主张对其行为一体进行"宪法审查"。[11] 尽管尚未有学者主张对私人关系中所有的议价能力不平衡进行宪法干预，但看来也只有一步之遥了，而这将接近理论路径所主张的一般性宪法私人效力。另一个极端是，为证明宪法对私主体的无效力论，完全否认"社会强力"事实的存在，理由是"社会公权力是一种事实概念，并不能成为规范意义上的法律概念"。[12] 这种观点大体符合传统宪法学说，但与当代各国回应社会变迁的宪法实践相悖而行。毕竟我们看到，确有某些社会组织因其特殊性而应受到非同一般的约束，这在德国已被广泛接受，在我国也有立法实践的需要。即使在宪法理论相对保守的美国，尽管一直坚持"国家行为"（state action）原则——只有联邦或者各州的政府行为才构成宪法约束的对象，但法院已经通过司法解释扩张了"国家行为"的外延，将宪法约束对象扩展至诸多私人主体。

---

〔8〕 李海平：《基本权利间接效力理论批判》，载《当代法学》2016年第4期。

〔9〕 参见徐靖：《中国社会公权力行为的宪法审查研究》，法律出版社2018年版，第20页以下。

〔10〕 参见李海平：《论社会宪政》，载《法律科学》2012年第1期。

〔11〕 徐靖：《中国社会公权力行为的宪法审查研究》，法律出版社2018年版，第71页。

〔12〕 黄宇骁：《论宪法基本权利对第三人无效力》，载《清华法学》2018年第3期。

在理论路径方面,不少学者完全借用了德国宪法学说,其论颇可商榷。例如,就"客观价值秩序"论而言,原本个人赖以防备国家的宪法价值,如何成为整个法律体系共享的"客观"价值?在"国家保护义务"论中,尽管不再强调宪法的"间接第三人效力"而回归对于立法、司法机关责任的关注,但其仍以私人主体之间存在基本权利侵害为前提,这如何可能呢?换言之,宪法规训国家权力的标准十分严格,何以能够用来限制私人?这两种理论也正在对我国立法实践产生影响,例如有学者认为,由于"私法与公法一样,同样负有保护宪法基本权利的义务",我国"民法典应在序言或者第1条援引宪法人权条款作为立法理由"。[13] 又如在劳动法领域,有学者将反就业歧视立法完全从宪法"平等权"的角度来理解,认为:"立法者可以在制定普通立法时将宪法价值具体化,其具体化的过程就是基本权利在私法领域中展开的过程,也是基本权利的水平效力。这一点,特别体现在针对宪法平等原则的普通立法中,如美国的反歧视立法,我国的劳动法等社会法。"[14] 这也是对宪法与部门法关系的误解,事实上,其引以为据的美国《1964年民权法案》,也并非以其宪法上的平等权为依据而是以国会的固有立法权为依据。

导致上述两方面误解的主要原因:一是对"社会强力"的识别标准不但模糊而且是错误的;二是没有在规范意义上准确理解宪法功能的特殊性。笔者提出一个涵盖这两条路径的一般性分析框架,借以观察二者的学理问题及对我国立法实践的影响。这一框架包括两个事实标准和两个规范标准,它们对国家权力的特征、宪法约束的必要性以及方式提供了一般性理解。事实标准还可用以判定某种社会强力是否具有如同国家权力那样的危险,它们是:(1)个人同该社会强力主体之间是否存在"权力差距";(2)该主体对个人是否存在"不可逃避性"。规范标准可用来考察私人主体受宪法约束的适当性如何,它们分别涉及国家权力和基本权利这两方面宪法规范内容:(1)是否需要对该主体像约束国家机关那样进行严格的组织性约束;(2)是否需要以个人对抗国家那样的强保护程度而以基本权利对抗私人。基于这两个方面的讨论,笔者认为应将"社会强力"主体限于一个狭窄的范围;就理论上而言,宪法规范不宜适用于私人关

〔13〕 石佳友:《治理体系的完善与民法典的时代精神》,载《法学研究》2016年第1期。

〔14〕 郑贤君:《公法价值向私法领域的再渗透——基本权利水平效力与契约自由原则》,载《浙江学刊》2007年第1期。

系,对私主体的规制完全可以由普通立法来完成。

二、事实与规范:分析框架

针对前述两条论证路径,这一部分的讨论涉及两个问题:一是依照何种事实基础才需要以宪法来约束国家权力;二是宪法对国家权力的严格规范标准及其特殊理由。

(一)事实基础:权力差距与不可逃避性

之所以特别地用宪法来约束国家权力,第一个重要的事实基础是个人与国家之间存在巨大的“权力差距”。德国法学家卡纳里斯认为,对于宪法是否具有私人效力“起决定性作用的其实是这样一个简单的事实:私法主体之间基本上不存在像国家和公民之间那样的‘权力差距’,只有国家拥有诸如颁布规范、行政行为或者刑罚这样的强制手段,而私法主体只是相互间权利平等的主体”。[15] 不难理解,只有国家才可以通过罚金、逮捕、审判等法定权力对个人的生命、自由、财产等施加影响,任何私人都没有这种权力。即使某人被发现自家花园种有罂粟,他人也不能径直闯入将其清除或收集证据;顾客即使偷窃了超市的商品,超市职员也不能强行搜身或将其逮捕,这些行为只有国家才可实施。总之,一个政府无论多小,都可依照法定职权对一个大公司进行处罚;而一个公司无论多大,也不能对任何个人实施法律强制。是否存在“权力差距”,是评判社会强力主体危险性的一个事实基础。

第二个事实基础,是国家权力对个人而言具有“不可逃避性”,这是“国家机构的标志性特征”。[16] 毋庸置疑,在市场和社会生活中个人可以自由选择商品卖家、商业伙伴或交友和择偶对象,“自由选择”是对冲私人强制和压迫风险的有效机制。当同意成为契约成立的条件,不同意也就成了规避风险的方式。参加社团组织亦然,一个社团无论对其成员试图如何压制,只要存在加入和退出的自由,压制就不容易得逞;即使暂时地压制个人都将变得困难,因为结社自由

---

〔15〕 [德]克劳斯-威尔海姆·卡纳里斯:《基本权利与私法》,曾韬译,载《比较法研究》2015年第1期。

〔16〕 Laura Valentini, “In What Sense are Human Rights Political? A Preliminary Exploration”, 60 *Political Studies*, Volume, 180-194 (2012).

构造了社团之间的竞争关系。但是,个人不能自由选择受哪个政府的管理,个人与国家之间不仅存在权力差距,而且国家权力还是不可逃避的,那些在社会生活中逃避风险的自由选择机制,在面对国家时不再有效。

(二)规范基础:组织控制与后果控制

“权力差距”和“无可逃避性”这两个事实,导致个人相对于国家的脆弱性,这亟须某种规范方式予以平衡。是宪法提供了这种可能。之所以如此,是因其不仅位居一国法律体系的顶端,而且其地位“先于且高于政府”,因为宪法是“人民制定、政府不能更改的”,而法律则是“政府制定、政府能够更改的”。〔17〕 基于此,宪法也通常比普通法律更难以修改,这种超强的刚性特征主要不是为了规范下位立法,而是防止政府任意修改宪法。而私人之间不具有这种权力差距,私主体的侵权也容易得到救济,由普通法律调整即可,法律的修改也无须十分严格的程序,否则反而不能适应社会变迁的需求。总之“只有政府权力才足够危险,值得用宪法来约束,而私人的行为若非同政府紧密结合,则并不具备那种全面的危险性”。〔18〕 这样来看,宪法规范完全是针对国家权力的巨大风险而人为设计的特殊防御机制,这种机制不是基于对不存在权力差距和不可逃避性的私人关系的担心而设计的。

防御强度与侵权风险需要两相匹配,国家权力是如此的危险,以致需要在组织活动和行为后果两方面均予以严格控制。

第一,国家机关的组织和活动受到宪法的特别限制,目的是确保其组成合法、行为正当、运行有效。宪法严格限定国家机关的产生、任期、职权以及相互关系,其立法和决策的过程也要求民主、公开、理性,现代宪法为此形成了若干公认的基本原则:首先,国家机关的产生遵循人民主权原则——它们直接或间接地经由选举产生。这是对权力源头合法性的宪法控制。其次,国家机关内部奉行权力分立和制约平衡原则,通过“以权力制约权力”确保其廉洁和效率。这是从权力运行的安全性、有效性角度所做的宪法控制。最后,国家机关的组织和活动奉行法治原则,以防止权力恣意妄为,保障权力行使过程的规范、确定和

〔17〕 [美]汉密尔顿、杰伊、麦迪逊:《联邦党人文集》,程逢如、在汉、舒逊译,商务印书馆1980年版,第273页。

〔18〕 Peter E. Quint, “Free Speech and Private Law in German Constitutional Theory”, 48*Maryland and Law Review*,342(1989).

可预期。由于不同部门对个人的危险不同，宪法的限制程度也有所不同，通常对行政权、立法权的防备更为严格，而对以“不告不理”为特征的司法权防备最弱。迪特尔·梅迪库斯还敏锐地揭示了国家与私人的另一个实质差异：“在私法中，占据主导地位的通常是那些自由的、不需要说明理由的决定；而在公法中，占据主导地位的则是那些受约束的决定……在通常情形，法律不可能对私人决策是否具有合理动机进行监控。”〔19〕总之，针对国家的严格要求在非政府组织、私人企业及个人那里是不存在或者不全面的，因为它们不具备国家机关的法定强力，人们凭借意思自治、加入和退出组织的自由就可以逃避可能的压迫风险。

第二，在国家权力的行为后果方面，宪法通过宣告“基本权利”为个人提供另一层严格防护。基本权利中的“基本”，不是指这些权利对个人生活最为重要——重要与否是主观的和因人而异的，而是指个人最容易为国家侵害的那些方面应受特别保护，“这些权利之所以‘基本’，是因为它们创造了一个规范权力但不对之施加实体性限制的社会过程”。〔20〕基本权利无意为个人提供全面和细致的保护，这个方面民法会做得更好。基本权利的主体限定为个人，也并不意味着个人凌驾于社会之上，更不是鼓励自私自利，而是因为个人在面对国家时的脆弱性亟须平衡，因此德沃金说“需要特殊保护的是个人而不是社会（国家）”。〔21〕由于政府往往以公共利益的代表自居，并以此为理由压制个人权利，所以基本权利在防护标准上比防范私主体侵害的民事权利要更为严格，基本权利原则上拒绝将个人利益与公共利益进行权衡——因为公共利益在“量”上总是比个人利益为大，它要发挥个人对抗集体的“王牌”和“防火墙”功能；民事权利则允许法官裁决时做利益衡量。

体现于基本权利的价值，专为调整国家与个人的关系而设。例如“自由”和“平等”这两项主要的价值都与规范国家权力有关，而与限制私人无关。以言论

---

〔19〕［德］迪特尔·梅迪库斯：《德国民法总论》，邵建东译，法律出版社2001年版，第7～9页。

〔20〕Gary S. Goodpaster, “The Constitution and Fundamental Rights”, 15 *Arizona Law Review*, 479 (1973).

〔21〕［美］罗纳德·德沃金：《认真对待权利》，信春鹰、吴玉章译，中国大百科全书出版社1998年版，第16页。

自由为例,它只有在防备国家权力时才需要写入宪法。这一判断的理由是,由于言论自由(尤其是评论公共事务的言论)与政府的便利管理之间存在一般性冲突,使其因为易受压制而具有明显的脆弱性,故宪法对之设定严格保障;只有当言论危险巨大且迫在眉睫时方可施加限制,而且限制本身也受到限制。这种高强度的保护旨在缩减个人同国家之间的权力差距。同样,“平等”在宪法上也仅仅意味着国家公平对待每一个人,其并不要求个人平等地对待他人。政府招聘公务员不得基于性别、种族等因素而歧视,但此要求不能扩展至个人的交友择偶、选择商业伙伴等活动,政府需要为自己的行为交代理由,而私人通常无须如此。[22]

从司法救济角度来看,基本权利也具有特定性。如果政府要证明个人或者媒体的行为或者言论侵权,需要承担比民事侵权更高的举证责任。举例而言,1964 年美国“纽约时报诉萨利文”案[23]中,美国联邦最高法院判定萨利文的身份为“公共官员”而非普通公民,故不支持其以民事侵权法作为抗辩理由,而是认定《纽约时报》的言论受宪法保护,只有当萨利文能够证明《纽约时报》存有“真实恶意”污损其名誉并且证据具有“压倒性优势”时才能支持其请求,而这一极高的证明标准是很难达到的。该案的意义在于“侵权法的宪法化”,充分体现了宪法基本权利对政府行为更为严格的要求。

上述讨论分别从事实和规范层面为理解宪法私人效力问题提供了一个综合性视角。据此我们可以进一步探究:那些被称为“社会强力”的私主体,是否像国家权力那样危险?如果要对私人关系进行一般性宪法干预,是必要和妥当的吗?这是下面两个部分分别讨论的问题。

三、社会强力:事实问题

为了方便分析,这里把可能构成社会强力的主体分为三类:准政府组织,有较强实力的私人企业,以及介于这两者之间、旨在实现有限目标的一般社团组织。当然从更专业的视角来看,分类或许应更为多样和复杂,而这里的分类较

---

〔22〕 普通法律可设定私人之间在多大程度和范围上实现“平等”,例如反就业歧视法,但这超出了宪法的范围。本文前面提到的这一领域的问题即在于此。

〔23〕 New York Times Co. v. Sullivan,376 U. S. 254(1964).

为笼统。笼统分类的代价是对每一种类型做一般性概括变得困难,不过笔者的目的仅是表明,它们造成的风险虽然程度有别,但都不能堪比国家权力。基于此,这一分类只是解释性的。风险大小与约束强度应当相称,不同主体类型在权力差距和不可逃避性这两个方面的有无、程度和风险是不同的,而作为适用宪法约束的事实基础,这两项标准既缺一不可,也需要达到最高的程度。

(一)准政府组织

这一类型大体包括作为基层自治组织的村民委员会、街道居委会、具有官方性质的行业协会、学会、事业单位、国有企业等。就"权力差距"因素来说,这些组织的一个总体特征是拥有法律制度赋予的特定职权,其对成员和一定范围人们的权益能够产生较大影响,而且这种影响很大程度上是单向的。村委会对集体土地、宅基地等的处置方式会直接、不可避免地影响到村民利益;具有官方性的行业协会如足协,其对球队和球员的处罚权所造成的影响不容小觑;还有像高等院校这样的事业单位,其招生、处罚、考核、授予学位等法定权力对教师和学生的影响也是直接而巨大的。因此,在很多情况下,这些组织与个人之间存在不同程度的权力差距。尽管如此,它们显然都不拥有对个人构成巨大威胁的惩罚、逮捕、审判等权力,这是无须赘述的。

另外,这些组织对个人存在不同程度的"不可逃避性"。事业单位、官办协会、国有企业虽然与个人存在权力差距,但一个人对在哪个单位工作或成为哪个协会的成员通常有较大的选择机会,这是抵消权力风险的一种有效机制。这里的"选择机会"是制度意义上的,即只要没有外部的制度性限制,选择就应被视为是存在的。很难把一个人在"事实上"的无可选择——这的确是真实存在的情况——作为判断的依据。同类组织内部和不同类组织之间的竞争也能有效抑制侵害风险,从而削弱外部干预的必要性。相比而言,村委会显然要更为特殊,一个村民无法选择出生在哪个村庄,也不能随意变动其户籍地点。所以,对于村委会宪法和相关法律以民主选举、民主决策、民主监督机制加以严格约束,对私人企业和一般社会组织却无此要求。对于村委会履行职权行为引发的与村民的争讼也适用行政诉讼程序。尽管如此,将这种不可逃避性与其"权力差距"方面的特征结合来看,村委会仍然不能堪比国家权力,作为"村民自治性组织",它缺乏某些最具危险性的法定权力(如征税、罚没、逮捕、审判等),而正是这些事项对个人利益会造成决定性的影响。

更大的法定职权意味着更大的权力差距,更多的选择机会意味着更有可能规避风险。总体来看,准政府组织与个人之间的"权力差距"和"不可逃避性"交错存在、程度有别,其危险性高于下文讨论的私人企业和一般社会组织,但即使像村委会、居委会这类更接近国家权力性质的组织,仍因为缺乏某些对人身、财产来说更为严厉的法定权力而明显区别于国家权力。

(二)私人企业

在准政府组织问题上,即使对宪法一般性地具有私人效力观点持怀疑立场的人,也可能基于社会强力理由而主张宪法约束,但是对私人企业的态度,却能够决定是否一般性地接受宪法私人效力。不过,哪怕是对私人主体——如大企业——主张宪法约束的学者,也不一定否认"权力差距"和"不可逃避性"标准,而只是在具体认定上存在不同看法,他们把企业同个人的议价能力差别(实力差别)也看成是权力差距和不可逃避的。这一点至关重要,它显示了一些更为深层的认知分歧,而非是否接受"权力差距"和"不可逃避性"二元标准。主张"私法立宪主义"的学者认为,"私人领域的权力在本性上与公共领域的权力并无区别……如果相对方在事实上没有对等的交涉能力,没有充分的反制力,因此被迫接受一种不对等的权利义务配置格局,那么保障私人自治的后果就是确保义务人单方面地受制于权利人"。据此,议价能力的失衡会导致合意流于形式,这实为"带着抗议""言不由衷"的合意。[24] 另一位论者也认为,"存在实际形成的支配力,即具有明显资源优势的私主体事实上可以支配其他私主体,包括积极支配和消极支配……消极支配则是指社会主体并无明确支配他人的意愿,但其明显的资源优势使其行为会影响他人的思想和行动"。[25]

笔者不赞同这种理解。笔者倒不是否认议价能力存在差别这一事实,而是不赞同对这种差别的理解方式和规范立场。"实力差距"不能被等同于"权力差距"。议价能力的不均衡是市场活动的常态,它不是现代社会的新情况。即使将宪法的私人效力限于那些"极大不均衡"的场合也似是而非,因为这种理解在逻辑上可以涵盖所有谈判破裂、缔约失败情形。我们只能如《民法总则》第 4 条规定的那样来理解当事人之间的"平等"——只是法律地位的平等。中外民法理论也从未致力于构造当事人在"事实上"的平等。所谓"实际形成的支配力"

〔24〕 参见薛军:《私法立宪主义论》,载《法学研究》2008 年第 4 期。

〔25〕 李海平:《论基本权利对社会公权力主体的直接效力》,载《政治与法律》2018 年第 10 期。

“消极支配”“影响他人的思想和行动”等，更不能成为宪法干预的理由，因为这种情况不但是大多数市场活动的起点，恰恰也是主体参与竞争的一个目标。一个奋发进取的公司，一个试图扩大影响的社团，其成功往往意味着对手的失败，当人们赞美成功时也是在默许失败。正是平等的法律地位，保障了主体追求优势后果的正当性，而这也是社会的活力和创造力之源。

将议价能力不平衡作为矫正的对象，也有视这种不平衡为“强买强卖”之嫌，这无异于在根本上怀疑市场机制的合理性，其极端结果是对市场活动进行全面的干预，而非仅仅谋求些许矫正。事实上，即便些许矫正也是困难的，因为这种矫正只有超越当事人的法律身份、细究其经济和社会处境才能完成，但这就使对契约关系的法律考量变成了政治考量。而且这是徒劳的，因为对双方实力的考量本质上是主观的，不但难以消除反而会扩大分歧，并趋向于加大双方期待间的距离。纠缠于“事实上”议价能力的差距，不但超越了立法者和法官的能力，而且势必贬低、限缩市场机制和意思自治带给社会的益处，诸如健康的自我责任观念、神秘但有效的市场信号机制、竞争带来的绩效等。因此，这种借由外部干预来平衡两者实力关系的“父爱主义”动机，不但是错误的而且是毁灭性的，它在善意地救济一个弱势者的同时，也在毁灭一个从长远来看能够帮助更多弱势者的机制。

而且从经验来看，那些拥有社会权力的大公司，因为居于少数派的地位，面临社会的嫉妒心理，反而存在更为严格的自我约束和外部约束，它们通常并不比小企业更为蔑视规则。另外，那种“父爱动机”至少部分地源于缺少对弱势方的替代性救济方式。试想，如果市场之外存在某种保障救济途径，定会减轻对市场内合约关系实质上是否“公平”的焦虑和干预冲动。

总之，虽然不少学者特别强调私人企业的“社会强力”性质而主张适用宪法约束，但对它的理解方式存在根本性的误解，是否接受“权力差距”和“不可逃避性”二元标准倒显得不那么重要了。实力的不对等固然是普遍的事实，但终究不是权力差距。否则，社会和经济生活中的所有的不对等均丧失了其积极价值，在此基础上的外部干预将趋向于对竞争机制、意思自治、自我责任等的彻底否定。由于这个原因，对社会强力的宪法约束也需要结合规范标准来考量。

（三）一般社会组织

介于上述两类主体之间的一般社会组织，如环保组织、慈善组织、文体社团、普通行业协会等，其既无盈利目的也无法定职权，更无处罚、逮捕、审判之权,而仅具有有限的公益或组织管理目标。在现代社会,它们可能十分强大,拥有雄厚的资金、众多的人员、广泛的影响,但它们达到组织目标的方式是协调、说服、参与、示范、赞助等柔性方式,而不是依靠法定的强制手段。这些社会组织种类多样,相互之间也往往存在竞争关系,只能依靠自身的魅力或者外部的支持来吸引成员。对于即使严重违反组织纪律的成员,所能采用的惩戒方式也大多是剥夺其成员资格而无涉其财产、人身与生命。个人加入和退出这类社团组织是自由的,即使社团的组织和活动不是"民主"和"平等"的,也不会产生持久的和非自愿性的风险。因此,这类组织同个人之间既不存在"权力差距",对其影响也没有"不可逃避性",根本不能与国家权力等同视之。所以即使其事实上影响力巨大也不应诉诸宪法约束。当然的确可能存在一种情况,即在我国特殊的社会和制度环境之下,有些本应在竞争环境中活动的社团组织,因为享有某种特权和垄断地位而对其成员产生巨大的影响力,虽然这是一个事实,但"解铃还需系铃人",恐怕还是需要通过优化其制度环境来解决,而不是直接诉诸宪法,否则既徒劳无功,也无异于把一种错误制度化了。

现代社会的某些行业协会,除拥有上述一般社会组织的行为特征外,确实有远超一般个人和组织的力量,它们制定行业标准、处罚违规企业、设定准入门槛,甚至对国家立法产生重要影响。它们有"权力"的外观,但仍然难以堪比国家权力。第一,这类组织由来已久,绝非现代社会的新现象,虽然其在现代更具组织性和影响力,但也只是程度而非性质之别;单凭此点不足以以宪法性组织性方式——民主选举、分权制衡、公开公正等来约束它们,即便它们采取了这种民主方式,也只是其成员的一种而不是唯一的选择,很多巨型企业集团和行会组织,仍然在内部组织上保持着某种非民主的管理方式和秘密性质,即使其会衍生某种风险,也仅限于特定范围并为其成员的自身利益所约束。第二,它们自己作为结社自由的一部分,本质上属于个人自由的延伸形态,反而要时时防备国家的种种限制,它们相对于国家力量而言仍然是具有前述"脆弱性"特征的私法主体。第三,它们的力量源于市民社会的自由选择而非国家意志,彼此之间也往往存在激烈的生存竞争,其组织行为方式的选择压力无异于市场中的一般主体。第四,对于这类组织,实践中各国从未立法对其组织内部的行为方式加以干预,而只是以民事合同立法、侵权立法、经济立法等对其行为后果加以限制,并且这种方式并未丧失其有效性,这些规制方式与宪法没有关系。第五,与前述理由一样,此类组织并无对个人财产、人身、生命等重大利益有类似于国家权力的那样的排他性处置权;同样,某些论者之所以担心其危险并主张以宪法方式对待它们,也源于特定国情环境下组织之间竞争性的缺乏,对于这种情况,努力的方向不是拓展宪法适用范围,而是完善普通立法的措施。

总之,之所以讨论上述三种类型的社会强力主体,是因为不少学者将它们都归于应受宪法约束的范围,甚至要把宪法约束国家机关的那些原则平移用来约束这些社会组织。笔者认为,至少从他们所主张的这些主体的危险如同国家权力这一点来看,依照前面的分析也是难以成立的。结合"权力差距"和"不可逃避性"标准,我们对各类社会强力主体的分析结论是:准政府组织既与个人有某种权力差距,也具有一定的不可逃避性,两者结合使之危险性较私人企业更大,理应受到相应严格程度的外部约束,但这种危险性难以堪比国家,以一般的法律加以规制足矣。营利性的私人企业虽然事实上具有强大影响力和议价能力,但由于并不具有法律意义上的权力差距特征和不可逃避性,因而不应受制于严格的宪法约束。对于非营利性的一般社团组织,尽管因对其成员有纪律约束而产生某种程度的权力差距,但在法律上也几乎不存在"不可逃避性"的问题,故不能使之受制于宪法约束。

四、宪法约束:规范问题

前一部分对社会强力的讨论,是针对宪法私人效力的事实路径而言的,因为社会强力或者"社会公权力"是"私法立宪主义""社会宪政"命题的关键事实依据。不过,持有这种观点的学者还不是在一般性地主张宪法私人效力。挑战宪法仅约束国家这一经典学说的真正激进立场,是认为即使不存在社会强力,宪法也具有(直接或间接的)私人效力,理由是宪法基本权利不但是个人的"主观公权利"而且是"客观价值秩序"——它对整个法律秩序都具有辐射力。该理论在德国"吕特案"判决中表现得最为典型:"基本权利绝不是价值中立的秩序。在基本权的条章中,客观价值秩序也得到了具体化。这一价值体系作为宪法的根本决断,对于立法、行政、司法行为都是适用的。民法规定也不得与宪法的价值体系相抵触。"[26] 更晚近的"国家保护义务"论则认为,由于私人之间也存在基本权利侵害,所以国家负有防止这种侵害的宪法义务。

---

〔26〕 BVerfG 15 January 1958, BVerfGE 7, 198(Lüth).

笔者无意对这两种理论进行全面的检讨,相关的介绍和讨论已经有很多。这里关注的是反映在这两种理论中共同的规范性立场,即认为宪法具有"至上性",作为最高法可以成为社会生活所需价值的源泉,基本权利的落实也需要部门法的"具体化"。这种观点在我国已经成为较为流行的理解方式。林来梵教授曾言:"宪法上的基本权利对抗所有主体,即在纵向关系上防止公共权力的侵害,在水平关系上防止其他个体(包括普通公民)的侵害;为此,宪法上的基本权利是一种'母体性'的权利,包括民法在内其他部门法上的权利则均可视为其具体化。这应该是中国学者较为熟悉的一种主流观念。"〔27〕

对这一"主流观念"应予认真反思。宪法的"至上性"并不意味着调整所有的社会关系,并为这些关系提供实体性价值标准,而仅在于它相对于政府的先在性、超越性和在特定规范对象上的最高效力。宪法提供的是一个为国民共同接受的"框架秩序",〔28〕使国家的政治生活严格依照宪法"游戏规则"进行,而对于私法关系,宪法委托、认可立法机关通过日常政治审议去决定如何设定和修改。因此,至上性限于特定的规范对象——国家权力。"宪法并不支持一方反对另一方。"〔29〕只有国家机关这一拟制的、非人格化的、自身无价值主张的对象,才是一国在立宪时所共同关心、能够达成宪法性共识的内容,私法关系由于涉及社会内部相互冲突的价值选择,逻辑上只能由日常立法过程作出安排。否则,就等于说宪法在规定游戏规则的同时也确定了游戏结果。这也正如乔万尼·萨托利所说的:"宪法是规范国家决策过程的准则,它确立规范如何产生,不会而且不应当决定规则导致何种特定结果。也就是说,宪法首要的意图是确保权力的行使受到控制。因此,宪法是内容中立的。一部自行规定政策内容的

〔27〕 林来梵:《民法典编纂的宪法学透析》,载《法学研究》2016年第4期。

〔28〕 依照凯尔森、博肯福德、斯塔克等学者的理论,宪法作为"框架秩序",其规范功能在于划定政治决定权力的界限,具体规范则留给立法者在政治实践过程中进行填充,允许其综合考虑情况和合目的性进而采取不同的形成方式。相关讨论参见赵一单:《立法权的宪法界限研究——以立法余地的正当性为视角》,载《甘肃政法学院学报》2016年第2期。

〔29〕 [美]亚历山大·米克尔约翰:《表达自由的法律限度》,侯健译,贵州人民出版社2003年版,第70页。

宪法,意味着僭越民意,蔑视国会、政府等宪法信任的政策制定机关。”[30]

宪法也并不包含约束所有人的“客观”价值秩序。约束国家的价值标准怎么能够与约束私人的价值标准一样?这个问题也不是仅依赖谦逊地将宪法限于“间接辐射效力”所能解决的,因为其基本逻辑与直接效力论并无区别,只是发挥效力的方式有所不同。所谓的“客观价值”其实很不客观。“国家是更有力量(并因此更有威胁性)的、并且被要求在其与私人的关系中比在私人与私人的关系中具有更为中立、更少任性和更多公正的机关……私人关系绝对不能以与国家和公民关系同样的方式被规制,因为在国家缺席的场合,我们关于中立性和公正性的期待也不存在。”[31]可以说,这一判断是现代国家为回应“国家—个人”固有的不平衡时的普遍态度。宪法约束政府的组织和活动方式之不适用于普通社会组织,尤其印证了这一判断,这在第二部分已经论及。

就基本权利而言,在此有必要做进一步说明,因为客观价值秩序论和国家保护义务论都特别关注这一方面。基本权利和民事权利并不遵循共同的“客观价值”。基本权利防备国家,民事权利防备私人。国家的侵权能力强,故基本权利的防护强度高;私人的侵权能力弱,故民事权利的防护程度低。这就如同动物园为保护游客安全所采取的不同防护措施:防备小动物只需普通措施,防备猛兽则需特别措施。因此,宪法与民法不是抽象与具体、一般与特殊、原则与细节的关系,它有独立的调整对象、独特的规范标准,而非民法的“母法”。例如,不能以言论自由的宪法保护方式来对抗他人的隐私或名誉主张,否则会使私主体间的利益关系严重失衡。王泽鉴教授也认为,私人之间的言论侵权不适用“纽约时报诉萨利文”案[32]所创设的那种严格的“真实恶意”证明标准——这一标准强调保护媒体的报道自由,私人言论侵权的认定只须达到一般违法性标

[30] Giovani Satoria, *Comparative Constitutional Engineering: An Inquiry into Structures, Incentives and Outcomes*, Macmilian Press, 1994, p. 202.

[31] See Greg Taylor, “Why the Common Law should be only Indirectly Affected by Constitutional Guarantees: A Comment on Stone”, 26*Melbourne University Law Review*, 19 (2002).

[32] New York Times Co. v. Sullivan, 376 U. S. 254(1964).

准即可。德国、法国、澳大利亚、英国等国也没有采用该标准。[33]

如前所述,宪法用以约束政府的"平等"价值也完全不适用于私人关系。"一个人可以同一个有意订约的人订立合同,同时他也可以拒绝另一个有意订约的人的要约而无须说明实际理由。一个债权人可以免除一个债务人的债务,同时他却可以对另一个债务人采取措施,对于这种不平等的对待也不必有什么实际理由。"[34]个人在社会生活中"不平等"地对待他人,恰恰是私法自治的当然含义之一,这种私人关系与宪法基本权利无关。"以限制强者为理由,使实质地位基本平等的法律关系当事人也承担类似国家的严苛的基本权利尊重义务,明显不妥当。"[35]徐国栋教授也曾直言:"平等主要是宪法问题,是一个控制立法权和司法权的正当行使问题……民法本身就是平等杀手,因为承认私有财产、经济自由和财产权就会带来实质上的不平等,而民法恰恰是承认这些的。"[36]

把用于防备国家的基本权利理解为约束所有主体的"客观"价值秩序,在逻辑上是令人困惑的,这等于把有待证明的命题植入讨论前提中了。日本高桥和之教授也表达过类似的疑问:"在客观价值是由针对国家的(主观的)基本权导出的情况下,如何才能突破针对国家性?这一点要成其为可能,难道不是应该从实际上客观价值秩序才是首要的这一点出发来考虑吗?首先设定作为宪法的根本决断,对于一切领域的法都是适当的'客观价值体系',然后由此推导出针对国家的主观的基本权利,如果这样进行考虑,或者同样的,假设针对国家的基本权背后存在着具有全方位性质的客观价值秩序,宪法对其也作为法律价值予以承认这样来考虑的话,就大致可以予以说明了。"[37]

在客观价值秩序与约束国家之间的逻辑矛盾的背后,是一种顽固的法律实

---

〔33〕 王泽鉴:《人格权、基本权利与言论自由——在人民大学的讲演》,载爱思想网:http://www.aisixiang.com/data/11084.html,最后访问日期:2019年2月16日。

〔34〕 [德]迪特尔·施瓦布:《民法导论》,郑冲译,法律出版社2006年版,第61页。

〔35〕 于飞:《基本权利与民事权利的区分及宪法对民法的影响》,载《法学研究》2008年第5期。

〔36〕 徐国栋:《平等原则:宪法原则还是民法原则》,载《法学》2009年第3期。

〔37〕 [日]高桥和之:《"宪法上人权"的效力不及于私人间——对人权第三人效力上的"无效力说"的再评价》,陈道英译,载《财经法学》2018年第5期。

证主义立场在作祟，它把宪法当成了所有价值的最终渊源，当认为普通立法的价值提供作用有限时，便找到宪法这一“德尔菲神庙式”的源头。但这在根本上是权宜性的，其法理问题显而易见：“利用宪法在法律体系的最高效力原理，将实定宪法基本权利规范当作整个法律体系价值的源泉与‘发现库’，再次完成了实定法的封闭化。如此一来，不仅使宪法性质的模糊化和基本权利的适用对象暧昧化，也封死了下位法律的价值创造自由—议会的立法活动仅仅成了宪法价值的发现过程。”〔38〕而且，正像高桥和之所指出的：“既然说它是具有全方位性的实定法价值，那它又为什么不能直接在私人间适用呢？”〔39〕

“国家保护义务论”所声称的私人之间也存在基本权利侵害，也是一个令人生疑的命题。“在国家保护义务功能中，最常见的侵害主体当然是私人，即自然人和私法法人。”这种看法或许是“基本权利冲突”困境的一个源头。当个人基本权利指向国家时，不会产生权利冲突问题，但是当基本权利指向私人时，情况就有所不同了。而当私法关系的当事人把自己的利益说成宪法权利，固然加强了论辩的语气，却也带来了新的麻烦。在劳动合同争议中，雇员虽可以主张自己宪法上的人格尊严，但雇主也可以将自己的经营自由解释为宪法权利。〔40〕民事争议本来是“未立法化的民事利益”，“应遵循民法中长期以来形成的稳妥做法，即由法官运用民法解释学方法，为民事利益提供保护依据，并在个案中根据具体情事进行利益衡量，以决定是否保护”。〔41〕若将此类争议视为刚性的宪法权利，则会迫使各方将辩护梯度攀升到宪法层面，致使“基本权利冲突”不可避免。〔42〕其所

〔38〕 黄宇骁：《论宪法基本权利对第三人无效力》，载《清华法学》2018 年第 3 期。

〔39〕 ［日］高桥和之：《“宪法上人权”的效力不及于私人间——对人权第三人效力上的“无效力说”的再评价》，陈道英译，载《财经法学》2018 年第 5 期。

〔40〕 参见陈新民：《德国公法学基础理论》，山东人民出版社 2001 年版，第 298 ~ 299 页；［德］伯阳：《德国公法学导论》，北京大学出版社 2008 年版，第 88 页。

〔41〕 于飞：《基本权利与民事权利的区分及宪法对民法的影响》，载《法学研究》2008 年第 5 期。

〔42〕 相关讨论可参见张翔：《基本权利冲突的规范结构与解决模式》，载《法商研究》2006 年第 4 期；马岭：《宪法权利冲突与法律权利冲突之区别——兼与张翔博士商榷》，载《法商研究》2006 年第 6 期；徐振东：《基本权利冲突认识的几个误区——兼与张翔博士、马岭教授商榷》，载《法商研究》2007 年第 6 期。

带来的麻烦正如有论者所言:"宪法中的个人权利在多大程度上影响私人行为,很大程度上已经成为宪法解释问题……但这样做只会增加争议。"〔43〕在我国,"基本权利冲突"吸引了很多学者真诚地去探究化解的路径,但归根结底,这个命题本身是误解的产物。"基本权利冲突是在基本权利从主观公权利演变为客观价值体系的结果,没有基本权利辐射效应的发生,就无基本权利冲突现象可言。"〔44〕因此,当存在"基本权利冲突"时,其基本权利可以指向个人这一前提本身就是大可辩驳的。

毋庸置疑,私人之间存在侵权问题,如果它不适用宪法干预则又该如何应对? 笔者认为,普通立法足堪其任。

五、普通立法的作用

因社会强力而致缔约中议价能力失衡的情形,自然多发于合同法领域,但其回应方式并不必然求助于宪法。一个典型案例是1993年德国联邦宪法法院判决的"担保案"(Bürgschaft)。〔45〕 该案提出的问题是:对于那些纯粹私人性的"社会强力",应否以宪法来矫正不平衡的议价能力? 银行向一位商人提供10万马克贷款,商人的女儿作为担保人在文书上签字。签字前银行职员对她说:"你不需要承担什么重要责任,签字不过是例行手续。"她当时21岁,既没有学历也没有工作。四年后她父亲的公司破产,银行要求她作为担保人偿付本息共16万马克。这时她仍处于失业状态,而且还是一位单亲妈妈,根本无力偿付这笔巨款。其所在州的高等法院判担保合同有效,同时认定银行职员违反风险告知义务。之后德国联邦最高法院则认为,银行职员没有违反告知义务,成年人都应晓得签字的风险。

---

〔43〕 Stephen Gardbaum, "The 'Horizontal Effect' of Constitutional Rights", 102*Michigan Law Review*, 387 – 459(2003).

〔44〕 李样举:《基本权利冲突观点评析——兼论基本权利冲突存在的空间》,载《阴山学刊》2009年第5期。

〔45〕 BVerfG 19 October 1993. 还可参见 Maria Vittoria Onufrio, "The Constitutionalization of Contract Law in the Irish, the German and the Italian Systems: Is horizontal Indirect Effect like Direct Effect?" 4 *InDret*, 5 – 6(2007)。

女孩上诉到德国联邦宪法法院，声称德国联邦最高法院的判决侵害了她受《德国联邦基本法》第1条保护的"人性尊严"，以及依第2条第1款受保护的"意思自治"，这与第20条和第28条的"社会国"原则也是相关的。她最终竟赢得诉讼。德国联邦宪法法院认为，当出现"议价能力的结构性失衡"并致一方承担巨大义务时，法庭有责任基于民法典的原则条款即诚实信用原则实施干预。这一责任是基于保护当事人基于基本法上的社会国原则而拥有的意思自治。[46] 此案是那些宪法权利影响私法的著名案例之一。

尽管如此，宪法干预仍非必要之举。我们发现，在其他一些判决结果有利于担保人的类似案例中，法院并未诉诸宪法依据。如在1993年英国的 *Barclays' Bank plc v. O' Brien* 案中，一位妻子作为担保人被要求代丈夫偿付家庭债务，当时行使终审权的上议院阻止了银行的强行执行债务请求，理由是存在虚假陈述、不当影响以及胁迫情形。上议院完全基于普通法作出裁判，没有援引更抽象的法律价值。再如1991年尼德兰最高法院判决的 *Van Lanschot Bankiers v. Bink* 案中，一位妈妈为做生意的儿子申请信用卡作担保人，后来银行要求她代为偿付欠款。尼德兰最高法院也没有支持银行的请求，判决所依据的规则是，银行作为专业的信用卡提供者有义务告知非专业的另一方作担保的风险，而银行没有尽到此义务。[47]

上述三例案情、判决相似，但在德国案例中，德国联邦宪法法院推翻了普通法院的判决，积极地将宪法适用于私法关系；英国和尼德兰案例则是法院通过解释普通法律来支持担保人一方。这说明，一些用宪法来处理的案件其实仍然可诉诸私法作出裁决。太阳底下无新事，合同法自身完全可以适时而变，无须假托宪法的意旨。实际上，即使是在开创了宪法"第三人效力"的德国"吕特案"判决中，法官也承认那些问题"在实体及程序上仍然是民事法律纠纷"。[48]

让我们再看一下支持宪法私人效力的其他理由。之所以这样做，是因为这些理由与那些支持社会强力的理由只有一步之遥，而且它们更具有一般性和基础性。

---

〔46〕 Olha Cherednychenko, "The Constitutionalisation of Contract Law: Something New under the Sun?", 8 *Electronic Journal of Comparative Law*, 3 (2004).

〔47〕 Ibid.

〔48〕 BVerfG 15 January 1958, BVerfGE 7, 198 (Lüth).

有学者认为,私人关系之所以适用宪法,是基于民法规范不明确、不存在时的无奈之举,立法机关的懈怠也因此受人诟病。美国宪法学家厄文·凯姆林斯基指出,宪法权利已经得到发展,普通法权利却停滞不前,在很大程度上没有能够提供那些被视为宪法权利的价值的保护,这时就有必要诉诸宪法。〔49〕 日本学者山本敬三也认为,当立法上没有设置充分保护手段的情况时,法院有义务通过宪法解释提供保护。〔50〕 "吕特案"也有这样的背景:《德国联邦基本法》制定于1949年,之前《魏玛宪法》的失败导致纳粹暴政横行,制宪会议拟阻止议会民主制的再次失败,故将"人性尊严"置于基本法中心地位,但新选出的第一届联邦议会在将宪法价值以法律明确化的过程中表现懈怠,"吕特案"法官因而创造了"第三人效力"理论。基于同样的原因,1950年联邦劳工法院院长尼伯代在其名篇《妇女的同工同酬》中第一次提出基本权利应该具有直接对那些纯属私主体的企业第三人效力,直言以司法保护弥补立法的不足。

但是,立法懈怠这一理由可能言过其实了。历史上曾经有完全相反的经验。19世纪末20世纪初,当美国的一些州议会为保护劳工权益而用立法限制契约自由时,美国联邦最高法院却从宪法第十四修正案解释出契约自由予以抵制,著名的"洛克那案"即属此例。〔51〕 到了20世纪30年代,美国联邦最高法院才勉为其难顺应国会立场,认可对契约自由的某种限制。这说明,在保护劳工权益方面,普通立法过程反而是最敏感而有效的,选举机制、公共舆论和社会运动使立法机关成为回应劳工需求的最可靠机制。如果某个问题没有"及时"通过立法解决,不能径直认为是立法机关的"懈怠",立法者也许认为那要么不属它们的职权范围,要么立法时机尚不成熟。因此,问题很可能不是政治过程的失灵、怠惰造成的,而是分权机制的一般要求,法官对宪法的引入不仅操之过急,而且有越俎代庖之嫌。

调整私人之间的关系作为立法机关的传统权力仍能够发挥作用。对所谓议价能力不足的当事人的保护即使确属必要,也完全可以借助普通立法实现。

---

〔49〕 Erwin Chemerinsky, "Rethinking State Action", 80 *Northwestern University Law Review*. 503(1985–1986).

〔50〕 参见[日]山本敬三:《基本权利的保护与私法的作用》,刘涛译,载《交大法学》2010年第1期。

〔51〕 Lochner v. New York, 198 U.S. 45(1905).

许多国家以反垄断法保护市场竞争，以劳动法保护雇员权利，有关银行、保险、证券等领域的监管制度也广泛存在。例如，法律通常对上市公司设定严格的信息披露义务。“既然在私法中不存在独自克服社会权力的问题，那么这一因素就不能成为基本权利的直接效力的依据。”〔52〕我国改革开放后大量的经济和社会立法也印证了这一判断。在历史上，契约自由曾经近乎一项绝对的原则受到尊重，它在19世纪后期的英国开始趋于衰落，但这不必归因于宪法的作用，而是社会自身价值重构的结果。古典合同理论不考虑第三人利益，其对垄断和限制竞争行为的纵容以及其他市场失灵问题，越来越受到普遍的怀疑，并最终经由国会立法受到限制。〔53〕这个过程中没有宪法的影子，唯一与宪法有关的因素，是宪法所保障的立法机制发挥了巨大作用。拉德布鲁赫曾言：“劳动法是抵制劳动契约领域法律上形式性的契约自由危险的行动。”〔54〕

在我国的民事司法实践中，当制定法不足以解决纠纷时，司法过程还可以提供多种裁决方式，而不需要求助于宪法。“齐玉苓案”曾被称为“宪法司法化第一案”，但其涉及的纠纷是私法性质的。“齐玉苓一案不需要直接适用宪法，不必用宪法去解决一个用法律就能解决的问题。”〔55〕最高人民法院也最终废止了先前对该案的批复。我国《民法总则》第10条即已规定：“处理民事纠纷，应当依照法律；法律没有规定的，可以适用习惯，但是不得违背公序良俗。”在民法基本原则的适用性上，客观价值秩序论中有一种值得商榷的观点，即认为诚实信用、公序良俗等“民法概括条款”未对争议的解决提供实质性内容，只是充当了基本权利在私人间适用的“入口”。〔56〕这种将民法原则内涵抽空的看法并不足取。很难想象我国《民法总则》中的诚实信用、公序良俗、公平原则等仅具有“入口”作用。这正如梁慧星教授指出的，在具体的规范缺席时，民法基本原则

〔52〕［德］克劳斯－威尔海姆·卡纳里斯：《基本权利与私法》，曾韬译，载《比较法研究》2015年第1期。

〔53〕参见［英］P. S. 阿蒂亚：《合同自由的衰落（1870—1970）》，范雪飞译，载《法治研究》2018年第4期。

〔54〕［德］拉德布鲁赫：《法学导论》，米健译，法律出版社2012年版，第97页。

〔55〕马岭：《对“齐玉苓案”相关问题的法律思考》，载《中国青年政治学院学报》2004年第4期。

〔56〕这种观点在来自“吕特案”判决，参见BVerfGE 7，198（Lüth）。

仍具有审判基准的功能,甚至在适用既有规范显失公正时,法院可以直接适用民法的基本原则作"漏洞补充"。[57] "在民法学界既有的讨论中,体现在不少民法总论教科书中的共识是:民法的基本原则作为观察、处理民法问题的准绳,乃是民法的本质和特征的集中体现,反映了市民社会和市场经济的根本要求,表达了民法的基本价值取向,是高度抽象的、最一般的民事行为规范和价值判断准则。"[58] 此外,很多学者还支持在民事规范、习惯缺席的情况下依据法理、学说裁判,这种做法虽无立法确认,但在实务中频繁使用却是不争的事实。2014年无锡"冷冻胚胎案"[59] 即主要依据学理作出的裁判,此案实体结果虽不乏争议,但其裁判方式是无可非议的。他国的经验也认可这一点。[60]

因此,如果民事领域在立法、司法、理论学说上都不乏裁决纠纷的有效方式,转而诉诸宪法就变得至少是没有必要的事情了。事实上,贬低立法和司法过程的价值形成功能不但无益,反而有害。把宪法权利应用于私人之间,总是要限制一方以保护另一方。但"限制一方或两方的对立权利是立法机关的事情,而不是法官该做的。结果由于没有客观的和特定的法律标准,法院会通过篡夺立法权力来决定私人自治事务,会因为受到法官自身观点的影响而变得专断"。[61] 而由于遵循不可预测的标准,法院可能会"扭曲立法选择,伤害法律的

〔57〕 参见梁慧星:《诚实信用原则与漏洞补充》,载梁慧星主编:《民商法论丛》(第2卷),法律出版社1994年版,第70~71页。

〔58〕 王轶:《论民法诸项基本原则及其关系》,载《杭州师范大学学报》(社会科学版)2013年第3期。

〔59〕 (2014)锡民终字第01235号。

〔60〕 参见于飞:《民法总则法源条款的缺失与补充》,载《法学研究》2018年第1期;汪洋:《私法多元法源的观念、历史与中国实践——〈民法总则〉第10条的理论构造及司法适用》,载《中外法学》2018年第1期;李敏:《论法理与学说的民法法源地位》,载《法学》2018年第6期等。

〔61〕 Maria Vittoria Onufrio, "The Constitutionalization of Contract Law in the Irish, the German and the Italian systems: Is horizontal indirect effect like direct effect? A comment on Professor Kumm's View", 4 *InDret*, 10 (2007). Oliver Gerstenberg, "Private Law and the New European Constitutional Settlement", 10 *European Law Journal*, 769 (2004).

确定性”。[62] 日常立法过程可以提供多样化的解决方案,但辩护梯度升级至宪法,就只能依赖于一个单一的、唯一正确的解决方案,排斥地方性、历史性解决方案。而如果因地制宜地解释宪法,则既是不严肃的,也消除了其与普通立法的功能区分。

通过立法规制社会强力无须声称是在贯彻宪法价值。对于私主体之间的关系,没有什么特别的价值必须从宪法中去发现,而且宪法本来无意提供这些价值。康拉德·黑塞教授曾说,当立法者没有考虑到某种情形或者考虑不周时,那么凡所涉及的规范就须在“基本权意义之光的照耀下”被解释出来。[63] 这是一个值得讨论的观点。立宪者是否在最初就为社会生活中遇到的具体问题预设了实体性价值标准,从而需要后来的人们去费尽心思地解释和发现,是一件十分可疑的事情。如果认为立宪者在设计了一个内容中立的政治秩序的同时又提供了一个实体性的法律价值体系,从而使宪法成为一部调整所有社会关系的“超级法典”,那它就像游戏规则与游戏结果被同时确定一样是自相矛盾的。否则,宪法就成了尼古莱·哈特曼所说的“法律上的价值暴君”,以及福斯特霍夫所说的“司法的基因……从宪法中可以产生一切,包括从刑法典到关于如何生产体温计的法律”。[64] 霍姆斯法官在“洛克那案”中也说:“宪法无意体现某种特定的经济理论,无论它是家长主义的、强调公民与国家间的有机结合的,还是自由放任主义的。宪法是为观点迥异的人们制定的……”[65] 宪法的“客观价值”其实并不“客观”,事实上它们在宪法中根本就不存在。从宪法中寻找回应诸多问题的价值源泉,最终将难逃西西弗斯式的悲剧。所有那些占据优势的、试图从宪法中解释出的法律价值,其实都是市民社会的产物,也只能从社会自身的现实需求中被发现,而普通立法和司法过程就是发现这些价值的有效方式。这种对于宪法的一般理解,我国并未创造一个例外。

---

〔62〕 Oliver Gerstenberg, “Private Law and the New European Constitutional Settlement”, *in European Law Journal*, Vol. 10, No. 6. 2004, p. 769.

〔63〕 [德]康拉德·黑塞:《联邦德国宪法纲要》,李辉译,商务印书馆 2007 年版,第 288 页。

〔64〕 [德]罗伯特·阿列克西:《法 理性 商谈:法哲学研究》,朱光、雷磊译,中国法制出版社 2011 年版,第 208 页。

〔65〕 Lochner v. New York, 198 U. S. 45(1905).

六、结　　语

笔者力图提供一个涵盖事实问题与规范问题的一般分析框架,它不是基于不同社会的文化和特殊国情,而是基于现代各国普遍面临的国家与个人间的不平衡这一共同问题。这或许更有助于呈现和理解争议。现代宪法之所以普遍地以约束国家权力为功能指向,其共同的事实基础是个人面对国家权力时存在的"权力差距"与"不可逃避性"。"社会强力"概念尽管在诸多方面显示了现代社会的忧虑,但"实力差距"终究还不是"权力差距"。如果一个强势的组织应受宪法约束,那么司空见惯的不平衡契约中的优势个人为什么就不能受宪法约束呢?而宪法的约束对象一旦从国家权力扩展至个人,将最终导向支持宪法一般性地具有私人效力。

宪法特别地用以防备国家权力,其各国共同认可的规范基础,是基于宪法不同于普通法律的"先于且高于政府"的地位。为限制社会强力而把本来用于约束国家的宪法原则平移到社会组织或者个人,将严重削弱其赖以安身立命的自治原则。对国家权力的组织控制以及基本权利规范,是公民对抗国家权力固有风险的一个特殊安排,其严格的防御标准不适用于私法关系。凡不存在政府压制风险的场合,就不存在基本权利。"基本权利冲突"也是一个似是而非的命题,它是误解宪法规范对象的结果。调整私主体间的关系,实现"国家保护义务"的目标,日常的民事、经济、社会等立法足堪其任,尽管它经常处于有待完善的过程当中。由于立宪者在政治上是中立的——至少在理论上是这样的,所以不太可能认为他们为私法关系提供了实体性的价值指引,因此也无法通过解释去发现它。事实上,因为普通立法所调整关系的细致、全面和灵活性,其对保护个人而言可以比宪法做得更好,宪法对私法关系的广泛介入,反而既不比普通立法更有效,还会衍生诸多的学理和实践问题。

民法典应承载宪法对家庭之制度性保障

刘练军*

一、问题的提出

美国学者布迪和莫里斯在研究我国法律时曾专门把家庭作为一节予以评述，并指出："任何严肃的对中国社会的研究都应当从家庭开始，或者以家庭终结。中国的家庭制度一直是社会稳定、历史连续和个人安全的根源。同时它也是导致紧张、挫折和痛苦的原因。"〔1〕斯言诚哉。跟西方国家相比，家庭对于我们中国人而言意义非同寻常，借用梁漱溟的话就是"中国人的家之特见重要，正是中国文化特强的个性之一种表现"。〔2〕对此，梁先生还有进一步的比较分析："团体和个人，在西洋俨然两个实体，而家庭几若为虚位。中国人却从中国就家庭关系推广发挥，而以伦理组织社会，消融了个人与团体这两端(这两端好像俱非他所有)。"〔3〕鉴于家庭在我们国人生活中的显赫地位，如今有学者提出"构成中国人重要的生活意义的不是个体，而是家庭"，为此主张把家庭作为法学的一个基本范畴。〔4〕

---

* 刘练军，东南大学法学院教授。

〔1〕［美］D. 布迪、C. 莫里斯：《中华帝国的法律》，朱勇译，江苏人民出版社 2004 年版，第 137 页。

〔2〕梁漱溟：《中国文化要义》，上海人民出版社 2005 年版，第 35 页。

〔3〕同上书，第 70 ~ 71 页。

〔4〕张龑：《何为我们看重的生活意义——家作为法学的一个基本范畴》，载《清华法学》2016 年第 1 期。值得关注的是，日本民法学家对家庭颇为重视，主张在修订日本民法典时，在总则编中新增家庭条款，并规定"家庭以男女两性的本质性平等为基本，其亦是社会的基础，应当受到尊重"。由此可知，"家庭"将很有可能成为日本法上的一个正式概念，我国在编纂民法典时不能不留意到日本此等修法动向。参见［日］加藤雅信：《日本民法典修正案Ⅰ 第一编 总则》，朱晔、张挺译，台北，元照出版有限公司 2016 年版，第 7 页。

其实，检视欧美法治成熟国家的实践，家庭是不是法学上的一个基本范畴并不那么重要，没有上升为法学基本范畴亦不妨碍国家的立法及司法对家庭的认可与保护。[5] 如今，绝大多数国家的法律都明文肯定家庭在国民生活中的角色与价值，进而对扰乱家庭秩序、妨碍家庭安宁的行为予以制裁，甚至不惜以刑罚的手段来保卫家庭的安全与稳定（我国《刑法》第260条就是虐待家庭成员之犯罪规定）。不过，受千年儒家忠孝伦理文化影响，无论对于国民个体的成长还是国家社会的治理，家庭在我们中国均具有显著超越于西方国家的地位。与此相适应，家庭在我国民事立法上的分量亦应该明显偏重于西方国家，否则，我国民事立法及民事司法能否足以映现家庭在国民民事生活中的角色与地位，不免令人生疑。

家庭由基于婚姻、收养等关系而同居共处的人结合而成，它涉及的是人与人之间的关系，而非人和政府机构或社会组织之间的关系，是故，承载私性生活的家庭主要由作为私法的民法来规范。如今几代民法学者“跨世纪的民法典情结”终于迎来了圆梦之转机，[6]“民法典总则编”刚刚由全国人民代表大会表决通过，包括调整家庭生活在内的民法典分则编必将随后提上编纂日程。既然如此，那民法典编纂如何对待家庭，法律人理应随之开展深入探究，以学术力量推动我国民法典家庭法之编纂，俾使我国新创的民法典既能尊重和保护悠久的家制传统，又能宽容并接纳现代文化进化与科技发展对某些传统家庭价值所带来的挑战，从而使之成为一部在历史传统与现代生活之间游刃有余的开放性民

---

〔5〕 如美国宪法对家庭未作任何规定，但美国联邦最高法院依据宪法第十四修正案正当程序条款（the Due Process Clause of the Fourteenth Amendment）宣告：“家庭的神圣性（the sanctity）受宪法保护，因为家庭制度深植于这个国家的历史和传统。正是通过家庭，我们最为珍惜的诸多价值、道德与文化才得以反复灌输并流传下来。我们的传统绝不局限于只尊重核心家庭成员在一起生活。叔父、姑母、堂兄弟，特别是父母、孩子与祖父母同居一屋的传统，同样值得宪法制度给予平等之尊重和对待。” See *Moore v. City of East Cleveland*, 431 U.S. 494, 503 - 504 (1977).

〔6〕 2014年10月23日，《中共中央关于全面推进依法治国若干重大问题的决定》公布，“编纂民法典”赫然在列。曾数次中断的民法典编纂终于迎来了最权威的执政党以政治力量推动之春天。“民法典总则编”业已于2017年3月15日由第十二届全国人民代表大会第五次会议表决通过。

法典。

关于民法典编纂如何对待家庭，已有法史学者做过较为深入的研究，主张民法典第四编应定名“家庭编”而非“亲属编”，认为民法总则应规定家庭为民事主体，呼吁民法典家庭编对家庭财产及其与夫妻共有财产、个人财产之间的关系予以规范和厘清。〔7〕 对于此等观点，笔者深以为然。本文拟在已有研究成果基础上，就民法典编纂如何对待家庭从宪法学视角予以进一步的分析探讨。我国《宪法》第49条明文规定家庭受国家的保护。在宪法解释学上，此等条款意味着宪法对家庭的制度性保障。以此等宪法解释理论为指引，本文重点剖析既有的民事立法具体在哪些方面未能彰显宪法对家庭之制度性保障价值，以从宪法学维度为民法典编纂写好家庭编阐发一孔之见，以求教于学界前辈及同人。

二、宪法对家庭之制度性保障

民法典编纂必须认真对待家庭，不单单源于家庭在吾国吾民日常生活中的显赫地位，更因为作为国家法秩序之基础规范的宪法对家庭的认可与保护。〔8〕在身为基础规范的宪法对家庭予以保障的法秩序下，民法典作为根据宪法所颁布的特定规则而创制出来的下位法规范，它不能不尊重并遵循宪法上的保护家庭之基础规范，并借助一系列有关家庭的具体规则来落实和彰显保护家庭这一宪法基础规范之价值目标，否则，其正当性和合宪性将面临质疑，其自身的规范效力会因此而遭受折损，并将给后续的司法适用带来种种困扰与难题，后果不可谓不严重。

我国《宪法》对家庭的保护见于其第49条第1款，即“婚姻、家庭、母亲和儿

〔7〕 参见俞江：《论民法典“家庭法编”的体系构造》，载何勤华主编：《民法典编纂论》，商务印书馆2016年版，第58～84页。

〔8〕 有关宪法作为一种基础规范及法律规范效力依据的经典学说，可参见［奥］凯尔森：《法与国家的一般理论》，沈宗灵译，中国大百科全书出版社1996年版，第128～131页。

童受国家的保护”。[9] 在宪法解释学上，此等条款意味着宪法对家庭的制度性保障，容详述如下。

(一)宪法学上的制度性保障理论

制度性保障理论(institutionelle Garantie)发轫于德国宪法学，对此理论学说之形成与发展贡献卓著的学者是施米特。尽管该理论的提出距今已有百年，但作为一种宪法解释理论，制度性保障学说依然理论之树常青，在德国、日本及我国台湾地区的宪法学上始终占有一席之地。对于某些宪法条款的解释，我国的宪法学亦越来越多地倚重制度性保障学说。[10] 关于该理论学说，可从以下三个层面概述之。

1. 制度性保障理论所适用的对象是有限的。对于那些先于国家或凌驾于国家之上的原初性的自由权，如良心自由、人身自由(尤其是免于任意逮捕的自由)、住宅不受侵犯、通信秘密和私有财产权等基本权利，任何法律干预都属于例外情形，它们受宪法的绝对保障。然而，并非所有的基本权利，都像人身自由、私有财产那样具有优越地位。有些规定基本权利的宪法规范仅仅只为此等权利提供一种针对普通立法的保护机制，它们属于原则上受限制的基本权利。宪法对它们的保护乃是旨在形构制度的制度性保障，国家的立法或已有的制度除非侵犯此等基本权利的核心内涵，否则，就不构成违宪。是故，与绝对基本权利的严格保障相比，制度性保障可谓低一级的相对保障。《魏玛宪法》第105条规定，“不得设置特别法庭。无论何人，不得剥夺其受法定法官裁判之权利”，第119条规定，“婚姻为家庭生活及民族生存增长之基础，受宪法之特别保护”，在施米特看来，此等基本权利条款就属于宪法上的制度性保障规定。[11] 施米特

[9] 不应忽视的是，此等规定最早见于1954年《宪法》第96条，1975年《宪法》第27条、1978年《宪法》第53条均有此等规定。众所周知，后两部宪法尤其是1975年《宪法》在基本权利部分进行了较大幅度的删减，但“婚姻、家庭、母亲和儿童受国家的保护”条款自始至终都未被抛弃，足见家庭实乃我国当代宪法政制一贯守护之核心价值。

[10] 参见王锴：《婚姻、家庭的宪法保障——以我国宪法第49条为中心》，载《法学评论》2013年第2期；刘练军：《自然资源国家所有的制度性保障功能》，载《中国法学》2016年第6期。

[11] 参见[德]卡尔·施米特：《宪法学说》，刘锋译，上海人民出版社2005年版，第182～183页。

还进一步指出:"家庭本身没有真正意义上的基本权利,同样,家庭成员本身也没有真正意义上的基本权利。家庭只能作为一种制度而受到宪法律的保护。"〔12〕由此可知,宪法上的家庭规范属于典型的制度性保障规范。

2. 制度性保障理论的核心要义是维护现行的法秩序。不言而喻,那些并非居于绝对地位的基本权利,对于维护现行法秩序其功能同样无法替代。对于《魏玛宪法》就"婚姻家庭""不得设置特别法庭"等事项予以规范,施米特有他独特深邃的认知,他说:"这些宪法律保障有其具体的历史根源:人们因为特定的经验而担心会发生某些特定的危险。这些保障仅仅间接地服务于基本权利的原则,其本身并非'基本权利'。它们提供了一种特殊的保护机制来防止立法权的滥用,提供了一种特殊的保障手段来确保权力的区分,维护法治国的法律概念。它们禁止立法者采取主权行为,也就是说,立法者不得打破现行法秩序。"〔13〕此等分析表明,作为一种判断和解析宪法规范意旨之理论工具,制度性保障学说的核心要义在于捍卫现行法秩序,防范立法者废除或取消某些宪法规范所承载的基本权利的核心内涵。

3. 制度性保障理论在当代的发展——超越对基本权利核心内涵之保障。不能不承认,原初意义上的制度性保障理论,在某种程度上不回避甚至放纵对基本权利的限制,但在基本权利保障日益细致完备的21世纪,继续坚持原旨主义意义上的制度性保障理论,就明显违逆时代潮流而显得不合时宜了。正因如此,日本宪法学界就有人对制度性保障学说提出批评,认为它有可能被用作弱化人权保障之方法,同时这种理论存在保障免于法律侵害的制度之本质内容被狭隘理解,进而有沦落为最小限度保障之危险性。〔14〕此等批评无疑暴露了制度性保障理论之软肋。对此,我国台湾地区学者李建良亦有同感,他指出:"过度强调基本权利的制度性保障,反而会造成基本权利保护不周的结果。盖若按照制度性保障的基本意涵,必须侵及制度核心内涵,始构成违宪,惟比例原则的操作,却未必与制度核心相涉。而国家对于基本权利施以限制,若违反比例原

〔12〕［德］卡尔·施米特:《宪法学说》,刘锋译,上海人民出版社2005年版,第184页。

〔13〕同上书,第191页。

〔14〕参见［日］阿部照哉等编著:《宪法》(下册),周宗宪译,中国政法大学出版社2006年版,第83页。

则,即构成违宪,其对基本权利所提供的保障,较之制度性保障,犹有过之。”〔15〕所幸制度性保障理论乃是一种与时俱进的发展中的理论,当今宪法学界早已无人固守当初施米特所建构的仅限于保障基本权利核心内涵的原旨学说了。时至今日,制度性保障理论对立法者的拘束面乃是广泛而又立体的,对基本权利的保障范围和深度都在不断地扩展。正如我国台湾地区吴庚教授所言,如今“制度性保障是从个人基本权中产生的保障功能,举凡从宪法实施时起已存在的各种保障基本权的制度,以及衡量社会生活现实及国家发展状况,所应建立的保障制度都包含在内”。〔16〕简言之,用发展的眼光看待制度性保障理论,对它作广义上的理解及适用,实乃基本权利保障内涵深入、外延扩张的时代需要,亦为该理论在当代继续作为有效分析工具的必然要求。

(二)家庭之制度性保障的具体内涵

根据上述制度性保障理论,我国宪法对家庭之制度性保障的具体内涵,可从四个层面予以展开分析。

1. 要求立法者就家庭建构多层级的法律规范体系,以使家庭充分获得国家立法的认可与保护,从而使之成为一种具有法律规范效力的法律制度,而不仅仅是一种社会生活事实。

如上所述,制度性保障理论主要是拘束立法者,防止立法者采取主权者行动,以立法的形式破坏现行法秩序。立法者担负家庭之制度性保障的基本方式,是通过立法建立起一套有关家庭的法律制度,以使制宪者珍视的家庭价值切实受到法秩序的呵护。在这方面,全国人大及其常委会确实积极作为、立法良多,它们先后制定了《户口登记条例》(1958 年通过)、《婚姻法》(1980 年通过,2001 年修正)、《继承法》(1985 年通过)、《民法通则》(1986 年通过,2009 年修正)、《收养法》(1991 年通过,1998 年修正)、《未成年人保护法》(1991 年通过,2006 年、2012 年修订)、《妇女权益保障法》(1992 年通过,2005 年修正)、《母婴保健法》(1994 年通过,2009 年修正)、《老年人权益保障法》(1996 年通过,2009 年修正、2012 年修订、2015 年修正)等大量涉及家庭的法律。而国务院及地方各级人大为此所发布的配套性法律法规,其数量之多堪称琳琅满目、应

〔15〕 李建良:《“制度性保障”理论探源》,载吴庚大法官荣退论文集编辑委员会编辑:《公法学与政治理论》,台北,元照出版有限公司 2004 年版,第 263 ~264 页。

〔16〕 吴庚:《宪法的解释与适用》,台北,三民书局 2004 年版,第 123 页。

有尽有。不过,较为遗憾的是,此等立法更多的是规范和保障作为家庭成员的个体权益,对作为一个社会团体和经济单位的家庭本身则缺乏足够的重视,容笔者一一道明。

2. 家庭之制度性保障的基本理念应该是家庭本位而非个人本位。诚然,家庭是由个人所组成,那些作为家庭成员的个人在家庭中的地位和权益问题确实不容忽视。然而,无论是宪法还是其他民事立法,都对家庭中的个人给予了足够分量的关注,对其权益毫无怠慢。如《宪法》第 49 条第 1 款将婚姻、母亲、儿童和家庭并列在一起,给予同等之保护,第 49 条第 3 款还规定"父母有抚养教育未成年子女的义务,成年子女有赡养扶助父母的义务",第 49 条第 4 款"禁止破坏婚姻自由,禁止虐待老人、妇女和儿童"还进一步以禁止性规定强化对家庭中的个人的保护。至于民事立法,单单上述列举的几部法律就足以证明,对于家庭中的个人立法者业已借助一系列单行法予以了专门保护。但与之形成鲜明对比的是,立法者未就家庭进行任何的单独立法,与个人相比,家庭的法律地位低得几乎未进入立法者的视线。可是,在法律对家庭本身保护不足的情况下,法律赋予家庭中个人的那些权益难道不会沦为一纸具文而能切实享有？正所谓"大河有水小河满,大河无水小河干",相对于个人,家庭本身才是大河,个人不过是小河。唯有作为大河的家庭自身权益得到充分的法律保护,那置身其中的个人才能真正享有其种种权益。职是之故,家庭之制度性保障必须以家庭为本位而不能错误地以个人为本位。根据家庭本位理念,即便立法者不为此制定专门的家庭法,那在相关的民事立法中也应该坚持家庭本位而非个人本位的立法原则,否则,立法者必将辜负家庭之制度性保障对他们的立法期待,涉嫌立法权行使失当而违宪。

3. 家庭之制度性保障的关键,在于通过立法认可家庭的民事主体地位并赋予它相应的权利。可想而知,如果家庭不具有民事主体地位,不被承认具有民事行为能力,不能作为民事主体来开展民事活动,那法秩序意义上的家庭制度就不可能真正建立起来,家庭之制度性保障将因此而沦为不能产生丝毫法效果的纯粹学术概念。只有家庭本身像企业法人一样具有民事主体地位,拥有民事行为能力,可自由独立地开展民事活动,家庭才能成为法秩序世界中的主体,而不只是法律行为上的客体。不幸的是,在既有的民事立法中家庭尚未取得民事主体地位,[17]立法者并未把家庭作为一个民事主体来对待,至于家庭自身的民事权利更是渺无影踪。

4.家庭之制度性保障的内涵比较广泛,涉及家庭之组成、家庭之和谐、家庭之存续、家庭亲属伦理之维系等诸多方面,[18]但核心内涵应该是这样两项:(1)家庭的建构主体不宜过于固守传统而应与时俱进。基于婚姻、收养等关系组建家庭当然是建构家庭的重要方式,但在同性伴侣关系不断获得社会认可之今日,把家庭建构的主体局限于传统的婚姻、收养等关系主体是远远不够的。承认同性伴侣关系者组建家庭的权利,从而不至于将他们排除在家庭制度之外,此乃当代家庭制度变迁的现实需要,民事立法者当以宽容为念,正视此类家庭的存在,赋予它与基于男女婚姻而形成之家庭同等的权利。(2)认可并进一步规范传统的家产制。没有家产制真正的家庭制度就不可能长久维持下去,这是最基本的常识,[19]就像没有财产任何人都面临生存挑战一样。故而,民事立法时传统的家产制非但不能废弃,而且得根据社会经济的发展步伐对之进行规范调整,此乃法秩序意义上的家庭制度的根本要求。遗憾的是,既有的民事立法并未满足此等要求。唯有期待接下来的民法典编纂重新采纳家产制,保障家庭拥有必要的财产基础,以使之可以正常运转并世代延续。关于家庭之制度性

---

〔17〕 已有学者从必要性、可行性及国内外民事立法实践等多个维度论证了家庭理应作为一种民事主体,参见宁清同:《家庭的民事主体地位》,载《现代法学》2004年第6期。亦有学者在研究民法上的“家”后指出:“我国民法亲属编还是有‘家’比无‘家’好。一部民法典的成功与否、进步与否,并不取决于其亲属编有无家制。相反,因为有了新的家制,把许多活生生的与家有关的现实问题纳入法治的范畴,才正是民法典的本意。那么,如此有益于我们的制度,何乐而不为呢。”参见石碧波:《民法上的“家”》,载《当代法学》2003年第7期。

〔18〕 已有学者提出了家庭权概念,并将其内涵概括为四个方面,即“组成或不组成家庭之权利”、“和谐家庭生活之权利”、“维持家庭存续之权利”和“维持家庭亲属关系之权利”。参见李震山:《多元、宽容与人权保障——以宪法未列举权之保障为中心》,台北,元照出版有限公司2007年版,第163~172页;张燕玲:《家庭权及其宪法保障——以多元社会为视角》,载《南京大学学报》2011年第4期。但家庭权的主体应该还是个人,属于个人所享有的权利,与把家庭自身作为民事主体的家庭制度具有本质之不同,盼读者诸君明鉴。

〔19〕 正如黑格尔所言:“家庭不但拥有所有物,而且作为普遍的和持续的人格它还需要设置持久的和稳定的产业,即财富。”[德]黑格尔:《法哲学原理》,范扬、张企泰译,商务印书馆1961年版,第185页。

保障的核心内涵,王锴认为是“弱势家庭成员的特别保护原则”。〔20〕 其实,在正常情况下,家庭内部很难说有谁是真正的弱势成员。如单纯从权利能力方面来看,未成年子女相对于父母是弱势家庭成员,但30年后父母变为老人,其权利能力就明显低于已然成为青壮年的子女了,所谓弱势总是相对的。就家庭制度的法律建构而言,有关家庭弱势成员的保护无疑不是重点。不宁唯是,对于像母亲、妇女、儿童、老年人等特殊家庭成员,我国还有专门的单行法给予特别之保护。鉴于此,家庭制度就更没必要再锦上添花地给予例外之保护了。

以上宪法对家庭之制度性保障内涵只是一种基于宪法学理论的归纳,在实证法上家庭之制度性保障内容如何,及其在真实法秩序世界中的实现程度,则倚赖立法者在民事立法时对该解释理论的信奉与遵循,亦需要司法者在相关的诉讼中依据以上宪法解释内涵来裁判纷争以切实保护家庭不受侵犯。但事实如何,见以下分解。

三、既有民事立法未践行宪法对家庭之制度性保障

尽管宪法与民法之间的关系比较复杂,历来聚讼纷纷,〔21〕但“宪法表达的思想内容是为立法和司法划定活动范围”,〔22〕这应该是学界共识。从法规范体系上看,民事立法无论如何都不应该脱逸于宪法所确定的价值原则之外,相反,它必须融入宪法所建构或认可的法秩序之中。〔23〕《宪法》第49条第1款确定了对家庭之制度性保障,那民法对此应该施以援手,以使其内涵可以凭借具体

〔20〕 王锴:《婚姻、家庭的宪法保障——以我国宪法第49条为中心》,载《法学评论》2013年第2期。

〔21〕 参见韩大元:《宪法与民法关系在中国的演变——一种学说史的梳理》,载《清华法学》2016年第6期。

〔22〕 [德]迪特尔·施瓦布:《民法导论》,郑冲译,法律出版社2006年版,第59页。

〔23〕 关于宪法对民法的意义,德国法学家拉伦茨的观点可资参考,他说:“《基本法》并不是想以少数几条内容尚需进一步确定的原则来取代现行私法制度,而是要承认和确认作为一个整体的私法制度及其根本基础,但同时又想以自己的价值准则来衡量私法制度,并将它纳入整个法律制度的一体化之中。”[德]卡尔·拉伦茨:《德国民法通论》,王晓晔等译,法律出版社2003年版,第115页。

的民事法律规范而成为国民家庭民事行为之实然。可我国民事法律在践行宪法确立的家庭之制度性保障方面,委实乏善可陈,此等民事立法之不足应在此次民法典编纂中予以查漏补缺。

第一,既有的民事立法不认可家庭的民事主体地位。翻遍《民法通则》提到家庭的就两条,即第 29 条和第 104 条,第 29 条规定“个体工商户、农村承包经营户的债务,个人经营的,以个人财产承担;家庭经营的,以家庭财产承担”,第 104 条规定“婚姻、家庭、老人、母亲和儿童受法律保护”。和《宪法》第 49 条第 1 款相比,《民法通则》第 104 条只多了一个保护对象——老人,算是抄袭《宪法》第 49 条第 1 款之规定。此等重复《宪法》规定的抄袭型条款,对于实施宪法上的家庭之制度性保障几无实益,堪称消费立法资源并浪费《民法通则》规范空间的无意义条款。从《民法通则》第 29 条后段上看,作为承包经营户的农村家庭属于民事主体。〔24〕 然而,这种对家庭民事主体地位的认可是非常有限的:一是家庭仅仅在作为农村承包经营户时被认可为民事主体;二是这种立法上的有限认可在司法实践中就进一步倒退为基本不认可。在涉及农村承包经营户的民事诉讼中,被确定为当事人的往往是民事责任的实际承担者而非家庭,农村承包经营户的主体资格仅仅具有法律形式意义,〔25〕家庭实质上被排除在民事主体之外。至于《婚姻法》《收养法》《继承法》等民事立法,就更未把家庭作为民事主体对待了。家庭在民事立法中的主体地位缺失状况,理应在当下的民法典编纂过程中得到补救。新鲜出炉的《民法总则》依然未将家庭作为民事主体予以规定,此等遗憾在民法典家庭编编纂时就不能不予以弥补。

第二,传统的家产制在民事立法中基本被废弃。因为家庭在《民法通则》中基本不具有民事主体地位,所以,其第五章有关财产权的规定丝毫未涉及家庭。换言之,在我国延续千年的传统家产制事实上被最主要的民事立法——《民法

〔24〕 比较旧的民法教材一般把“两户一伙”视为民事主体,但如今越来越多的民法教材不这么提了。“两户”是指个体工商户和农村承包经营户,“一伙”指《民法通则》第 30 条规定的个人合伙。

〔25〕 参见尹田:《民事主体理论与立法研究》,法律出版社 2003 年版,第 240 页。

通则》一朝废止了,原有的法律地位遽然丧失。[26] 继《民法通则》废止家产制外,婚姻法随之亦步亦趋,日渐无视家庭作为一个整体对家庭财产享有所有权的固有法律传统及现行家庭生活之事实。1980 年重新制定《婚姻法》时,将 1950 年《婚姻法》中的"家庭财产"一词废弃,而代之以"夫妻共同财产"。2001 年修改《婚姻法》时,更是破天荒地承认所谓"夫妻一方的财产"即家庭内部的个人财产制,且与"夫妻共同财产"即家庭共同财产制处于并列地位。[27] 婚姻法所建构的这种家庭内部的"双财产制"造成的实践结果是,个人财产制的势力范围越来越宽广,而家庭共同财产制即家产制的生存空间却越来越逼仄。原因在于家庭的民事主体地位得不到应有的承认,作为整体的家庭难以捍卫其财产权益。而近 30 年来个人主义和经济理性入侵家庭的势头之强劲更是史无前例,个人为分割家庭财产而斗争的动机和决心因此而日渐膨胀。

不宁唯是,我国司法机关亦追随立法部门强化个人财产制而抑制家产制的脚步,在其司法解释及诉讼实务中把个人财产制优先于家产制作为原则;践行宪法上的家庭之制度性保障,在有疑义时选择家产制优先于个人财产制的应然立场被抛弃。2001 年《婚姻法》修订后最高人民法院先后发布了三份关于适用《婚姻法》的司法解释。[28] 在这些司法解释中,传统的家产制并未获得解释者应有的尊重,相反,与之对立的个人财产制倒是赢得了解释者的青睐。如最高

---

〔26〕 1950 年颁布的《婚姻法》第 10 条规定"夫妻双方对于家庭财产有平等的所有权与处理权",第 23 条第 1 款规定"离婚时,除女方婚前财产归女方所有外,其他家庭财产如何处理,由双方协议;协议不成时,由人民法院根据家庭财产具体情况、照顾女方及子女利益和有利发展生产的原则判决"。从"家庭财产"用语上看,该婚姻法是承认家产制的。1980 年通过的《婚姻法》中,"家庭财产"被"夫妻的共同财产"取代,但其实质内涵并未被废止,而它们是 1987 年《民法通则》生效前最主要的有关家庭财产之规定。此等立法变迁表明,在现行政治体制建立之初,它并未否定家产制,而是维持其固有的法律地位。

〔27〕 《婚姻法》第 17 条规定,"夫妻在婚姻关系存续期间所得的下列财产,归夫妻共同所有……",第 18 条规定,"有下列情形之一的,为夫妻一方的财产……"。

〔28〕 分别为最高人民法院《关于适用〈中华人民共和国婚姻法〉若干问题的解释(一)》(法释〔2001〕30 号)、最高人民法院《关于适用〈中华人民共和国婚姻法〉若干问题的解释(二)》(法释〔2003〕19 号)和最高人民法院《关于适用〈中华人民共和国婚姻法〉若干问题的解释(三)》(法释〔2011〕18 号)。

人民法院《关于适用〈中华人民共和国婚姻法〉若干问题的解释(三)》第7条第2款规定“由双方父母出资购买的不动产,产权登记在一方子女名下的,该不动产可认定为双方按照各自父母的出资份额按份共有,但当事人另有约定的除外”。对于父母出资购买的不动产,司法解释力主“双方按照各自父母的出资份额按份共有”,而不是作为家庭财产共同所有。于是,父母出资购买不动产的行为事实上被解释者以“司法”的名义曲解为精于算计的不动产投资,而非旨在促进和维护子女家庭幸福美满的家庭伦理之举。赵晓力尖锐指出,此等司法解释实际上使婚姻法这种人身关系法蜕变为投资促进法。〔29〕类似的评论还见于方乐博士,他说:“有关婚姻家庭财产的立法与司法解释的总体取向,就是按照‘爱情归爱情,婚姻归婚姻’的逻辑,用‘个别财产制’逐步取代‘家庭财产制’,把家庭变成是分别拥有个人情感和财产的两个人组合在一起的合伙生意。”〔30〕

检视现实,无论是立法还是司法解释,传统的家产制其法律地位被日渐削弱,夫妻个人财产制大有取而代之之势,而随着传统家产制的没落,家庭成员之间的关系亦必将发生根本性转向,关爱、责任和义务等固有情感慢慢消退,家庭成员之间开始变得冷漠、自私与算计,夫妻离婚跟男女相亲一样普遍。〔31〕马克思和恩格斯曾在《共产党宣言》中批判“资产阶级撕下了罩在家庭关系上的温情脉脉的面纱,把这种关系变成了纯粹的金钱关系”,斥责现代资产阶级家庭“是建筑在资本上面,建筑在私人发财上面的”。〔32〕家风逐利无情至如此田地,是否超乎立法者和司法者的意料之外呢?

传统中国盛行的是生产家庭化模式,由此形成以家为本位的社会制度。〔33〕尽管产业革命在我国发生已久,但据黄宗智的研究,“即便是在中国国内生产总值已经达到世界第二位的今天,小农家庭农场,以及其三代家庭,仍然在顽强持

〔29〕 参见赵晓力:《中国家庭资本主义化的号角》,载《文化纵横》2011年第1期。

〔30〕 方乐:《法律实践如何面对“家庭”?》,载《法制与社会发展》2011年第4期。

〔31〕 统计数据显示,2016年我国有346.8万对夫妻离婚,半数婚姻坚持不到5年,参见世纪佳缘发布的《离异人群婚恋观调查报告》,载 http://www.bjnews.com.cn/graphic/2017/04/17/440248.html,最后访问日期:2017年5月25日。

〔32〕 中共中央马克思恩格斯列宁斯大林著作编译局编:《马克思恩格斯选集》(第1卷),人民出版社1972年版,第254、268页。

〔33〕 参见冯友兰:《新事论:中国到自由之路》,三联书店2007年版,第42~55页。

续。当前的中国法律体系在实践层面上也同样展示一个庞大的家庭主义而不是个人主义的非正规领域”。[34] 基于此等生产家庭化仍然具有一定普遍性的现实,有人从实践的法律社会学视角对“去家产制”和“私权化”提出了批评,并指出家产制是中国转型社会的内在需求,[35]“因为中国农村的城市化是一个长期的过程,而在这个过程中家产制有利于维护家庭的稳定从而有助于城市化的顺利进行;另一方面,家产制有利于补充国家养老能力的不足从而确保城市家庭的稳定和再生产,提升国家的整体竞争力”。[36] 此等立论可谓务实之至。职是之故,民法典编纂时应该对依然具有强大生命力与功能的家产制予以规范和保护。[37]

第三,文化与价值观的多元化使家庭概念不断扩张及家庭类型日趋多样化,非典型家庭呈增长态势,[38]但非典型家庭在既有民事法律上几无立锥之地。而家庭之制度性保障则要求民事立法对家庭的界定不宜过于刻板,须包容并适应家庭之时代变迁。众所周知,“组成家庭之自由”在欧美法治国家已然是一项受到立法及司法普遍认可的基本人权,家庭的建构主体据此而不断扩大。

---

〔34〕 黄宗智:《中国的现代家庭:来自经济史和法律史的视角》,载《开放时代》2011 年第 5 期。

〔35〕 从某种程度上说,我国刑法对家庭财产是明文予以保护的。《刑法》第 92 条规定:“本法所称公民私人所有的财产,是指下列财产:……(二)依法归个人、家庭所有的生产资料……”之所以是某种程度上,是因为家庭所有的生产资料被刑法莫名其妙地列为“公民私人所有的财产”。不管是否承认家产制,但在将家庭财产与个人财产分别列举的同时,又把家庭财产视为个人财产,此诚刑事立法的逻辑混乱,亦为不承认家产制的必然后果。毫无疑问,化解此等逻辑混乱之道在于承认家产制的独立地位。

〔36〕 林辉煌:《家产制与中国家庭法律的社会适应——一种“实践的法律社会学”分析》,载《法制与社会发展》2012 年第 4 期。

〔37〕 《瑞士民法典》第 2 编“家庭法”第 9 章对“家产”有诸多详细之规定(参见《瑞士民法典》,于海涌、赵希璇译,法律出版社 2016 年版,第 128 ~ 131 页),我国编纂民法典时诚可参考和借镜。

〔38〕 国家卫生和计划生育委员会的调查报告显示,“单人家庭、空巢家庭、单亲家庭、同居家庭,以及流动家庭、留守家庭等家庭形态不断涌现”,其中单人家庭、联合家庭和其他家庭等非典型家庭占家庭总数的 9.5%,参见国家卫生计生委家庭司编著:《中国家庭发展报告 2015》,中国人口出版社 2015 年版,第 7、159 页。

除传统的男女两性基于婚姻关系结合成家庭之外，同性伴侣之间的共同生活关系亦应视为一种家庭，受到宪法和民事法律的同等保护。早在1989年，丹麦就通过立法允许同性伴侣到户政机构登记成伴侣身份关系，并承认其权利义务比同于婚姻配偶。随后，挪威、瑞典、冰岛、尼德兰纷纷效仿丹麦制定同性伴侣法，法国和德国亦分别于1999年和2001年颁布实施同性伴侣法。此等立法的实施事实上将生活实践中存在已久的同性伴侣家庭纳入法秩序领域，使之像传统的家庭一样能沐浴国家法律的阳光雨露，而不是与传统家庭处于"隔离且不平等"状态。〔39〕

然而，与上述国家相比，我国立法者对同性伴侣的关注远远不够，保障同性伴侣关系的类似立法始终停留在民间的呼吁与呐喊层面。〔40〕现实生活中大量存在的同性伴侣关系难以像传统的婚姻关系那样组建家庭，而作为中国人他们对家庭的渴望比欧美国家的同性伴侣更为强烈，由此使因"合法性"缺失所带给他们的伤害，远甚于同性伴侣法出台之前的欧美同性伴侣。他们的不幸在时刻提醒着我们，作为同性伴侣的他们，也应该被纳入宪法上的家庭之制度性保障范畴。他们一直沦为家庭之外的边缘群体，此乃民事立法过于保守及不作为的结果，理应通过民主选举或宪法审查机制予以纠正和弥补，以使他们也可以光明正大地拥有作为人类情感港湾、精神归宿及进步动力的家庭。

如果说婚姻只能是男女两性之结合，那家庭之组建则非必然如此。事实上，放眼望去一家几口皆为男性或女性的单性家庭颇不稀罕。同性伴侣组建家庭，与现实生活中大量存在的单性家庭并没有任何本质上的差别。准此，未来

---

〔39〕 有关欧陆国家同性伴侣关系立法的比较研究，可参见许耀明：《"家"的解构与重构：从法国、德国、比利时与欧盟层次新近法制谈"异性婚姻"外之其他生活关系》，载《东海大学法学研究》2006年第25期。

〔40〕 2015年6月23日，孙某、胡某（均为男性）到长沙市芙蓉区民政局申请办理结婚登记被拒后，随即向当地法院提起行政诉讼，2016年6月本案在长沙市中级人民法院终审，原告的结婚登记诉求被两审法院驳回（参见长沙市中级人民法院行政判决书〔2016〕湘01行终452号）。本案被媒体称为"中国同性婚姻登记第一案"，受到了社会各界的广泛关注。本案还被中国人民大学宪政与行政法治研究中心遴选为"2016年度中国十大宪法事例"之一。毋庸置疑，社会各界对此案高度关注，在很大程度上标志着民间对同性恋群体同样享有婚姻家庭权利的理解及支持业已达到一个新阶段。

民法典如果无视同性伴侣关系比比皆是之事实,人为排斥他们组建家庭,剥夺他们像其他人那样同居共财地享受家庭生活的权利,那对他们是极端不公平的。如上所述,这种立法否决之举违背了我国宪法上的家庭之制度性保障理念。鉴于大多数欧美国家已然在法律上承认并保护同伴侣关系,值此民法典编纂之际,我国亦适应价值多元化之时代嬗变而后来居上,勇于接受家庭形态多样化的社会现实,对所有家庭均不问两性或单性而一律平等视之。编纂民法典时,关于同性伴侣关系及其家庭具体如何规定,尼德兰、德国等国家的立法例可供立法者借鉴参考。〔41〕

家庭之制度性保障课予立法者广泛的民事立法权力,以使制宪者珍视的家庭价值获得作为国民日常行为规则的民事法律的认可与保护。对于立法者而言,制定旨在维护和延续家庭的法律法规乃是他们的义务。然而,“中国的法制现代化是在过度地解构‘家’的意义上进行的,淡化甚至排斥亲属的立法风格与社会现实构成了强烈的反动,由此导致了法律文本与现实世界之间呈现出巨大的张力”。〔42〕 单单以上三个方面的立法缺憾与阙如就足以证明,我国现行有关家庭的民事立法颇有反其道而行之之意蕴,甚至具有深厚法律传统的家产制这种家庭存在之磐石亦被立法者掩埋了。检讨过去是为了更好地努力现在及发展将来,希冀值此民法典编纂之良机,有关家庭之制度性保障的内容会在民法典家庭编中得到较好的体现。毕竟,郑重对待家庭就是郑重对待我们民族生活的过去、现在和将来。

---

〔41〕 2001 年德国立法者发布《关于停止歧视同性共同体的法律:生活伴侣关系》。“该法颁布后不久就进行了修改,其目的是进一步和婚姻相协调(2004 年 12 月 15 日《关于修改生活伴侣关系法的法律》)”,“该单行法在很多地方援用婚姻法的规定或比照婚姻的规定而设立”。参见[德]迪特尔·施瓦布:《德国家庭法》,王葆莳译,法律出版社 2010 年版,第 493 页。

〔42〕 李拥军:《当代中国法律对亲属的调整:文本与实践的背反及统合》,载《法制与社会发展》2017 年第 4 期。

四、民法典编纂须备足家庭这一课

“天下之本在国,国之本在家。”[43]我们的祖先很早就认识到家庭对于国家和社会的根本性意义。我们一生几乎都是在家庭的怀抱中度过:“人从降生到老死的时候,脱离不了家庭生活,尤其脱离不了家庭的相互依赖。你可以没有职业,然而不可以没有家庭。你的衣食住都供给于家庭当中。你病了,家庭便是医院,家人便是看护。你是家庭培育大的,你老了,只有家庭养你,你死了,只有家庭替你办丧事。家庭亦许倚赖你成功,家庭却亦帮助你成功。”[44]可以毫不夸张地说,家庭乃是我们中国人的基本生存方式,正所谓“我家,故我在”。[45]如今家庭化的生存方式依然在我们中华大地生生不息,家庭伦理始终是我们道德伦理文化的核心内涵。虽然经过四十余年改革开放的激荡与洗礼,我国社会伦理道德状况发生了深刻变革,但是“家庭仍是伦理关系的牢固基础和伦理精神的‘文化长城’”。[46]

令人不解的是,长期以来立法政策与家庭现状颇不同调、抵牾甚深。“当下首先被忽略的是家作为立法原则。在我国的立法意识当中,家几乎是一个完全被自由原则遮蔽的价值,国家治理的思维总是从个体出发,这同民间生活中仍旧保留的家观念之间,形成了复杂的关联:二者彼此对立,却又毫无条理地拧结在一起。”[47]不但有关国家治理之立法如此,就是普通的民事立法对家庭亦缺乏足够的重视。如有学者分析认为:“婚姻法对家庭和亲属关系的关注十分不够,导致了婚姻立法模式对人身关系调整的‘个人化’,对财产关系调整的‘私权化’,家庭的观念越来越淡,越来越多地形成不利于家庭稳定的因素,这种情形在《最高人民法院关于适用〈中华人民共和国婚姻法〉若干问题的解释》中达到

---

〔43〕《孟子·娄离上》

〔44〕梁漱溟:《中华文化要义》,上海人民出版社2005年版,第16页。

〔45〕有关我国家庭哲学的探究,可参见笑思:《家哲学——西方人的盲点》,商务印书馆2010年版,第406页以下。

〔46〕樊浩:《当前中国伦理道德状况及其精神哲学分析》,载《中国社会科学》2009年第4期。

〔47〕张龑:《论我国法律体系中的家与个体自由原则》,载《中外法学》2013年第4期。

极端,这与亲属立法价值理念的偏移和模糊有关。实际上,家庭对其成员的生存质量和发展空间具有决定性意义,而这种意义只有在立法强调'国家尊重和保障家庭'时才会变得具有现实意义。"[48]类似这种立法理应认真对待家庭的观点,已然引起了不少学者的共鸣。如谢鸿飞就主张民法典编纂要全面承认家庭的民事主体地位,他说:"未来民法典要扩张家庭法的宪法功能,可考虑将'户'的主体地位从个体工商户、承包经营户扩大到所有家庭,承认家庭的主体地位。这既契合中国人的民情,亦无违家庭法的现代化潮流。"[49]学者们纷纷就家庭立法各抒已见,足见家庭在法秩序中的地位问题已然是立法者无法回避的时代议题。

此次民法典编纂正是将宪法上的家庭之制度性保障系统地付诸于民事立法的历史性机遇期。编纂民法典的衮衮诸公应该认识到:"民族性是民法的精灵,是民法具有持续生命力的根源之所在……民法与其说是一些制度设计,毋宁说是一种生活方式的塑造更为确切。"[50]什么是我们中华民族的民族性,答案或许因人而异,但以家庭为发源地的家庭化生活方式及其伦理文化,乃是中华民族异于其他民族的民族特性之一,对此应无异议。家庭对于我们中国人不可或缺,原因在于它天然属于社会福利体系的一个有机组成部分,诚如论者所言:"家庭是中国最重要的福利单位。重视家庭也是我们宝贵的传统资源。以我们的国情,无论是现在还是未来,我们不可能建立像发达国家那样水平的福利体系。因此,充分发挥传统资源的作用,支持家庭,使家庭在正在构建的福利

---

〔48〕 丁慧:《再论中国亲属法的立法价值选择——在民法典起草和制定的语境下》,载《西南政法大学学报》2016 年第 1 期。

〔49〕 谢鸿飞:《中国民法典的宪法功能——超越宪法施行法与民法帝国主义》,载《国家检察官学院学报》2016 年第 6 期。

〔50〕 赵万一:《中国究竟需要一部什么样的民法典》,载《现代法学》2015 年第 6 期。还有学者指出:"从民法典编纂的社会历史背景和思想文化背景看,无论是自我生成型的法国民法典、德国民法典,还是继受生成型的日本民法典,无不扎根于本民族的土壤忠实反映本民族的社会生活。民族性是民法典保持其独特性、唯一性的重要标志。"参见吴治繁:《论民法典的民族性》,载《法制与社会发展》2013 年第 5 期。

体系中居于重要位置,具有战略意义。"[51] 民法典编纂如果忽视家庭在我们民族生活中与生俱来的战略性地位,那不管最终制定出来的民法典如何超越《法国民法典》或优于《德国民法典》,都将是一部因"无我"而带有"次殖民地"性质的中看不中用的他者民法典。[52] "对于一部出色的民法典而言,其最为核心的那些内容,同'进步'、'科学'和'与国际接轨'也并无关联,因为它们不是'移植'来的,也不是自己'创造'来的,而是从全体民众的基本共识中'发现'来的。"[53] 的确,民法典只不过是以法律的形式呈现民族的生活习惯和行为准则,编纂者在很大程度上不是在制造民法典,不是在发明民法典,而仅仅是在表述民法典。[54] 民族性才是它的根本特性,首先要捍卫民族性,然后才胸怀世界性。

家庭,对于我们中国人来说,它是生命之根、幸福之源,每个人都是始于家庭又终于家庭。法律保护家庭,实质上是在保护我们的生活本身。制宪者早已

---

〔51〕 孟宪范:《家庭:百年来的三次冲击及我们的选择》,载《清华大学学报》(哲学社会科学版)2008 年第 3 期。对孟宪范的论断作一佐证:国家卫生和计划生育委员会的调查报告显示,"老年人的社会支持主要来自家庭",参见国家卫生计生委家庭司编著:《中国家庭发展报告 2015》,中国人口出版社 2015 年版,第 92 页。

〔52〕 "无我"和"次殖民地",语出蔡枢衡先生。1940 年蔡在昆明发表《中国法律之批判》,其中说道:"三十年来的中国法,起初完全是在比较各国立法的氛围中产生出来的……法规成立之后,解释上常可发现主观上出于立法者意料之外,客观上近于笑话的矛盾,不平衡和不一致的现象。若从本质上看,唯新是求的精神实在是无我的表现,也就是次殖民地的反映。"(参见蔡枢衡:《中国法律之批判》,山西人民出版社 2014 年版,第 39 ~ 40 页)

〔53〕 凌斌:《编纂民法典:民族生活的法律归宿》,载《中国法律评论》2014 年第 4 期。

〔54〕 马克思曾在《论离婚法草案》中指出:"立法者应该把自己看作一个自然科学家。他不是在制造法律,不是在发明法律,而仅仅是在表述法律,他把法律精神关系的内在规律表现在有意识的现行法律之中。"参见中共中央马克思恩格斯列宁斯大林著作编译局编:《马克思恩格斯全集》(第 1 卷),人民出版社 1956 年版,第 183 页。

认识到家庭的功能与意义,家庭因此而在宪法上具有独立价值之地位,[55]家庭之制度性保障即基于此等认知。民法典编纂者每天下班之后都要回家。如果他们在编纂民法典时,未能恪守宪法上的家庭之制度性保障要求,依然像以往的民事立法那样,不承认家庭的民事主体地位,不保护传统的家产制而一味强化个人财产制,那或许终有一天民法典编纂者自己也会遭遇无家可归的凄惨下场。难道真的要等到那一天,身为法律精英的民法典编纂者才能领悟到抛却家庭、唯新是求的民法典,原来不但不能庇护我们的生活,而且陷吾国吾民于无家之境?总之,民法典编纂务必认真对待家庭,没有备足家庭这一课,民法典编纂就不应该遽然上马。民法典编纂一旦不善待家庭,其后果如何可想而知。到底何去何从,立法者不能不三思而行、慎之又慎。

〔55〕 住宅作为家庭生活自由展开的私密性物理空间,同样受到我国宪法的明文保护(《宪法》第 39 条规定"中华人民共和国公民的住宅不受侵犯。禁止非法搜查或者非法侵入公民的住宅"),在我国宪法上具有独立之价值。《宪法》第 39 条在终极意义上是为《宪法》第 49 条中的家庭价值服务的。特地制定《宪法》第 39 条,说明家庭价值对于制宪者而言是如此之重要,以至于对家庭存在的物理空间都需要予以宪法保护。

从斗争到沟通:民事权利救济模式的变迁

翟羽艳*　张铁薇**

进入文明社会之后,人们对权利的关注逐渐深化,并且在权利发展过程中,人们经历了从简单关注权利的存在到对权利整体尤其是权利实现关注的演变,因此,每个时代权利观念的变化往往集中体现在的权利实现路径的变迁上。人类进入21世纪,我们所面临的现实是:权利实现的路径已经完成了从为权利而斗争到为权利而沟通的历史性转变。

一、民事权利救济模式变迁的前提:权利与权力的并存

国家出现后,任何社会在选择民事权利救济模式时都面临一个根本性政治问题:如何协调权利和权力的关系。权力是社会公共秩序、公共利益和个体权利的最强有力的维护者,同时也是个体权利最大的威胁者。解决这一问题的法律技术设计是公法和私法的划分。公法与私法的区分意味着国家对自身控制功能实现程度的检讨;意味着国家为自己权力的行使界定了范围;意味着至上的国家权力受到法律的支配和规制;意味着万能的政府成为有限的政府。于是,在纯粹的私法领域中,国家的介入变得间接而有限,从而实现了国家公权下私权自治的目标,为救济权的国家和私人分享提供了可能。这样,基于救济之力的区别,形成了私力救济与公力救济两种不同的救济模式。

(一)私力:基于权利之"力"

私力救济中的"力"是一个内涵丰富的概念,它包括对权利救济具有影响力的一切手段——武力、操纵、说服和权威(分为强制性、诱导性、合法、合格和个

---

* 翟羽艳,大连大学法学院教授。

** 张铁薇,黑龙江大学法学院教授。

人权威),作为权利主体的私人根据权利的损害状态,在纠纷的不同阶段选择适用自己认为最有效的手段去救济权利。这种救济行为表现为用私人的力量去行使救济权,这里的私人力量可以延伸为一种私人权利(私权)。这种权利与生俱来,法律可以对这种权利加以规定,但它并不以法律的规定为限。私权行使主要是为了私人利益的实现,只是间接与国家和社会公共利益相牵连。这样,私权的运行就存在相对的自由性,主体可以自己决定私权是否行使、选择何种方式行使和实现,因为私权始终与国家强制无关。因此,私力救济之力的根据来源于权利,它强调救济是一项权利或权利的内容,是一种权利的延伸。因此,权利救济作为一种权利的行使和实现方式,体现了权利的全部特征。世界上有两种斗争方法:一种方法是运用法律,另一种方法是运用武力。第一种方法属于人类特有,而第二种方法则是属于野兽的。但是,因为前者常常有所不足,所以必须诉诸后者。

(二)公力:基于权力之"力"

公力救济中的公力也可以称为公共权力,是由国家机关代表国家以国家强制力为后盾实现自身意志的可能性。在救济过程中,根据权力的分工,它是一种必须由特定国家机关、依据特定规则和特定程序而行使的权力。根据社会契约理论,公权力来自私人的授予,它必须有法律的明确规定,它行使的直接目标是保护国家利益和社会公共利益,间接与个人利益相牵连。公力在救济中的优势是它以强大的国家力量作支撑,在救济强度、救济范围、救济方法和救济效果方面体现着自身的独特价值。通过公力实施救济是法治国家的重要标志,但是垄断救济权使救济权完全脱离权利而成为一种权力,只是国家确立后的一个理想化的目标,至今从未真正实现过。可见,在任何社会,无论法治化程度的高低与否,国家也只能垄断部分救济权,而这部分权力成为公力救济的有力支撑。因此,国家目前垄断行使的是一种救济权力,而不是全部的救济权。

(三)救济权:权利与权力的统一

在权利救济过程中,救济模式的差异主要根源在于救济之"力"的性质不同。众所周知,公法和私法划分的目的就是在公法领域和私法领域适用不同的调整规则。公法意味着权力的行使,因此,必须依据法治原则,"无法律即无行政";私法意味着对自由的尊重,"法不禁止便自由"。因此,在现代国家,救济权的国家垄断,只能局限于公法领域,这里国家对危害社会公共利益的行为通过法律的强制进行救济,这时救济权的行使是一种"权力",而不是一种"权利"。

在私法领域,国家不能也没有必要对救济权进行垄断,因为私法领域中大多数纠纷涉及的是当事人之间的权利,权利的侵害和补救具有相对性和直接性,它们与国家和社会的公共利益没有直接的牵连,这里救济权体现为一种“权利”而非“权力”。所以只要行为未超越法律的禁止性界限,就是一种自由的选择。因此,公法与私法区分的“直接意义在于,它明确划分了政府或多或少享有自由权的领域与政府交给市民社会的领域”。私力救济在公法领域和私法领域的地位有本质的差别,私力救济在私法领域是一种主导的救济模式,在公法领域是一种补充。我们对私力救济认知的误区表现为或者是用公法领域的观察代替私法领域的现实,或者试图用统一的标准来评价两个不同领域的私力救济现象,这就难免得出片面性的结论。

公法与私法的区分,也为私力救济提供了广阔生存空间,国家在私法领域强调意思自治,国家强制在私法领域逐渐淡化。尽管如此,权利依然无法脱离权力而存在,因为权利不是放在私人口袋中的物品,在很多情况下权利的救济和实现不得不依赖于政府,这使权利及其救济成为一种依赖政府供应的公共产品。从动态意义上考察,权利救济实质是解决纠纷,权利获得救济的过程就是纠纷得以解决的过程。权利在法律意义上被界定为“法律的产物”,没有法律和政府保护的权利只存在于纸面上或者道德观念里。从这个意义上来看,初民社会只有纠纷解决而没有权利救济。因此,无论从权利角度还是从纠纷解决机制角度研究私力救济都是殊途同归,只不过是关注结果还是关注过程的问题。具体而言,纠纷解决机制的核心是围绕利益,权利救济核心关注的是权利的恢复和实现。

随着私法公法化和公法私法化的发展,权利与权力的界限在某些领域出现淡化的趋势,以此为区分标准的公力救济和私力救济在很多时候出现交错和融合的现象。

总之,无论是私力救济之“力”还是公力救济之“力”,都是社会救济资源的组成部分,它们的关系始终处于一种动态的过程。首先,私力救济与公力救济之间存在一种能量的守恒关系,在公力救济资源丰富的领域,私力救济力量减弱,此消彼长,反之亦然。其次,私力救济与公力救济之间又存在一种相互依存的关系,救济权利是救济权力的前提,而救济权力又是救济权利的保障,没有权力保障的权利只存在于纸上或观念中。最后,在某种时刻私力救济和公力救济又是可以相互替代、相互补充的。

二、民事权利救济模式变迁的动因:公力救济的困境

(一)法律中心主义下的诉讼爆炸危机

现代法治社会纠纷解决的司法中心主义带来的必然结果是诉讼爆炸,这是纠纷解决机制畸形发展的结果。自20世纪60年代以来,一些西方主要国家都面临诉讼爆炸的危机。其实,任何一个国家,无论法治化程度高低,国民不成熟的或者过度的诉求对法院来说都是一种灾难。“无论美国经历的是诉讼爆炸,还是遭受了法律污染,抑或成为司法帝国的奴隶,有一点是肯定的——诉讼泛滥使我们法院没有能力及时、经济而有效地施以救济,然而诉讼泛滥同时又使法院超越自身的能力与合法性而将触角伸向不该伸向的领域。”[1]而实践证明,防止诉讼爆炸和法律泛滥的最有效措施就是多元化纠纷解决机制的构建和实施。“其实人们并非把法律视为解决冲突的最好办法,实际上只是因为缺乏其他解决手段才导致了法律的增长。”[2]因此,即使在现代法治社会,私力救济和其他社会救济模式也不是处于边缘地带,他们不仅是公力救济的补充,而且是与公力救济并存在一个多元的社会控制体系中,这些救济模式相辅相成,为当事人提供了多种选择,并在当事人的选择中各司其职和谐发展。因此,在权利救济过程中应秉承中医“不治已病治未病”“不治已乱治未乱”的理念,不能只关注已经发生的纠纷,而应将纠纷的预防和预防纠纷的扩大化作为社会控制的关键。解决纠纷时更不要只关注作为最后防线的司法救济,而应该是分层级考虑救济模式——民事纠纷还是刑事犯罪。如果是民事纠纷,公力救济其实是一种最后的选择,如果涉及刑事犯罪只能由公力救济介入。同时,需要分阶段分步骤考虑救济模式——纠纷存在阶段性特点,是处在单方阶段、双方阶段还是第三方介入阶段。在纠纷的单方阶段和双方阶段,公力救济没有介入的必要,只有在纠纷发展到第三方介入阶段,根据法律的规定和当事人的选择,公力救济才介入纠纷。采用不同的救济方式实现社会控制,不仅可以减轻司法救济的压力,充分提高司法救济的效益和功能,而且可以恢复当事人自我处理纠纷

[1] [美]博西格诺等:《法律之门》,邓子滨译,华夏出版社2002年版,第637页。

[2] [美]唐·布莱克:《社会学视野中的司法》,郭星华等译,法律出版社2002年版,第85页。

的信心和能力,将纠纷解决能力由一种远离普通人生活的职业技能,回归为普通人的一种生活的本能,同时还可以重建人与人之间的信任系统,现代社会正是因为人与人之间信任程度的下降,才导致人们自我解决纠纷的能力的不断削减,以至于当纠纷出现时人们只能选择信任具有特定专业功能的法院,从而出现诉讼的爆炸和司法救济的困境,这也是人类社会整体和谐能力下降的表现。“随着人们日趋依赖律师及司法部门的官员(如警察、法官等),而他们处理自身问题的能力却在退化甚至消失殆尽。”〔3〕

(二)法律中心主义下公力救济适用中的弊端

法律对损害救济的有限性也是非常明显的。事实上被损害的权利就像被损害的健康,只能恢复正常而无法恢复原状,尤其是在现代社会,法律对一般的损害采取的是物化的金钱赔偿方式,这种方式对心灵和精神的创伤有一定的抚慰功能,但无法永久消除,并且有些损害结果是永远不能物化的——一个失去亲人的人用什么标准去赔偿他的伤痛和不幸?对一个伤害致残的人用简单的伤残等级标准进行的金钱补救,永远没有恢复原状的可能,能够恢复原状的只是单纯的物质损失,而权利受到侵害仅仅发生物质损害的情况是非常罕见的,因此,我们期望的恢复原状是一个神话,而恢复正常甚至无法恢复正常却是我们经常面临的现实。“一个法院能使一个原告重新获得一方土地,但是他不能使他重新获得名誉,法院可以使一个被告归还一件稀有的动产,但他不能迫使恢复一个妻子已经疏远的爱情,法院能强制被告履行一项转让土地的契约,但是他不能强制他去恢复一个私人秘密被严重侵犯人的精神安宁。”〔4〕虽然,私力救济也同样面临这样的问题,但是在侵害人和受害人的自我救济过程中,很多东西会被释放和缓解。

有些纠纷不适合法律的介入,如琐碎的无意义的争执;有些纠纷通过法院也无法实现救济目标,如向无偿债能力的债务人主张债权,赢了官司又如何?司法能力的有限性与人们对司法无所不能的期待存在巨大矛盾。人们对法院和法官的不正常期待和信任,只能导致对救济结果的深深失望。这不仅损害了

---

〔3〕 [美]唐·布莱克:《社会学视野中的司法》,郭星华等译,法律出版社2002年版,第87页。

〔4〕 [美]庞德:《通过法律的社会控制——法律的任务》,沈宗灵译,商务印书馆1984年版,第31~32页。

人们对诉讼的信任，而且衍生出对诉讼的恐惧，这时耶林所谓的“原告为保卫其权利免遭卑劣的蔑视而进行诉讼的目的，并不在于微不足道的标的物，而是为了主张人格本身及其法感情这一理想目的，与这一目的相比，诉讼带来的一切牺牲和劳神对权利人而言，统统无足挂齿——目的补偿了手段”[5]的观点未免过于感情化了。从经济学的成本—收益的观点来看，当事人诉讼与其说是为了实现正义、维护法感情不如说是借助于司法救济手段而进行的一种交易。如果交易的结果不能满足当事人的期待，当事人就会放弃并远离这种交易。事实上这种交易关系是非常复杂的，当事人将很多的期待放到法官、律师和法律工作者身上，试图通过他们去实现当事人自己都无法实现的目标。其实，在纠纷的主体、环境、各种要素固定的情况下，能够对救济结果产生实质性影响的依然是当事人和案件事实而不是法律和法律工作者。虽然司法救济过程中救济权与权利主体相分离，但是当事人依然是不可忽视的救济关系主体，当事人的观念、态度、认知对纠纷的结果依然有重大影响，尤其是在民事纠纷中。这就可以解释为什么同样类型的民事纠纷，不同当事人在同一法院诉讼会有不同的处理结果。在诉讼过程中权利主体虽然丧失形式意义上的救济权，但是并不丧失对救济结果的影响力，这种影响力首先影响着纠纷模式的选择，进而影响纠纷解决的过程、解决的结果。

三、为权利而斗争：传统社会权利救济的主要路径

（一）斗争是权利救济的基本路径

耶林在他的名著《为权利而斗争》中，从法的起源入手，强调法的斗争性，强调人们对权利的主张是一种对自己和对社会的义务。他认为，不管是国民权利还是个人权利，大凡一切权利的前提就在于时刻都准备着去主张权利，法不仅仅是思想，而且是获得力量。因此正义女神一手持有衡量权利的天平，另一只手握有为主张权利的宝剑。无天平的宝剑是赤裸裸的暴力，无宝剑的天平则意味着法的软弱可欺。天平与宝剑相互依存，正义女神挥舞宝剑的力量与操作天平的技巧得以均衡之处，恰恰是健全法律的状态之所在。这里蕴含的基本精神

---

[5] [德]耶林：《为权利而斗争》，胡宝海译，载梁慧星主编：《为权利而斗争》，中国法制出版社2000年版，第11页。

是强调法律对权利的赋予和权利的保护的同一性。任何权利都面临被侵害、被抑制的危险，因为权利人主张的利益常常与否定其利益主张的他人利益相对抗，这时就会出现权利被否定的现象，权利的救济过程将被启动，也就是耶林所谓的为权利而斗争。显而易见，这一斗争下至私法，上至公法和国际法，在法的全部领域周而复始。国际法——战争；公法——暴动、革命；私法上通过所谓的私刑法，中世纪的自力救济、私斗法及决斗的形式，私权不稳定地行使。人们采取正当防卫形式进行自我防护，最终依靠民事诉讼形式合法地主张权利。尽管斗争的标的物和保障、斗争形式和层次各种各样，只不过同样是为权利而斗争的不同形式和场面而已。

（二）公力救济的选择承载着国家和国民的情感

权利救济方式各有差别，但都是当事人的一种选择。尤其是在选择是否启动公力救济程序的问题上，过程尤为复杂。因为其实每个人在权利受到侵害时都会面临斗争或者放弃的选择，是主张权利救济还是逃避容忍，这必然面临利益和损失衡量的问题。但这又不是一个简单的利益衡量问题，在很多情况下无论付出多大代价只为讨一个说法的诉讼经常发生。这种情况下，当事人关注的不是财产本身而是因财产而引发的人格、名誉、自尊的损害，这时诉讼对受害人而言，从单纯的利益问题变化为主张人格抑或是放弃人格这一问题。但是法律诉讼能否实现情感和人格尊严的恢复，我们是怀疑的。因为法律对损害的评价尺度是完全物质的，被告要求救济必须计算出损害的金钱价值，如果金钱价值不存在了，权利的保护就无从谈起。法官无法理解损失无法仅换算为金钱、损害也不仅是金钱就可以补救的理念，现行民事诉讼的核心就是赤裸裸的金钱利益，这是一种简单乏味的功利主义思考模式的结果，完全忽略了受害人的精神抚慰的要求。民法上对侵害人心理状态的关注与刑法完全不同，行为人主观过错的大小，行为的故意或过失，虽然在某些民事案件中是确定损害赔偿的考量因素，但往往也只体现在对损害赔偿数额的影响上，这不能不说是现代民事权利救济制度的困境。其实，即使在私法领域也不应该只权衡金钱利益，忽略对不法性的权衡。同时法律诉讼中的证据规则——“谁主张，谁举证”，以及关于各种证据类型的作用和使用要求的规定都不尽合理。耶林认为，“证据理论专为摧毁法律而发明”，这个观点虽然有些偏激，但是很多诉讼确实是原告的灾难、被告的幸运。这对受害人来说是双重的灾难，在受到侵权人的侵害之后又受到法律的伤害。这种状况无疑是摧残法感情的灾难。私力救济在现代社会的边缘化,主要是因为法律对它的限制。法律对正当防卫、紧急避险和自助(自救)的手段、程度和范围进行严格限制。但是这种严格的限制是违背公理的,因为它违反了"所有的法和所有的法律允许用一种力回击另一种力"的罗马法法则。在现代法律体系中,个人本位的一个重要体现就是把主张权利和放弃权利的选择权赋予权利人。但耶林认为,权利人对向人格挑战的不法行为(行为实施方式带有无视权利、侮辱人格性质的权利特征的行为)加以抵抗是义务,它是权利人对自身的义务——因为它是道德上自我保护的命令,同时它是对国家和社会的义务——因为它是为实现法所必需的。为权利斗争是对自己的义务,主张权利是对社会的义务,主张权利就是维护法律。因此,在耶林时代,诉讼不仅是成本的计算,还是一种法感情的实现,他由此得出的结论是:任何社会,法是不断的努力,是国家和所有国民的共同努力。

四、为权利而沟通:现代社会权利救济的新发展

既然法律在当今时代已经成为一项国家、社会和公民目的共享的事业,而不是一个手段和目的相互隔离的单独存在,人们对权利实现的路径就出现了新的理解。在耶林时代,人们对权利的认知匮乏,权利范围、权利内容、权利意识和权利的实现环境,都不尽如人意。因此,为权利而斗争这种激励式语言,就是告诫人们,法律已从社会本位转向个人本位,每一个生存个体的权利意识都应该觉醒,去争取自己应该享有的权利,去维护自己已经享有的权利。在当今权利爆炸的时代,权利领域突出的问题就是明确权利的界限,避免权利冲突,而避免冲突的有效途径不再是斗争而应该是沟通,因为人们发现斗争将产生更加剧烈的冲突,因而现代社会强调共同体意识,在统一的共同体之下,权利义务具有相互性,每个人权利实现的最佳方式是互赢,互赢的前提是沟通、理解达成妥协,因此,我们已经从为权利而斗争进入到为权利而沟通的时代。为权利而沟通是一种权利实现和保护的新理念,这种沟通涵盖了两个不同层面的内容,形成了两个不同的中心。

(一)立法者为中心的沟通

主要表现为立法者与法官的沟通,这是一种权力人与权力人的沟通。现实中的权利比较正式的表达是法定权利,而法定的权利往往来自权力主体的界定。这就是法律传统意义上的单向度的"规范发出者—规范接受者"模式,这里

规范接受者包括法官和普通的守法者。这种模式下,不仅不存在立法者和守法者之间的权力人与权利人的沟通,而且立法者和法官之间的权力人与权力人之间依然是阻隔的,这就决定了文本意义上的法律在转化过程中自身的权力系统内就存在障碍。因此,作为一种新模式的权利实现的沟通,强调的是在法律的框架之下,形成一种观念的转变:法律文本的意义不再是规范发出者—规范接受者这样一种简单的线性图式,而是一个以"沟通"为核心的三角关系,即"规范发出者—表达—规范接受者"。简言之,法律文本的意义既不是单纯的发出者意义,也不是单纯接受者意义,而是二者沟通之物;在很多情形下,甚至更是法律人、政客、大众传媒和普通大众等之间持续沟通而达成的一种具有某种限度的共识。这就意味着在法律规范中,规范的接受者必须同时成为规范发出者。要达到这一目的,就必须关注大众对立法的广泛参与和法律对大众意志的表达。如果规范的发出者与接受者情感隔绝,意志分离,法律系统就无法建立顺畅的"沟通"路径,必然导致文本意义上的法律与实践中法律的分离,法律的目标将无法实现。

因此,在法律系统沟通的过程中,我们首先强调立法者与执法者沟通的必要性,其次必须关注立法者与守法者的沟通,也就是进入权力人与权利人的沟通的层面,通过法律的表达、宣传,使守法者广泛参与权利的设定过程,使文本意义的法律向生活中的法律转变,也就是法律与法律生活的沟通。这时,法律开始由规则语言转向生活实践,在法律的参与者之间寻求一种共识,将客观现实翻译为法律语言。这时,法律才能被充分地理解和认知,权利才能由抽象变为具体,然后沟通将进入权利人权利实现的层面。在这一层面上,法律就成为人之行动的一种框架,其实法律不仅为人之沟通提供了一种框架,而且法律系统本身在根本上也是基于沟通:立法者与公民之间、法院与诉讼当事人、立法者与司法者、契约当事人之间的沟通。更显著的是,这一沟通方面现在被认为是处于法律合法化的框架之中:法律人之间一种合乎理性的对话是"正确"地解释和适用法律的保障。

法律的创制不能被视为一种单向度的过程。在一种单向度的合理性范式内,无法正确理解法律。我们必须重视守法和执法主体的情感,文本意义上冰冷的法律只有在执法者和守法者那里,才会有生命的温度。这就意味着,对任何法律理论而言,其焦点必须是人的互动和沟通,而不是个体或法律系统本身。通过沟通,法官和立法者之间传统的垂直关系已经被循环关系所取代。立法者同守法者之间的垂直关系也已经被改变，在对法律的感觉中可分为完全接受、有条件的接受、被迫的接受、拒绝接受。如果立法者想在沟通中达到最佳效果，使国民完全或有条件接受，不能仅仅局限于法规的颁布，而是应该尽力实现与法官和民众的法律理念的沟通，使制定法的正当性、合理性和价值达到一种统一的认知。

(二)以守法者为中心的沟通

这是一种权利人与权利人之间的沟通，这一过程使沟通取代了斗争成为权利实现的基本路径。权利人之间的沟通往往出现在权利实现发生障碍时，也就是权利人之间的沟通只有在纠纷发生时才具有重要意义。根据纠纷的阶段性理论，任何纠纷都会经历单向的不满阶段、双向的冲突阶段和三向的纠纷阶段。与此相对应，纠纷的社会解决机制就可分为第一方、第二方和第三方的纠纷解决。其实在纠纷的单向阶段和双向阶段的解决手段都可以称为以沟通为主的私力救济，也就是当事人在自我解决纠纷。因此，纠纷发展的阶段性导致纠纷解决手段的多样性特点。但是这些手段都是以沟通为核心的，区别只是这种沟通是发生在当事人之间，还是允许第三方介入在法律的框架下由法官来引导当事人进行沟通。事实上，当事人总是尽量避免第三方的介入，因为第三方介入纠纷的结果具有不确定性，可能使纠纷得到满意解决，也可能导致一方或双方当事人更加不满而使纠纷升级。而当事人在纠纷过程中的沟通，不仅会使纠纷解决内部化，在共同体范围内维持既存的各种社会关系的稳定性，节约社会控制资源，而且将会出现社会主体的法律权利与生活权利的转化与认同，这时不断出现的超越法律之上的社会生活实践将为立法者提供新的法律资源，从而促进法律的更新和发展。

立法者—执法者(法官)—守法者三者之间不同层面的良好沟通，形塑了现代社会法律调整的新模式，超越了传统意义上立法者—执法者(法官)—守法者的垂直关系模式，形成一种以法律为核心的沟通模式，使法律由命令、强制的单向规制演变成一种交谈和沟通的互动模式，呈现出一种良性的循环沟通关系，这样法律将走下神坛，成为社会生活规则的一部分。此时，我们可以这样理解作为一种规则的法律在整个社会规则系统内的地位：法律为人之行动提供了一种框架——一种沟通的框架，在这一框架下，包括立法与司法活动在内的法律关系被理解为一种交谈、对话和沟通的过程，而不是关注诸如强加和接受、命令和服从等权力关系的传统模式。在这里法律路径至少应是双向的，而不仅是单向的。法律系统从来不是一个闭合的系统,而是为协商和磋商提供了空间。沟通和沟通者的心理状态对于理解一个法律系统的运行及其产生的法律现实而言至关重要。

富勒认为,法律是社会控制的一种工具、人之互动的一个助手。因此,法律的一项重要功能就是为人们之间的互动提供一个框架,但沟通主要是在双方当事人之间进行的。因此,我们必须争取在纠纷进行的第二个阶段(双方阶段),将其解决,这也将是未来权利救济的主要途径。这种解决路径必须是在强烈的共同体利益意识下,人们强烈意识到个体利益之间的独立性和牵连性,在维护个人权利的同时,对他人的权利关注,彼此在权利行使时相互照护,在权利受到侵害时,可以沟通理解,而不必借助第三人的力量去实现权利,从而实现没有法律的秩序的目标。

民事权利救济模式的变迁体现了一种理想社会控制模式构建的宏观思考:如何在现代法治社会中实现公力救济与私力救济的和谐共治。现代社会多元化的社会模式对社会控制手段多元化的需求,公力救济遭遇困境是一种必然,因为法律中心主义带来的诉讼爆炸以及司法救济存在的内外障碍因素都是一种无法回避的客观现实。现代法治社会私力救济与公力救济共治模式的发展趋势主要表现为:一是公力救济尝试走出困境,完善自身。表现为私人和政府对法律认知的改变:法律从一种单向度的规划到“共享目的的合作表达”,法律从单纯的手段到手段和目的的统一。二是私人和政府在权利观念上的更新:权利的确立、权利的实现路径必须实现由单方的斗争向多方沟通的历史性转变。法律走下圣坛,回到人间真正成为一种行为规则。

宪法平等原则在婚姻家庭法中的展开
——从“男女平等”到“出生平等”

薛宁兰*

一、引　言

婚姻家庭是维系人类存续的基本社会组织形式，自宪法产生以来，它便受到特别保护，为此我国历次宪法均有所体现。[1] 现行《宪法》第二章公民的基本权利与义务中规定：“婚姻、家庭、母亲和儿童受国家的保护。”（第49条第1款）这一条文虽位于本章的基本权利部分，却不具有基本权利的形式，属于比较特殊的宪法条文。依照德国学者“制度性保障理论”，[2] 家庭本身不具有真正意义上的基本权利，家庭只能作为一种制度受到宪法保护；对婚姻家庭的制度性保障比基本权利保障更加有效，立法者因此负有不得废止或改变这一制度核心的义务。可见，作为社会细胞组织的婚姻家庭，在宪法中被置于国家秩序的特别保护之下。

宪法学界主流观点认为，宪法是国家根本大法，在法的渊源上，它是具有繁殖能力的“母法”，包括民法在内的其他部门法只是其下的一种“子法”，即“宪法施行法”。“现代宪法要求其自身规范中所蕴含的价值秩序，应有效地适用于所有的法领域，其中包括私法领域。”[3] “宪法既是民事立法的根据，也是民事

* 薛宁兰，中国社会科学院法学研究所研究员。

〔1〕 1954年、1978年、1982年颁行的三部《宪法》对此都有明确规定。例如，1954年《宪法》第96条规定妇女在政治、经济、文化、社会和家庭生活各方面享有同男子平等权利之后，并指出“婚姻、家庭、母亲和儿童受国家的保护”。

〔2〕 [德]卡尔·施米特：《宪法学说》，刘锋译，上海人民出版社2005年版，第184页。

〔3〕 林来梵：《民法典编纂的宪法学透析》，载《法学研究》2016年第4期。

法律规范的效力保障。"[4]

与民法典编纂跌宕起伏的历史不同,婚姻家庭立法一直受到国家高度重视。新中国成立后颁布的第一部基本法律不是宪法,而是1950年《婚姻法》。新中国成立后头30年间,婚姻家庭法一直以独立法律部门形式存在,成为法律领域中的"幸运异数"。[5] 20世纪80年代初,我国实行改革开放政策,推行市场经济。1986年《民法通则》在立法体例上宣告婚姻家庭法的民法归属。回归民法后的婚姻家庭法,如何保持其相对独立性,是民法典编纂过程中应当时刻警觉的问题。家庭与市场是两个不同领域,应遵循不同的伦理准则与道德规则,调整这两个领域中社会关系的法律也各有其特性。[6] 因之,从宪法平等原则出发,探寻我国婚姻家庭立法对这一原则的拓展与贯彻,亦是厘清婚姻家庭法有别于民法财产法的重要方面。

二、平等原则——从宪法到婚姻家庭法

第二次世界大战结束以后,尊重个人尊严及人人平等成为国际社会的基本价值理念。1948年联合国《世界人权宣言》通篇贯穿平等与反歧视理念。[7] 宣言确立的平等与非歧视的人权基本原则成为联合国各项人权公约遵循的基本准则。1966年的"人权两公约"——《公民权利和政治权利国际公约》和《经济、社会和文化权利国际公约》,以国际法律形式确定宣言申明的各项人权。1979年《消除对妇女一切形式歧视公约》重申"人权两公约"的平等与非歧视原

---

〔4〕 郑贤君:《作为宪法实施法的民法》,载《法学评论》2016年第1期。

〔5〕 1949年以来,与民法及其他部门法相比,婚姻家庭法律制度一直存在于我国的法律体系之中。参见陈甦主编:《当代中国法学研究》,中国社会科学出版社2009年版,第56页。

〔6〕 参见薛宁兰:《婚姻家庭法定位及其伦理内涵》,载《江淮论坛》2015年第6期。

〔7〕 《世界人权宣言》第1条指出:"人人生而自由,在尊严和权利上一律平等……"第2条规定:"人人有资格享受本宣言所载的一切权利和自由,不分种族、肤色、性别、语言、宗教、政治或其他见解、国籍或社会出身、财产、出生或其他身份等任何区别……"

则,界定"对妇女的歧视"的定义,确立实现两性实质平等模式。[8] 1989年《儿童权利公约》重申禁止基于儿童的出生或其他身份的差别对待,确立对儿童的非歧视原则和最佳利益原则。[9] 平等与非歧视原则因此是我国制定国内立法的国际法依据。[10]

宪法原则是宪法制度的基础和前提,是制定和实施宪法过程中应遵循的最基本准则。作为宪法的实质渊源,宪法原则决定着"形式宪法"的性质、内容和价值取向,是一国"宪法的灵魂"。现代宪法是限制国家权力、保障公民权利的产物,"反对特权"是宪法原则的重要功能。由此,平等原则在众多宪法原则中居于重要的突出地位,成为各国宪法的核心和精髓。[11] 根据我国现行《宪法》第33条规定,"中华人民共和国公民在法律面前一律平等。国家尊重和保障人权"。第48条第1款进一步指出:"中华人民共和国妇女在政治的、经济的、文化的、社会的和家庭的生活等各方面享有同男子平等的权利。"前一条文确立的法律面前人人平等是适用法律的一种方式。它强调在适用法律过程中不能有法律未事先规定的特权和例外,目的在于限制司法权滥用,通过先例拘束原则保障同样的事情获得同样的处理,从而达到当事人在法律适用上的平等,即形式平等。[12] 后一条文确立男女平等是一项宪法原则,明确了男女在社会生活各领域(包括家庭领域)中的权利平等。这两项规定与《宪法》第49条共同奠定我国婚姻家庭制度的基本特征,也为在婚姻家庭法中进一步确认夫妻、父母子

---

〔8〕《消除对妇女一切形式歧视公约》第2条要求,缔约各国"立即用一切适当办法,推行政策,消除对妇女的歧视"。这些方法包括立法、司法、行政及其他措施。在立法措施方面,要求将男女平等原则列入本国宪法和其他相关法律;制定法律,修改或废除构成对妇女歧视的现行法律、规章、习俗和惯例,等等。该公约第4条第1款指出:"缔约各国为加速实现男女事实上的平等而采取的暂行特别措施,不得视为本公约所指的歧视,亦不得因此导致维持不平等或分别的标准;这些措施应在男女机会和待遇平等的目的达到之后,停止采用。"

〔9〕参见《儿童权利公约》第2条第1款、第3条第1款。

〔10〕中国是《消除对妇女一切形式歧视公约》的最早缔约国之一(1980年),并于1991年批准《儿童权利公约》,1998年签署《公民权利和政治权利国际公约》,2001年批准《经济、社会及文化权利国际公约》。

〔11〕参见莫纪宏:《论宪法原则》,载《中国法学》2001年第4期。

〔12〕参见徐国栋:《平等原则:宪法原则还是民法原则》,载《法学》2009年第3期。

女、兄弟姐妹、祖孙之间在人身与财产方面的权利义务，提供了制定的权源和客观价值秩序。[13]

在私法领域，宪法平等原则所反对的“特殊的权利”，是指具体制度确立的对自然人利益不平等的保护措施。为避免出现这一现象，在现行《婚姻法》中，有关男女平等的直接规定起码有四处：(1)确立“实行婚姻自由、一夫一妻、男女平等的婚姻制度。保护妇女、儿童和老人的合法权益”。（第2条）(2)倡导“夫妻应当互相忠实，互相尊重；家庭成员间应当敬老爱幼，互相帮助，维护平等、和睦、文明的婚姻家庭关系”。（第4条）(3)重申“夫妻在家庭中地位平等。”（第13条）(4)规定“夫妻对共同所有的财产，有平等的处理权”。（第17条第2款）这些条文要么是对男女在婚姻家庭中平等法律地位的一般确认，要么是夫妻在家庭中地位的具体化。不仅如此，婚姻法中还存在大量间接规定男女平等的条文。可以说，“男女在家庭中的平等是我国立法者在平等问题上用力最勤的领域”。[14]

在我国婚姻家庭立法中，“出生平等”不如男女平等那么彰显，但它同样是宪法平等原则的应有内涵。婚姻家庭领域中的“出生平等”主要针对婚生子女与非婚生子女而言，依照宪法和婚姻法的平等原则，无论父母有无婚姻关系，子女一经出生便具有平等的法律地位。[15] 对此，《婚姻法》第25条第1款进一步指出：“非婚生子女享有与婚生子女同等的权利，任何人不得加以危害和歧视。”这表明，法律关于父母子女权利义务的规定同样适用于非婚生子女与其亲生父母之间，具体表现在父母对子女的抚养、教育与保护，成年子女对父母的赡养与扶助，以及父母子女相互遗产继承等方面。例如，《继承法》第10条在法定继承人范围和继承顺序的规定中，将子女作为第一顺序继承人，并特别申明“本法所说的子女，包括婚生子女、非婚生子女、养子女和有扶养关系的继子女”。

---

〔13〕 谢鸿飞研究员认为，宪法确立的基本权利是一种客观价值秩序，国家对公民基本权利的实现不仅要承担消极义务，还要承担保护义务。参见谢鸿飞：《中国民法典的宪法功能——超越宪法施行法与民法帝国主义》，载《国家检察官学院学报》2016年第6期。

〔14〕 徐国栋：《平等原则：宪法原则还是民法原则》，载《法学》2009年第3期。

〔15〕 我国《民法总则》第13条中关于“自然人从出生时起到死亡时止，具有民事权利能力”的规定，第14条“自然人的民事权利能力一律平等”的规定，也是“出生平等”的法律依据。

三、"男女平等"在婚姻家庭法中的贯彻

我国历次婚姻立法及修法所处的经济社会发展阶段不同,婚姻家庭领域面临的问题亦不同。然而,通过制度性保障,确认夫妻各自人格独立和平等法律地位,打破由历史文化和观念造成的男女在社会与家庭领域中的角色定型与性别隔离,促进夫妻在婚姻家庭生活中共享权利、共担义务与责任,是我国婚姻家庭立法始终坚持的价值目标。

(一)1950 年《婚姻法》强调男女权利平等

1950 年《婚姻法》以解放妇女为根本宗旨,其第 1 条开宗明义:废除封建主义婚姻制度,"实行男女婚姻自由、一夫一妻、男女权利平等、保护妇女和子女合法利益的新民主主义婚姻制度"。本条意在通过立法消除妇女在婚姻家庭中的无权状态,以赋权性规定实现男女形式上的平等。这部婚姻法强调男女权利平等,就是要将妇女当作独立的人看待,承认她们在家庭生活各方面有与男性平等的资格与机会。它还在第三章夫妻间的权利和义务中指出:"夫妻为共同生活的伴侣,在家庭中地位平等。"(第 7 条)不仅如此,这部婚姻法也强调性别差异。据统计,该法 2/3 的条款偏向于保护受尽封建父权、夫权压迫的已婚妇女,尤其在夫妻财产制、离婚财产分割、离婚后的子女抚养等方面,突出体现了对当时处于弱势地位的妇女权益的保护。〔16〕

(二)1980 年《婚姻法》强调男女权利与义务平等

1980 年《婚姻法》问世于国家推行"改革开放"政策之初,是对 1950 年《婚姻法》的继续和发展。该部婚姻法重申男女平等是新时期我国婚姻制度的基本特征,强调保护妇女、儿童和老人的合法权益,禁止重婚,禁止家庭成员间的虐待和遗弃。它从夫妻权利义务相一致角度,在计划生育、婚姻居所、相互扶养、

〔16〕 例如,1950 年《婚姻法》第 10 条规定:"夫妻双方对于家庭财产有平等的所有权与处理权。"第 23 条第 1 款规定:"离婚时,除女方婚前财产归女方所有外,其他家庭财产如何处理,由双方协议;协议不成时,由人民法院根据家庭财产具体情况、照顾女方及子女利益和有利发展生产的原则判决。"第 24 条规定:"离婚时,原为夫妻共同生活所负担的债务,以共同生活时所得财产偿还;如无共同生活时所得财产或共同生活时所得财产不足清偿时,由男方清偿。男女一方单独所负的债务,由本人偿还。"

子女姓氏选择、共有财产处理、离婚财产分割、离婚债务清偿等方面,作出夫妻平等享有权利和履行相应义务的规定。例如,对于离婚时夫妻共同财产的分割,新《婚姻法》取消了1950年《婚姻法》"女方婚前财产归女方所有"的规定,代之以"夫妻的共同财产由夫妻双方协议处理"的原则。再如,对于离婚时夫妻共同债务清偿,将1950年《婚姻法》规定的"无共同生活时所得财产或共同生活时所得财产不足清偿时,由男方清偿",修改为"该项财产不足清偿时,由双方协议清偿"的原则规定。对于夫妻间的扶养,新婚姻法确立夫妻负有互相扶养的义务,一方不履行此项义务的,另一方享有请求该方扶养的权利,进一步平衡了妇女在婚姻家庭中的地位。

(三)2001年婚姻法修正案对夫妻实质平等的追求

2001年立法机关对1980年《婚姻法》作出修正。在认识到男女两性生理差异与社会性别差异基础上,修正案增加若干条文,确立新的原则和救助措施,努力促进夫妻间的实质平等。(1)增加原则性规定,倡导夫妻之间应当相互忠实、相互尊重,维护平等、和睦、文明的婚姻家庭关系;(2)明确规定禁止家庭暴力,确立对受暴配偶一方的救助措施;(3)增设离婚家务劳动补偿制度,承认家务劳动的社会价值;(4)建立离婚损害赔偿制度,救济离婚中的无过错方。

修改后的《婚姻法》虽未明示设立这些制度和措施的目的是为特别保护女性权益,但这些条文实施后的受益者大多是女性。因为,现实生活中,妻子一方常常是家庭暴力的受害人;婚姻生活中,妻子是家务劳动的主要承担者;离婚时,有重婚、与婚外异性同居、家庭暴力等法定过错的,常常是丈夫一方;离婚后,子女常随母亲共同生活,离婚后生活困难的也以女方为多。可见,只要立法关注社会现实,虑及两性的利益差别,即便是性别中立的立法,同样能够促进夫妻间事实上的平等。[17] 因此,这也是体现男女平等原则,具有社会性别意识的立法。

四、"出生平等"在婚姻家庭法中的体现

历史上,基于宗教、道德、习俗等原因,各国法律对婚生子女和非婚生子女

〔17〕 参见彭黎、李明舜:《我国婚姻家庭立法的社会性别分析》,载《中华女子学院学报》2010年第2期。

区别对待，非婚生子女受到制度性歧视。早期罗马法只承认宗亲，不承认血亲，因此，若父母无婚姻关系，子女与父母之间便不发生法律上的亲属关系。后来基于“生母恒定原则”，非婚生子女仅与生母在法律上有母子关系，由生母负担抚养义务。〔18〕 中世纪，法律将“私生子”与强盗、盗贼列为同一范畴，将其作为“法外人”处理，结果是杀害、遗弃非婚生子女现象盛行。〔19〕 这一古代法律文化影响到近代大陆法系和英美法系国家的民事立法。〔20〕 例如，1804 年《法国民法典》规定非婚生子女不得请求其父认领，只许其母认领；对乱伦子、奸生子，父母均不得认领，即便父母结婚，他们也不能取得婚生子女的资格。非婚生子女经认领后，始享有继承父母遗产的权利，但其应继份额为婚生子女的 1/3。〔21〕

20 世纪以来，基于平等和人权保障理念，各国法律逐渐消除对非婚生子女的歧视性对待，通过宣示性规定，确立非婚生子女具有与婚生子女同等的法律地位；通过相关制度设计，促使他们与亲生父母形成法律上的亲子关系，受到来自父母双亲的扶养和照护。法国于 1972 年确立非婚生子女与婚生子女具有平等的地位。1993 年，修改后的《法国民法典》第 329 条规定：“非婚生子女，只要依法确立亲子（女）关系，均可取得婚生子女资格。”〔22〕在德国，1919 年《魏玛宪法》第 121 条规定：“对于非婚生子女，应以法律规定，使其身体的、精神的及社会的发育，与婚生子女受同一之待遇。”1949 年《德国基本法》确立非婚生子女与婚生子女平等的原则，其第 6 条第 5 款指出：“法律应为非婚生子女提供与婚生子女同等身心发展机会和社会地位。”在联邦宪法法院推动下，德国展开对民法典相关条文的违宪审查，并颁布专门法，推动家庭法改革。〔23〕 例如，1998 年 4 月 1 日生效的《继承法平等权利法》，在继承权方面实现了对婚生子女和非婚

---

〔18〕 参见陈朝璧：《罗马法原理》，法律出版社 2006 年版，第 411 页。

〔19〕 参见林秀雄：《婚姻家庭法之研究》，中国政法大学出版社 2001 年版，第 217 ~ 218 页。

〔20〕 参见李志敏主编：《比较家庭法》，北京大学出版社 1988 年版，第 216 页；何勤华主编：《英国法律发达史》，法律出版社 1999 年版，第 326 页。

〔21〕 《拿破仑法典》（《法国民法典》），李浩培、吴传颐、孙鸣岗译，商务印书馆 1979 年版，第 43 ~ 44、101 页。

〔22〕 《法国民法典》（上册），罗结珍译，法律出版社 2005 年版，第 290 页。

〔23〕 ［德］罗伯特 · 霍恩、［德］海因 · 科茨、［德］汉斯 · G. 莱塞：《德国民商法导论》，楚建译，中国大百科全书出版社 1996 年版，第 210 页。

生子女的平等对待。[24]

新中国成立以来的婚姻立法突出对非婚生子女平等法律地位的确认。1950年《婚姻法》第15条第1款规定:"非婚生子女享受与婚生子女同等的权利,任何人不得加以危害或歧视。"这一规定在用语和文字表达上相较于革命根据地时期婚姻立法有所发展。首先,它不再使用1934年《中华苏维埃共和国婚姻法》、1942年《晋冀鲁豫边区婚姻暂行条例》中的"私生子"一词,改称为"非婚生子女"。其次,它对于非婚生子女法律地位的表述更加概括和周严。例如,虐待、遗弃、杀害都是侵害非婚生子女权利的具体表现形式,采用"危害或歧视"可以囊括各种侵害非婚生子女利益的行为。1950年《婚姻法》第15条第2款还明确了生父的抚育责任:"非婚生子女经生母或其他人证物证证明其生父者,其生父应负担子女必需的生活费和教育费全部或一部;直至子女十八岁为止。如经生母同意,生父可将子女领回抚养。"尽管这还不是成熟的子女认领制度,但具备了这一制度的主要内容。

以子女利益为本位,建立无歧视的平等亲子关系是我国历次婚姻立法及修法一贯坚持的理念。1980年《婚姻法》第19条第1款关于非婚生子女法律地位的规定,内容上与1950年《婚姻法》基本一致,仅个别用词有所修正;其第2款的用语更为简洁,明确了生父负有对非婚生子女抚养和教育的义务。[25] 但从该条表述中已看不到子女认领制度的踪影,致使生父与子女之间如何实现各自的权利,缺乏制度的通道。2001年修订后的现行《婚姻法》第25条第2款进一步明确"不直接抚养"非婚生子女的"生父或生母"对其都有抚养教育义务,从而确立了亲生父亲和母亲共同承担对非婚生子女的抚育责任。

五、我国民法典婚姻家庭编立法展望

《民法总则》施行后,民法分则各编(物权编、债权编、侵权责任编、婚姻家庭

---

〔24〕 参见[德]迪特尔·施瓦布:《德国家庭法》,王葆莳译,法律出版社2010年版,第268页。

〔25〕 1980年《婚姻法》第19条规定:"非婚生子女享有与婚生子女同等的权利,任何人不得加以危害和歧视。非婚生子女的生父,应负担子女必要的生活费和教育费的一部或全部,直至子女能独立生活为止。"

编、继承编)的编纂已经展开。这对于"回归"民法的婚姻家庭法而言是一次体系化完善的良机。亲属关系是自然人基于婚姻、血缘和法律拟制形成的基本生活关系,是人们之间的血缘辈分关系。调整这一人伦关系的婚姻家庭法因而具有伦理性和习俗性。一方面,它要确认体现主流价值观的婚姻家庭道德规范,对那些沿袭已久且不违背民法善良风俗原则的中华民族婚姻家庭习惯应给予必要的尊重;另一方面,它应继续遵循体现当代人权观念的宪法平等原则,将之从"男女平等""出生平等"拓展到家庭生活的其他方面(如"长幼平等")。笔者仅就民法典婚姻家庭编如何进一步促进家庭中的"男女平等"和"出生平等",阐述一孔之见。

(一)体系化构建夫妻债务制度

夫妻债务认定的标准,是近年来我国司法实务中争议较多的热点问题。由于现行《婚姻法》中未有夫妻债务认定标准的正面规定,最高人民法院《关于适用〈中华人民共和国婚姻法〉若干问题的解释(二)》第 24 条便确立一项推定规则:"债权人就婚姻关系存续期间夫妻一方以个人名义所负债务主张权利的,应当按夫妻共同债务处理……"除非夫妻一方能够证明此项债务为其个人债务或者夫妻已约定实行分别财产制,并且债权人知道该项约定。这一司法解释对现行《婚姻法》的改变有两方面:一是用推定规则取代了《婚姻法》第 41 条确立的"目的和用途"相结合的夫妻离婚时债务的认定标准;二是不合理地加重了夫妻中非举债一方的证明责任。当下我国,"男主外,女主内"的传统家庭分工模式依然较为普遍,夫妻中能够以个人名义对外举债的往往是从事生产经营的丈夫一方,承受这一推定规则不利后果的多是从事家务或在机关事业单位工作的妻子一方。最高人民法院《关于适用〈中华人民共和国婚姻法〉若干问题的解释(二)》关于夫妻共同债务的推定规则过分注重债权人利益保护的做法,忽视对婚姻关系中不知情的、非举债配偶一方权益保护,严重侵害到该方配偶(常是妻子一方)的合法权益与正常生活。[26] 它难免"成为助强掠弱、造成审判结果实质不公平的推手"。[27]

---

〔26〕 参见邓小波:《夫债妻还,离婚女不能承受之重》,载《中国妇女报》2015 年 3 月 20 日,A4 版。

〔27〕 但淑华:《对〈婚姻法解释(二)〉第二十四条推定夫妻共同债务规则之反思》,载《妇女研究论丛》2016 年第 6 期。

完善夫妻债务制度已成为当前保障已婚妇女财产利益的重大社会关切。若在民法典婚姻家庭编中有所规定的话，司法解释便无适用之余地。笔者认为，民法典婚姻家庭编应对夫妻债务制度作出体系化完善，具体可包含四方面内容：(1)在夫妻的权利与义务中，增加规定日常家事代理权，界定“日常家事”的范围。日常家事代理虽是基于夫妻身份依法产生的法定代理权，但这一权利行使的效果表现为财产效益，被代理方对代理方从事家事行为所产生的债务承担连带责任。日常家事代理制度因此与夫妻债务性质的认定发生关联。(2)在夫妻约定财产制部分，增加规定：“夫妻双方对债务有约定的，从其约定。”(3)在法定夫妻财产制中，分条规定夫妻共同债务与夫妻个人债务。具体如，“夫妻因共同生活、共同经营、共同受益或者履行法定扶养义务所负债务，是共同债务。”夫妻一方“婚前所负债务、一方在婚姻期间以自己名义负担的超出日常家事范围的合同之债、一方在婚姻期间因侵权或担保所生之债等”属于个人债务，应由其个人偿还。(4)鉴于今后夫妻债务清偿不再限于夫妻离婚之时，在立法体例上，可在夫妻财产制中规定夫妻债务的清偿责任及其责任财产范围。夫妻共同债务以夫妻共同财产清偿为原则；共同财产不足清偿或财产归夫妻各自所有的，以夫妻双方的个人财产均等偿还。〔28〕 夫妻一方的个人债务，应由其个人偿还；个人财产不足以偿还的，可以用夫妻共同财产或对方个人财产偿还，但另一方享有对夫妻共同财产或自己个人财产的补偿请求权。

(二)取消对子女做“婚生”与“非婚生”区分

传统法对子女做“婚生”与“非婚生”区分的依据是其父母之间有无合法婚姻关系，并且通过婚生子女的推定与否认制度和非婚生子女的准正与认领制度，确立婚生子女与父母、非婚生子女与父母的亲子关系。这种区分既不符合联合国《儿童权利公约》禁止差别待遇原则强调的不得因儿童本人的出生或其他身份而有任何差别，也不利于实现儿童的最佳利益，大大偏离了亲子关系确认制度设立的初衷。目前，美国、德国、埃塞俄比亚、澳大利亚等国法律取消“非婚生子女”称谓，而将与父母有血缘关系的子女统称为“亲生子女”。这一法律术语的改变，是当代法律以子女利益为本位，从子女最佳利益原则出发，消除制度性歧视的表现。

---

〔28〕 参见梁慧星编：《中国民法典草案建议稿附理由：亲属编》，法律出版社 2013 年版，第 209 页。

传统法因为强调子女的婚生性,才会在亲子关系确认制度中针对婚生子女和非婚生之女做不同的规则设计。当法律不再对子女作这一区分后,亲子关系确认制度便可实现统一,回归其意在确立父母子女之间身份的初始目的。例如,非婚生子女的准正制度曾被认为是“巧妙地将尊重正式婚姻与保护非婚生子女二理念相连接,而具有奖励、促进非婚生子女之生父母正式结婚之功能”。[29] 当法律不再对子女区分婚生与非婚生时,这一制度便无存在必要。例如,《德国民法典》第 1722 ~ 1740 条是有关非婚生子女准正的规定,目前这些条款已被废止。再者,传统法中的婚生推定制度也是法律上将子女做婚生与非婚生区分的结果。“废弃婚生推定中的婚生性推定,保留其父性推定,并与传统法中的非婚生子女认领合并为新形态的父性推定制度,将是最好的做法。”[30]

(三)建立统一的亲子关系确认制度

我国婚姻法有非婚生子女法律地位的原则规定,却无全面的亲子关系确认制度。现行《婚姻法》第 25 条第 2 款“不直接抚养非婚生子女的生父或生母,应当负担子女的生活费和教育费,直至子女能独立生活为止”的规定,仅明确生父母对非婚生子女抚养与教育的权利与义务,并未涉及如何认定他们之间亲子关系的确认规则。在现行法的其他条文中,也未有针对婚生子女的亲子关系推定及否认的制度性规定。我国民法典婚姻家庭编应确立这一基础性制度,否则,将难以适应社会生活之需,也会使亲子之间权利与义务的确立缺乏身份法上的依据。

若我国立法将属于自然血亲的父母子女关系中的子女统称为“亲生子女”,将带来亲子关系确认制度的根本性变化。为此建议,我国民法典婚姻家庭编的“亲子关系确认制度”由“亲子关系的推定、否认和子女认领”三部分组成。

1. 母亲身份的推定

亲子关系的推定实为父母亲身份的确定。子女是夫妻双方的子女,基于夫妻平等理念和怀孕与生育由妇女单方承担的事实,亲子关系的推定不只是父亲

[29] 陈棋炎、黄宗乐、郭振恭:《民法亲属新论》(第 5 版),台北,三民书局 2006 年版,第 285 页。

[30] 王洪:《从婚生推定到父性推定——确认亲子关系的新思维》,载夏吟兰、龙翼飞、郭兵、薛宁兰主编:《婚姻家庭法前沿——聚焦司法解释》,社会科学文献出版社 2010 年版,第 245 页。

身份的推定,也应包括母亲身份的确定,并且首先是母亲身份的确定。1998 年修改后的《德国民法典》增加母亲身份认定的规定,第 1591 条指出:“子女的母亲是生该子女的女子。”[31]这是针对自然分娩情形下母亲身份的推定。对于通过人工生育技术尤其是代孕所生子女的母亲身份推定,法律应当尊重夫妻双方“成为父母”的合意,以同意采用人工生殖方式的夫妻为所生子女法律上的父母。[32]

2. 父亲身份的推定与亲子关系的否认

积极借鉴当今各国及地区立法的“子女本位”理念,是我国编纂民法典婚姻家庭编时宜采取的做法。例如,《埃塞俄比亚民法典》第 745 条规定,非婚同居中受孕或出生的孩子以与其母亲同居的男子作为父亲,并且第 742 条关于推定的普遍性和怀孕期间的规定,同样适用于此种推定。再如,对于否认权人的范围,许多立法例将否认权人范围限于被推定的父亲,甚或赋予夫妻双方。这实为忽视子女主体性的表现,不符合子女最佳利益原则的要求。我国台湾地区“民法”亲属编第 1063 条第 2 款的变迁是一个很好的例证。1930 年制定民法典时,本条将否认权只赋予丈夫一方。1985 年这一条款修改为:“如夫妻之一方能证明妻非自夫受胎者,得提起否认之诉。”2007 年本条改为:“夫妻之一方或子女能证明子女非为婚生子女者,得提起否认之诉。”可见,夫妻双方及子女均有权提起亲子关系的否认之诉。

3. 子女的认领

改造后的子女认领制度,主要针对因通奸、强奸等耦合关系所生子女的亲子关系确立,包括自愿认领和强制认领两种方式。

(1)自愿认领属于身份法律行为,不得代理。子女的认领可针对父母双方。被认领的子女死亡的,若其有直系血亲卑亲属,基于对继承权的保护,亦可认

---

〔31〕《埃塞俄比亚民法典》也有类似规定,其第 739 条规定:“母子关系产生于出生的单纯事实。”徐国栋主编:《埃塞俄比亚民法典》,薛军译,中国法制出版社 2002 年版,第 147 页。

〔32〕 2015 年我国上海市出现代孕所生子女监护权纠纷案。二审法院最终类推适用继父母子女关系,确认案中一对异卵双胞胎兄妹的监护人。

领。[33] 生父自愿认领的,子女或其生母有权予以否认;子女成年后,生父或生母自愿认领的,须子女本人同意。如果认领行为有瑕疵,如意思表示不真实或受欺诈、胁迫,则可依民法可撤销法律行为的规定向人民法院申请撤销。同时,自愿认领的意思表示应当采用书面形式。生父、生母或子女要求公证的,应办理公证手续。认领不得附条件或附期限。自愿认领生效后,亲子关系的效力溯及子女出生之时。

(2)强制认领是法院以判决方式确认亲子关系的制度。明确强制认领请求权人是其重要内容,法律可规定:"未成年子女的生母或者其他法定代理人,有权向人民法院提出强制生父认领之诉。成年子女也有权提出强制生父认领之诉。"[34] 基于子女利益的考虑,原则上,法律不对认领请求权作法定期间限制,但对已死亡生父认领请求权的行使应当设法定期间的限制,以保护子女和其他继承人的财产继承权。法院作出确认亲子关系的判决后,于判决生效之日起,溯及子女出生时亲子关系确定。

[33] 参见孟令志:《论亲子关系的确定》,载夏吟兰、龙翼飞、郭兵、薛宁兰主编:《婚姻家庭法前沿——聚焦司法解释》,社会科学文献出版社 2011 年版,第 226 ~ 227 页。

[34] 梁慧星编:《中国民法典草案建议稿附理由:亲属编》,法律出版社 2013 年版,第 237 页。

水资源国家所有权理论之证成

彭诚信*　单平基**

解决异常严峻的水资源危机已迫在眉睫，这是涉及法律、经济、政治等多个领域的问题。从学者对美国、日本、澳大利亚、新西兰等国水资源的研究来看，均通过政府和市场的结合来配置水资源，从而最大限度发挥其效益，可持续地利用水资源。〔1〕然而，无论是继续沿用传统——维持行政权力在水资源配置中的核心地位，还是寻求突破——增强市场在其中的作用，都需要明确一个前提，即水资源所有权的归属。如 John R. Teerink 所言，"水资源所有权是水资源分配及水资源利用的基础"。〔2〕《物权法》第 123 条首次将水

---

* 彭诚信，上海交通大学凯原法学院教授。

** 单平基，东南大学法学院副教授。

〔1〕 See John R. Teerink and Masahiro Nakashima, *Water Allocation, Rights and Pricing: Examples from Japan and the United States*, The World Bank Press, 1993. 并参见［美］里昂德·伯顿、［新西兰］克里斯库克林：《新西兰水资源管理与环境管理政策改革》，杜群译，载《外国法译评》1998 年第 4 期；王凤春：《美国联邦政府自然资源管理与市场手段的应用》，载《中国人口 · 资源与环境》1999 年第 2 期；王亚华：《水权解释》，上海人民出版社 2005 年版。

〔2〕 John R. Teerink, "Water Allocation Methods and Water Rights in the Western States, U. S. A. ", in John R. Teerink and Masahiro Nakashima, *Water Allocation, Rights and Pricing: Examples from Japan and the United States*, The World Bank Press, 1993, p. 10.

权[3]纳入了用益物权的范围,研究其得以派生的母权——水资源所有权因而更加具有现实意义。若无水资源所有权作为权源,水权就成了"无源之水,无本之木"。水资源所有权归属的界定是研究与水资源相关的一切法律问题的逻辑前提。

一、水资源国家或全民所有——基于比较法考察

水资源是一个总括性概念,既包括地表水,亦涵括地下水;既包括液态之水,又包括气态和固态之水。法律调整的水资源是指"人类可以控制、利用的天然水资源,包括大气降水形成的地表径流、流入江河、湖泊、沼泽和水库中的水,以及渗入地下的地下水"。[4] 如无特别说明,水资源在本文仅指淡水资源,不包括海水等非淡水资源。这里从比较水资源归属立法的视角来为水资源国家所有权之认定提供理论与制度依据。

(一)大陆法系主要国家和地区水资源的归属

1. 法国水资源的归属

水资源在法国属于国家所有。法国水资源的法律归属经历了一个转变过程。《法国民法典》未明确规定独立的水资源所有权。依该法第552条的规定,土地所有权可延伸至土地上下,即将水资源所有权包含在土地所有权之中。[5] 这一模式在1992年《法国水法》中发生了改变,其将水资源所有权与土地所有权分离,归于国家所有。该法第1条规定:"水是国家共同资产的一部分。作为

---

[3] 需说明的是,水所有权、水资源所有权与水权具有不同内涵。水资源所有权属于国家,尚不可作为交易客体进行流通。水所有权可归普通民事主体享有,已成为可交易的客体,例如,已引入企业储水设施、家庭水容器中的水。参见崔建远:《水权与民法理论及物权法典的制定》,载崔建远:《物权:生长与成型》,中国人民大学出版社2004年版,第303页。水权则是一种对水资源的使用权,属于用益物权的一种。See John R. Teerink, "Water Allocation Methods and Water Rights in the Western States, U. S. A.", in John R. Teerink and Masahiro Nakashima, *Water Allocation, Rights and Pricing: Examples from Japan and the United States*, The World Bank Press, 1993, p. 11.

[4] 裴丽萍:《论水资源国家所有权的必要性》,载《中国法学》2003年第5期。

[5] 参见《法国民法典》(上册),罗结珍译,法律出版社2005年版,第453页。

一种可利用资源,在尊重自然平衡的同时,其保护、增值以及开发是符合大众利益的。在框架范围内,和其他已确定的权利一样,用水的权利属于所有人。”〔6〕这一转变在法国其他法规中亦有体现,如法国水管理组织明确宣示,地表水和地下水属于国有财产。〔7〕

2.德国水资源的归属

水资源在德国属于公物的一种,归属于国家所有。德国联邦关于水资源的立法权,仅限于颁布框架性规定,水法原则上为联邦州之州法。〔8〕例如,《德国巴登-符腾堡州水法》第4条、第5条将包括地表水、沿岸海水及地下水在内的水资源纳入公物的范围。公物在德国主要包括道路、广场、自然水流或人工水流、走廊、儿童乐园、学校、图书馆、影剧院、营房、演练场、行政机关、统治机关和法院的办公楼、办公用品、行政机关的飞机、教堂等,其归属于作为公共行政主体的国家所有。〔9〕《德国水管理法》第1条第3款第3项坚持了水资源与土地所有权分离的原则,将地下水和地表水排除在土地所有权之外。〔10〕有关该规定是否符合宪法曾发生诉讼,德国联邦宪法法院指出其符合《德国基本法》第14条的规定。理由是:“在宪法上,对于立法者为了对水实施有效管理,而将地下水同其上的土地所有权相分离并使其遵守公法上的秩序的做法,有关当事人不得提出异议。”〔11〕按《德国水生态平衡法》第2条的规定,除例外情况下,任何对地上水或地下水的使用均须获得国家许可或同意。无须申请用水的例外,仅

〔6〕《法国水法》,水利部政策法规司译,载中国水政网:http://shuizheng.chinawater.com.cn/gwsf/gwsf5.htm,最后访问日期:2009年2月22日。

〔7〕参见王名扬:《法国行政法》,北京大学出版社2007年版,第309~310页。

〔8〕参见[德]鲍尔、施蒂尔纳:《德国物权法》(上册),张双根译,法律出版社2004年版,第604页。

〔9〕参见[德]汉斯·J.沃尔夫、奥托·巴霍夫、罗尔夫·施托贝尔:《行政法》(第2卷),高家伟译,商务印书馆2002年版,第456页。

〔10〕参见[日]大桥洋一:《行政法学的结构性变革》,吕艳滨译,中国人民大学出版社2008年版,第234页。

〔11〕BVerfGE 58,300,344.转引自[日]大桥洋一:《行政法学的结构性变革》,吕艳滨译,中国人民大学出版社2008年版,第234页。

限于传统范围内的共同使用及沿岸居民的使用。[12]

3. 日本水资源的归属

日本地下水资源依附于土地,属于私人所有。日本没有专门调整地下水的法律,其归属适用《日本民法典》第 207 条[13]的规定。Masahiro Nakashima 认为,"根据《民法典》第 207 条规定,私有土地下的地下水所有权属于土地所有人,即土地所有权包含了地下水的所有权,这两种所有权不分离。因此,只要水是从自己拥有的土地上抽取而且土地又在指定的河川区域外,则地下水的使用不需要水权。《民法典》是唯一涉及获取地下水的法律"。[14]

日本河川水资源是属于全体人民的公共财产。《日本河川法》仅是针对河流(河川)中地上水资源归属及利用的法律规定,[15]而不涉及地下水资源。据 Masahiro Nakashima 所言,在日本,"出于管理目的,河川被分为 A 类河、B 类河、准 B 类河和普通类河"。[16]《日本河川法》第 2 条规定,河流属于公共财产,河流的流水不能为私人所有。[17]

4. 我国水资源的归属

水资源在我国属于国家所有。按照《宪法》第 9 条和《水法》第 3 条的规定,水资源所有权属于国家。《水法》第 2 条第 2 款规定,国家所有的水资源包括地

---

〔12〕 参见[德]鲍尔、施蒂尔纳:《德国物权法》(上册),张双根译,法律出版社 2004 年版,第 607 页。

〔13〕 内容为:"土地所有权在法令限制内及于其土地的上下。"参见《日本民法典》,载渠涛编译:《最新日本民法》,法律出版社 2006 年版,第 48 页。

〔14〕 Masahiro Nakashima, "Water Allocation Methods and Water Rights in Japan", in John R. Teerink and Masahiro Nakashima, *Water Allocation, Rights and Pricing: Examples from Japan and the United States*, The World Bank Press, 1993, p. 51.

〔15〕 参见《日本河川法》第 3 条第 1 款。国家计委国土局法规处、北京大学法律系编:《外国国土法规选编》(第 2 分册)1983 年版,第 137 页。

〔16〕 Masahiro Nakashima, "Water Allocation Methods and Water Rights in Japan", in John R. Teerink and Masahiro Nakashima, *Water Allocation, Rights and Pricing: Examples from Japan and the United States*, The World Bank Press, 1993, p. 52.

〔17〕 参见崔建远:《水权与民法理论及物权法典的制定》,载崔建远:《物权:生长与成型》,中国人民大学出版社 2004 年版,第 349 页。

表水和地下水。

值得注意的是,2002 年《水法》放弃了 1988 年《水法》依据“中国土地所有权的现状,根据水资源附属于土地所有权的观点”〔18〕设计水资源归属的做法,取消了 1988 年《水法》第 3 条第 2 款关于“农业集体经济组织所有的水塘、水库中的水,属于集体所有”的规定,代之以“归各该农村集体经济组织使用”,即农村经济组织对附属于集体土地的水资源仅享有使用权而无所有权。由此,水资源已全部归于国家所有。

(二)英美法系主要国家和地区水资源的归属

1. 美国水资源的归属

美国联邦与州均拥有立法权,为避免双重立法权可能产生的法律冲突,联邦将制定水资源规范的权力赋予了各州。现今各州制定了各自的水资源规范:有的州制定了专门的水法典,有的州将水资源置于州宪法或州民法典中规定。各州关于水资源归属的规定亦有所不同。

有些州将水资源规定为州所有。例如,《路易斯安那州民法典》第 450 条规定:“公共物品归州和作为公共管理人的州政府所有。归州所有的公共物品包括流水、适航水域的水体和水底、界海和海岸。”〔19〕《佐治亚州水资源保护法》第 1 编第 1 章第 2 条规定:“依据普通法的公共信托原则,作为一项主权,佐治亚州政府是本州人民权利的受托人,来使用和享有所有的水资源,以用于捕鱼、通行、导航、商业及运输。”〔20〕《得克萨斯州水法》第 3 条第 1 款规定:“保护和发展州的水资源是州的一项公共政策,包括:控制、储存、保持和分配因暴雨和洪水而给州带来的水源,以及河流和小溪中的水,以用来灌溉、发电和实现其他目的。”〔21〕

有些州规定水资源属于全体人民(people)或公众(public)所有。例如,《马萨诸塞州水道法》第 2 条规定,“水资源属于全体人民”。〔22〕《华盛顿州水法》

---

〔18〕 吕忠梅等:《长江流域水资源保护立法研究》,武汉大学出版社 2006 年版,第 175 页。

〔19〕 *Louisiana Civil Code*, Section 450.

〔20〕 *Georgia Protection of Tidewaters Act*, Chapter 1, Article 1, Section 2.

〔21〕 *Texas Water Code*, Section 1.003.

〔22〕 *Massachusetts State Waterways*, Section 2.

第10条规定:"依据现有权利,州内的水资源都归公众所有。关于水的任何权利或对水的使用,今后都只能通过为了有效利用而占有水的方式,并且通过法定的方式取得。在占有者之间,先占先得。"〔23〕《阿拉斯加州水使用法》第30条规定:"在州的任何地方,水都被保留于人民共同所有,并且应遵从于适当和有益的使用以保持溪内正常流量和水等级。"〔24〕《俄勒冈州制定法》第537章第110条规定:"州内所有的水资源均归公众所有。"〔25〕《科罗拉多州宪法》第16章第5条规定:"州内未被占有的任何自然溪流中的水资源,在此都被宣称为公共财产,并且同样都应被全州人民使用,以占有为原则。"〔26〕

个别州将水资源视为土地附属,属于私人所有。例如,《加利福尼亚州民法典》第662条规定:"为更好地正确使用土地,发挥其效益,诸如土地上的道路、水道,及来自或经过土地的光、空气或热等的通道,都被认为是土地的附属。"〔27〕

2. 英国、澳大利亚水资源的归属

水资源在英国和澳大利亚属于英国王室所有。在英国,传统普通法认为,土地所有权人的权利上至天空,下达地心。土地所有权人的权利及于属于其区域内的湖泊与河流。〔28〕但《英国1989年水法》一反普通法的传统,确立了水资源与土地权属分离原则。该法第7条第1款规定:"王室(the Crown)拥有权利使用、保持水流畅通和控制所有水道中的水以及所有地下水。"〔29〕

作为英联邦的成员,澳大利亚水资源所有权归属的转变与英国基本相同。澳大利亚原继受英国普通法传统,水资源属于土地的附属。〔30〕直至20世纪初,根据水资源不丰裕的实际,澳大利亚各州(如昆士兰州1910年、西澳大利亚

〔23〕 *Washington Water Code*, Section 10.

〔24〕 *Alaska Water Use Act*, Section 30.

〔25〕 *Oregon Revised Statutes*—2007, Chapters 537, Section 110.

〔26〕 *Colorado Constitution*, Article XVI, Section 5.

〔27〕 *California Civil Code*, Section 662.

〔28〕 参见[英]F. H. 劳森、B. 拉登:《财产法》(第2版),施天涛、梅慎实、孔祥俊译,中国大百科全书出版社1998年版,第20页。

〔29〕 *U. K. Water Act* 1989, Part 2, Division 1, Section 7(1).

〔30〕 See D. E. Fisher, *Water Law*, Law Book Co of Australasia Press, 2000, p. 64.

州 1914 年)先后通过立法将水资源与土地权属分离,河道内的水和地下水授予王室所有,私人基于水权而用水。[31]

(三)小结:水资源归国家或全民所有

从对水资源归属的比较法考察得知,传统上水资源被作为土地的附属对待,未独立于土地之外。在这类立法例之下,水资源与其所依附的土地所有权共同归属于私人所有,例如之前的法国、英国、受英国影响的澳大利亚以及现在美国的加利福尼亚州。

现今,绝大多数国家或地区的立法都未将水资源归属于私人所有,而是将其归于国家所有(如法国、德国及中国)、州所有(如美国路易斯安那州、佛罗里达州、得克萨斯州,以及澳大利亚)、全体人民所有(如美国阿拉斯加州、华盛顿州、俄勒冈州、佐治亚州、科罗拉多州及马萨诸塞州)。

基于当今世界绝大多数立法例均把水资源所有权与土地所有权相分离,将水资源归属于非私人所有的发展趋势,并考虑到我国亦采取水资源国家所有权的立法现状,笔者将重点论述水资源国家所有权理论的证成问题。

二、水资源全民所有“类似总有”法律属性之界定

同多数立法例将水资源归于国家、州或全民所有一样,我国《宪法》第 9 条也将其归于国家所有,但同时指出国家所有即全民所有。需要进一步思考的是,水资源全民所有的性质如何理解?究竟谁是水资源所有权的主体?是否可以划分为每一个具体个体所有?正确理解水资源全民所有的性质因此成为水资源所有权界定中必须解决的问题。否则,对相关制度不但难以理解,甚至可能会产生误解。例如,依照《物权法》第 123 条有关取水权的制度性安排,其性质显然属于用益物权。若将水资源全民所有认定为社会中的具体个体所有,自然就会产生悖论,即人们如何在自己的所有物上为自己设定他物权?由此可见,水资源全民所有不可理解为具体个体所有。民法上非单独所有权的典型形式主要有共有、合有及总有,只有通过水资源全民所有与典型非单独所有权的

〔31〕 See Richard Bartlett, *A Comparative of Crown Right and Private Right to Water in Western Australia*: *Ownership*, *Riparian Right and Groundwater*, The University of Western Australia Press, 1997, pp. 45 – 46.

比较,才能对其性质进行正确界定。

(一)水资源全民所有不同于民法上的共有

1. 民法上共有的理解

依谢在全先生的界定,"共有,系一所有权由两人以上共同享有,而非一物之上成立两个以上之所有权,分属于各人,故与一物一权主义原则并不违反"。[32] 共同所有权是两个以上的人在现在和将来的财产上,所同时(concurrent)而非相继(consecutive)存在的权利。[33] 我国《物权法》第93条将共有分为按份共有和共同共有。[34] 另外,针对所有权之外其他财产权的共有,学者称其为准共有,可准用共有规定。[35]

2. 水资源全民所有非为民法上的共有

水资源全民所有并不能认定为民法上的共有。原因在于:

第一,从权利主体来看,共有形式下虽然所有权主体表现为多数,但其通常是确定的,而非泛指整个人民全体。

第二,从权利行使来看,共有中无论是按份共有,还是共同共有,其在一定条件下都允许权利人进行权利转让、分割或其他处分;水资源全民所有则不允许对全民所有之水资源进行分割,亦不允许转让。

第三,在共有场合,共有人作为所有权人可以参与对所有物的直接支配管理;但在水资源全民所有中,这种管理往往具有间接性,即只能通过全体人民在法律上的代表——国家来行使。

第四,"人民"是一个具有历史性的、抽象的概念,属于政治学的范畴,而非法学概念。在一国之内,人民是唯一的,不可能存在两类或两群"人民",这也表明由"人民"所有的水资源不可能作为交易及处分的标的。

第五,在理论上,"人民"往往作为一个集合体来看待,不具有法律上的独立人格,亦非民法上的主体。如王利明先生所言:"经典作家所说的'财产共有',

---

〔32〕 谢在全:《民法物权论》(上册),中国政法大学出版社1999年版,第274页。

〔33〕 Jesse Dukeminier and James E. Krier, *Property* (*fifth edition*), Aspen Law and Business Press, 2002, p. 339.

〔34〕 关于二者区别可参见谢在全:《民法物权论》(上册),中国政法大学出版社1999年版,第341～342页。

〔35〕 参见梁慧星、陈华彬:《物权法》(第4版),法律出版社2007年版,第252页。

也就是‘共同占有’，不能把它理解为全体人民在法律上的共有。从法律上看，公有制国家的宪法大都规定了国家所有就是全体人民共同所有，国家是代表全体人民行使所有权的。但应该看到，宪法在这里规定的只是社会经济制度，而不是一种所有权形式。人民的共同所有只是表明了国家所有的本质，不能把它理解为法权概念。”〔36〕

（二）水资源全民所有“类似总有”法律属性之认定

1. 民法上总有与合有的理解

非单独所有权除共有之外，在民法中尚有总有与合有。

总有是日耳曼村落共同体土地所有权的典型形态。虽然总有存在于近代所有权成立之前的农村共同生活中，但现在各国依然残存这种形态，如日本的入会权。〔37〕谢在全先生认为，总有是多数人所结合，以团体组成员之资格而所有之状态。其认为总有具有如下特征：(1)为所有权质的分割；(2)所有权之管理权能，属于村落团体，管理或处分应得团体组成员会议同意，或基于共同体规约多数决之；(3)所有权之使用收益权能，分属团体组成员（村落居民）；(4)基于团体组成员之资格而享有之权利，不得离开组成员而存在，其得丧变更与组成员之资格同其命运，故不具独立财产权之性质，自不能让与；(5)对所有物不能请求分割。〔38〕由此可见，各总有人之间的结合状态最强，故为团体色彩最强之共同所有形态。总有中管理与使用收益权能的分离也使其与可以行使完全支配权的现代所有权有所不同，为所有权质的分割。

合有大致相当于我国的共同共有。我妻荣认为，合有介于总有和共有之间，更接近于共有。合有中的权利成员依然保留对标的物的管理权能和收益权能，即享有持份权。但在权利成员之间，例如基于共同经营一个事业这种共同目的，合有成为达成这一共同目的的手段。合有中权利成员的管理权能受到为实现共同目的之规则的约束，只要共同目的继续存在，权利成员就没有处分持份权的自由，也没有分割请求权。权利成员的持份权，在共同目的继续存在期

〔36〕 王利明：《国家所有权研究》，中国人民大学出版社1991年版，第26页。

〔37〕 参见［日］我妻荣：《我妻荣民法讲义Ⅱ·新订物权法》，［日］有泉亨补订，罗丽译，中国法制出版社2008年版，第326～327页。

〔38〕 参见谢在全：《民法物权论》（上册），中国政法大学出版社1999年版，第274页。

间为所谓的“潜在的权利”，在共同目的终了时才开始成为现实的权利。[39]

2. 总有与合有的简要比较

首先，从权利主体来看，合有与总有均非单个人所有，而是多数人所有，即两个以上的主体共同享有所有权。二者在主体上的区别表现在：

(1) 总有一般表现为村落共同体之所有形态，村落共同体的全体成员作为统一体对总有财产不可分割地享有所有权。合有的权利主体则是为达成某项共同目的结合在一起。

(2) 总有的权利主体一般较合有多，且是非单独所有权形式中主体之间团体结合性最强的类型。

(3) 总有的权利成员往往具有某种不特定性，因某种身份的得丧而取得或丧失。而合有中无论是民法上的合伙、夫妻共同所有，还是共同继承，其权利主体均是特定的。

(4) 总有中权利成员的退出或死亡，原则上不会影响总有形式。而合有中权利成员的变更则可能导致合有团体的解散或终止。

其次，从权利取得来看，总有中，村落居民通过取得村落居民资格当然取得权利成员资格，如日本的入会权；因丧失该资格，当然丧失收益权能。村落居民资格的取得和丧失条件由村落共同生活规范来决定。而合有中，权利成员地位的取得或基于当事人约定，如合伙，或基于法律规定，如共同继承。

最后，从权利行使来看，总有中，管理与使用收益权能相分离，即“所有权权能‘质’的分割”，总有权利成员并不具有总有中的持份权。管理权能完全归属于村落本身，使用收益权能分属于各村落居民。且该收益权能，并非具有脱离村落居民资格而独立存在的财产权性质，因而村落居民不能要求对总有物进行分割。而合有中权利成员有管理权能(包括处分权)，但受共同关系所成立之共同目的拘束。合有中权利成员有收益权能，亦应受共同关系之规律。合有中权利成员享有请求分割权，但一旦分割即标志着共同关系终止。

3. 水资源全民所有“类似总有”法律属性之认定

总体来说，水资源全民所有与总有在性质上具有类似之处。说它“类似”意味着，一方面它有若干符合总有特征之处，另一方面它又与总有的特征不完全

〔39〕 参见[日]我妻荣：《我妻荣民法讲义Ⅱ·新订物权法》，[日]有泉亨补订，罗丽译，中国法制出版社2008年版，第328页。

符合。具体表现在:

(1)水资源全民所有符合总有特征之处

第一,水资源全民所有与总有均非单个人所有,而是多数人所有,即两个以上的主体共同享有所有权。水资源全民所有或总有中个别权利成员的退出或死亡,原则上不会影响全民所有或总有形式。

第二,水资源全民所有与总有的权利成员均具有某种不特定性,基于某种身份(公民或村民)资格的得丧而取得或丧失。

第三,从权利取得来看,总有中村落居民通过取得居民资格当然地取得总有权,享有对总有物的收益权能,如日本的入会权;因丧失该资格,当然地丧失收益权能。至于村落居民资格的得失条件,由该村落共同生活的规范来决定。而在水资源全民所有中,全民成员基于取得国籍而当然取得权利人的地位;因死亡或丧失该国国籍而当然地丧失该主体资格,从而失去权利成员地位。

第四,总有中所有权之管理或处分应取得团体组成员会议之同意,或基于共同体规约多数决之。全民所有之水资源亦应由全体人民——直接或间接(代表)——共同决定如何管理和使用,应当体现全体人民的共同意志。

第五,总有中的权利成员并不具有持份权,村落居民的收益权能不能脱离村落居民资格而独立存在,权利成员不能对总有物要求分割。水资源全民所有中,作为全民成员的个体所享有之权利亦不可作为单个个人的财产而请求进行分割。

(2)水资源全民所有不完全符合总有特征之处

第一,总有一般被认为是民法上的概念,是与共有、合有并立的一种民法中的非单独所有权形态。全民所有并不是严格意义上的法律概念,更非民法概念,水资源全民所有因此也不属于严格法律意义上的所有权形式。Beekhuis 和 Lawson 准确地指出,“全民所有是直接的社会所有,所有者虽然为全体人民,但在法律上并不是一个所有者”,全民所有是经济或社会意义上的所有权概念,并非明确的法律概念。〔40〕 非法权性质的水资源全民所有必须过渡为法律上的所有权才能行使并获得保护。

---

〔40〕 See J. H. Beekhuis, F. H. Lawson, “Structural Variations in Property Law”, in Knapp and Viktor, *International Encyclopedia of Comparative Law*, *Property and Trust*, Tubingen Paul Siebeck Press, 1975, p. 44.

第二，总有与全民所有内部的权利义务设置不同。总有中的权利成员可以当然取得对总有物的使用权能，水资源全民所有中的权利成员则非如此。总有内部对所有权的分割是质的分割，即对所有权内容中的管理、使用、收益、处分等各项权能依据团体内部的规定加以分割，分别由不同的主体享有。[41] 村落团体拥有总有物的管理和处分权能，村落内部的成员享有总有物的使用和收益权能。村落团体总体上的权利和各个成员具体的权利构成了一个完整的总有关系。[42] 与总有不同，全民作为非法律主体无法对水资源进行管理和处分，只有将水资源全民所有转化为法权形式并为全民寻求法律上的代表者，方能对水资源使用、管理和处分。普遍个体基于全民内部的成员身份均可享有全民所有之水资源所带来的生态和环境效益，但在水资源全民所有过渡为宪法上所有权并进一步转化为民法上所有权之前，具体个体却无法获得水资源使用权。水资源全民所有必须转化为民法上所有权，才能为具体个体设定水资源使用权。

（三）小结：水资源全民所有的法律性质

水资源全民所有并不是严格意义上的法律概念，而仅具有“类似总有”的法律属性，但该定性仍有深远的法律意义。它表明水资源全民所有首先应该上升为法权概念方能获得法律保护，即在法律上其应首先表现为宪法意义上的国家所有权。尤为关键的是，“类似总有”的定性将为水资源从宪法上国家所有权转化为民法上国家所有权提供深层理论基础，从而理顺水资源全民所有至民法上水资源国家所有权之间的关系。

三、水资源全民所有至民法上水资源国家所有权的路径理顺

理顺水资源全民所有向民法上所有权的转化路径，需要正确理解水资源全民所有到宪法上国家所有权的过渡，以及宪法上国家所有权向民法上国家所有权的转化。也只有在此基础上，才能进一步理解与正确分析不同性质的水资源国家所有权。

---

〔41〕 参见史尚宽：《物权法论》，中国政法大学出版社 2000 年版，第 3 页；郑玉波：《民法物权》（第 15 版），台北，三民书局 1992 年版，第 116 页；王利明：《物权法论》，中国政法大学出版社 1998 年版，第 215 页；郑云瑞：《民法物权论》，北京大学出版社 2006 年版，第 19 页。

〔42〕 参见李宜琛：《日耳曼法概说》，中国政法大学出版社 2003 年版，第 75 ~ 76 页。

(一)水资源全民所有向宪法上国家所有权的过渡

1. 水资源全民所有向宪法上国家所有权过渡的程序及制度表现

水资源全民所有过渡为法律上所有权直接体现为宪法上的所有权,而非民法上的所有权。“水资源归国家所有”的宪法规范并不必然意味着在水资源上成立了民法上的所有权。所有权并非民法的专有概念,如罗尔夫·克尼佩尔所言,民法和宪法都规定了不同的所有权概念。[43] 鲍尔和施蒂尔纳认为,宪法和民法对所有权的关注并不一致。宪法关注如何利用法律手段赋予所有权以保护;民法关注所有权所蕴含的私法利用的可能性,以及在私人间如何对所有权实施保护。[44] 水资源全民所有首先需要宪法上所有权所赋予的保护,其次才是转化为民法上所有权之后的利用问题。宪法上所有权的意义在于以宪法形式确认全民对水资源所享有的权利,为全民所有的水资源提供制度保障。

水资源全民所有权向宪法上所有权的转化须遵循法定的程序,程序的设计应当以体现全民意志、实现及保障全民利益为核心。宪法规范的创设(制定、修改、废除)要比普通法律规范的创设更为困难。宪法规范的创设有一种不同于普通法律规范创设程序的特殊程序、特殊形式。[45] 宪法上水资源所有权制度的选择需要由能够代表全民意志的全国人大制定专门的宪法规范来确认,以体现参与主体的普遍性。全国人大通过投票机制表达全民意志,进而决定在宪法上采取何种所有权模式、确定所有权的主体、权利、义务及责任,使宪法上的水资源所有权制度并非无根漂浮之物。水资源全民所有向宪法上水资源所有权转化程序的人人参与之所以重要,是因为它可以表达全民的利益需求。在民主参与制度下,全民利益比任何其他制度形式更能得到保护。

水资源在宪法上的所有权体现为国家所有权,而非宪法上的私人或其他所有权形式。在宪法上采取国家所有权形式是水资源所负载利益之公共性及国家所代表利益的全民性所决定的。在宪法层面上国家与全民并存,但却并不对

〔43〕 参见[德]罗尔夫·克尼佩尔:《法律与历史——论〈德国民法典〉的形成与变迁》,朱岩译,法律出版社2003年版,第271页。

〔44〕 参见[德]鲍尔、施蒂尔纳:《德国物权法》(上册),张双根译,法律出版社2004年版,第513页。

〔45〕 参见[奥]凯尔森:《法与国家的一般理论》,沈宗灵译,中国大百科全书出版社1996年版,第142页。

立，恰恰因为全民利益的需要才有国家存在的必要。国家系为每个国民而存在，而不是相反。自然法以社会契约理论来解释国家存在：正是为了结束无国家时的纷争和不安全状态，全民才以订立社会契约的方式建立国家，由国家代表全民的利益。〔46〕与此相对，没有任何一个私人或其他主体可以代表整个全民。水资源负载利益的公共性与国家代表利益的全民性不谋而合，这种一致性即体现为宪法上水资源国家所有权。

宪法上水资源国家所有权中的国家是就主权意义而言的，而非民法的主体。主权意义的国家由领土、主权和居民构成，即一定的居民永久地占有领土，并在领土上形成了至高无上的主权，由此形成了国家。此处的国家是全体人民的联结体，宪法上国家所有权的权利主体名为主权国家，实为全体人民，由此才生发出了水资源"国家所有即全民所有"的宪法规范。主权意义的国家不具备民法的主体资格，无法从事民事法律行为。

2. 水资源全民所有上升为宪法上国家所有权后个体与主权国家的关系

水资源全民所有过渡为宪法上国家所有权之后，并不否定作为全民成员之个体的权利，也不意味着水资源全民所有之"类似总有"性质的丧失。在宪法上国家所有权层面上，个体对水资源的权利至少体现为三个方面。

首先，个体对水资源规范的立法参与可以表达其意志。与总有中的权利成员参与总有物的管理形式相似，在创设宪法上水资源国家所有权的制度时，个体对立法的参与机制是其意志的表达途径，个体自身的意志是依靠其所享有的立法权来实现的，即通过立法过程的人人参与机制来实现自身的权利。国家的立法意志只是组成国家的所有个体的共同意志，个体在服从国家意志的时候其实是在服从自己的意志。这也表明水资源全民所有过渡为宪法上所有权之后并未泯灭水资源权利的全民性。

其次，个体对水资源分配和管理的监督机制是行使自身权利的途径之一。水资源全民所有在宪法上表现为国家所有权并由国家机构实际行使时，很难说行使水资源所有权的行为在任何时候都能体现全民意志。个体在行使制度创设参与权的同时，还须对制度实施行使监督权。若没有个体对水资源分配和管理的监督机制，就很难避免上述机构滥用权力现象的出现。建立和健全水资源

---

〔46〕 参见［德］迪特尔·施瓦布：《民法导论》，郑冲译，法律出版社2006年版，第46～47页。

分配和管理中的民主参与及监督制度,既能反映宪法上水资源国家所有权享有主体的全民性,也是水资源全民所有"类似总有"性质的体现。

最后,作为全民成员的个体仍应是水资源权利的最终受益者,宪法上国家所有权的最终归宿仍应是活生生的个人。诚如登特列夫所言:"社会契约是一个框架,也是一份蓝图,对它的各种不同的解释,都有一个共同的特征:它们的起点都是个体。"〔47〕水资源全民所有与总有的一个相同之处即在于权利成员能够享有共同财产的受益权,在水资源全民所有表现为宪法上国家所有权场合,个体的受益权也并未丧失。水资源收益应收归国库,而非为某个私人或团体所有,并且国家应通过兴修水利工程、优化水资源生态环境、治理水污染等方式将水资源收益返归普遍的个体,从而提高个体的整体生存、生活质量。

(二)水资源宪法上国家所有权向民法上国家所有权的转化

水资源宪法上国家所有权向民法上国家所有权的转化须受水资源全民所有"类似总有"性质的影响,水资源民法上所有权制度的建构须受宪法规范的制约。

1. 水资源全民所有"类似总有"的定性对水资源宪法上所有权向民法上所有权转化的影响

(1)水资源全民所有"类似总有"的定性为民法上水资源国家所有权的确立提供了深层理论基础。就主体角度而言,全民作为自然共同体成员的集合体不具有法律人格,因而无法在民法上管理和支配水资源。宪法上水资源国家所有权范畴内的国家乃就主权意义而言,也无法行使民法上的水资源所有权。因而在民法上水资源国家所有权证成之前,无论是水资源全民所有还是宪法上水资源国家所有权均面临着无法行使的窘境,具体个体也无法获得水资源的使用权。反观总有,总有物尽管由全体成员以共同决议进行管理,但却由特定的被委托者具体执行。〔48〕总有的这种特性为水资源全民所有至民法上水资源国家所有权关系的理顺提供了路径,史尚宽先生即将近代法人的母体归为日耳曼法

---

〔47〕［意］登特列夫:《自然法:法律哲学导论》,李日章、梁捷、王利译,新星出版社2008年版,第64页。

〔48〕参见李永燃、李永泉:《我国农民集体土地所有权的性质与构造——以日本民法上的入会权为借鉴》,载《西南交通大学学报》(社会科学版)2010年第4期。

的总有团体,而将法人的单独所有权的母体归为总有权。[49] 水资源全民所有“类似总有”的定性为水资源寻求民法上的支配者(作为民法主体的国家)提供了理论依据,保证了水资源所有权在民法上得以行使及水资源效益的最大发挥,从而确保具体个体对水资源使用权的实现。

(2)水资源全民所有“类似总有”的定性,既为水资源宪法上国家所有权转化为民法上国家所有权之后国家与私人关系的处理提供了参照,又促使国家与私人之间呈现出自身特有的法律关系。在总有中,一方面,权利成员可以平等地对总有物使用、收益,总有物“是团体的也是成员的”;[50] 另一方面,权利成员对总有物并不享有持份权,不能对总有物进行分割。与总有类似,在宪法上水资源国家所有权转化为民法上水资源国家所有权之后,一方面,国家之外的私人依法亦享有平等使用水资源的权利。只不过多了一道程序,[51] 即该私人要想利用水资源,必须从同处平等民事法律地位的国家那里依法获得水资源使用权(水权)。作为民法上水资源所有权主体的国家有义务遵循平等用水原则授予私人使用水资源,而不能单纯追求水资源经济利益。另一方面,国家之外的私人主体对民法上水资源国家所有权份额不但无权分割,甚至已无权享有。作为民法上水资源所有权主体的国家与其他私人相并列、法律地位同等。如果说单个公民对宪法意义上的水资源国家所有权还有“类似总有”法律关系的话,那么国家之外的私人对于民法上的国家所有权却已经完全各自独立、无甚瓜葛了。也就是说,与总有中的权利成员通过对总有物行使使用、收益权能,从而对总有物进行所有权质的分割不同,国家之外的私人主体在民法范畴内所能获得的仅是作为他物权的水资源使用权。这是水资源全民所有不完全符合“总有”的特征对民法上水资源所有权制度构造的影响。

(3)依“类似总有”理论构建的水资源权利体系保障了个体权利的不丧失,在宪法上水资源所有权与民法上水资源所有权之间架构起制度的桥梁。总有中对总有物的管理和处分由全体成员通过全体议决的方式为之,单个权利成员享有总有物的使用、收益权能。与总有中权利成员的权利相似,在水资源全民所有过渡为宪法上国家所有权并进而转化为民法上所有权之后,个体对水资源

---

〔49〕 参见史尚宽:《物权法论》,中国政法大学出版社 2000 年版,第 174 页。

〔50〕 李宜琛:《日耳曼法概说》,中国政法大学出版社 2003 年版,第 38 页。

〔51〕 该多出程序亦表明全民所有不同于总有,仅类似而已。

享有的权利也具有层次性。体现在：一方面，在宪法上水资源国家所有权范畴内，普遍个体通过民主的方式（以全国人民代表大会为媒介）对水资源进行间接管理、监督和收益，此为第一层次的权利；另一方面，在民法上水资源国家所有权范畴内，具体个体对依法取得的水资源使用权直接行使占有、使用、收益和法定范围内的处分，此为第二层次的权利。这两个层次的权利均源于个体所具有的全民成员身份，也为宪法上水资源所有权与民法上水资源所有权之间制度的衔接起到了纽带作用。多层次的权利构造体系再辅之以完善的民法上水资源国家所有权支配管理机制，可以解决水资源全民所有的民法主体虚位问题，并为具体个体的水资源使用权的保护提供坚实的理论及制度基础。

2. 宪法上水资源所有权向民法上水资源所有权转化的具体法律体现

（1）宪法上水资源所有权向民法上水资源所有权转化的规范性要求

宪法上水资源国家所有权虽为全民所有之水资源的保护提供了纲领性规定和制度性保障，然而水资源效用的最大发挥需要将宪法上国家所有权转化为民法上国家所有权，将宪法规范转化为民法规范。法律调整水资源的最终目的在于确保私人对水资源持续有效地利用。宪法规范只能间接影响私法或公法规范的制定及解释，私人之间的法律关系却不能直接由宪法规范调整，内化于宪法规范之中的法律价值需要付诸具体部门法践行。水资源效用的最大发挥要求所有权人可以依据民法规范支配水资源，具体个体也需要使用水资源以获取收益。民法规范的作用在于规范水资源所有权的具体行使和促进水资源效用的最大发挥。宪法上水资源所有权转化为民法上水资源所有权，不仅可以使宪法与民法在规范及价值上保持协调一致，而且可为宪法在私人争议上发挥间接效力提供过渡桥梁。

（2）宪法规范对民法规范内容的影响

宪法上水资源所有权向民法上水资源所有权转化过程中，宪法规范在某种程度上可以决定民法规范的内容。宪法在一国法律体系之中具有最高法律效力，一国法律体系也应围绕宪法来构建。我国《宪法》第 5 条第 3 款规定，“一切法律、行政法规和地方性法规都不得同宪法相抵触”。具体到宪法上水资源所有权向民法上水资源所有权转化领域，宪法规范对民法上水资源所有权制度之内容的影响体现为《宪法》第 9 条关于水资源归国家所有的规定。水资源归国家所有的宪法性规定决定了国家之外的其他民事主体不能取得水资源在民法上的所有权主体地位，必须采用民法上国家所有权的形式。就文字观之，《物权法》第46条虽是《宪法》关于水资源所有权规定的重复，但就权利性质而言，却是水资源国家所有权在民事法律中的确认。

宪法上水资源国家所有权转化为民法上水资源国家所有权之后，后者不可能涤净前者的影响。这体现在水资源所负载的公共目的性上。虽然转化后的水资源所有权性质发生了变化，但水资源自身所附载的公共利益因素却不会消除。民法上水资源国家所有权在行使时所受公共利益的限制与民法上其他私人所有权所受限制的程度不同。一般而言，除了例外情况下的合法性限制，民法上的所有权人原则上拥有随意支配其物的自由。与此不同，由于受到宪法上国家所有权的影响，民法上水资源国家所有权原则上受公共利益的约束，只有在符合公共利益时方可依法行使。以水权为例，水权设立的规则须受公共利益的限制，不能一味追求经济效益。有必要牺牲经济利益所具有的优先地位，只为任何人都能平等地取得水权。通过立法确定水权取得的优先权顺序、比例、期限等，可以保证水资源所负载公共目的的实现。

(3)宪法上水资源所有权转化为民法上水资源所有权的法律程序

宪法上水资源所有权向民法上水资源所有权的转化须经由必要的程序，程序的设置须受宪法规范的约束。民法上水资源所有权的制度设计要遵循宪法规定的制定部门法的程序性规范。具体而言，民法上水资源所有权制度的创设需要遵循《宪法》第62条、第64条规定的民事立法程序，由全国人民代表大会制定专门的民事基本法律加以确认，并需要由全国人民代表大会以全体代表的过半数通过。作为民法规范的立法基础和程序依据的宪法规范具有最高法律效力，根据《立法法》第87条的规定，违反《宪法》规定的程序制定的民法上水资源所有权制度将会被予以改变或者撤销。

(4)民法上水资源所有权应采取的所有权形式

水资源在民法上应采取国家所有权形式。理由在于：一方面，这是民法规范的内容须受宪法规范限制的体现；另一方面，只有国家所代表的利益才具有普遍性。在宪法上水资源所有权转化为民法上所有权时，必须选择能够代表国民普遍利益的主体来行使水资源在民法上的所有权，这决定了民法上水资源所有权的权利主体只能是国家。如罗尔夫·克尼佩尔所言："针对那些特殊的、对

立的利益,只有国家才能贯彻市场参与者所特有的普遍利益。”〔52〕

民法上采取水资源国家所有权形式与国家的性质并不矛盾。国家包含多重含义,可以是国际法意义上的主权国家、公法意义上的政府,也可以是民法上的主体。主权国家是公法上的概念,国家法人已暗自回到了私法领域。国家往往不以主权形式,而以私法形式履行其目标及任务。在这种情况下,国家与其他私法人在权利能力上是平等的。

民法上采取水资源国家所有权形式与民事主体制度并不冲突。并非只有作为有机体的自然人才可成为民法的人,被法律拟制设定、能够拥有财产的国家亦可成为民法的主体。这并不难于理解,即使是自然人要成为民法上的人,也要具备民法所赋予的法律人格。法律人格而非伦理(自然)人格是法律主体的内核。自然人与国家的民事主体资格皆体现着规范性,须经由民法赋予。在民法框架内,国家与自然人具有完全相同的法律人格。

(三)两种性质水资源国家所有权的具体区别

宪法上的国家所有权只是借用了民法上的所有权字眼来实现宪法对水资源的保护。宪法上水资源国家所有权与民法上国家所有权在权利主体、客体、内容、行使及救济方式上都有所不同。

从权利主体来看,宪法上国家所有权范畴内的国家是一个主权概念,尚非民事主体;民法上水资源所有权的权利主体是作为民事主体的国家。主权国家行使宪法上水资源所有权需要体现全民意志,由全国人大代为行使。与此不同,国家在民法上作为普通的民事主体受民法规则的调整,由国务院代为行使。也正是在民法层面上,凯尔森所言的“在所有现代法律关系中,国家和任何法人一样,可以具有对物权和对人权,具有由‘私法’所规定的任何权利和义务。在有一个民法典时,该法典的规范同等地适用于私人与国家”〔53〕才是正确的。

从权利客体来看,宪法上国家所有权客体要大于民法上所有权客体的范围。如迪特尔·施瓦布所言,宪法上所有权包括所有私法上的财产权利;民法

〔52〕 [德]罗尔夫·克尼佩尔:《法律与历史——论〈德国民法典〉的形成与变迁》,朱岩译,法律出版社2003年版,第154页。

〔53〕 [奥]凯尔森:《法与国家的一般理论》,沈宗灵译,中国大百科全书出版社1996年版,第227页。

上所有权则往往同有体物联系在一起,指的是对有体物拥有完全的决定权。〔54〕除了民法上的所有权和限制物权以外,承租人的占有权、价金请求权之类的债权或租赁合同的请求权也受到宪法所有权的保护。〔55〕是否可成为宪法上国家所有权的客体取决于该客体归国家所有是否有利于全民的利益,需由全国人大经由宪法制定或修改程序决定。民法上国家所有权客体则需要满足民法上关于所有权客体的判断标准。

从权利内容来看,宪法上水资源国家所有权主要为水资源全民所有提供法权性规定和制度性保障,通过宪法规范赋予全民所有之水资源以保护,不涉及水资源的具体支配利用。民法上水资源国家所有权在关注水资源静态秩序保护的同时,重点关注水资源所蕴含的私法利用的可能性,以及处理私人使用水资源时可能产生的权利冲突。

从权利行使来看,宪法上水资源国家所有权不能转让、不能设置私权性质的水权;民法上国家所有权可以转让,且可设置水权。那么如何理解禁止民法上水资源所有权转让的规定呢?这与民法上国家所有权的性质并不矛盾,而是水资源自身特性使然。也就是说,水资源的特性决定了其不能作为交易的标的物,而非民法上国家所有权的性质导致其不能转让。史尚宽先生即将水资源认定为民法上的法定不融通物,不得转让,不得作为取得时效的客体。〔56〕民法上国家所有权受约束的程度和范围主要由所有权客体的社会重要性决定,客体满足的社会功能越多,国家所有权就需要受到越大的限制。

从权利救济来看,对宪法上水资源国家所有权的救济方式体现为依照宪法的规定对责任主体追究违宪责任,例如撤销同宪法上水资源所有权规范相抵触的法律、行政法规、地方性法规等;对民法上水资源国家所有权的救济方式则体现为民事责任的承担,如消除危险、排除妨碍、损害赔偿等。

---

〔54〕 参见[德]迪特尔·施瓦布:《民法导论》,郑冲译,法律出版社2006年版,第48~49页。

〔55〕 参见[德]M. 沃尔夫:《物权法》(第20版),吴越、李大雪译,法律出版社2004年版,第23~24页。

〔56〕 参见史尚宽:《民法总论》,中国政法大学出版社2000年版,第253页。

(四)小结:宪法上水资源国家所有权转化为民法上水资源国家所有权的具体表现

民法上水资源国家所有权经由宪法上国家所有权的转化而来。这一转化,在权利性质上,完成了宪法上所有权向民法上所有权的转变;在权利主体上,实现了主权国家向国家法人的转化;在权利客体上,使水资源可以作为民法上所有权的客体被支配;在权利行使上,为在水资源之上设置私权性质的水权提供了可能,有益于水资源效用的最大发挥,并保证水资源之上所负载公共利益的实现。至此,便理顺了水资源全民所有到宪法上水资源国家所有权,进而转化为民法上水资源国家所有权的路径。

四、民法上水资源国家所有权的实践价值

水资源全民所有过渡为宪法上国家所有权,进而转化为民法上国家所有权具有重要的实践价值,主要体现在以下几个方面。

(一)民法上水资源国家所有权具有优于其他所有权模式的特点

水资源可以采取何种所有权模式?第一种是无(no)所有权模式:任何人不得在水资源之上享有所有权。第二种是公共(common)所有权模式:每个人都对水资源享有毫无限制的权利。第三种是私人(private)所有权模式:某个私人单独或者几个私人共同对水资源享有所有权。第四种是国家(state)所有权模式:国家在水资源上享有所有权。

1. 无所有权模式采取的是一种资源的不开放体制,拒绝人类对特定资源的使用。[57] 无所有权模式最典型的例子是南极的冰川资源,这片区域不允许人类的开发活动。若采取这种模式,对于保护水资源环境及自然生态系统有很大好处,但无法实现人们使用水资源来满足自己需求的目的。

2. 公共所有权模式与无所有权模式相反,采取的是完全开放的体制,任何人都可毫无限制地使用水资源。使用水资源所致生态破坏的限制机制的欠缺,将导致水资源的过度使用和环境退化。公共所有权的弊端在其他场合已经体现:"世界范围内土地资源的沙漠化以及森林资源的减少,大多应当归咎于'开

〔57〕 See Jan Hancock, *Environmental Human Rights: Power, Ethics, and Law*, Ashgate Publishing Limited Press, 2003, pp. 137 - 138.

放进入'规则。"[58] 对水资源毫无节制的自由、过度使用会导致哈丁所言的"公共地悲剧"。[59]

3. 私人所有权模式具有排他使用的特点。在私人所有权模式之下，所有权人可以排斥其他任何人使用其所有之水资源，剥夺了人们平等使用水资源的可能性。水资源被法律确认为一种商品，使用及收益只与所有权人有关。若采取水资源私人所有权模式，那么在市场导向下，水资源作为一种商品只会流向给所有权人带来最大利益的地方，竭泽而渔式的获利用水行为便会频现。倘若如此，在水资源严重短缺的地区，必定会出现穷人因为缺水而导致生存危机的状况。水资源的商品化不能保证人人有水可用，相反，它只能保证社会富有阶层的用水权，而将穷人排斥在外，经济上的弱势群体被剥夺了对其健康与生命不可缺少的水资源的使用权。

4. 水资源国家所有权具有优于上述所有权模式的特点。国家作为所有权人对水资源进行开发利用，决定了其并非禁止对水资源开发使用的不开放机制。国家可以对私人进入水资源的权限和程序进行限制，例如，可设定私人可取得的水权比例、配水量、期限、优先权顺序等，从而克服公共所有权之下水资源盲目使用的弊端。艾莉诺·奥斯特罗姆在系统分析"公共地悲剧"的基础上，即认为采取有效措施对公共资源的进入进行限制可以纠正这一难题。[60] 民法上水资源国家所有权经由宪法上国家所有权转化而来并受其影响，其行使须首先符合公共利益，实现人人平等用水目标，与私人所有权模式一味追求经济效益导致穷人无法获得水资源使用权不同。水资源国家所有权行使中，国家还会考虑水资源环境、生态因素，从而实现水资源所负载的多重价值。

---

〔58〕 Robert Cooter and Thomas Ulen, *Law and Economics(fifth edition)*, Addison Wesley Publishing, 2008, p. 154.

〔59〕 哈丁曾言："基于公共地的自由，每一个人都追求自己的最好利益，毁灭是人们盲目行为的必然目的地。" Hardin, "The Tragedy of the Commons", *Science*, New Series, Vol. 162, 1968, p. 1244.

〔60〕 See Elinor Ostrom, *Governing the Commons: The Evolution of Institutions for Collective Action*, Cambridge University Press, 1990, pp. 2 - 15.

（二）民法上水资源国家所有权为“国家所有权—私人水权”制度设计提供了可能

水资源所有权之上设置水权有利于解决水资源所有与利用之间的矛盾。水资源的使用权不可能总由所有权人来行使，否则无法实现私人使用水资源的目的。很多情况下，所有权人通过设置水权的方式将水资源交于他人加以使用并收益，从而更加充分地实现水资源价值。

设置水权必须以界定水资源所有权为前提。水资源所有权是水权的母权，水权是从水资源所有权中派生出来的他物权。皮之不存，毛将焉附？若不存在独立的水资源所有权或者水资源所有权归属不清，水权也就无从产生并独立存在。只有在界定清晰水资源所有权之后，才能对水权予以适当定位并对其制度价值做出准确评价。

水资源国家所有权在民法中的确立为水权制度的构建提供了前提。水权作为用益物权的一种，属于私权的范畴，不可能设置于宪法上水资源国家所有权或水资源全民所有之上，而只能建构于民法性质的水资源所有权之上。值得注意的是，我国的民事立法已经步入这一轨道。1988 年《水法》根据水资源附属于土地所有权的观念，确立了国家所有与集体所有并存的水资源归属模式。2002 年《水法》第 7 条、第 48 条虽确定了水资源有偿使用制度，但这是从行政管理的角度进行的规定，私权属性并不明确，更缺少对相应权利的民事救济措施。2002 年《水法》确立的水资源单一国家所有权承认了水资源与其承载体——土地所有权的分离，对《物权法》有关水资源所有权及水权制度的创设具有重要影响。《物权法》第 123 条即首次将取水权规定为用益物权。

在“国家所有权—私人水权”制度下，水权取得须遵循相应规则。水权作为一种用益物权，任何私人均可依法取得。当私人的用水需求可预先知晓时，理想的规则是将水资源优先赋予对水资源具有最高需求者。当用水需求无法预先知晓或具有相同用水目的情况下，最好的规则是将水资源授予最先使用者，倘若之后的用水者需要改变用水目的，则可要求其支付给在先使用者补偿费用。为防止在先使用者“敲竹杠”，后使用者支付的补偿费用应相当于因改变用水目的而给在先使用者造成的损失，而非水资源可给后使用者带来的价值。数个具有不同目的的水权并存时，以用水目的，而非申请时间，作为确定水权优先位序的依据。例如，无论两个水权取得的时间是否相同，家庭生活用水一般应处于最优先的位序。

“国家所有权—私人水权”模式下的水权取得规则较英美法系的水权取得规则具有自身优点。英美法系的水权取得规则经历了由河岸权原则向优先占用原则转变,呈现出由制定法来调控水权设立的趋势。[61] 河岸权原则指水流沿岸的土地所有权人享有优先使用水资源的权利;优先占用原则指先占有并使用水资源之人享有在所占用范围内的用水优先权。从理论上说,河岸权原则的理由在于:拥有河岸土地者的用水需求显而易见。优先占用原则的理由则在于:其为工业发展之需。然而两种水权取得规则均有不足之处。确立水权取得规则的前提是:水权乃一项人人都得享有的平等权利。河岸权原则尚未完全将水资源与河岸土地分离,仅优先满足河岸所有权人用水需求显然不足取。优先占用原则亦不能适用:法律不应当允许缺少正当理由的不当暴利现象,将水权赋予因侥幸而最先占用水资源之人是不正当的。

(三)民法上水资源国家所有权有利于彰显水资源的公共物品属性

物有私人物品和公共物品之分。在私人所有权模式之下,所有权客体一般表现为私人物品,具有支配上的排他性。就私人物品,菲利克斯·科恩直接指出:“非经许可,概莫能入;许可与否,概由我出。”[62] 公共物品则在使用和消费上不具有排他性。最典型的是关于军事安全的例子:“向一位公民提供免受核袭击的保护并不减少为其他公民提供保护的数量。”[63] 经济学认为,效率因素在区分私人物品与公共物品上具有决定性的作用。换句话说:“效率要求具有竞争性和排他性的产品由个人或较小的群体所有;非竞争性和非排他性的产品则属于公共物品,应该由较大的群体,如国家来行使。”[64]

水资源应属于公共物品的范畴。一方面,水资源自身所具有的环境、生态及社会价值决定了其不应当成为任何个人的私有财产,而应为每个人享用其价值。莫德·巴洛和托尼·克拉克认为:“在这个任何事物都可能被私有化的世

---

〔61〕 See James Gordley, *Foundations of Private Law: Property, Tort, Contract, Unjust Enrichment*, Oxford University Press, 2006, pp. 119 – 129.

〔62〕 Felix S. Cohen, “Dialogue on Private Property”, *Rutgers Law Review*, Vol. 9, 1954, p. 374.

〔63〕 Robert Cooter and Thomas Ulen, *Law and Economics (fifth edition)*, Addison Wesley Publishing, 2008, p. 108.

〔64〕 Ibid.

界上,公民们必须清楚地划出一片禁区,包括对生命而言是神圣不可侵犯的、或对社会和经济的公正性是完全必要的那些事物。人人享有平等的用水权这个命题对生命和公正性都绝对是最重要的事物之一。”〔65〕另一方面,人人需要使用水资源的现实也决定了不能将其划入具有竞争性的私人物品行列。“竞争会导致分配从人人享有平等份额发展为一个人拥有财产的99%,而其他人分享余下的1%。”〔66〕

民法采取水资源国家所有权模式有利于彰显水资源的公共物品属性。私人往往为追求短期、直接的经济利益而忽略长远、整体的社会价值,无法彰显水资源的公共物品属性。如裴丽萍教授所言:“水环境、娱乐、景观等公共物品属性与水资源私人所有权的独占性及排他性水火难容。故此,将水资源整体交由私人所有和支配,既不必要也不可行。”〔67〕民法上水资源国家所有意味着非任何私人所有,然而任何个体却可依法取得水权。从用水目的来看,水为生命之源,乃生活、生产之本,家庭生活用水必须保证,市政用水不可切断,农业用水事关国计民生,工业用水关乎社会发展,生态用水系生存环境所需。此几类水权不言自明,需要国家基于所有权确定相应顺序进行配置,而不能将水资源归入私人物品范围,由个人排他使用。

(四)民法上水资源国家所有权有利于水资源合理配置目标的实现

国家所有权模式有利于水资源在丰枯年份的配置。受到降水量、水资源流失及蒸发因素的影响,水资源的数量在不同年份存在差异。实现水资源的有效配置,需要解决水资源在数量上的波动。一些发达国家在政府主持下建立了旱期水银行制度。例如,美国加利福尼亚州于1991年建立了由州水资源局管理的旱期水银行。丰水年份已授权使用的剩余水量或由于休耕等原因而减少的用水均可存入水银行重新配置。政府在水银行制度建设和运行中具有重要作用,John R. Teerink 指出:“水银行的目的在于使资源的卖方和买方有一个集中统一的购销中介。由于加利福尼亚州供水工程设施对买方的水资源输送很重

〔65〕 [加]莫德·巴洛、托尼·克拉克:《水资源战争——向窃取世界水资源的公司宣战》,张岳、卢莹译,当代中国出版社2008年版,第170页。

〔66〕 Robert Cooter and Thomas Ulen, *Law and Economics*(*fifth edition*), Addison Wesley Publishing, 2008, p. 116.

〔67〕 裴丽萍:《论水资源国家所有的必要性》,载《中国法学》2003年第5期。

要，州政府很自然地就成为协商和协调转让的合理机构。”〔68〕

国家所有权有利于水资源在空间范围的调控。我国的南水北调工程即很好的例证。这类工程只能由国家才能完成，如亚当·斯密所言：“这类机关和工程，对于一个大社会当然是有很大利益的，但就其性质说，设由个人或少数人办理，那所得利润决不能偿其所费。所以这种事业，不能期望个人或少数人出来创办和维持。”〔69〕跨省水污染（如淮河流域）与省际水量争夺问题的解决，亦体现了水资源国家所有权的价值。解决上述问题的关键“在于进一步明确水资源的单一国家所有，强调只能由国务院代表国家行使水资源所有权”。〔70〕

国家所有权有利于实现水资源系统利用的目标。这是由水资源系统的整体性特征所决定的。各个水域里的水资源就像一个大家庭一样，密切地联系在一起，形成一个水资源系统。诚如迈克尔·帕菲特在《国家地理》杂志中所言：“大江大河就像你的国家，经常会出点儿问题。湖泊像你的表兄弟，小溪像你的姐妹，池塘像你的孩子。”〔71〕水资源系统间具有十分紧密的联系，地上水和地下水、河流的上下游、干支流之间相互影响和制约。即使将组成整个水资源系统的某一水体归于单个私人所有，也往往与水资源配置的整体性目标相悖。

（五）水资源国家所有权能够体现水资源负载利益的全民性及促进水资源改革的深入

水资源国家所有权有利于发挥水资源最大价值，体现水资源负载利益的全民性并使普遍的个体得利。如何使全民对水资源的权利在法律上得以实现，首

---

〔68〕 John R. Teerink, “Water Supply Pricing in California”, in John R. Teerink and Masahiro Nakashima, *Water Allocation, Rights and Pricing: Examples from Japan and the United States*, The World Bank Press, 1993, p. 42.

〔69〕 ［英］亚当·斯密：《国民财富的性质和原因的研究》（下卷），郭大力、王亚南译，商务印书馆1974年版，第284页。

〔70〕 吕忠梅等：《长江流域水资源保护立法研究》，武汉大学出版社2006年版，第175页。

〔71〕 ［加］莫德·巴洛、托尼·克拉克：《水资源战争——向窃取世界水资源的公司宣战》，张岳、卢莹译，当代中国出版社2008年版，前言第Ⅲ页。

先是水资源支配管理的问题，其次是确保全民成员如何享有水资源收益。就水资源支配管理而言，国家所有权在民法上的证成能够保证水资源所有权占有、使用、收益及处分权能得以实现。就水资源收益而言，全民将水资源权利赋予能够代表全民利益和意志的国家行使，国家则应将水资源收益回归全民，使普遍个体均能获益。国家通过将设定水权所获得的资金用来兴修水利工程、优化水资源生态环境、治理水污染，从而使水资源收益返归普遍的个体。国家所有并非地方政府所有，亦非任何私人所有，水资源所带来收益也不能归于任何国家机关、企事业单位、其他组织以及个人，这也为防止水资源国有资产流失提供了理论根基。

水资源国家所有权与水资源全民所有之间关系的理顺，有利于检视国家所有权行使过程中出现的问题。长期以来，水资源国家所有权行使过程中出现了诸多问题：干旱缺水、洪涝灾害、水质污染和水土流失日益加剧；一些地区片面追求经济效益，水资源严重超采导致河道断流、湖泊干涸、湿地萎缩、绿洲消失；更为严重的是，农村的高氟水、高砷水、苦咸水等还严重威胁农民的健康，尚有数亿农民没有安全干净的水可供饮用。〔72〕 上述问题由诸多因素导致，但其中一个重要的原因在于：水资源管理者在行使权利的过程中并未认识到水资源国家所有权的权利性质和权利来源这一深层因素。殊不知国家对水资源在法律上的权利乃由全民授权而得，而组成全民的则是活生生的社会个体。水资源的合理开发、高效利用及优化配置始终要以不断提高个体的生活质量、改善人居环境、保证水的饮用安全为中心而展开，而不能无视水资源国家所有权创设的初衷。

水资源国家所有权的理论证成有利于水资源改革的深入。从水资源改革的国际经验来看，水资源改革需要从传统的以政府作为决策主体的水资源管理制度转向现代化的水资源治理模式，这种模式有赖于健全的法律框架、有效的

---

〔72〕 参见《中国水资源问题及对策——水利部部长汪恕诚答记者问》，载学习时报：http://www.china.com.cn/chinese/zhuanti/xxsb/1121100.htm，最后访问日期：2010 年 7 月 25 日。

体制安排、透明的决策和信息公开以及公众的积极参与。[73] 水资源所有权归属是构建水资源法律框架(包括水权、水市场等)的前提;水资源改革的体制安排要求水资源由部门分割管理转向综合的水资源管理,国家所有权为水资源的综合管理体制提供了保障;而水资源国家所有权所代表利益的全民性则为水资源改革所必需的透明决策、信息公开及公众参与提供了深层理论基础。

五、结　　语

制度的现状需要理论的解读。解读水资源国家所有权规则背后之理论根基的目的在于通过窥探水资源国家所有权之一斑,深入剖析水资源领域全民、国家、私人关系之全豹,从而解析水资源国家所有权的存在意义及制度价值,并为水资源管理和使用开拓出一条有意义的道路。水资源所有权归属的比较法考察为水资源国家所有权的证成提供了现实制度基础,水资源全民所有"类似总有"的定性为水资源全民所有向水资源宪法上国家所有权过渡,进而转化为民法上水资源国家所有权奠定了深层理论基础。由此可知,水资源国家所有权这一法律概念在不同语境之下具有不同的权利性质和制度内涵。以"类似总

〔73〕 上述水资源改革经验来自四篇世界银行主持的中国水战略研究项目"解决中国水稀缺问题:从研究到行动"的国际经验系列报告。See World Bank, *Water Resources Management in Japan Policy, Institutional and Legal Issues*, World Bank Analytical and Advisory Assistance(AAA) Program China: Addressing Water Scarcity Background Paper April 2006, No. 1; World Bank, *Evolution of Integrated Approaches to Water Resource Management in Europe and the United States: Some Lessons from Experience*, World Bank Analytical and Advisory Assistance(AAA) Program China: Addressing Water Scarcity Background Paper April 2006, No. 2; World Bank, *Water Resources Management in an Arid Environment: The Case of Israel*, World Bank Analytical and Advisory Assistance(AAA) Program China: Addressing Water Scarcity Background Paper July 2006, No. 3; World Bank, *Dealing with Water Scarcity in Singapore: Institutions, Strategies, and Enforcement*, World Bank Analytical and Advisory Assistance (AAA) Program China: Addressing Water Scarcity Background Paper July 2006, No. 4.

有"的理论来解读水资源所有权及使用权制度体系,无须对现有水资源权利体系做较大幅度的改动,具有节约路径成本的优势。理论价值需要实践来检验,相信水资源国家所有权理论的证成必将对水资源的管理实践起到积极的促进作用。

论法院对基本权利的保护

谢立斌*

立法机关和其他主体都可能侵犯公民基本权利。就立法机关对基本权利的侵犯而言，最高人民法院相对于全国人大及其常委会处于从属地位，没有宪法解释权，因此无权审查法律是否合宪，[1]这意味着我国各级法院必须假定所有法律都是合宪的，立法者不会侵犯公民的基本权利。那么，针对其他主体对基本权利的侵犯，法院是否有义务，以及应当如何提供司法保护？本文对这些问题展开探讨。

一、法院保护基本权利的义务

法国1789年《人与公民权利宣言》第16条庄严宣告："凡权利无保障和分权未确立的社会就没有宪法。"这其实揭示了国家合法性的两个来源：权利保障和权力分立。鉴于权力分立最终也服务于保障个人自由，因此，权利保障就构成了国家合法性的终极来源。在国家应当保护的公民权利中，基本权利具有最重要的地位，尤其应当得到切实保障。国家的权利保障义务，由立法、行政和司法三个部门来承担，其中，法院能够在个案中具体地、终局性地对权利争议作出裁决，因此，法院对权利提供的保护，具有重大意义。

或许有人认为，在现代宪法国家，保护公民基本权利，是宪法法院的排他性职权，其他法院无权染指。如果这种观点成立，则普通法院只保护法定权利，不保护宪法权利。从比较法的角度来看，各国通常都有审理民事、刑事和行政案件的法院，但是不一定有宪法法院。以是否设立宪法法院为标准，所

---

* 谢立斌，中国政法大学中德法学院教授。

〔1〕 参见许崇德：《"宪法司法化"质疑》，载《中国人大》2006年第11期。

有国家大致可以分为既有普通法院又有宪法法院,以及有普通法院而无宪法法院这两类。其中,德国是设立了宪法法院的代表性国家,中国则有普通法院,没有宪法法院。那么,以德国为例,在设立了宪法法院的情况下,宪法法院是否“垄断”对公民基本权利的保护,其他法院是否还有这方面的职责呢?

在德国,《德国联邦宪法法院法》对该法院的组织、权限、程序等作出了具体规定。其中,该法第 90 条第 2 款规定了宪法诉愿的辅助性原则,即宪法诉愿相对于普通法院提供的司法救济,具有从属、补充地位。任何人主张自己的基本权利受到侵犯的,应当先向普通法院寻求救济。只有当事人在穷尽所有审级的诉讼程序之后,仍然认为自己被侵犯的基本权利没有获得救济的,才可以向联邦宪法法院提起宪法诉愿。〔2〕 宪法诉愿制度要求穷尽司法救济的规定,具有重大意义。这种制度设计的目的,是使普通法院在联邦宪法法院之前对被诉行为的合宪性进行审查,〔3〕以确保诉讼程序成为公民基本权利保护的主要途径,宪法诉愿只作为一个补充。在理想情况下,普通法院充分保护了公民基本权利,当事人没有必要再提起宪法诉愿。〔4〕司法实务中,这种制度设计基本上达到了目的。从案件数量来看,联邦宪法法院每年处理的宪法诉愿案件在持续增长之后,位数仍然不过几千件,远远少于其他法院审理的、涉及基本权利的案件,更是少于其他法院每年处理的案件数量。〔5〕 因此,从数量上来看,普通法院承担了主要的维护公民基本权利的功能。此外,在联邦宪法法院受理的宪法诉愿案件中,诉愿人的主张得到全部或者部分支持的概率,也不

〔2〕 Vgl. E.-W. Böckenförde, Zur Lage der Grundrechtsdogmatik nach 40 Jahren Grundgesetz, München 1990, S. 42.

〔3〕 Vgl. BVerfGE 66, 337, 364; 68, 334, 335; 72, 84, 88.

〔4〕 Vgl. BVerfGE 49, 252, 258.

〔5〕 以 2008 年为例,德国一审民事审结案件(不包括家庭案件)就有 1,260,064 件,而联邦宪法法院第一庭、第二庭同年审结的案件分别是 3425 起和 2809 起。Statistisches Bundesamt, Statistisches Jahrbuch 2010, SS. 272, 274.

超过5%,〔6〕这也说明,即便公民最终提起了宪法诉愿,联邦宪法法院在超过95%的案件中,肯定普通法院对公民基本权利的保护。因此,虽然德国联邦宪法法院在维护公民基本权利的活动中具有最为突出的地位,〔7〕但无论从案件的绝对数量还是宪法诉愿的"胜诉率"来看,在大多数情况下,普通法院对公民基本权利提供了充分的保护。

由此可见,即使在设立了宪法法院的德国,保护公民基本权利的任务,主要是普通法院来完成的。而一国如果没有宪法法院,对公民的基本权利提供司法保护的职责,更是责无旁贷落到普通法院身上。按照这一原理,我国法院也就承担了对公民基本权利进行保护的义务,这一点也能够得到宪法文本的支持。根据《宪法》序言最后一句,作为国家机关,法院必须以宪法为根本的活动准则,并且负有维护宪法尊严、保证宪法实施的职责。其中宪法是否具有尊严,很大程度上取决于宪法是否具有实际效力,即宪法是否真正得到实施。对侵犯公民基本权利的行为进行追究,也就维护了宪法的尊严。由于法院承担了维护宪法尊严的义务,法院就应当通过审判保护公民的基本权利不受行政机关和私人等主体的侵犯。

我国法院应当如何履行保护公民基本权利的宪法义务呢?对此可以区分三种情况展开讨论:一是法律或者下位法(统称立法)作出了具体规定;二是立法只作出了抽象的、解释之后才能适用于具体案件的规定;三是立法根本没有作出任何规定。下文分别探讨法院在这三种情况下如何实现对公民基本权利的保护。

二、法院适用作为基本权利条款具体化的立法

立法者在民法、行政法和刑法等领域都作出了详细的、具有可操作性的规

〔6〕 德国联邦宪法法院盖尔法官的助手凯特尔法官向笔者介绍,根据其经验,在5%的宪法诉愿案件中,会初步判断公民的基本权利被侵犯,之后联邦宪法法院要求之前审理有关案件的普通法院提交卷宗,并向有关机构调取必要材料或者提供表达意见的机会。在基于所有材料进行审查之后,在大约一半案件中排除基本权利被侵犯,最后剩下百分之二三的宪法诉愿案件,联邦宪法法院全部或者部分支持诉愿人的主张。

〔7〕 K. Stern, Staatsrecht Bd. Ⅲ/1, 1988, S. 1428.

定，对公民的基本权利提供保护。以人格尊严为例，《宪法》第 38 条规定："中华人民共和国公民的人格尊严不受侵犯。禁止用任何方法对公民进行侮辱、诽谤和诬告陷害。"相应的民事、行政和刑事立法从不同角度对此予以细化。其中，《民法通则》第 101 条规定："公民、法人享有名誉权，公民的人格尊严受法律保护，禁止用侮辱、诽谤等方式损害公民、法人的名誉。"《治安管理处罚法》第 5 条第 2 款规定："实施治安管理处罚，应当公开、公正，尊重和保障人权，保护公民的人格尊严。"《刑法》相关条文则对侮辱、诽谤和诬告陷害公民的行为规定了刑事责任。因此，侵犯公民人格尊严的行为，既违反了《宪法》第 38 条，也违反相关的法律规定。为了保护公民人格尊严，法院在规范适用上面临三种选择：只适用宪法；只适用法律；同时适用宪法和法律。面对这三种可能性，法院应当何去何从？

为了回答这一问题，有必要分析有关宪法规范和法律规范规定的事实要件之间、法律后果之间，分别呈现何种关系。宪法上保护人格尊严的规范，其事实要件规定在《宪法》第 38 条，相应的宪法后果则规定在《宪法》第 5 条第 4 款第 2 句："一切违反宪法和法律的行为，必须予以追究。"这一规定，对包括侵犯基本权利在内的所有违宪行为、违法行为，都设定了一个抽象的后果，即必须予以追究。〔8〕因此，《宪法》第 38 条、第 5 条第 4 款第 2 句共同构成的规范如下：侵犯人格尊严的，用任何方法对公民进行侮辱、诽谤和诬告陷害的，必须予以追究。相比之下，上述民法、行政法和刑法规范所调整的事项，分别限于民事领域、行政领域和刑事领域，它们的适用范围都包含于宪法规范适用范围之内，对于事实要件的规定更为具体；在法律后果上，这些法律规范也分别规定了民法、行政法和刑法上的相应具体制裁。总体而言，法律规范比宪法规范，无论在事实要件上，还是违法后果上，都更为具体，构成了对相应宪法规范的具体化。

对于同一案件事实，宪法和法律规定的后果，在逻辑上有两种情况：其一，宪法后果和法律后果相互排斥，例如，对于受到基本权利保护的行为，法律却规

〔8〕 表面上，《宪法》第 41 条第 3 款（"由于国家机关和国家工作人员侵犯公民权利而受到损失的人，有依照法律规定取得赔偿的权利"）似乎对所有基本权利规范规定了统一的后果。然而，该款设定了两个事实要件，即权利受到侵犯，并且受到损失，因此，它不适用于权利被侵犯、但没有导致损失的情况，即并不适用于所有权利被侵犯的情况。

定制裁,这构成典型的法律违宪情形,有关法律因此不得适用。[9] 笔者讨论的情况,不属于这种情形。其二,宪法后果和法律后果并不排斥,可以共存。鉴于有关法律对侵犯公民人格尊严的行为规定了制裁,这与宪法上对所有违宪行为进行追求的要求,是一致的,可以共存。我们注意到,宪法和法律对后果的规定,在抽象程度上有较大差别。宪法上追究违宪行为的要求,通常需要立法者予以具体化,才具有可操作性。相比之下,法律所设定的后果更为具体,便于直接适用。例如,根据《民法通则》第120条第1款的规定,公民的名誉权受到侵害的,有权要求停止侵害,恢复名誉,消除影响,赔礼道歉,并可以要求赔偿损失。该款规定的法律后果,是立法者对《宪法》第5条第4款第2句所规定宪法后果的具体化。适用一般法律规定的法律后果,也就落实了宪法上追究违宪违法行为的要求。在这种意义上,位阶上低于宪法的法律,在事实要件和法律后果上,都对相关宪法规定作出了具体化。适用法律,就已经完全实现了宪法的规范要求,无须再适用相关宪法规范。法院在规范适用上采取这一做法,也符合宪法对于立法者和法院关系的规定。法院受法律约束,在立法者已经对某一事项作出规定的情况下,法院不得无视法律而直接诉诸宪法,以自己对宪法的理解,来取代立法者对宪法进行的具体化。

因此,在法律对基本权利条款已经进行细化的情况下,法院应当适用有关具体立法,无须也不得适用宪法,来履行保护公民基本权利的宪法义务。

三、法院对抽象法律规范的合宪解释和适用

在一些情况下,法律规定具有一定的抽象性,只能在通过解释明确其含义之后才能够在个案中适用。这种情况下,法院应该对法律作合宪解释并予以适用,从而对公民基本权利提供切实保护。

---

〔9〕 当然,法律违宪是否一律导致其不得适用,取决于各国具体制度。在德国,如果一部法律被判决为违宪,而马上停止该法的适用将导致无法可依的混乱状况,联邦宪法法院往往规定立法者应当在某一期限之前修改违宪的法律(条文)。此外,为了维护法律安定性,联邦宪法法院作出的法律违宪的判决,往往只对本案和未来发生效力,之前的法律适用,并不会得到纠正。

(一)法律合宪解释的一般原理

宪法规定基本权利,保护精神、财产、人身等自由,体现了对这些自由的重视。在这种意义上,基本权利保护的这些法益,构成了宪法上的重大价值。立法、行政和司法机关都受到这些价值的约束,不仅不得实施侵犯行为,还应当积极维护基本权利所承载的价值,努力促进其实现。立法者应当通过立法来保护公民的基本权利,并为公民行使基本权利创造条件;行政机关和法院通过执法,促进基本权利的实现。尤其是在审判活动中,在立法存在解释空间的时候,法院应当从基本权利出发,来确定抽象立法的含义。这种用宪法规范的内容来确定、充实立法含义的做法,实际上是在法律规定模糊、不清楚的情况下,用宪法规范的内容来“填充”法律条款,这构成了合宪解释的一个重要类型。[10]

德国的一个案例[11]说明了此类合宪解释如何进行。某娱乐场所策划了一个扔侏儒比赛,按照其规则,将侏儒扔得最远的参赛者获胜。行政机关获悉后禁止该娱乐场所举办这一活动,有关侏儒作为第三人提起行政复议,同时向行政法院申请暂缓执行这一禁止性的行政行为,以便比赛得以如期进行。该案的焦点,在于行政机关是否可以依法禁止这一活动。对此,《德国工商法》第33a条第1款第1句规定:“在其营业场所为了盈利目的展览人员的,或者为了为这一活动提供场地的,需要主管机关的许可。”该条第2款规定了3种不予许可的情形,其中之一为“预期有关展览将违背公序良俗”。该娱乐场所进行扔侏儒比赛,构成了展览个人的活动,需要取得许可;关键的问题,在于扔侏儒的比赛是否违反公序良俗,这又决定于如何理解公序良俗这一抽象概念。对此,行政法院在判决中指出:“与《德国基本法》所设定的价值相矛盾的行为,违反公序良俗。尊重和保护人的尊严,属于《德国基本法》的宪法原则。《德国工商法》第

〔10〕 BVerfGE 11,168,190;41,65,86;59,336,350ff.;Konrad Hesse, Gründzüge des Verfassungsrechts,20. Aufl.,1995,S. 31. 在德国,另外一种合宪解释,是指法律的多种解释中,如果只有一种解释符合宪法,则应当采取这种解释,排除其他解释。参见 BVerfGE 2,226,282;st. Rspr.,s. noch BVerfGE 48,40,45f.;90,263,274f。国内也有学者也在第二种意义上理解法律的合宪解释。参见周刚志:《论合宪性解释》,载《浙江社会科学》2010年第1期。

〔11〕 VG Neustadt, Untersagung einer Veranstaltung(“Zwergenweitwurf”),NVwZ 1993,98.

33a 条意义上的活动……如果侵犯人的尊严,则不符合公序良俗。"[12] 简言之,行政法院将维护人的尊严,视为公序良俗的规范内涵之一,侵犯人的尊严的行为不符合公序良俗。在这种意义上,行政法院用人的尊严的概念,来指导公序良俗这一不确定法律概念的解释,实际上将人的尊严这一基本权利解读进了公序良俗概念。在技术操作层面,行政法院在解释公序良俗概念的时候,援引了宪法上人的尊严条款,但并没有直接适用宪法,而是仅适用《德国工商法》第33a 条第 2 款,确认扔侏儒比赛违反公序良俗,不得予以许可。

在中国语境下,这一原理也是适用的:基本权利所体现的价值约束立法者和执法者,因此,法院在解释抽象立法的时候,应当进行合宪解释,将保护相关基本权利视为有关立法的目的,从而明确其规范内容。[13] 根据基本权利的价值来解释抽象立法,也就是将基本权利的内容注入抽象法律规范。在结果上,一个行为侵犯基本权利的,也就构成违法行为。按照这种做法,法院不必直接以相关基本权利条款作为裁判的直接依据,而是应当对相关抽象立法进行合宪解释,再予以适用,从而达到保护基本权利的效果。

由此可见,法院适用抽象规范来保护基本权利的时候,在逻辑上分为两个步骤:第一,根据相关基本权利条款解释抽象法律,确定其含义;第二,将经过合宪解释的法律条款适用于具体案件,作出判决。法官在判决书中论证相关法律规定具有何种含义的时候,援引宪法,但并不直接适用宪法,即并不是在宪法规范事实要件得到满足的情况下,判决有关主体承担相应的法律后果。就对公民的实际效果而言,法院确认侵犯其基本权利的行为违反了相关法律,并对侵权方判处相应的法律责任,其基本权利也就得到了切实保护。

(二)我国合宪解释的实务

前述合宪解释的一般原理,已经在司法实践中得到自觉或不自觉的运用。最高人民法院《关于雇工合同"工伤概不负责"是否有效的批复》(以下简称《工伤批复》),就是合宪解释的一个典范。在一个雇工合同关系中,招工登记表明确注明"工伤概不负责",一个雇工因工伤不治身亡,雇主拒绝承担民事责任。经请示,最高人民法院作出如下答复:

---

[12] VG Neustadt, a. a. O.

[13] 相同观点参见张翔:《两种宪法案件:从合宪性解释看宪法对司法的可能影响》,载《中国法学》2008 年第 3 期。

“经研究认为，对劳动者实行劳动保护，在我国宪法中已有明文规定，这是劳动者所享有的权利。张学珍、徐广秋身为雇主，对雇员理应依法给予劳动保护，但他们却在招工登记表中注明‘工伤概不负责’。这种行为既不符合宪法和有关法律的规定，也严重违反了社会主义公德，应属于无效的民事行为。至于该行为被确认无效后的法律后果和赔偿等问题，请你院根据民法通则等法律的有关规定，并结合本案具体情况妥善处理。”

在该答复的短短4句话中，第2句是对案情的叙述，第4句指示下级法院如何处理。相对而言，第1句、第3句具有重大理论意义。最高人民法院在第1句指出，宪法明文规定的劳动保护是劳动者享有的权利；在第3句指出，约定工伤概不负责“既不符合宪法和有关法律的规定，也严重违反了社会主义公德，应属于无效的民事行为”。第1句、第3句之间的联系如下：第1句指出劳动保护是《宪法》规定的权利，在此基础上，第3句指出免责条款不符合宪法。在第3句列举的免责条款无效的3个原因（不符合宪法；不符合有关法律；违反社会主义公德）中，不符合宪法，无疑是最重要的原因。从答复的精神来看，即使不存在另外两个原因，应当也能够导致免责条款无效的后果。那么，最高人民法院如何从免责条款不符合宪法，得出了其无效的结论呢？私法上的相关规范是《民法通则》第58条第1款第5项，按其规定，违反法律或者社会公共利益的民事行为无效。这一规定并没有明确民事行为违反宪法是否无效。《工伤批复》实际上对《民法通则》第58条第1款第5项作出了合宪解释，广义理解这一规定中的法律概念，认为其包括宪法和狭义法律。按照这种解释，违反宪法的民事行为，也就构成该款意义上的违法行为，具有无效的后果。就具体案件的处理而言，法院无须直接以宪法上的基本权利条款为依据，而只需要适用《民法通则》第58条第1款第5项，以侵犯公民基本权利的行为属于该款意义上的违法行为为由，确认有关民事行为无效。

由此可见，《工伤批复》的含义完全不同于最高人民法院《关于以侵犯姓名权的手段侵犯宪法保护的公民受教育的基本权利是否应承担民事责任的批复》（以下简称《齐玉苓批复》）。后者的关键表述是：“根据本案事实，陈晓琪等以侵犯姓名权的手段，侵犯了齐玉苓依据宪法规定所享有的受教育的基本权利，并造成了具体的损害后果，应承担相应的民事责任。”在《齐玉苓批复》中，最高人民法院并没有像在第一个批复中一样，根据受教育的基本权利来解释抽象的民法规范，得出有关行为违反民事法律规范的结论，而是直接认为陈晓琪等侵犯了齐玉苓的受教育权，即违反了《宪法》。笔者无意对齐玉苓案件中的批复，以及该批复的废止是否合理进行分析，值得注意的是，《工伤批复》恰恰与《齐玉苓批复》不同，前者的逻辑是通过合宪解释，使违宪的民事行为也被视为违法行为，具有无效后果，而后者则是直接认定一个行为违宪，属于对宪法规范的直接适用。由于这两个批复之间存在重大差异，《齐玉苓批复》的废除，对《工伤批复》的效力没有任何影响，法院仍然应当根据基本权利所体现的价值来解释抽象立法，这也是法院维护宪法实施义务的要求。

值得注意的是，《齐玉苓批复》被废止之后，仍然有法院正确地通过法律的合宪解释，保护公民基本权利。2010 年的一个债权执行异议纠纷案件[14]中，一个公司已经被吊销营业执照并歇业，所欠的债务中，包括民工工资、银行抵押贷款本息，以及其他债务，经过法院诉讼程序之后，相关判决和调解书生效，这些债务都进入了法院的执行程序。争议的焦点是，在该公司的所有可执行财产无法实现所有权利主体的债权的情况下，所欠民工工资是否可以优先于银行抵押贷款本息受偿。《劳动法》第 50 条规定："工资应当以货币形式按月支付给劳动者本人，不得克扣或者无故拖欠劳动者的工资。"该条规定了工资应当按月支付，但是并没有直接规定在没有按月支付的情况下，工资和其他债权的先后受偿关系问题，就此而言，该条仍然是一个抽象条款。对此，一审法院首先指出，《宪法》第 33 条第 3 款规定"国家尊重和保障人权"充分彰显了对人权的尊重和保护。生存权是基本人权，民工工资关乎民工生存权。除了《宪法》以外，《劳动法》第 3 条规定，劳动者有取得劳动报酬的权利，第 50 条规定了工资应当按月支付。在此基础上，一审法院认为："这些规定说明劳动者不仅应获取劳动报酬依法还应及时获取报酬，工资是任何企业经营中必然发生的，劳动者的付出附于整个生产经营过程，及时支付工资成了生产经营正常维系的重要因素，由此可以理解工资的支付优于其他债权的实现。"这样，一审法院也就得出了工资优先于银行抵押贷款本息受偿的结论。综观其司法推理过程，一审法院并没有直接依据《宪法》作出判决，而是先对人权条款进行解释，认为民工工资受到生存权保护，而生存权属于宪法上的重要人权；然而，在这一认识指导之下，对《劳动法》第 50 条作出了有利于民工生存权的解释。与此相应，一审法院认为，《宪法》上的人权条款，构成了民工工资优先受偿的"根本依据"，《劳动法》的规定，

---

〔14〕（2010）渝二中法民终字第 1467 号。

是“直接依据”,政策和司法指导意见则构成“参考依据”。

在该案中,一审法院对法律进行合宪解释,这一基本思路是正确的。不过,法院援引人权条款,并主张生存权是基本人权,值得商榷。事实上,法院更应当援引《宪法》第42条所规定的劳动权。劳动权是一项兼备社会权和自由权属性的基本权利,对国家设定了多重义务。作为社会权,劳动权要求国家创造劳动就业条件,使公民能够切实享有进行劳动的权利;作为自由权,劳动权禁止国家过分干预公民在劳动市场上自由就业,同时对国家设定了保护义务,〔15〕即要求国家保护劳动者的权益不受用人单位或者其他主体的侵犯。在本案中,在法院执行程序中,享有抵押担保的债权人提出执行异议,导致民工工资可能无法受偿,这构成了对民工劳动权的威胁。劳动权对国家设立的保护义务,要求国家面对这一执行异议提供保护,即法院应当确认民工工资优先受偿。

综上所述,法院通过合宪解释,将基本权利规范的含义解读进抽象法律规定,从而通过适用法律,对公民基本权利提供保护,在理论上是自洽的。与学术界相比,最高人民法院和基层人民法院进行合宪解释的实务,即便存在进一步探讨之处,也已经走在理论的前面,在实践中产生了良好效果。

四、法院直接适用基本权利条款

中国特色社会主义法律体系已基本建立,社会生活的主要领域基本得到了规范。随着立法工作的进一步完善,无法可依的现象将进一步减少。因此,法院通过适用立法的具体规定,或者通过对抽象规范进行合宪解释,基本上能够完成保护公民基本权利的宪法职责。但是,法律并没有、也永远不可能完全覆盖各个领域。这方面存在各种可能原因:首先,立法并非万能,一些问题的背后,存在各种错综复杂的因素,立法往往无能为力,立法者对此有明智认识,不在相关领域贸然出台法律;其次,即便国家采用法律手段来解决问题,也只能在事后制定法律,立法总是滞后于实践,法律出台之前,新问题、新现象注定无法可依。总之,无论立法活动如何完善,必然仍会存在不受法律调整的“真空”。在一个行为侵犯公民基本权利的情况下,完全可能既不存在具体立法,也不存

〔15〕 参见谢立斌:《自由权的保护义务》,载《比较法研究》2011年第1期。

在抽象法律条款。那么,在这种情况下,法院是否应当直接适用基本权利条款呢?

(一)对无法可依情况下直接适用基本权利条款的质疑

在公民的基本权利被侵犯、而立法没有作出具体或者抽象规定的情况下,为了履行保证宪法实施的职责,在审判中直接适用相关基本权利条款,[16]似乎是法院履行保证宪法实施、保护公民基本权利的唯一可能做法。然而,童之伟教授对此提出了四个反对理由。[17]

一是宪法有规定、没有法律和次级规范的领域,肯定是特别困难的敏感领域,存在法外规范,无须法院介入,更不存在法院适用宪法的空间。

二是即便允许法院在这种情况下适用宪法,在上诉和申诉程序中,会产生宪法还是其他法规范应当适用于具体案件的争议。

三是法院在这种情况下适用宪法,不符合2004年《宪法》第126条关于法院"依照法律规定"行使职权的规定。

四是没有合宪性审查权而适用宪法、进行宪法性裁判的法院,在世界上还没有出现过。

下文先考察相关的域外经验,通过例证说明在一些国家,虽然法院没有合

---

〔16〕 类似观点参见肖蔚云:《宪法是审判工作的根本法律依据》,载《法学杂志》2002年第3期。

〔17〕 参见童之伟:《宪法适用应依循宪法本身规定的路径》,载《中国法学》2008年第6期。原文如下:"……宪法有规定而无法律可依的情况无外乎两类:第一类是……第二类是除宪法外既无法律又没有任何次级的法规范可供法院适用。出现这种是可能的,但若人们以为一旦出现这种情况,法院就可以没有合宪性审查权也能适用宪法了,那就太幼稚了。因为,既然法律和次级法规范都没有,那一定是一个国家处理起来特别困难的敏感领域,同时还一定会有法外的规范在调整着有关主体的行为。此时根本就不需要、也不会让法院来染指有关事务的处理,何谈适用宪法!再退一步说,即使前面的担忧都是多余的,但法院手里只有抽象宪法条文而没有其他任何次级规则可适用的情况出现时,仍有两个问题不能解决:(1)既然允许法院援用宪法裁判具体纠纷,那么就不可能不允许针对法院适用宪法裁判该案的情况上诉或申诉,从而不可能不产生宪法与其他法规范到底哪一个应适用于具体案件之类的争议。(2)法院对宪法做适用性援引解决不了宪法第126条圈定法院只能'依据法律规定'行使职权的限制。或许,最能说明问题的是另外一个最简单的事实:世界上自有宪法以来,从来不曾有过没有合宪性审查权而能够适用宪法、进行宪法性裁判的法院。"

宪审查权，但是也能够适用宪法直接作出判决，从而化解第四点反对理由，然后再对前三点质疑进行分析。

（二）无法可依时基本权利条款的可适用性

1. 域外经验

（1）德国经验：行政法院对基本权利条款的直接适用

在德国，根据《德国基本法》第100条的规定，法院在审判过程中认为法律违反州宪法或者《德国基本法》的，应当中止审理，分别提请州宪法法院或者联邦宪法法院对有关法律是否违反州宪法或者联邦宪法作出裁判。联邦宪法法院和各州宪法法院享有审查法律是否违反《德国基本法》或者各州宪法的权限，任何其他法院都没有对法律的违宪审查权。也就是说，德国的普通法院和我国法院一样，不享有对法律的违宪审查权。那么，在个案中存在相关基本权利、但是法律以及下位法规范缺位的情况下，德国法院能否适用基本权利规范来作出裁判呢？德国审判实务对此作出了肯定回答。

一名德国记者经申请，获军方批准，于2001年8月20～23日乘坐军方飞机，前往位于南斯拉夫东南部和科索沃的两个德军驻地。同年8月20日，该记者参加了旅行。出于安全考虑，军方取消了一个实地访问。此后，该记者辞别活动组织者，自行前往马其顿。在返回德国途中路过南斯拉夫驻地机场时，该记者不听从军方劝告，对在场的德国士兵进行拍照。8月31日，他没有事先与军方沟通，自行前往马其顿、科索沃，要求德国驻军新闻办公室提供支持，并且要求进入多个德国军方设施。9月3日，德国驻科索沃部队通知该记者，鉴于其在8月中旬和下旬的表现（不遵守军方的安排自行前往马其顿，于8月23日违反禁令对德国士兵进行拍照、傲慢地要求军方提供互联网和电话服务），将不再与其合作，不允许其进入其营区。经德国驻科索沃部队建议，德国驻马其顿部队也对该记者采取这一措施。德国外交部长和国防部长分别于9月4日、6日、7日访问驻军。在两位部长的记者招待会上，哨兵都事先接到禁止该记者进入会场的书面命令，该记者因此未能参加记者招待会。该记者遂提起行政诉讼，诉讼请求之一是确认德国军方禁止其参加上述记者招待会违法。〔18〕该案中，除了《德国基本法》第3条第1款和第5条第1款第2句规定的平等权和出版

---

〔18〕 Obererwaltungsgericht für das Land Nordrhein-Westfalen 5. Senat, 07. 10. 2008, AZ 5 A 1602/05, Beschluss.

自由以外,并不存在位阶上低于宪法的任何法律规定。那么,本案中行政法院应该适用什么规范呢?

在德国,如果同时存在基本权利规范和相关法律,鉴于相关法律更为具体,位阶较低的法律优先适用,无须适用位阶最高的宪法规范。[19] 但在有相关基本权利、但是下位法缺位的情况下,则法院应当适用相关宪法条款。按照这一原理,北莱茵-威斯特法伦州高等行政法院直接根据宪法上的平等权条款和出版自由条款作出了判决。判决书中的说理部分指出,出版自由条款保护包括获取信息、传播新闻等环节在内的整个新闻报道过程。不受妨碍的获取信息的可能性,保障媒体能够发挥其在自由民主国家所承担的功能。[20] 如果一个国家机构自愿向媒体代表提供信息,则平等权和出版自由条款要求国家机构在决定哪些媒体可以参加的时候,不得存在裁量错误。如果接待媒体代表的能力有限,则可以按照客观标准选择参加活动的媒体。[21] 如果不必进行限制或者区别对待,则一般性的新闻发布会应当允许所有媒体代表参加。[22] 在本案中,有关新闻发布会是向所有媒体代表开放的,被告基于原告之前的表现,专门向哨兵发布书面命令,禁止原告参加。[23] 被告提出的原告在此之前不听从安排、违反禁令进行拍照,傲慢地要求军方提供互联网和电话服务的行为,本身并不会对有关新闻发布会顺利进行产生任何消极影响。让原告参加上述新闻发布会,也不会对组织者带来明显负担。对于原告的歧视性对待,不符合出版自由的宪法位阶,没有客观的正当理由。[24] 基于以上主要理由,行政法院在判决中确认,被告禁止原告参加新闻发布会违法。简言之,审理该案的北莱茵-威斯特法伦州高等行政法院直接适用《德国基本法》第 3 条第 1 款、第 5 条第 1 款第 2 句的规定,认为被告侵犯了原告的平等权和新闻自由。

以上案例,正好是在没有法律以及下位法规定的时候,没有违宪审查权的行政法院直接适用且仅仅适用相关基本权利条款而没有适用任何下位法,判决

〔19〕 Vgl. Wolff/Bachof/Stober/Kluth, Verwaltungsrecht I, 12. Auflage, 2007, S. 269, 301.

〔20〕 Fn. 18, Rn. 30.

〔21〕 Fn. 18, Rn. 32.

〔22〕 Fn. 18, Rn. 34.

〔23〕 Fn. 18, Rn. 36.

〔24〕 Fn. 18, Rn. 37.

被告败诉。童之伟教授第四点质疑,至少与德国实践不符。

(2)美国经验:法院直接适用宪法的空间

在美国,法院在无法可依、而宪法有相关规定的时候,是否可以适用宪法呢?实际上,在1803年“马伯里诉麦迪逊案”[25]中,美国联邦最高法院已经间接对此作出了回答。美国联邦最高法院专门探讨了法院是否应当适用宪法的问题。针对法院不得将宪法视为法的主张,美国联邦最高法院指出,这种主张实际上要求法院无视宪法,而只应当关注法律。然而,这种观点,颠覆了所有成文宪法的基石,会导致一些荒谬的结论。例如,如果立法者制定任何受到宪法明文禁止的法律,这样的法律却会仍然有效。因此,法院应当适用宪法,是毋庸置疑的。

如果法律和宪法都在一个具体案件中具有可适用性,法院面临一个选择:要不根据法律作出判决,不考虑宪法;要不根据宪法作出判决,不考虑法律。对此,美国联邦最高法院在判决中指出:“如果法院要尊重(regard)宪法,而宪法高于立法者制定的任何普通法律,那么,宪法,而不是普通法律应当调整(govern)宪法和法律在其中都具有可适用性的案件。”在这一案件中,美国联邦最高法院确立了一个冲突规则,即法律与宪法相冲突的情况下,应当适用宪法,而不是法律。

由此可见,美国联邦最高法院认为,法院可以适用宪法;如果法律与宪法相冲突,则法院应当适用宪法而不是法律。如表1所示,依据是否存在法律以及有关法律是否合宪,可以区分三种情形。在第一种情况下,有法律且法律合宪,美国联邦最高法院没有说明应当适用宪法还是法律,还是两者同时适用;在第二种情况下,法律违宪,美国联邦最高法院明确表示应当适用宪法;在第三种情况下,鉴于美国联邦最高法院肯定了法院应当把宪法当成重要的法(a paramount law),因此,既然没有相关的法律,法院当然只能适用宪法。由此可见,在美国,在无法可依的情况下,法院也应当适用宪法上的相关规定,这一点与德国的情况相似。

当然,童之伟教授可能指出,美国法院有合宪性审查权,因此,美国法院适用宪法,并不能否定其提出的第四点质疑。然而,恰恰是美国的情况表明,法院是否有权审查法律的合宪性,只是决定了在表中第二种情形中,法院是否有权

---

[25] 5 U.S.(1 Cranch)137,2 L.Ed.60(1803).

拒绝适用法律,这涉及法院和立法者之间的关系;即使在美国,法院在第三种情况下适用宪法,不构成对立法者的挑战,并不以违宪审查权为前提。

表1 依是否存在法律,以及有关法律是否合宪划分三种情况

	是否存在合宪或违宪法律	美国联邦最高法院关于适用何种规范的观点
1	有法律,法律合宪	未说明
2	有法律,法律违宪	适用宪法
3	无法律	适用宪法

2.立法空白不等于问题敏感

童之伟教授的第一点质疑(有相关宪法条款、而没有法律和次级规范的领域,属于特别困难的敏感领域,无须法院介入),不能服人。

如果受到宪法规范的领域,在没有相关立法的情况下不出现问题,立法者就没有必要干预。上述案例所涉及的问题,是行政部门举办记者招待会应当如何邀请媒体代表,本身受到宪法上平等权和出版自由条款的规范。这个问题并不困难,也并不敏感。正是因为实践中很少出现相关问题,才没有必要专门通过法律予以规范。宪法的相关规定,并不因为没有具体化立法而丧失效力。相反,在困难的敏感领域,反而往往需要立法者对其进行妥善规范,并由法院适用立法。例如,腐败问题,是最为困难、最为敏感的领域之一,通过包括刑法在内的各个部门法对其予以规范的必要性,不言而喻;又如,选举事关国家政权的合法性,但这并不影响《民事诉讼法》对选民资格案件的程序作出规定。

3.上诉和申诉程序不妨碍一审法院适用基本权利

童之伟教授的第二点质疑(上诉或者申诉程序中将产生关于适用宪法规范还是下位法规范的争议),也是不成立的。我们所讨论的,正是不存在下位法规范的情况,因此不会产生应当适用宪法还是下位法的争议。当然,如果二审法院认为实际上存在下位法,则自然应当优先适用下位法。如果的确不存在下位法,则二审法院可以对一审法院所作宪法解释进行审查,按照自身对宪法规范的理解来进行裁判。通过上诉、申诉、提审等程序,最高人民法院能够统一在个案中对宪法相关规范作出解释,避免各法院相互矛盾地适用宪法。

4.2004年《宪法》第126条不规定法院适用哪些法律渊源

相对而言,童之伟教授的第三点质疑(2004年《宪法》第126条关于法院“依照法律规定独立行使审判权”的规定,禁止法院适用宪法),具有较重分量,应当予以认真辨析。

(1)现有观点综述

在学界和实务界,人们似乎有意无意认为,法院能否适用宪法,一个重要因素是如何理解2004年《宪法》第126条中的法律概念。如果它包括宪法,则法院应当适用宪法;如果不包括,则法院不得适用宪法。在这一背景之下,学者们探讨2004年《宪法》第126条中的法律概念是否包括宪法,并就法院是否应当适用宪法的问题得出相应的结论。如表2所示,关于2004年《宪法》第126条的法律概念的外延,按照从小到大的顺序,一共存在三种代表性观点。

表2 针对2004年《宪法》第126条法律概念的外延的观点

2004年《宪法》第126条“法律”概念的外延	宪法	狭义法律
一	×	√
二	√	√(限于法院组织法和诉讼法)
三	√	√

一是按照实务界和学术界中的一种观点,2004年《宪法》第126条中的法律仅仅指全国人大及其常委会制定的法律(狭义法律)。例如,许安标、刘松山教授主张,2004年《宪法》第126条意义上的法律,是诉讼程序方面的法律以及全国人大及其常委会制定的实体法律。[26] 范进学教授指出:“人民法院只能依照全国人民代表大会及其常务委员会制定的‘法律’独立行使审判权。”[27]按照童之伟教授的观点,2004年《宪法》第126条中法律二字是狭义的,并进而得出了法院有权适用法律、无权适用宪法的结论。[28]

二是蔡定剑教授认为,2004年《宪法》第126条意义上的法律,是指宪法以及狭义上的法院组织法和各种诉讼法。值得注意的是,蔡定剑教授没有把实体

〔26〕 参见许安标、刘松山:《中华人民共和国宪法通释》,中国法制出版社2004年版,第344~345页。

〔27〕 范进学:《人民法院的“审判权”是否蕴涵着宪法解释权》,载陈金钊、谢晖主编:《法律方法》(第7卷),山东人民出版社2008年版,第50~51页。

〔28〕 参见童之伟:《宪法适用用应依循宪法本身规定的路径》,载《中国法学》2008年第6期。

法律纳入 2004 年《宪法》第 126 条法律概念的外延。[29]

三是韩大元教授认为,2004 年《宪法》第 126 条中的法律,包括了宪法和狭义法律。[30] 其中的狭义法律,既包括法院组织法和诉讼法,也包括实体法。第三种观点主张的法律外延,大于第二种观点。

(2)辨析

一些学者探讨 2004 年《宪法》第 126 条中法律概念的时候,往往将“依照”理解为“适用”,“依照法律规定独立行使审判权”就变成了“适用法律规定独立行使审判权”。适用是指将法规范规定的法律后果,赋予满足构成要件的案件事实。[31] 例如,根据《民法通则》第 58 条的规定,无民事行为能力人实施的民事行为无效。如果在一个具体案件中,一个 8 岁儿童实施了民事行为,那么,该规范的适用,就意味着人民法院向这一案件中的事实赋予相应的法律后果,即确认该 8 岁儿童的民事行为无效。那么,2004 年《宪法》第 126 条中的“依照”,是否意味着“适用”呢?

首先,我们从系统解释的角度来探讨 2004 年《宪法》第 126 条中“依照”的含义。在我国宪法文本中,有 24 处出现了“依照法律规定”的表述。其中,有 5 处的表述是“依照法律规定的程序”,有 4 处的表述是“依照法律规定的权限”,这 9 处的“依照”(程序或权限),明显不是适用的含义。剩下 15 处,包括 2004 年《宪法》第 126 条在内,都采用“依照法律规定”的表述,对它们进行考察,或许能够帮助我们正确解释 2004 年《宪法》第 126 条。

这 15 处中的“依照法律规定”的表述,都是对某一个主体的行为进行修饰。有关行为主体包括人民(2004 年《宪法》第 2 条第 3 款)、国家(2004 年《宪法》第 10 条第 3 款,第 13 条第 2、3 款,第 44 条)、国有企业(2004 年《宪法》第 16 条第 2 款)、集体经济组织(2004 年《宪法》第 17 条第 2 款)、集体经济组织、国家企业事业组织和其他社会力量(2004 年《宪法》第 19 条第 4 款)、由于国家机关

---

〔29〕 蔡定剑教授狭义理解 2004 年《宪法》第 126 条中的“法律”概念,认为其“具体指《宪法》《人民法院组织法》《刑事诉讼法》《民事诉讼法》《行政诉讼法》等”。参见蔡定剑:《宪法精解》,法律出版社 2004 年版,第 402 页。

〔30〕 参见韩大元:《以宪法第 126 条为基础寻求宪法适用的共识》,载《法学》2009 年第 3 期。

〔31〕 [德]卡尔 · 拉伦茨:《法学方法论》,陈爱娥译,商务印书馆 2005 年版,第 150 页。

和国家工作人员侵犯公民权利而受到损失的人(2004 年《宪法》第 41 条第 3 款)、国务院(2004 年《宪法》第 89 条第 16、17 项)、审计机关(2004 年《宪法》第 91 条第 2 款)、各级审计机关(2004 年《宪法》第 109 条)、人民法院(2004 年《宪法》第 126 条)以及人民检察院(2004 年《宪法》第 131 条)。解释宪法的时候,应当推定同一措辞在整部宪法中具有相同含义,除非有充分理由说明存在例外情况。因此,“适用法律规定”在这 15 处原则上具有相同含义。鉴于只有人民法院才适用法律,如果将“依照法律规定”理解为“适用法律规定”,则只有在第 126 条才解释得通,在另外 14 处则明显解释不通。

即便假设“依照法律规定”在这 15 处可以作出不同的解释,但是,有充分的理由相信,鉴于 2004 年《宪法》第 126 条、第 131 条在条文结构、句式、措辞上的高度一致,这两条中的“依照法律规定”,必须作相同解释。在个案中对具体事实赋予法律后果,是人民法院单独享有的权限,人民检察院并不像法院那样适用法律,因此,即使在这两处,也无法将“依照法律规定”解释为“适用法律规定”。

其次,将 2004 年《宪法》第 126 条中的“依照法律规定”解释为“适用法律规定”,还存在另外一个困境。法院适用行政法规和地方性法规,在实务界、学术界都是没有争议的。从系统解释的角度来看,宪法规定国务院、省级人大及其常委会等主体制定行政法规和地方性法规的权力,暗示了法院应当对其予以适用,否则宪法规定这些立法权限就丧失实际意义了。这种理解,也已经为立法者所肯定,《行政诉讼法》第 51 条第 1 款明确规定:“人民法院审理行政案件,以法律和行政法规、地方性法规为依据。地方性法规适用于本行政区域内发生的行政案件。”如果将 2004 年《宪法》第 126 条中的“依照法律规定”解释为“适用法律规定”,则必须将该条中的“法律”概念解释为包括行政法规和地方性法规。对“法律”概念作这种扩张解释,相对于将宪法纳入法律外延的观点,更无法让人信服。

最后,将 2004 年《宪法》第 126 条中的“依照”解释为“适用”,也会导致该条表述上的重复。2004 年《宪法》第 126 条中,“审判”是指在法院在查清案件事实的基础上,将法定后果赋予满足法定要件的事实,即在具体案件中适用法律、法规。“行使审判权”,就意味着“行使(对案件事实)适用法律、法规的权限”。“依照法律规定独立行使审判权”的含义,就是“依照法律规定独立行使(对案件事实)适用法律、法规的权限”,如果再将“依照”解释为适用,则该条含义为"适用法律规定独立行使(对案件事实)适用法律、法规的权限",剔除该句中一些不相关组成部分之后,该句变成"适用法律规定……行使……适用法律、法规的权限",前后重复。这种解释的谬误之处,是显而易见的。

那么,2004 年《宪法》第 126 条中的"依照法律规定"是什么含义呢?我们认为,就像是其他主体依照法律进行活动一样,法院应当按照法律在组织、程序等各方面的规定,来进行审判活动。因此,此处的法律,是指法院组织法以及各诉讼法,它们对如何组织法院、法院如何行使审判权,都作出了具体的、具有可操作性的规定。由此可见,前述三种观点中,蔡定剑教授对 2004 年《宪法》第 126 条中法律概念的解释,是最为准确的。更为关键的是,他对该条中法律外延的界定,暗含了他对"依照"用语的正确理解。值得一提的是,2004 年《宪法》第 126 条中"依照"用语的这种解释,也得到了立法者的认可。2004 年《宪法》第 126 条规定法院"依照法律规定"行使审判权,这就意味着,在组织、诉讼程序等方面,法院应当遵守相关法律的规定,而且只能遵守法律对这些事项作出的规定。在这种意义上,2004 年《宪法》第 126 条其实规定了一项法律保留,即法院的组织、权限以及诉讼程序,都只能由法律来规定。现行《立法法》第 8 条将人民法院的组织、职权以及诉讼制度纳入法律保留的范围,也就落实了 2004 年《宪法》第 126 条的要求。

综上所述,2004 年《宪法》第 126 条关于人民法院依照法律独立行使审判权的规定,并不意味着人民法院适用法律行使审判权,而是要根据法律的规定,即根据法律组织法和诉讼法,进行审判活动。换言之,"依照法律规定"根本没有涉及人民法院适用哪些法律渊源的问题。它既没有否定、也没有肯定人民法院是否可以适用宪法。从这一点出发,来反对人民法院适用宪法,是不能信服的。

5. 小结

由此可见,反对法院在无法可依时适用宪法的学者,实际上将宪法的司法适用等同于法律的违宪审查,这种观点经不起推敲。法院审查具体行政行为或者其他行为是否合宪,并不以法院有权审查法律的合宪性为前提。恰恰相反,在法律以及下位法没有规定、而有相关基本权利的时候,法院应当适用基本权利,这不涉及对法律的违宪审查,不挑战全国人大制度。这一原理,也为国外相关制度和实践所印证。

五、结　语

总而言之,人民法院固然无权审查法律是否合宪,因此不能审查立法者的行为是否侵犯了公民基本权利。但是,保护公民基本权利不受其他主体侵犯,仍然是人民法院不可推卸的宪法义务。在不同情况下,法院应当通过不同方式履行这一职责。首先,立法者已经对基本权利条款进行具体化的,违宪行为也同时表现为对具体法律规定的违反,法院应当适用具体立法;其次,立法者只规定了抽象条款的,法院应当在基本权利条款指导之下,将基本权利的规范含义解读进抽象条款,并对其予以适用;最后,在具体和抽象立法均缺位、但存在相关基本权利的情况下,法院应当直接适用有关基本权利条款。

论部门法保护基本权利的义务及其待解决的问题

陈　征*

一、部门法保护基本权利义务的理论概述

20 世纪 70 年代的德国,基本权利具有了国家保护义务功能。联邦宪法法院的第一次堕胎判决成为国家保护义务诞生的重要标志。早在吕特判决中,德国联邦宪法法院就承认了基本权利具有客观法价值决定属性。在第一次堕胎判决中,德国联邦宪法法院对其做了进一步的确认。照此,基本权利"不仅是个体针对公权力的主观防御权,同时还是宪法的客观法价值决定",基本权利的这一属性不仅"影响着整个法律体系",还应该被视为"立法、行政和司法的方针与推动力"。[1] 国家一方面不得侵犯公民的基本权利,另一方面还有义务积极保护基本权利不受他人侵害。依照国家保护义务理论,既然宪法规定基本权利的最根本目的就是真正实现公民的自由与平等,那么当公民基本权利遭到私人的侵害时,国家有义务采取积极有效的保护措施。[2]

在第一次堕胎判决中,德国联邦宪法法院详细论证了胎儿在宪法上应当被视为"人",属于生命权的主体。宪法基本权利条款不仅禁止国家直接侵害孕育中的生命,还要求国家对这一生命提供必要的保护和救助,以预防或阻止来自第三人的侵害。国家保护义务功能保障公民的自由不受侵犯,因此它同防御权

---

* 陈征,中国政法大学法学院教授。

[1] 陈征:《第二次堕胎判决》,载张翔主编:《德国宪法案例选释(第一辑):基本权利总论》,法律出版社 2012 年版,第 150 页。

[2] 参见陈征:《基本权利的国家保护义务功能》,载《法学研究》2008 年第 1 期。

功能一样首先体现了法治国家中的自由权理念,而不是社会国家中的社会权理念。[3] 在此,保护义务与给付义务应当被区别对待。此外,保护义务往往涉及基本权利的冲突。例如,在堕胎问题上,父母享有自主决定权,然而这一属于宪法保护范围的基本权利并非不受任何限制。当行使基本权利伤害他人生命时,国家通常应对这一自由进行必要的限制,进而对生命权履行保护义务。而防御权则不同,不仅可能涉及基本权利的冲突,还可能涉及个人利益与公共利益的冲突。

在履行保护义务的问题上,宪法首先约束的是部门法的制定者。换言之,国家履行保护公民基本权利的义务首先通过部门法表现出来。基于客观条件的限制,部门法的制定者在履行保护义务过程中经常不得不使用一些概括性条款或不确定概念,从而把在个案中履行保护义务的任务转交给行政机关或司法机关。例如,立法者在保护就业平等权时,必须同时考虑企业相应的自由权,在对平等权提供保护时,往往会使用“歧视”这类不确定概念(参见我国《劳动法》《就业促进法》等),进而将对这一概念在个案中的解释交给司法机关。司法机关则需要在个案中权衡企业的经营自由权和求职者的平等权,并最终作出判决。[4] 不难发现,部门法未能充分履行保护义务而由司法机关进行弥补的情形,就是我们经常讨论的基本权利间接第三人效力情形。虽然在这种情形中,司法机关应弥补部门法本身保护的不足,但考虑到基本权利的直接第三人效力已被学界普遍否定,司法机关不得越过部门法直接在个案中适用宪法履行保护义务,因此部门法履行对基本权利的保护义务仍然是国家履行保护义务不可放弃的前提条件。

在讨论宪法和部门法的关系时,我们首先想到的通常是对部门法的合宪性审查。而在判断部门法是否违反宪法时,主要涉及防御权和保护义务两种情形。前者审查部门法是否侵害了基本权利,后者则审查部门法对基本权利的保护是否达到宪法的要求。

对于分析部门法是否侵害了公民的基本权利,适用已经被我们所熟知的三步审查框架,见图1。

---

〔3〕 参见陈征:《基本权利的国家保护义务功能》,载《法学研究》2008年第1期。

〔4〕 参见陈征:《宪法自由权与平等权冲突的解决途径》,载《浙江社会科学》2014年第12期。

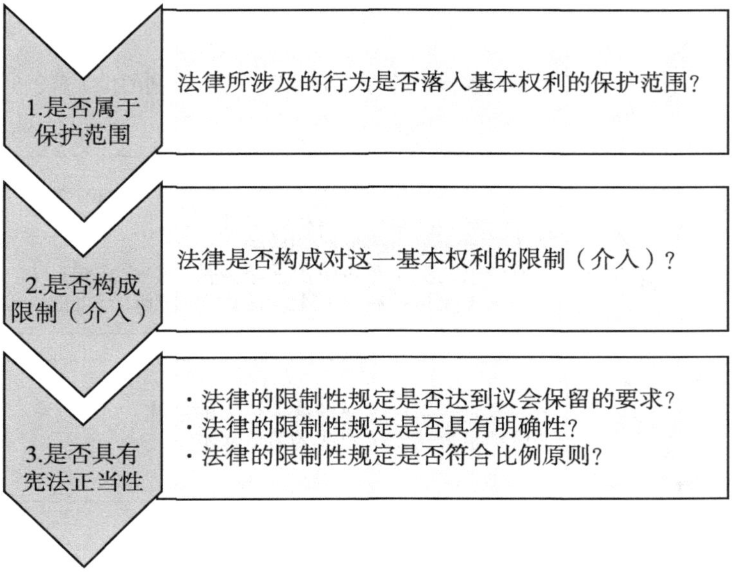

图 1　防御权的分析框架

而对于如何审查部门法对基本权利的保护是否达到了宪法的要求，我们或许比较陌生。有德国学者作出了以下总结，见图 2。

在基本权利冲突的情形中，通过部门法保护一方的权利必然意味着限制另一方的权利。在保护强度和手段的选择上，在制定部门法时既要合理保护被侵害方的基本权利，又得照顾侵害方的基本自由。通过图 2 不难发现，比例原则是审查部门法是否侵害基本权利的核心标准。而在保护义务问题上，最后一步关于部门法对基本权利的保护是否达到了宪法最低水准的审查属于核心标准，同时也是最难适用的标准。一般认为，审查部门法履行保护义务是否达到了宪法的要求应适用不足之禁止原则。

部门法的立法目的只要不被宪法禁止即可，未必一定是宪法的要求。而当部门法的立法目的是宪法的要求时，比例原则将会与不足之禁止原则产生交集。由于保护公民的基本权利是宪法对部门法提出的要求，因此基本权利冲突的情形恰属于此。照此，在部门法履行对基本权利的保护义务时，需要同时注意比例原则和不足之禁止原则。在同样可以履行保护义务的前提下，在制定部门法的过程中应尽可能使对第三人基本权利的限制最小化，否则第三人在满足

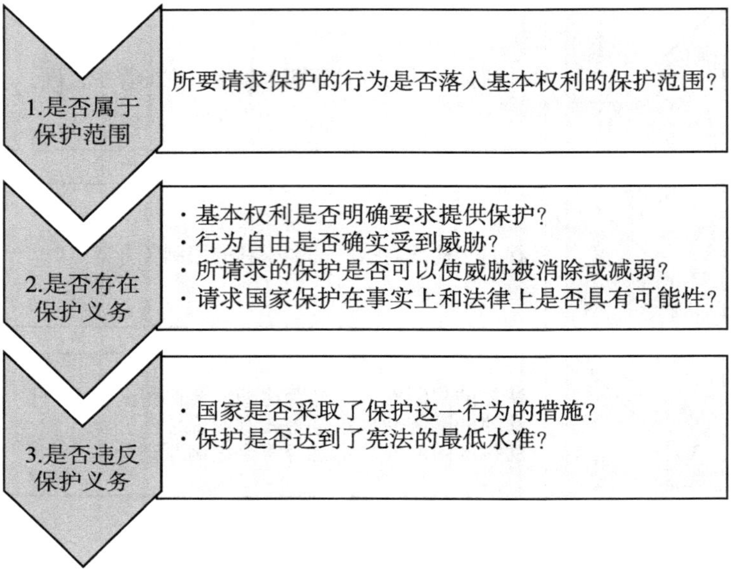

图 2 保护义务的分析框架〔5〕

特定条件的情况下可以利用防御权进行防御。无论是违反不足之禁止原则还是比例原则,部门法均构成违宪。

不足之禁止原则的概念,最初由德国学者 Schuppert 提出。〔6〕此后德国学者 Canaris 将其进一步体系化。〔7〕然而在提出这一概念的最初时期,不足之禁止原则并未得到应有的重视。这一状态被德国联邦宪法法院的第二次堕胎判决所改变。

〔5〕 Vgl. Thorsten Kingreen/Ralf Poscher, Grundrechte, Staatsrecht Ⅱ, 32 Auflage, Heidelberg 2016, Rn. 370.

〔6〕 Gunnar Folke Schuppert, Funktionell-rechtliche Grenzen der Verfassungsinterpretation, Koenigstein 1980. S. 14f.

〔7〕 Claus-Wilhelm Canaris, Grundrechte und Privatrecht, AcP 184 (1984), S. 201 (228).

二、德国司法判决中对部门法履行保护义务的审查

德国联邦宪法法院的第二次堕胎判决涉及部门法(刑法)是否有效履行了对基本权利(生命权)的保护义务问题。虽然德国联邦宪法法院在第一次堕胎判决中发展出了基本权利的保护义务功能,但对于如何判断部门法所提供的保护方案是否达到了宪法的要求,该判决并未进一步给出答案。而第二次堕胎判决可以被视为第一次堕胎判决的延续。第二次堕胎判决起源于巴伐利亚州政府在 1990 年 3 月提出对修改后的新刑法中关于堕胎的规定进行宪法司法审查的申请。依据当时的新《德国刑法典》第 218a 条,怀孕开始的 12 周内,在咨询机构进行咨询后,在孕妇的要求下由医生实施的堕胎行为不违法。新《德国刑法典》第 219 条规定咨询须在法律认可的咨询机构进行,其目的是通过对孕妇提供建议和帮助来保护胎儿的生命,且实施堕胎的医生不得成为咨询人。最终德国联邦宪法法院认定上述条款并未有效履行立法者负有的对胎儿生命权的保护义务,进而违反了宪法。

判决明确指出:"确定具体的保护方式和保护范围是立法者的任务,宪法将保护义务视为目的,却不提供具体的保护方案,但立法者需要注意'不足之禁止'原则,并在此范围内受到宪法的司法审查;国家必须考虑到相互冲突的法益,从而提供一种适当的保护,起决定作用的是保护本身即为有效;立法者采取的措施必须足以提供适当的、有效的保护,保护方案应建立在认真查明事实以及合理作出评估的基础之上。"〔8〕照此,德国联邦宪法法院首次在判决中明确了应适用不足之禁止原则审查国家是否合理履行了保护义务。

考虑堕胎必然意味着扼杀孕育中的生命,既保障胎儿生命权又尊重父母自主决定权的调和方法根本不存在,德国联邦宪法法院认为立法者在履行保护义务时,无法对冲突的法益进行成比例的调和,只可优先考虑一方的权利。而在怀孕初期优先考虑父母的自主决定权,之后优先考虑孕育中生命的方案不属于宪法认可的调和方法,否则将导致孕育中生命是否能够得到有保护取决于孕妇在怀孕初期是否将其扼杀。具体到对父母双方自主决定权和胎儿生命权的权

〔8〕 陈征:《第二次堕胎判决》,载张翔主编:《德国宪法案例选释(第一辑):基本权利总论》,法律出版社 2012 年版,第 167 页。

衡,德国联邦宪法法院在第一次堕胎判决中即认为“要考虑两项宪法价值与宪法价值体系的核心——人的尊严的关系”。显然,较之于父母的自主决定权,人的生命与人的尊严关系更为紧密。[9]

然而,德国联邦宪法法院认为在权衡时存在例外情形。如果孕妇分娩会导致自身的生命受到威胁或者健康受到严重损害,那么立法者不得要求其分娩,否则对于孕妇而言不具备期待可能性。在这种情况下,堕胎应被法律允许。[10]德国联邦宪法法院对孕妇期待可能性的考虑具有合理性,毕竟在该情形中与胎儿生命权对立的法益不再仅是父母双方的自主决定权,同时包括了孕妇的健康权甚至生命权。

既然原则上应优先考虑胎儿的生命权,那么立法者应采取何种保护措施才可达到不足之禁止原则的要求呢?德国联邦宪法法院指出:“履行保护义务不得仅局限于随意实施某种方式的保护措施,保护义务的范围一方面取决于所保护法益——此处即为孕育中生命的意义和保护必要性,另一方面取决于与其冲突的法益。”“基于遵循‘不足之禁止’原则,法律制度对保护方案的规划必须符合最低要求,这包括在整个怀孕期间原则上将堕胎视为非正义行为并在法律上予以禁止。”对于孕育中生命的保护,既然宪法并不认可取决于特定期限和怀孕发展过程的分级保护,那么即使在怀孕初期,法律制度也要对其进行同样标准的保护。“哪怕仅在有限的时间内,胎儿的生命权也不得取决于第三人——甚至包括母亲在内的不受法律约束的自主决定。”[11]

德国联邦宪法法院承认:“考虑到介入社会领域的最高强度,刑法并不是法律保护的首选手段,其适用需要遵守比例原则;但如果某一行为一方面须被禁止,另一方面还会对社会公共秩序产生特别的危害,即属于公共生活无法容忍的亟须阻止的行为,那么刑法属于最后的保护手段。”[12]但在立法者选择保护手段时,必须考虑法律本身对公众价值判断所起到的导向作用。刑法规范对于整个法律秩序具有穿透力,其发挥着划分正义与非正义的功能,对于民众的认

〔9〕 陈征:《第一次堕胎判决》,载张翔主编:《德国宪法案例选释(第一辑):基本权利总论》,法律出版社2012年版,第152页。

〔10〕 同上书,第164页、第175页。

〔11〕 同上书,第163页。

〔12〕 同上书,第168页。

知具有重要影响。一旦堕胎没有通过刑法在原则上被禁止,则会令民众误以为堕胎不(再)是非正义行为。这一导向所带来的后果应属于立法者考量的因素。[13]

依据第二次堕胎判决中的观点,法律规范的上述导向作用不仅局限于刑法。对于未被确认为合法的堕胎行为,宪法不允许赋予法定医保给付请求权,否则同样会对公众产生误导,使公众误以为堕胎原则上不(再)是非正义行为。[14] 依据德国联邦宪法法院的观点,相关法律规范必须清楚地表明一个立场:在整个怀孕期间的堕胎原则上均属于非正义行为。

鉴于母亲和胎儿的关系,对胎儿生命权的保护不得局限于国家确保胎儿免受第三人的侵害。换言之,单纯依靠刑事惩戒尚不足以达到宪法要求的保护效果,立法者应同时采取预防性措施帮助孕妇解决内心矛盾,从而使其能够承担对孕育中生命的责任。在某些特定情况下,国家履行给付义务能够促进保护义务的实现。例如,立法设计咨询制度,课以国家抚养义务,在住房条件和学习、工作方面为孕妇提供福利措施等手段属于要求国家履行给付义务,但却可以起到降低孕妇堕胎愿望的作用,进而发挥保护胎儿生命的功能。照此,保护方案需要将与孕妇关系亲密的人,甚至包括雇主、房东等加入其中。《德国基本法》第 6 条第 4 款规定:"每一位母亲均享有请求社会保护和照顾的权利。"该条款包含了一项对于整个私法和公法领域都具有约束力的保护委托,这一保护委托将母亲抚养子女视为一项符合社会利益且需要社会认可的给付行为,因此立法者应尽可能消除因怀孕给孕妇的学习和工作带来的消极影响。

在保护方案中,咨询起着核心作用,立法者必须将其视为国家任务,对其实施过程承担全部责任。咨询必须始终以鼓励孕妇分娩为导向,而不应停留于提供信息。针对立法者对咨询方案的设计,德国联邦宪法法院指出:"这一咨询方案需要那些能够为促使孕妇做出有利于孕育中生命行为创造积极前提的框架条件;国家为实施咨询程序承担全部责任。""但孕妇在前 12 周接受咨询后请求医生所实施的堕胎,若未经确定为适合的,不得被声明是正当(不违法)的。"只

---

〔13〕 参见陈征:《第二次堕胎判决》,载张翔主编:《德国宪法案例选释(第一辑):基本权利总论》,法律出版社 2012 年版,第 171～172 页。

〔14〕 同上书,第 177～178 页。

有这样,立法者才能认为咨询能够对胎儿提供更好的保护。此外,不足之禁止原则还对咨询人的资格和能力以及咨询人的人数提出了一定的要求,从而使每一位咨询人都有充足的咨询时间提供具有一定专业水平的咨询。〔15〕

综上所述,不足之禁止原则要求立法者通过整个法律秩序构建的一整套保护方案所产生的整体效果应达到宪法要求,否则即认定立法者违反了保护义务。与此相应,在第二次堕胎判决中,德国联邦宪法法院认定:新《德国刑法典》第218a条第1款与《德国基本法》第1条第1款暨第2条第2款第1句对生命权的保护不符,因而无效;新《德国刑法典》第219条的咨询规定同样无法达到宪法对胎儿生命保护提出的要求。依据德国联邦宪法法院的观点,堕胎的正当理由仅可能存在于孕妇继续怀孕不具备期待可能性的情形中,而新《德国刑法典》第218a条第1款本质上是以紧迫状况为出发点,而对于这一状况的内涵并无明确和详细的界定,而咨询方案本身并不能使堕胎正当化;新《德国刑法典》第219条仅考虑到咨询的目的在于保护孕育中的生命,却未通过赋予国家充分的权限和义务来确保对咨询机构的组织与监督,因此无法充分履行国家的保护义务。

三、第二次堕胎判决对我国的借鉴意义及待解决的问题

与《德国基本法》不同,我国宪法是一部社会主义宪法。在我国,不仅可以借助基本权利功能的拓展导出国家对基本权利的保护义务,而且保护义务还可以通过《宪法》中若干次出现的“国家依照法律规定保护”、“国家保护”、“国家的保护”或“中华人民共和国保护”(第13条第2款、第36条第3款、第49条第1款、第50条)、“不受侵犯”(第13条第1款、第37条第1款、第38条、第39条)等字眼得以证明。2004年的宪法修正案增加了“国家尊重和保障人权”条款,国家不仅要履行尊重人权的义务,即不得主动侵犯公民的基本权利,而且必须履行保障人权的义务,即积极维护和促进人权的实现。因此,德国联邦宪法法院关于审查部门法是否充分履行了对基本权利保护义务的经典判决对我国必然具有很大的借鉴意义。

---

〔15〕 参见陈征:《第二次堕胎判决》,载张翔主编:《德国宪法案例选释(第一辑):基本权利总论》,法律出版社2012年版,第173页、第176页。

然而如果仔细分析德国联邦宪法法院适用不足之禁止原则的全部判决，会发现不同的判决所采取的审查强度不尽相同。如果我们将第二次堕胎判决中的审查强度称为有效性审查模式，那么，在其他针对部门法履行保护义务的判决中，德国联邦宪法法院均采取了明显性审查模式。德国联邦宪法法院在其他相关判决中指出：原则上仅当立法者根本未采取任何保护措施，或者可以确定立法者所采取的措施对于实现保护目标完全不适合或全然不充分时，才可以认定违反保护义务。〔16〕

在第一次堕胎判决中，德国联邦宪法法院认定："所保护的法益在基本法价值秩序中的等级越高，国家就越须认真履行保护义务……人的生命在基本法秩序中具有最高价值，是人的尊严的生命基础和其他全部基本权利的前提。"那么是否可以认为，正是基于堕胎涉及胎儿的生命权，且生命权具有最高的宪法价值，德国联邦宪法法院才在堕胎问题上采取有效性审查模式？然而通常认为，宪法并非封闭的价值秩序，在多数情况下无法探寻出制宪者将基本权利划分等级的意图，〔17〕这意味着制宪者将基本权利之间的权重交给了民主政治决断。这一主流观点与第一次堕胎判决中所持的观点并不一致。如果仔细观察第二次堕胎判决的内容，不难发现德国联邦宪法法院不再强调生命权的位阶和宪法价值，而是强调了生命权与其他自由权的不同特征：自由权存在部分限制一说，而生命权并不存在部分限制的可能，行为人要么消灭生命，要么保留完整的生命。与此相应，既然堕胎必然意味着扼杀孕育中的生命，立法者要么从整体上对生命权采取全方位有效的保护，要么完全容忍消灭生命的行为。这是否意味着德国联邦宪法法院在这一问题上产生了观点上的变化？

虽然这一问题有待进一步探讨，但毋庸置疑的是依据德国联邦宪法法院的一系列相关判决，可以认定明显性审查模式是常态，有效性审查模式是例外。通常来讲，仅当发现部门法既有的保护方案对于实现保护目的完全不适合或全然不充分时，才可认定其未达到不足之禁止原则的要求，进而违反了保护义务。但明显性审查并不阻止部门法采取更为有效的保护措施，只要该措施不会过度限制第三人的自由进而违反比例原则即可。

---

〔16〕 Vgl. BVerfGE 56,54(81);77,170(215);79,174(202).

〔17〕 Gerhard Nitz, Private und oeffentliche Sicherheit, Berlin 2000, S. 378; Horst Dreier, Dimensionen der Grundrechte, Hannover 1993, S. 22.

在这一问题上,有学者认为宪法的约束力与合宪性审查的边界并不重合,应当区分行为规范(Handlungsnorm)和审查规范(Kontrollnorm)。[18]行为规范体现为宪法对部门法的约束力,审查规范则涉及合宪性审查的边界。前者留给部门法的形成空间比后者更小。换言之,宪法对部门法的约束力不局限于合宪性审查的范围,部门法不应满足于达到合宪性审查的边界,而应以行为规范为依据。但基于自身认知的局限性以及对立法者民主正当性的尊重,合宪性审查主体应给部门法留出一定的评估空间,即以审查规范为依据。

这一观点遭受到诸多批评。很多学者认为宪法给部门法划定的框架只可能有一个,作为以护宪为己任的合宪性审查主体,宪法约束力可以触及的领域,合宪性审查主体必然可以且应当介入。然而另一方面又不得忽视的是,区分行为规范和审查规范在某些领域已习以为常。例如,在德国,如果德国联邦宪法法院的审查对象是普通法院或专门法院的判决,审查仅局限于特定宪法规范(spezifisches Verfassungsrecht)涉及的范围。对案件事实的认定和评估以及在个案中对法律的解释和适用是普通法院和专门法院的任务,如果适用法律存在客观上的错误,并不构成特定宪法规范上的问题,除非这一错误恰存在于忽视宪法基本权利,例如对基本权利的范围和意义认识存在原则上的错误或事实上肆意的判断。[19]在此涉及审查规范。而这些普通法院和专门法院在判决过程中不仅应注意特定宪法规范,还应在各自的法律领域正确适用和解释法律,将基本权利作为判决的标准和导向。普通法院和专门法院不得仅满足于判决不具备肆意性从而达到审查规范的要求,[20]其必须意识到自身受到行为规范的约束。将合宪性审查局限于对特定宪法规范的审查,并非意味着法院侵犯非特定宪法规范不构成对基本权利的侵犯,而是基于宪法中关于国家机构职能分工的考虑。这并不会导致宪法约束力的降低,而旨在防止德国联邦宪法法院成为超级再审。照此,普通法院和专门法院一方面要正确适用并解释法律,另一方面又应考虑宪法价值,特别是宪法的基本权利,而德国联邦宪法法院的审查则

〔18〕 Matthias Mayer, Untermass, Uebermass und Wesensgehaltsgarantie-Die Bedeutung staatlicher Schutzpflichten fuer den Gestaltungsspielraum des Gesetzgebers im Grundrechtsbereich, Baden-Baden 2005, S. 119.

〔19〕 Ibid., S. 101.

〔20〕 Ibid., S. 102.

局限于特定宪法规范。

那么在针对司法判决进行审查时区分行为规范和审查规范的做法是否可以照搬至针对立法的审查？这一问题同样有待进一步探讨。不能否认的是，虽然部门法在履行保护义务时应同时注意比例原则和不足之禁止原则，但其仍然享有形成空间。在选择保护方案时，立法者的形成空间首先体现为其可以选择在公法还是在私法领域提供保护。[21]部门法形成空间的大小取决于诸多因素，如涉及事务范围的特征、某一规范的效果以及对其作出准确判断的可能性、所要保护法益的重要性和受到威胁的程度。如果我们认同区分行为规范和审查规范同样应适用于对部门法的合宪性审查，那么基于这一判断标准，当涉及对胎儿生命权的保护时，部门法的形成空间应被限缩。换言之，在保护胎儿生命权问题上，行为规范和审查规范的边界距离已非常接近。

即使认同在针对部门法进行合宪性审查时应区分行为规范和审查规范，在适用不足之禁止原则时也无法回避一个非常棘手的问题：如何在个案中调整行为规范和审查规范的距离？例如，针对我国近些年频繁出现的食品安全、药品安全等问题，行政法当然始终应当发挥重要作用，然而何时有必要超越行政法而通过刑法履行保护义务？在适用不足之禁止原则审查部门法是否充分保障了食品安全时，行为规范与审查规范的边界分别在哪里？对于这一问题，德国学术界鲜有讨论，而德国联邦宪法法院也未在相关判决中给出答案。笔者认为，从学理上厘清这一问题有助于降低合宪性审查的肆意性，这是尊重部门法民主正当性的重要体现。

〔21〕 参见陈征：《基本权利的国家保护义务功能》，载《法学研究》2008年第1期。

宪法上舆论监督权对名誉权侵权责任的规范影响

——基于近期司法实践的考察

黄明涛*

一、问题的提出：名誉权诉讼中的舆论监督权

名誉是个人在社会生活中所获得的评价，“通常指其人格在社会生活上所受的尊重”，[1]基于维系、享受这些“积极的”“公正的”评价的需要，生发出名誉权。[2] 显而易见，名誉权的客体与公共舆论有极为密切的共生关系，因此，个人行使言论自由权的行为很可能与他人的名誉权产生冲突。一般而言，我们将单纯的名誉权侵权定位为“私法纠纷”（民法案件），相关侵权责任的认定可根据既有的民法教义学上的“要件化的分析框架”予以处理。但是，如果被诉侵害名誉的一方当事人援用“言论自由”这一宪法权利作为抗辩，或者，如果审判机关在司法论理之中明确引入了这项宪法权利，那么我们就必须评估一下，宪法规范在名誉权侵权责任之认定过程中究竟可发挥何种作用。

有两个问题需要先予处理。第一个问题是，在原理上，宪法权利可否介入私法关系？如果从宏观上把握宪法与民法的关系，薛军教授已指出，传统上对民法体系所作的封闭性理解是根植于欧陆国家19世纪特定的政治社会之历史

---

* 黄明涛，武汉大学法学院副教授。

〔1〕 王泽鉴：《侵权行为》（第3版），北京大学出版社2016年版，第129页。

〔2〕 目前尚在审议之中的《民法典（草案）》第三编第五章第804条第2款对于名誉的定义是“他人对民事主体的品德、声望、才能、信誉、信用等的社会评价”。另参见王利明：《使人格权在民法典中独立成编》，载《当代法学》2018年第3期。

进程的,第二次世界大战之后,"民法宪法化"已经是不可阻挡的趋势。[3] 林来梵教授也强调了民法与宪法在历史发展中的互动、而非彼此隔绝的关系,[4]可以说,在承认宪法与民法各自主要的规范领域仍得以维持的前提下,并不存在绝对化的"公法/私法"之隔绝。从微观层面看,一项特定的宪法权利,其既可能遭遇来自政府的压制,也可能受到来自社会的压制,后一种情形同样具有"公共属性"。正如密尔在19世纪就已指出的那样,言论自由遭遇来自社会舆论、习惯及定见的压制更是常态。[5] 因此,当代宪法理论认为国家对基本权利所担负的不止是尊重的义务、给付的义务,也有保护的义务,[6]就很好理解了。一种"典型的民事关系",如果足以产生压制,乃至完全剥夺基本权利的效果,就不能不受到宪法的调控。[7] "宪法的潜在效力不能在任何案件中被完全忽略。"[8]

第二个问题是,在我国当前司法制度下,宪法规范是否有机会被引入民事诉讼,发挥相应的规范作用?乍一看,这似乎又回到了"宪法司法化之困境"的老生常谈。但其实,在典型的违宪审查以外的意义上探讨宪法在司法过程中的规范作用是有空间的。[9] 经过对大量具体案件的整理之后,邢斌文博士明确指出,作为一个实践性的问题,我国各级法院始终都在援用宪法以帮助完成具体审判,连最高人民法院关于齐玉苓案的批复,即《齐玉苓批复》的出台或废止

---

[3] 薛军:《"民法—宪法"关系的演变与民法的转型——以欧洲近现代民法的发展轨迹为中心》,载《中国法学》2010年第1期。

[4] 参见林来梵:《民法典编纂的宪法学透析》,载《法学研究》2016年第4期。

[5] John Stuart Mill, *On Liberty*, ed. by Alan S. Kahan, Bedford/St. Martin's, p. 21.

[6] 张翔:《基本权利的规范建构》(增订版),法律出版社2017年版,第244~245页。

[7] 李海平教授称之为"社会公权力"。参见李海平:《基本权利间接效力理论批判》,载《当代法学》2016年第4期。

[8] 张千帆:《宪法学导论——原理与应用》(第3版),法律出版社2014年版,第556页。

[9] 自2008年起,有关合宪性解释的研究前后形成三波高潮,当前共识是,法院在司法过程中可以援用宪法规范(尤其是基本权利规范)以发挥某种规范作用。参见张翔:《两种宪法案件:从合宪性解释看宪法对司法的可能影响》,载《中国法学》2008年第3期;郑磊:《制度层面的合宪性限定解释》,载《浙江社会科学》2010年第1期;黄卉:《合宪性解释及其理论检讨》,载《中国法学》2014年第1期;黄明涛:《两种"宪法解释"的概念分野与合宪性解释的可能性》,载《中国法学》2014年第6期。

这些"标志性的动作"都没有根本性地改变地方各级法院援用宪法的具体模式,而援用宪法上基本权利条款主要就是在民事诉讼中。〔10〕 在实践中,宪法最常见、最稳妥的援用方式,是作为法院的说理依据、而非独立充当判决依据,但"依旧可以对判决结果起到决定性作用"。〔11〕 冯健鹏教授也有类似的、但稍谨慎的评价,认为"当前实践中的合宪性解释尽管不涉及效力问题,但可以为司法判决提供新的解释资源"。〔12〕 这些新近研究印证了一种论断,即包含于司法过程中的、作为一种法律方法或司法技艺的对宪法规范的个案解释,从未被我国宪法体制所禁止。〔13〕 因此,眼下最值得做的,是细致观察部门法案件中宪法规范被实际运用的情况,这些虽不足以被仅仅称为"宪法案件",但显然也不是传统的、典型的"民法案件"。如陈道英副教授所说,"如果没有海量案例,则无以催生对'言论'的精确定义"。〔14〕 余军教授也同意,即便我们"或许可以基于经典的宪法解释理论去批评或指责法官的司法裁判技术、司法论证方法的错误或'幼稚',但这些现象就目前中国的宪法实施逻辑而言或许具有自身的合理性",值得"通过对人民法院判决文书更为整全的梳理与研究,揭示一幅司法裁判过程中宪法适用情况的真实图景"。〔15〕

当然,言论自由仍然是一个稍显宽泛的概念。放眼域外,言论自由教义学的繁盛就体现在,针对"危险言论""挑衅言论""淫秽言论"等"言论子概念",司

---

〔10〕 参见邢斌文:《法院如何援用宪法——以齐案批复废止前后的司法实践为中心》,载《中国法律评论》2015 年第 1 期;税兵:《宪法规范何以进入民事裁判:1995 ~ 2015》,载《华东政法大学学报》2018 年第 1 期。

〔11〕 邢斌文:《法院如何援用宪法——以齐案批复废止前后的司法实践为中心》,载《中国法律评论》2015 年第 1 期。

〔12〕 冯健鹏:《我国司法判决中的宪法援引及其功能——基于已公开判决文书的实证研究》,载《法学研究》2017 年第 3 期。

〔13〕 参见黄明涛:《两种"宪法解释"的概念分野与合宪性解释的可能性》,载《中国法学》2014 年第 6 期。

〔14〕 陈道英:《我国民事判决中宪法言论自由条款的解释——以 2008 ~ 2016 年 103 份民事判决为样本》,载《华东政法大学学报》2017 年第 1 期。

〔15〕 余军等:《中国宪法司法适用之实证研究》,中国政法大学出版社 2017 年版,第 8 ~ 9 页。

法实践中分别发展出了具有专属特点的教义体系。在我国,从《宪法》第 35 条的“言论、出版……的自由”这一规范表述之中,已经衍生出了一个子概念,即“舆论监督权”。在若干媒体机构被诉侵犯名誉权的案件中,法院在判词中分别使用过诸如“言论自由”“舆论监督权”“舆论监督之职责”“新闻监督”“正当舆论监督和言论评价的权利”这些概念或表述,而这些表述在判词结构上位于“本院认为……”的部分,这是法院说理论证的核心部分。现行宪法文本上虽然没有直接使用“舆论监督权”的字眼,但并不妨碍这一权利从“言论自由”等条款处获得规范上的支撑,[16] 从宪法解释的方法与技术上来看,这也没有难度。不仅如此,有的裁判文书直接承认了宪法作为相关权利来源的地位。[17] 因此,在我国司法实践中,舆论监督权作为一项宪法权利已经得到了正面认可。有学者指出,要“通过个案裁判逐渐形成关于抽象规范的相对稳定的理解”,[18] 而当下相关判例也展现出了一些可辨识的、稳定的司法论理,这就给了我们一窥“宪法规范如何在司法过程中适用”这一基本问题的管道。

因此,笔者的思路是,对作为宪法权利的舆论监督权在名誉权诉讼中的规范影响作观察、分析和评价,由此在宪法教义学的意义上阐述舆论监督权的(部分)规范内涵及相应的司法规则,这一过程或可同时确证、丰富,乃至更新有关“宪法规范之司法适用”这一更宏大论题的理论认知与实践立场。

---

〔16〕 对于针对公职人员的舆论监督,一般认为可以主张《宪法》第 41 条规定的批评和建议的权利的保护,但若监督对象并非公职人员,则只能有助于《宪法》第 35 条的比较宽泛的“言论自由”条款。参见杜强强:《基本权利的规范领域和保护强度——对我国宪法第 35 条和第 41 条的规范比较》,载《法学研究》2011 年第 1 期;石毕凡:《诽谤、舆论监督权与宪法第 41 条的规范意旨》,载《浙江社会科学》2013 年第 4 期。

〔17〕 在“北京蜂飞文化推广有限公司诉法治周末报社案”中,北京市第三中级人民法院的判词中[(2016)京 03 民终 1685 号]有“源自于宪法和法律所赋予新闻媒体的正当舆论监督和新闻批判的权利”这样的语句。

〔18〕 黄卉:《关于判例形成的观察和法律分析——以我国失实新闻侵害公众人物名誉权案为切入点》,载《华东政法大学学报》2009 年第 1 期。

二、方法与材料

王泽鉴教授曾指出，“首先应肯定的是人格权与言论自由系同受宪法保障的基本权利，并无价值高低之分，故不能认言论自由当然具有高于人格权的优先价值，并据此衡量相冲突的基本权利……应再探讨的是调和此两种基本权利的宪法基准”。[19] 熊静波教授也对那种“诉诸宪法权利规范必然能解决冲突”之假设不以为然。[20] 因此，本文的研究方法与思路可概括为：立足于在名誉权诉讼的层面分析舆论监督权的规范作用，须首先接纳侵权责任的一般分析框架，再从中确定相关的“宪法基准”为何。也就是说，将宪法上的规范要素纳入考量范围，从而获得一种针对名誉权与舆论监督权两相冲突之特点的更为专门化的、也是“宪法化了的”侵权责任分析框架。在这一框架内，一方面，要观察和评估舆论监督权在相关要件的司法判断中“实际”居于何种地位、起到何种作用；另一方面，也要批判性地或建构性地论述这项宪法权利可以对既有的要件内涵、判断标准，乃至分析框架本身作怎样的修正、改造，从而贯彻合宪性的要求。笔者认为，舆论监督权与名誉权的具体调和和权衡，必须借助这一分析框架才能实现。

至于实践材料的选取，本文分别以“新闻监督”“舆论监督”两个概念作关键词，在“中国裁判文书网”作判决书全文检索，并限定自 2015 年至 2018 年 5 月 22 日止的时间区间。[21] 从检索结果中，仅选取涉及名誉权侵权纠纷的（民事）案件，于是可初步获得这一时期援引上举两个宪法概念的名誉权案件。这些案件在数量上颇为可观，但大多数判决书虽提及“新闻监督”“舆论监督”或某些关联概念，但相关论述极其简略，无法呈现法庭对这些概念的理解。鉴于此，笔者进一步限缩检索范围：在高级检索中的“法院名称”一栏设置“北京”这一条件，由此获得北京地区法院系统所作的此类判决，其判词中司法论理的质量有明显提升。其中，北京市朝阳区人民法院及其上诉管辖法院北京市第三中

---

〔19〕 王泽鉴：《侵权行为》（第 3 版），北京大学出版社 2016 年版，第 135 页。

〔20〕 熊静波：《利益衡量抑或要件思考——名誉权与表达自由冲突的解决之道》，载《法学论坛》2011 年第 6 期。

〔21〕 检索工作截至 2018 年 5 月 22 日，本文最终定稿日期为 2018 年 12 月 15 日。

级人民法院所审理的若干宗案件中,侵权责任构成的个案分析之中融入了明显的宪法规范的要素,有可能在实质意义上展现作为宪法权利的舆论监督权如何对既有的名誉权侵权责任构成进行塑造。因此,笔者最终决定,重点基于这几宗“质量稍好”案件〔22〕的判决书(有的同时包括一审与二审的判决书)展开分析。〔23〕关于材料选取与分析方法,可作进一步说明如下:

第一,民事判决书中,宪法是否被援引与宪法是否发挥了规范作用,是有实质意义的区别的。根据现行的民事裁判文书制作的规定,宪法不会被用作直接的判决依据;〔24〕宪法发挥了规范作用的“形式上”的证明,主要在于判决书的法律解释、说理论证或个案权衡部分对有关宪法条文、宪法概念、宪法原理作了实质性的阐述、分析、建构。本文的重点不在于对“宪法援引”作数量统计,〔25〕而在于对法律适用中的“宪法论理”作质量上的深入分析。

第二,当前,不同地域、不同层级的法院在判决说理论证的质素上,是参差不齐的。北京地区法院系统的判决书质量有口皆碑,笔者从前期的梳理与对比工作中也得出这一印象,从学理上来讲,来自北京法院系统的名誉权案件判决书具备相对更高的研究价值。朝阳区人民法院审理的名誉权案件相比于北京其他基层法院而言,数量更多、社会影响更大(有不少涉及公众人物的名誉权纠

---

〔22〕相对于在统计学意义上呈现宪法规范“被援引”的客观情况,本文立足于在个案的说理论证中观察、评价宪法规范的“被阐述、推导和解释”的情况,从而回答宪法在民事案件中“有无规范作用”这个问题。

〔23〕分别是“汪某诉北京新浪互联信息服务有限公司等名誉权案”,(2015)朝民初字第21871号;“张某诉《北京青年》杂志社等名誉权案”,(2015)朝民初字第35676号;“北京蜂飞文化推广有限公司诉法治周末报社名誉权案”,一审(2015)朝民初字第07058号,二审(2016)京03民终1685号;“北京大乐汇泽教育科技有限公司诉法治周末报社名誉权案”,一审(2015)朝民初字第07057号,二审(2016)京03民终1683号;“孔某诉法治周末报社名誉权案”,(2014)朝民初字第42636号(后面5个案件实际上因同一件纠纷而起,判词可作归并分析,以下简称“蜂飞案”)。

〔24〕实践中仍有判决未遵守这一规定,相关评述可参见余军等:《中国宪法司法适用之实证研究》,中国政法大学出版社2017年版,第149~152页。

〔25〕这一类的研究成果目前已有一些,如邢斌文博士、余军教授、冯健鹏副教授等学者对宪法被援引的各种情形作了初步统计、分类与分析。

纷),且法庭在判决说理中更积极地运用了宪法,因此具备“典型性”。〔26〕 北京市第三中级人民法院是朝阳区人民法院的上诉法院,其有关判决呈现了二审对于一审判词中的宪法论理的态度与判断,同时透露出审级制之下上级法院的司法取态在塑造“司法规则”上的可能意义,因此一并作分析。

第三,关于判决书检索的时段选择,本文主要的考虑是,接续并深化既有的研究成果。邢斌文博士分析了《齐玉苓批复》废止后各级法院援用宪法的情况,他对于2009年之后法院援用宪法作为裁判依据的案件的统计截至2014年的一宗案件。〔27〕 冯健鹏教授以2016年8月31日作为检索截止时间,从裁判文书网获得了135件他所称的宪法援引的“样本判决”,但因故该次统计所获得的2015年、2016年两年的判决数量很少,〔28〕并未反映在他的分析之中。余军教授率领的课题组覆盖到了2002年的一宗名誉权案件、2015年的一宗名誉权案件以及已经被笔者注意到的“蜂飞案”中的一宗案件(2016年审结)。〔29〕 总体上来看,自2015年以来,宪法被援用或适用的情况仍有待研究,而以舆论监督作为名誉权侵权责任之抗辩事由的相关案件更缺乏针对性的深入研究。必须提到的是,长期致力于“言论自由”相关问题研究的陈道英副教授发表于2017年年初的《我国民事判决中宪法言论自由条款的解释》一文,是笔者目力所及的专门研究言论自由条款之司法解释的最全面、最深入的作品,其指出,名誉权侵权案件占据了“言论自由”案件总数的94.2%之多,而本文的贡献可能在于,将陈道英选取的专门视角推进至2015年以后的司法实践;更重要的是,不同于陈文的路径——搜寻作为宪法规范之普遍含义的“言论自由条款的解释”,本文将

〔26〕 有学者早已注意到这一现象,并指其主要原因在于朝阳区内有众多报社、出版社、杂志社等媒体机构。参见熊静波:《利益衡量抑或要件思考——名誉权与表达自由冲突的解决之道》,载《法学论坛》2011年第6期。

〔27〕 参见邢斌文:《法院如何援用宪法——以齐案批复废止前后的司法实践为中心》,载《中国法律评论》2015年第1期。

〔28〕 参见冯健鹏:《我国司法判决中的宪法援引及其功能——基于已公开判决文书的实证研究》,载《法学研究》2017年第3期。

〔29〕 另有2015年河南省卢氏县人民法院下判的“蔡某与常某等名誉权案”,但该案中,法庭所援引的宪法权利为《宪法》第41条赋予公民个人的一般性的“控告权”或“检举权”,与舆论监督权不同。

以侵权责任构成的既有(民法)教义学为基本场域来分析舆论监督权在其中的可能位置与可能作用。

三、规范路径:舆论监督权如何纳入名誉权侵权之责任构成

(一)名誉权侵权责任构成

侵权责任构成要件,一向有"三要件说"与"四要件说"之学理分歧。我国于2010年起实施的《侵权责任法》第6条第1款("一般条款")规定,"行为人因过错侵害他人民事权益,应当承担侵权责任",字面上体现了损害、因果关系、行为人过错的三要件立法模式。[30] 从目前来看,国内理论界的主流认识是三要件说。[31] 然而,就名誉权侵权而言,司法实践中普遍适用的规则来自最高人民法院发布于1993年的《关于审理名誉权案件若干问题的解答》(以下简称《名誉权解答》),其中第7条明确规定了"损害事实""行为违法""因果关系""行为人主观过错"这四要件。[32]

三要件说与四要件说在形式上的差异在于,"是否以违法性作为独立的责任构成要件",[33] 在实质上,则取决于是否能够或适宜在"过错"要件的分析中纳入"违法性"的分析。根据四要件说,我国侵权责任法的立法模式造成了保护

---

〔30〕 2017年起实施的《民法总则》第110条规定,自然人享有名誉权。目前已提交全国人大常委会审议的民法典各分编(草案)之第三编人格权之第五章第804条包含了对名誉权的规定,而第六编侵权责任之第一章"一般规定"第944条第1款的表述是,"行为人因过错损害他人民事权益,应当承担侵权责任"。

〔31〕 参见王利明:《侵权责任法研究》(上),中国人民大学出版社2011年版,第282页;但张新宝教授认为本条体现了"四要件说"。参见张新宝:《侵权责任一般条款的理解与适用》,载《法律适用》2012年第10期。

〔32〕 最高人民法院《关于审理名誉权案件若干问题的解答》(1993年8月7日)。其中第7条(解答)第1段规定:"是否构成侵害名誉权的责任,应当根据受害人确有名誉被损害的事实、行为人行为违法、违法行为与损害后果之间有因果关系、行为人主观上有过错来认定。"

〔33〕 王利明:《侵权责任法研究》(上),中国人民大学出版社2011年版,第282页。

范围过大、过泛的问题，以至于在实践中不得不对受保护的“权益”的范围作限定，而限定的重要方式就是纳入“行为违法”这一要件。因此，最高人民法院通过《名誉权解答》而稍稍偏离[34]（或者说发展）侵权责任法的立法例是具有正当性的。至于此处所违反的“法”，应当按照一种开放的解释路径来确定，不能局限于《侵权责任法》。[35] 主张三要件说的学者则认为，一旦将行为违法转化为“特定的注意义务之违反”，就可以在“过错”概念的范围内处理违法性分析所要处理的问题，也就取消了“行为违法”作为独立构成要件的必要性。[36] 或者说，“凡是违反了注意义务，都可以认定为存在过错。因此，只要以统一的注意义务，就可以建构过错的认定标准，而没有必要在此之外设定违法性标准”。[37]

但无论如何，理论界都认同，侵权责任的要件构成应该基于特定侵害行为或特定权益的特点作类型化处理。“一般构成要件主要适用于过错责任形态，特殊侵权责任常常要根据法律的特别规定来确定其责任构成要件。”[38] 笔者认为，至少就名誉权侵权而言，其责任构成应采“四要件说”：

第一，在我国，司法实践中明确接纳了“行为违法”作为名誉权侵权的独立的责任要件。“在运用构成要件进行考察时，首先应当看到法律中对此种行为的构成要件是否有特殊的规定，如果没有，才能运用法律规定的一般构成要件进行考察。”[39] 就名誉权纠纷而言，最高人民法院的《名誉权解答》以非常明确

---

〔34〕 最高人民法院发布《名誉权解答》是在1993年，早于2010年的《侵权责任法》。但根据法律位阶的一般认识，此处称其为司法解释“偏离”了人大立法较为合适。但《侵权责任法》除了确认名誉权属于该法保护对象之外，并不包含名誉权侵权责任构成的特别条款，因此不能轻易认为《名誉权解答》与上位法有冲突。

〔35〕 参见李承亮：《侵权责任的违法性要件及其类型化——以过错侵权责任一般条款的兴起与演变为背景》，载《清华法学》2010年第5期。

〔36〕 参见叶名怡：《过错与抗辩：以名誉权侵权为重点》，载《时代法学》2007年第1期。

〔37〕 王利明、周友军、高圣平：《侵权责任法疑难问题研究》，中国法制出版社2012年版，第194页。

〔38〕 王利明：《侵权责任法研究》（上），中国人民大学出版社2011年版，第283页。

〔39〕 王利明、周友军、高圣平：《侵权责任法疑难问题研究》，中国法制出版社2012年版，第175页。

的语句规定了"行为违法"这一要件,并且,更具体列明了诸如"新闻报道严重失实"这样的具体的"违法行为"之类型。可见,最高人民法院意图在司法实践中建构一套保护名誉权的法律禁令,以便为名誉权这种并非传统意义上之绝对权的"权益"划出更为清晰的保护范围,以平衡社会生活中其他主体的合法权利与利益。正如有学者所言,"违法性之争的实质并不在于要不要违法性要件,而在于违法性要件到底应当由立法统一规定,还是应当交由法官根据具体情况灵活把握……我国立法机关将认定违法性的任务交给了司法机关"。〔40〕 笔者所见的名誉权纠纷之判例,无不以最高人民法院的《名誉权解答》为基本的规范依据。

第二,"违法性"要件有助于避免侵权责任的泛化,从而实现舆论监督权的核心旨趣。因舆论监督引发的名誉权纠纷,从事新闻报道的行为人极有可能在主观上持故意的心理状态——明知其言论(事实报道或评价)会导致相关当事人的名誉受损,而追求或放任这一结果。何以如此?舆论监督的本义之一,就是在涉及公共利益的议题上,挖掘、澄清、传播事实真相,发表独立评价,以促使社会公众对于相关事件、议题、人物等形成比较公平、合理、准确的认识。例如,对于某些依靠虚假、夸张的宣传而积累"正面声誉"的人,一篇揭露、曝光或商榷、质疑的报道就是一种典型的舆论监督,然而,这也完全符合"故意"的认定标准,构成"过错"。此时,如果缺少"违法性"要件来反向排除那些应当被允许、被鼓励、被保护的舆论监督方式,那么,这类实际上有益于社会的新闻报道将不能免责,这显然是不合理的。有学者认为,构成要件的简化,可以减轻受害人的举证责任。〔41〕 这是不全面的看法,因为舆论监督权与名誉权相冲突的个案中,不能只顾及名誉权人的诉讼便利。

第三,以"过错"概念纳入"行为违法"之分析,将使"过错"理论过于复杂。相对于19世纪,当代的"过错"概念逐渐纳入或过渡至"对注意义务之违反",而

〔40〕 李承亮:《侵权责任的违法性要件及其类型化——以过错侵权责任一般条款的兴起与演变为背景》,载《清华法学》2010年第5期。

〔41〕 参见王利明、周友军、高圣平:《侵权责任法疑难问题研究》,中国法制出版社2012年版,第192页。

该等注意义务于社会生活中是客观化、外在化的，是为“过错的客观化”。〔42〕过错的客观化并没有取消主观的过错，而是过错概念的复杂化或过错要件分析的多层次化，既需要考察行为人的主观状态，也需要确定相关的注意义务之内容以便认定侵害行为是否违反该等注意义务，其中所运用的方法又是不同的。〔43〕注意义务的实质是行为准则，因此其来源是多方面的。实际上，审判机关有必要结合具体案情以确定注意义务的内涵、范围，从而对行为人的过错之有无及程度予以认定。相比而言，“行为违法”这一环节的分析对象与方法都是客观的：一方面，与行为人主观状态的考察完全不相关；另一方面，相比于实定法以外的注意义务，行为违法之“法”是更清晰、更容易把握的实定规范。如能独立完成是否违法的判断，就没有必要将其与“其他注意义务”混为一谈。

（二）舆论监督权的核心意涵

监督，本义在于从旁查看，使被查看者迫于压力而积极履职、谨慎行事、或收敛言行等，从而达成相关事务的预定目标。舆论监督，是指借助于舆论而实现的监督，即作为监督之核心力量的“压力”，在此处是一种被曝光、被传播和被议论的压力，是将特定信息、事态或举动摊开在公众视域中。阳光是最好的消毒剂。常识告诉我们，任何公共事务一旦公诸舆论，就必然给相关当事人造成强大压力。一般而言，从事舆论监督的事业，目的都是维护公共利益，因为除开极端情况之外，公共事务都适合于公开，公开能够促进相关事务遵循应有轨道、能够避免暗箱操作引发的腐败、事故。可以说，“公开”本身就是值得追求的一项独立价值。在公开的基础上，舆论监督可以进一步发起、参与、引领公共评价，这是一种自然延伸，是形成公共道德的必要环节。因此可以认为，舆论监督的核心意涵，就是如实地公开、恰当地评价。当舆论监督权需要与名誉权作平衡或取舍时，必须注意到，这项权利的核心意涵不能被牺牲。

（三）舆论监督权的规范路径

基于此，可以探讨作为宪法权利的舆论监督权可借由怎样的“路径”，进入到名誉权侵权责任构成要件的分析框架之中。很显然，宪法路径主要存在于

---

〔42〕 叶名怡：《侵权法上故意与过失的区分及其意义》，载《法律科学》（西北政法大学学报）2010年第4期。

〔43〕 参见叶名怡：《过错与抗辩：以名誉权侵权为重点》，载《时代法学》2007年第1期。

“违法性”和“过错”两方面。

1. 违法性

《名誉权解答》第7条最后一句规定，“因新闻报道严重失实，致他人名誉受到损害的，应按照侵害他人名誉权处理”，这是典型的保护名誉权的规范。这一法律上的“禁令”是否为宪法所允许？如上所述，舆论监督的本义在于，从旁揭露真相、以正视听，使被监督对象的社会评价回复至与客观事实相匹配的“应有状态”，所以，不应包含“失实报道”的意涵。因此，作为一项宪法权利，舆论监督权不会禁止立法者创设“新闻报道不得严重失实”这样的规范。

引发侵权纠纷的，除了失实报道之外，也可能是不恰当的评论。根据《名誉权解答》，在评论文字所依据的“事实基础”基本属实的前提下，主要看是否存在侮辱他人人格的内容，如有侮辱性的内容，则构成侵权。在司法实践中，事实与意见的区分已经很普遍，〔44〕有人认为，“区分事实陈述与意见表达是厘清言论自由法律边界上的重要里程碑”。〔45〕根据笔者观察，法院一般将“批评文章”称为“评论文章”，并建构出一套以“公正评论”概念为中心的审查框架，而是否存在侮辱就是该框架中的审查要点之一，也是难点之一。可以认为，《名誉权解答》在这里专门针对评论文章创设了“禁止侮辱他人人格”的禁止性规范，因此，也属于“违法性”要件需处理的问题。

“侮辱”这个概念自带了否定的、贬义的属性，宪法本身不会鼓励或允许侮辱，但关键的问题是，在舆论监督的场合，特定言辞是否属于“侮辱性的言辞”？笔者认为，既然舆论监督权被承认为基本权利，这就意味着，宪法允许公共空间的语言具有相当程度的多样性，允许某些严厉的、尖锐的、否定式的、甚至是博人眼球的言辞的存在，正如哈兰大法官在科恩诉加利福尼亚案中所言，不能把公共空间的语言净化到直至最敏感最脆弱的人士满意的程度，〔46〕或如王泽鉴教授所指，“评论乃主观意见、价值判断的表达，是否适当，应作较宽松的认定，

---

〔44〕 参见姚辉、雷震文：《文艺批评中的名誉权界限》，载《东方法学》2011年第6期。

〔45〕 陈道英：《我国民事判决中宪法言论自由条款的解释——以2008～2016年103份民事判决为样本》，载《华东政法大学学报》2017年第1期。

〔46〕 “Surely the State has no right to cleanse public debate to the point where it is grammatically palatable to the most squeamish among us”, *Cohen v. California*, 403 U. S. 15, at 25.

其措辞得为尖锐带有情绪或感情，对错与否，能否为多数人所认同，在所不问”；[47]反过来说，宪法不允许把特定词汇一概认定为构成“侮辱”，而不顾及其所处的具体的语言环境——在某些特定的“小语境”中，应当采取更为严格的标准认定“侮辱”。关于这种“小语境”的考察，以及相应的更高认定标准的确立，只能在司法过程中完成。在这个意义上，援引舆论监督权的效果就是，在侮辱性言辞的认定中，引入“相关语境”的分析，概括出某种具体的、情境化的司法标准，使某些言辞可免于在个案中被认定为“侮辱”，从而符合宪法上保护舆论监督权的意旨。

2. 过错

过错，本质上是指行为人的可责性。在行为违法与行为人过错作分别处理的分析框架内，对于过错的认定更具有避免、缓和法律上之否定评价的作用。具体就舆论监督而言，其不可避免会出现内容不准确、言辞激烈等情况，并且从整体上来看，越是开放、繁荣、活跃的公共舆论场，越会出现这种瑕疵，而追求绝对纯净的舆论环境只会扼杀舆论场的活力。如果在哲学上能够接受，一定比例的“不和谐、甚至是冒犯式的言辞是公共辩论过程这一更为宏大价值的必然的副产品”，[48]那么在法律上的推论就是，不宜将有所失实的新闻报道或言辞出位的评论文字一概认定为具有“可责性”。

舆论监督的本义在于，如实地公开，恰当地评论。只要满足这一底线要求，宪法就能确保舆论监督权的行使畅行无阻。很自然地，舆论监督权首先不可能保护（故意）捏造事实或故意传播明知为虚假的消息的行为，如通常所说的“假新闻”。行为人如以这种方式损害相关个人的名誉，就构成故意的过错。就过失而言，一般认为，如从事新闻报道者在主观上有合理的理由相信所报道内容为真实，则即便报道内容在客观上出现失实的情况，也不构成过错。专业媒体机构具有专业的资源、力量与技术手段，也具有更高的舆论公信力或话语权，因此应按照“善良管理人”或“理性人”的标准来确定其注意义务；相应地，非专业机构或个人，所负担的注意义务应稍低一点，但考虑到自媒体时代个人言论的

---

〔47〕 王泽鉴：《侵权行为》（第3版），北京大学出版社2016年版，第139页。

〔48〕 “verbal tumult, discord, and even offensive utterance … are in truth necessary side effect of the broader enduring values which the process of open debate permits us to achieve”, *Cohen v. California*, 403 U. S. 15, at 25.

传播力明显超出过往年代,因此至少应负担“与处理自己事务同一之注意义务”。《名誉权解答》中并未规定或区分过错的不同类型。笔者认为,可以根据上述注意义务的认定原则来确定是否存在过错。即便是严重失实的报道,也并不一定要承担侵权责任,须取决于过错的认定。

就评论文字而言,《名誉权解答》第8条中的规定是,“有侮辱他人人格的内容,使他人名誉受到侵害的,应认定为侵害他人名誉权”,这不同于第7条中所规定的“按照侵害他人名誉权处理”,因此,此处应该理解为,一旦客观上认定存在“侮辱”,就推定其存在过错。

四、个案考察:舆论监督权的司法论理与教义建构

司法实践中,基于宪法权利而引申出来的上述具体规范要求是如何被贯彻的？如前所述,笔者通过有条件的检索,集中对几宗就舆论监督权作了实质性司法论理的案件进行重点分析。现详述如下:

(一)“汪某诉新浪公司案”

2015年年底由北京市朝阳区人民法院审结的“汪某与北京新浪互联信息服务有限公司等名誉权纠纷案”〔49〕(以下简称“汪某诉新浪公司案”)是一宗舆论监督权与名誉权相冲突的典型案件,审判机关正面认可了“媒体正当行使舆论监督权”的行为,并最终认定不构成侵权。

在本案中,法院的总体思路是:首先定下基调,认为本案涉及舆论监督权与名誉权之冲突;进而提出,对名誉权侵权的认定而言,“公正评论”是一项抗辩事由。法庭指出,媒体根据既有事实“……表达观点、提出意见或得出结论,符合评论文章的一般特点”,〔50〕即遵循了司法实践中事实与意见作区分处理的路

〔49〕　(2015)朝民初字第21871号。该案起因于知名音乐人汪某受邀参加一场“扑克锦标赛”。当该赛事因涉嫌赌博而被举办地的公安部门调查、并最终被“叫停”后,有媒体(《新闻晨报》)发表了题为《用慈善为赌博张目是丧尽天良》一文,言辞激烈地抨击汪某为这一涉赌活动“站台”的行为,并指其所作所为是“丧尽天良”。该纸媒文章后被新浪微博、新浪网(均为本案被告之一的新浪公司所主办)转载,网络刊载持续大约3周之后,文章被删除。原告汪某诉称该文章侵犯其名誉权,争议焦点主要在于若干评论性质的文字。

〔50〕　(2015)朝民初字第21871号。

径,如被诉评论文章被认定为"公正评论",则不构成侵权;接下来,法院具体地提出了一套"公正评论"之审查框架,将法定的侵权责任构成要件及相关要素〔51〕纳入这一框架之中,借以判定被诉评论文章是否构成"公正评论",包括三个标准的考察:(1)"评论是否关于公共议题";(2)"评论是否基于事实";(3)"是否无侮辱言辞"。

首先,法院明确认可了有关评论的事实基础。经庭审查明,汪某受邀参与的比赛经警方调查而因涉嫌赌博被叫停确有其事,因此"该事实本身并非虚构"。

其次,对于"公共议题"标准,法庭予以认可,指该评论"行为具有社会公共利益的性质,文章亦有弘扬社会正气的愿望"。〔52〕法庭此处的逻辑是,文章对赌博活动所表达的强烈反对的立场以及对明星人物"为赌局正名"的行为的强烈批评的态度,足以证明相关评论是对"公共利益问题或社会公众关心的问题表达的观点、意见或者看法",即评论关乎"公共议题"。如前所述,舆论监督的对象是公共事务。如果主要是针对公众人物,那也必须限于就其参与公共事务的部分而发表监督言论。因此,援引该权利以寻求司法保护,相应地要求就是,该监督言论必须指向公共议题,不可偏题。"评论是否关于公共议题"并不是由《名誉权解答》明确规定的审查要件,可以认为,这是引入舆论监督权后必然产生的、合乎宪法要求的"司法规则"。

最后,合议庭处理了侮辱言辞的问题。本案中,评论文章对汪某的攻击主要包括三个方面,并表现为如下具体措辞:其一,作者怀疑,汪某明知该赛事涉赌,仍接受邀请,并对其否认知情的公开表态表示质疑,评价其"一副君子坦荡荡小人长戚戚的架势"。〔53〕其二,作者指责汪某嗜赌,认为他"对德州扑克所怀有的,是一种'真爱'",如"飞蛾扑火一般上了"。〔54〕其三,作者强烈谴责汪某此举对于公众——尤其是孩子——的负面影响,质问:"哪怕只有一个孩子因此误导走上赌桌,步入歧途,你何以面对孩子和他的父母?"此外,文章更使用了

---

〔51〕 主要的法律依据是《名誉权解答》第8条;同时,法庭也有所演绎,加入了"公共议题"这一并未在法律法规文本中出现的要件。

〔52〕 (2015)朝民初字第21871号。

〔53〕 (2015)朝民初字第21871号。

〔54〕 (2015)朝民初字第21871号。

“抛下私德当赌徒”“丧尽天良”等词句。[55] 法庭的判断是，该评论确实属于“措辞激烈尖锐”，不过仍认为，这些言辞并未达到侮辱的程度。笔者赞同这一判断。

如前所述，在名誉权争议中援引宪法上的舆论监督权，就意味着，关于侮辱的判断，须考虑围绕舆论监督这一言论类型所形成的特殊语境的特点，这就依赖于个案中的具体把握。本案判词未能就相关“语境”作深入分析，殊为可惜。其实，法庭曾论证说，公众人物对于社会评论应当负担“更大的容忍义务”，因为其本身就容易成为舆论焦点、并且也有更多机会在媒体上予以澄清。[56] 不过，容忍义务的效力是什么，有关说理文字显得比较含混。法庭指出，“评论虽然有些尖锐，但……相关言论亦未超过损害原告人格尊严的必要限度，因此，原告……应加以容忍和理解”。似乎，法庭并没有将“更大的容忍义务”作为一项独立的要素，用以判定相关言辞是否“未超过损害原告人格尊严的必要限度”；相反，这一段文字的逻辑是，未造成人格尊严的损害，因此应加以容忍和理解——既如此，就不构成侵权，此处相当于同意反复、循环论证了。笔者认为，法庭确实尝试着构建或巩固一项司法规则，即涉及公众人物的名誉权纠纷中，侮辱言辞的认定标准应予提高，或者说，对舆论的“更大的容忍义务”，[57] 但是这一标准提高到何种程度？在个案中予以提高的程度能否予以规则化定型？在本案而言，这些具体标准是不得而知的。

(二)“张某诉《北京青年》案”

朝阳区人民法院于2016年年底审结的“张某与《北京青年》杂志社等名誉

〔55〕 (2015)朝民初字第21871号。

〔56〕 这一条理由在“胡觉照与广东省文化艺术信息中心名誉权纠纷案”的二审判决中有提及，(2014)穗中法民一终字第2209号。

〔57〕 一般认为，国内司法实践中最早提出“公众人物”概念是在“范志毅案”，(2002)静民一(民)初字第1776号。此后，若干类似案件中，“公众人物”概念都被用于限定名誉权侵权责任的成立，但陈道英教授认为，我国法院在引入这一概念是由于尚未能提供有力的理论论述，其与“过错”要件在限定侵权责任的功能方面，处于何种关系，也不清晰。陈道英：《我国民事判决中宪法言论自由条款的解释——以2008～2016年103份民事判决为样本》，载《华东政法大学学报》2017年第1期。

权纠纷案”[58]（以下简称“张某诉《北京青年》案”），与“汪某诉新浪公司案”一样，是涉及公众人物名誉权的案件，其中“公正评论”之审查仍然扮演了重要角色。判词当中没有出现“舆论监督权”的概念，但包含有专业媒体“正当发挥媒体舆论监督、评论的职能”这样的表述，因此，与前述案件是高度相似的。但是，本案的判决结果却是原告胜诉，相关媒体被认定构成侵权。

法院的审理过程遵循了评论文章名誉权纠纷的路径，主要是“公正评论”审查。但是在该案中，“公正评论”框架内的审查要点分别是：（1）评论是否基于事实或有充分依据相信为真实的事实；（2）是否无侮辱言辞；（3）行为人是否无过错。与“汪某诉新浪公司案”不同，法庭拿掉了“公共议题”标准，加入了评论者的过错这一标准——并且是与第（1）点彼此独立的。就本文主旨而言，第（2）（3）点两方面的论证是有相关性的。

对于侮辱言辞的问题，法庭认为，相关评论文章“通篇看来……不乏对原告个人形象及人格的贬损”，因此构成侮辱。然而，庭审所查明的争议语句或词汇——比如（张某）“怎么还是那么土”“无聊又做作”“不知道为什么，就是那么讨厌张某，希望她早点离开”[59]等——相比于前述“汪某诉新浪公司案”而言，实在是不值一提的。直观上，仅就个案之间作比较，《北京青年》杂志应该获得不亚于“汪某诉新浪公司案”的法律保护才对。进一步考察两案之间在“小语境”上的差异，笔者认为：“张某诉《北京青年》案”中的评论主要是针对歌手张某个人形象的总体点评，而张某本人从选秀类综艺节目出道成长为职业歌手的背景、娱乐圈与传媒之间的密切共生关系等因素，使其所在语言环境必然更为复杂、浮夸，乃至尖刻，“明星”本人也必然被全面暴露在媒体与公众面前，这就符合了要求当事人担负更大容忍义务的原理；汪某虽然也是职业歌手，但“汪某诉新浪公司案”中评论文章主要是针对特定事件中汪某个人的与其专业活动无关的言行（参与涉赌活动以及在媒体前为自己辩解等）的点评，而非对汪某个人形象的总体点评，这种出发点为“就事论事”的评论显然不能采用过分夸大、出位的语言，否则就有偏离或滥用“事实基础”之嫌。两相比较，“张某诉《北京青

---

[58]　（2015）朝民初字第35676号。该案缘起于《北京青年》杂志社旗下的《北京青年周刊》发表题为《我们为什么要嫌弃张某》一文，主要是针对歌手张某的个人外形、私生活等方面所作的评论，其中有指其“大小眼”、当“小三”等言辞，因而引发原告名誉权侵权之诉。

[59]　（2015）朝民初字第35676号。

年》案”的侮辱认定标准应该高于“汪某诉新浪公司案”（“张某诉《北京青年》案”的舆论环境应更为宽松），但结果却是，媒体机构在“汪某诉新浪公司案”胜诉、在“张某诉《北京青年》案”败诉，这就显得侮辱言辞的司法认定缺乏确定、稳定的标准，个案结果不仅难以预测、也不合常理。应当说，合议庭既已明确引入了宪法规范，却还是没能针对相关“小语境”进行深入分析、论证，才使侮辱的认定标准忽高忽低、未能稳定，这是很遗憾的。

关于第(3)方面的过错标准，判词指出，过错的认定应以“诚实谨慎的人在相同情况下的须尽到的注意义务为标准”，同时考虑行为人的身份地位、发布内容、认知能力等因素，尤其是，“根据行为人的不同身份地位，其注意义务标准也应有所不同”。法庭认为，专业媒体的注意义务不止于一般注意义务，“应避免单纯个人好恶的表达，而应遵循专业、理性、有理有据的原则，以正当发挥媒体舆论监督、评论的职能”。〔60〕可见，通过强调舆论监督职能的特殊性，法庭为舆论监督权的行使者附加了高于一般言论者的注意义务，使过错的标准实现了一定程度的具体化。完全可以反推，如果涉嫌侵权的言论者不足以主张舆论监督权，而仅仅行使一般意义上的言论自由，就不必负担超出一般程度的注意义务、或者说“普通人的注意”。当然，法庭认定《北京青年》杂志存在过错，就是因为其发表和选取了“带有强烈的个人好恶色彩的情绪化语言”，但问题是，专业媒体所负担的更严格的注意义务是否就包括不得使用这类语言？从理论上讲，亦不乏讨论空间。

（三）“蜂飞文化系列案”

朝阳区人民法院与其上诉法院北京市第三中级人民法院在2015～2016年审理了好几起彼此关联的案件。基本背景是，《法治周末报》和“法治周末网”于2013年5月刊登了《京城现天价培训疑似传销》一文，对北京大乐汇泽教育科技有限公司、北京蜂飞文化推广有限公司等举办的名为“意念力大觉醒”的培训课程（自然人孔某为参与该课程的“培训讲师”）作报道，并根据从采访中获得的相关陈述以及取自专家的分析等，得出该课程疑似传销活动的论断。蜂飞公司、大乐公司、以及孔某本人先后提起诉讼，指称《法治周末报》社（上述媒体的主办方）侵犯其名誉权，截至本文写作之时，总计有5起诉讼已审结，判决结

〔60〕（2015）朝民初字第35676号。

果全部都是媒体方面获胜,不承担侵权责任。在此一并简称为“蜂飞文化系列案”。[61] 其中,“蜂飞案”与“大乐汇泽诉法治周末报社案”均在北京市第三中级人民法院完成终审(“孔繁忠诉法治周末报社案”在朝阳区法院审结后再无上诉),而两案之间在说理论证部分几乎完全一致,因此,此处选取更早审结的“蜂飞案”[62] 作分析,基本可反映两级法院在此系列案中的审理思路。

“蜂飞案”中,关于新闻报道内容的主要争议不在于评论文字,而在于报道本身是否失实,因此法庭没有沿用“公正评论”审查框架,而是严格遵循司法解释中确立的名誉权侵权四要件框架来作分析,并且,该案两审都重点围绕是否失实(行为违法)、是否有过错这两大焦点作了充分的说理论证。

关于新闻报道是否失实,北京市第三中级人民法院在二审中指出,“正确合理的判断标准应当是依据报道当时一般人的认知能力水平,若有合理的消息来源使一般人可以相信存在相应事实的,据此作出的报道内容即为真实”,[63] 即法院运用了“可以合理相信的事实”标准。这一标准是审查主观方面的标准,法庭在这里混淆了作为违法性要件的“客观上的失实”与作为过错要件的行为人“对是否失实的主观上的态度”。

关于过错的认定,一审法庭认为“当报道内容关乎社会公益时应采取主观恶意标准”,进而指出,庭审查明的事实“无证据显示法治周末报社的新闻报道存在主观恶意诋毁、侮辱之情节”,因此不存在过错。[64] 此处隐含的逻辑是,被诉报道关乎社会公益,所以应当采取更高的过错认定标准,以便为媒体提供某种保护,此种标准被称为“主观恶意”,而具体的认定依据就在于是否有“诋毁、侮辱之情节”。不过,从判词上下文来看,“诋毁、侮辱”何以成为“主观恶意”的

---

〔61〕 分别是“汪某诉新浪公司案”,(2015)朝民初字第21871号;“张某诉《北京青年》案”,(2015)朝民初字第35676号;“蜂飞案”,一审(2015)朝民初字第07058号,二审(2016)京03民终1685号,“北京大乐汇泽教育科技有限公司诉法治周末报社名誉权案”,一审(2015)朝民初字第07057号,二审(2016)京03民终1683号,“孔某诉法治周末报社名誉权案”,(2014)朝民初字第42636号(后面5个案件实际上因同一件纠纷而起,判词可作归并分析)。

〔62〕 (2015)朝民初字第07058号(一审),(2016)京03民终1685号(二审)。

〔63〕 (2016)京03民终1685号。

〔64〕 (2015)朝民初字第07058号。

判断依据,并不清楚。二审比较谨慎地回避了“主观恶意”这一含混词汇,指出,“相关报道具有合理的消息来源,整体文章的内容是在质疑传销行为是否存在,且并无任何对蜂飞公司进行诋毁、侮辱的内容”,因此不存在主观过错,不构成侵权。[65] 即二审法院正确地将“报道具有合理的消息来源”纳入主观方面的考察,可圈可点;同时,二审也认可了通过“诋毁、侮辱之情节”来判断过错。本文认为,根据《名誉权解答》的规定,侮辱内容是针对评论文字作审查时的对象,就此处审查的“是否失实”的问题,侮辱是无从谈起的。应当说,法庭在这里引入“侮辱”作为判断标准,是一个失误。至于“诋毁”,其通常含义是捏造或歪曲事实以攻击他人,从这种行为推断其主观状态,只能是“故意”的,因此,法庭大概是想把“过错”标准定为“诋毁”这种故意的过错类型。如果是这样,媒体确实获得了更强的保护,因为基于过失而作出的失实报道就此排除在侵权责任的范围之外了。

在“蜂飞案”中,一审法院与二审法院均明确援用了宪法规范。一审判词指出,“新闻媒体有正当进行舆论监督和新闻批判的权利”,并指该案涉及“言论自由权与名誉权冲突”。二审法院在就过错要件作分析的时候,更指出,主观过错作为认定侵权责任成立的必备要件,“不仅是基于法律的相关规定,更是源于宪法和法律所赋予新闻媒体的正当舆论监督和新闻批判的权利”。两级法院在引入宪法规范时的细微差别在于:一审除了在过错认定上以行为人行使新闻监督权为理由,提高了认定门槛(提到了“主观恶意”的概念)之外,更在言论自由权与名誉权之间个案平衡的语境内,以新闻报道所承担的维护“公共利益”之使命充当权衡砝码,进一步加强对前者的个案保护;相对而言,二审更倾向于固守既有的责任要件分析范式,将宪法规范的要求精准且狭窄地灌注到“过错”概念之中去。应当说,在过错认定的环节纳入宪法规范的考量,并且由此实质性地影响到相应的认定标准的设定,是比较有共识的了。

(四)小结

基于以上梳理,可以说,舆论监督权在名誉权诉讼中是真实、直接地发挥了规范作用的,尽管只是比较有限的作用。

第一,审判机关的确是有意识地引入了舆论监督权,并且明确了其作为宪法权利的属性。舆论监督权的作用方式不是在既有的侵权法框架之外“另搞一

---

[65] (2016)京03民终1685号。

套”,也不是在抽象层面与名誉权含混地作权衡、取舍,而是经由“合适的管道”进入既有的名誉权侵权责任分析框架之内,发挥一定的规范作用,甚至对分析框架本身稍作调整之后进而发挥规范作用。所谓合适的管道,从目前来看,主要是“侮辱”的认定和“过错”的认定。[66] 在审查评论文章时,对于是否存在“侮辱内容”的判断,法庭纳入了舆论监督权的核心意涵。在个案中,特定言辞是否属于“侮辱”,多半是存在解释空间的,舆论监督权的效力之一是提升对言论的包容度,即提高“侮辱”的认定标准。在“汪某诉新浪公司案”中,法院进行了一定的论证,尽管未能清晰阐明相关认定标准被提高的具体“刻度”,但舆论监督权的引入提高了侮辱的司法认定标准,是确定无疑的。就“失实报道”是否承担侵权责任而言,法庭在“过错”要件的分析中纳入舆论监督权的考量,提高了成立过错的门槛,从而为媒体提供了更多的保护。“蜂飞案”可算这方面的一个典型。

第二,将舆论监督权引入名誉权侵权责任分析框架,不止是单向度地增加媒体一方的言论自由度或利益权重,同时也包含了对该权利之行使的相应框限。应该说,改造后的分析框架仍然保持了一种平衡的结构。比如,在“公正评论”框架内,审判机关要求评论文字必须是关乎公共议题的。“公共议题”标准是一项由法院创设的司法规则,与监督的社会功能相呼应。从“汪某诉新浪公司案”来看,“公共议题”标准并不难满足,但该标准并非可有可无。我们可以推知,与公共议题无关、纯粹点评私人事务的言论,是不能纳入舆论监督权的保护范围的(尽管并不妨碍其主张言论自由的一般性的宪法保护)。再如,“张某诉《北京青年》案”中,法庭根据专业媒体机构的身份地位,要求其负担超出一般注意义务的更高的注意义务,进而认定其(发表评论时)存在过错。在这里,舆论监督权对“过错”要件的改造方式,是加入了与舆论监督相伴随、相匹配的特定注意义务。总体上看,舆论监督权的引入,没有造成一边倒地保护媒体机构的效果,“宪法化”了的侵权责任分析框架仍然保持了必要的内部平衡。

[66] 由于选取案例的有限性,只能对宪法规范的“管道”作点状搜索与分析,后续研究完全有可能发现名誉权侵权分析框架中其他可纳入宪法规范的概念或环节。

第三,公允地讲,法庭对舆论监督权的规范意涵的挖掘在实体方面仍然比较有限,在说理论证的框架、步骤与方法上,也有诸多值得完善的地方。“汪某诉新浪公司案”与“张某诉《北京青年》案”对于媒体监督的前倨而后恭,可谓错失了在公众人物名誉权争议这一类型中建构舆论监督权之教义体系的机会,实则凸显了审判机关对于舆论监督权的理解仍显肤浅。而对于司法实践中已遵循多年的“事实与评论”区分处理的路径,个别案件——如“蜂飞案”——居然令人费解地加以混淆,不能不让人质疑合议庭在适用或建构司法规则上的能力是否足够。当前的审判实践如不能在此方面上有所提升,那么对于宪法规范之司法适用这样的进阶要求,恐怕会面临更多的实际困难。

五、余论:宪法规范之司法建构的路径与方法

法学的核心任务是面向法律适用的规范建构、整理与体系化,宪法学也不例外。因此,来自司法过程的宪法规范材料的供给,在理论上、实践上都无障碍。正如舆论监督权可以在名誉权诉讼中被援用,从而在名誉权侵权责任的框架内呈现其规范内涵;作为宪法权利的性别平等同样可以在劳动争议中被援用,从而在该等法律部门内呈现其规范内涵;依此类推,可以获得大量基于实践的“司法规则”,这些正是规范的体系性建构的第一手素材。所谓“宪法规范之司法建构”,是一个司法规则的分散生产与宪法教义的集中整理之间无止境的互动过程。在这一意义上,“判例法”之不被承认,在实践上不是一个真问题。权威机关大可对分散的司法规则作“实定化”,从而以准立法的方式阐述、完善法规范,如我国的“司法解释”;或者,对特定的规范适用作一般化地提升,赋予其“准规范”或“准法源”地位,〔67〕如“指导性案例”。当这些权威陈述出现时,学理上必定予以承认、纳入和体系化,当这些权威陈述缺位时,学理上就更着重于司法实践的原始材料,而实践部门也可以从学理中获得指引、启发。陈道英指出,“在有权解释缺位的情况下,法院先行……做出探索也未尝不可。但必须明确的是,法院对这一问题的回答效力是待定的,言论自由条款的效力究竟如

〔67〕 雷磊:《指导性案例法源地位再反思》,载《中国法学》2015 年第 1 期。

何,仍需留待全国人大常委会做出权威的、终局的回答”。[68] 本文更认为,司法实践不会因为全国人大常委会的缄默而停止,何况,即便一纸“宪法解释文”横空出世,也仍须落实于个案中,在适用层面进一步呈现其规范内涵。因此,所谓“终局回答”是相对意义上的,是基于既往司法实践的总结。随着实践的不断更新,已有的“终局回答”会再次显露出不足、含混,于是学理的目光会又一次投向实践,直至下一个“终局回答”再次阶段性地认可抑或否决法院的“先行尝试”。在这样一个立法者、司法者与学者的三方互动结构中,“司法实践”对于宪法规范的建构是不可或缺的,有时甚至是位居首位的。

单就民事法律关系中宪法规范的效力而论,我们不能不特别留意的是,由宪法的独特地位、功能所决定的,必须予以类型化或个别化的规范建构路径。比如,作为公权力限制基本权利之合宪性控制工具的比例原则,就很可能不适合用于在民事法律关系中去阐明一项宪法权利的权能。在民事法律关系中,宪法权利的引入,并非调整公民与国家之间的平衡,而是以作为第三方的国家来调适平等主体之间的利益、责任之分配。民事法律关系的一方当事人援引宪法的权利,并非对抗公权力之压制,而是要证明其与对方当事人之民事权利之间的合理界限,其背后的法理支持自然有所不同。曾经在德国风靡一时的“第三人效力”之理论,最终在理论界与宪法实务上都未被接纳为主流,可见宪法规范并不能自顾自地重新定义既有的民法体系。[69] 这也是笔者所秉持的方法论基础。所以,一方面,应该辨识出,特定宪法权利是否包含有要求国家予以积极保护的权能[70]——并非每一项宪法权利都如言论自由一样,会在公共生活中遭遇来自私主体的显著的压制,那种“从宪法的优位性可以导出宪法基本权利规

〔68〕 陈道英:《我国民事判决中宪法言论自由条款的解释——以 2008 ~ 2016 年 103 份民事判决为样本》,载《华东政法大学学报》2017 年第 1 期。

〔69〕 当前,德国通说上仍以间接适用为主,极例外的情形才有直接适用之效力。参见陈新民:《德国公法学基础理论》(上卷),法律出版社 2010 年版,第 384 页。

〔70〕 张翔教授指出,法律制定中未能考虑公民的两项权利间可能的冲突,而于民事案件中出现了其中某项权利被过度压抑的情况,则司法机关可以通过适用宪法来进行补救,此为国家保护义务的补救性。参见张翔:《基本权利的规范建构》(增订版),法律出版社 2017 年版,第 248 ~ 249 页。

范可以'无障碍'地适用于任何法律领域的裁判逻辑"是危险的;[71] 另一方面,应该在既有的民法教义之中,以合适的管道灌注宪法规范的要求,以求得兼容多方权利诉求的解决方案,如拉伦茨所说,"具体化宪法原则时,法官应尊重立法者对具体化的优先特权",[72] 这是最具备——如不是唯一具备——可操作性的"民法宪法化"。

〔71〕 余军等:《中国宪法司法适用之实证研究》,中国政法大学出版社 2017 年版,第 240 页。

〔72〕 [德]卡尔·拉伦茨:《法学方法论》,陈爱娥译,商务印书馆 2003 年版,第 221 页。

农村女性土地权益保护“制度迷宫”的破解及其规则再造

程雪阳*

一、引　言

作为中国近现代革命的重要成果，“妇女解放”和“男女平等”一直为我国的法律所承认和坚守。1949 年，作为立国宪法性文件的《共同纲领》第 6 条就曾明确要求“中华人民共和国废除束缚妇女的封建制度。妇女在政治的、经济的、文化教育的、社会的生活各方面，均有与男子平等的权利。实行男女婚姻自由。”1982 年通过的现行《宪法》延续了这一规定，其中第 48 条不但要求国家通过制度、组织和物质保障来确保“妇女在政治的、经济的、文化的、社会的和家庭的生活等各方面享有同男子平等的权利”，而且要求国家“保护妇女的权利和利益，实行男女同工同酬，培养和选拔妇女干部”。随后，旨在处理婚姻、家庭和财产问题的《农村土地承包法》《妇女权益保障法》《婚姻法》《物权法》《不动产登记暂行条例》等一系列法律和行政法规，也都重点强调了对农村女性土地权利的保护问题。

不过，我国现行法关于农村女性土地权益保护的规定，并没有得到很好的落实。在 2000 年的一份调查报告中，全国妇联权益部曾发现，“自 1983 年第一轮土地承包分配起，轻视、歧视妇女，侵犯出嫁女，离婚妇女及其子女土地承包权的问题在全国许多地区就有不同程度的反映。在一些地区计算家庭人口时，妇女只能分到男性 50% ~70% 的土地，个别地区甚至出现了 40% 的劳动妇女

* 程雪阳，苏州大学王健法学院教授。

没有承包地和宅基地的情况”。[1] 然而,10年之后,全国妇联进一步发现,农村女性土地权益保护的形势不但没有好转,反而更加严峻起来,“在18~64岁的农村妇女中,2010年没有土地的占21%,比2000年增加了11.8个百分点,其中,因婚姻变动失去土地的占27.7%,男性仅为3.7%”。[2] 与此同时,因为妇女土地问题而引发的信访和司法诉讼案件不断攀升,对社会稳定造成了比较严重的影响。比如,2018年3月,全国妇联在向全国政协提交的议案中就指出:“2016~2017年,全国妇联本级收到妇女土地权益相关投诉8807件次,比前两年增长182%。”[3]

对于农村女性土地权益领域中所存在的问题,学界在过去的10年间进行了大量的研究。[4] 通过文献分析和为期两年的实地调研,笔者发现,现有的研

---

[1] 全国妇联权益部:《土地承包与妇女权益:关于农村第二轮土地承包工作中妇女权益被侵害情况的调查》,载《中国妇运》2000年第3期。

[2] 全国妇联:《维护农村妇女的土地权益》,载《中国妇运》2015年第3期。

[3] 相关数据来源:《全国妇联向全国政协十三届一次会议提交提案:在深化农村改革中维护妇女土地权益》,载http://www.ndfl.gov.cn/wqyz/201803/579471.html,最后访问日期:2019年2月21日。在司法诉讼方面,有法官对广州市花都区法院2005~2010年年未实际执行的离婚妇女土地权益案件做简要统计分析后发现,该院未实际执行离婚妇女土地权益案件逐年激增,2010年比2005年增长了133.3%;未实际执行离婚妇女土地权益案件占离婚妇女土地权益纠纷执行收案总量的百分比基本呈逐年递增形势,分别为82.76%、86.05%、89.13%、87.76%、90.16%及90.32%。虽然未实际执行离婚妇女土地权益案件占全院未实际执行案件总量的百分比绝对值小,但权重不断提高,由2005年1.30%升至2010年2.07%,占全院执行收案总量的权重也不断提高,由2005年0.98%升至2010年1.89%。参见贾志生、胡德华:《农村离婚妇女土地承包经营权案件的执行困境及进路探索》,载《法律适用》2011年第7期。

[4] 参见董江爱:《农村妇女土地权益及其保障》,载《华中师范大学学报》(人文社会科学版)2006年第1期;温清华:《广西农村妇女土地权益的法律保护问题》,载《湖南农业大学学报》(社会科学版)2007年第4期;隋悦:《农村妇女土地权益法律保障问题探究》,载《行政与法》2008年第9期;张雅维、马蕾、王金玉、吴玉霞:《山东省农村妇女土地权益调查分析》,载《山东女子学院学报》2011年第3期;李和平:《我国农村妇女土地权益的法律保护现状及对策》,载《兰州学刊》2013年第4期;杨玉玲:《区域性农村妇女土地权益保护的实证研究——以福建省宁德市为例》,载《青岛农业大学学报》(社会科学版)2015年第1期等。

究可以很好地揭示家庭联产承包责任制实施30多年来我国农村女性土地权益保护不力的现状,但无法揭示造成这些糟糕状况的深层次制度和理论原因,也无法从根本上解决这一社会顽疾。为了更加深入地梳理和分析农村女性土地权益保护领域所存在的问题,本文拟从法社会学和规范法学的双重视角审视我国现行的农村女性土地承包经营权保护机制,并着力研究以下3个方面的问题:(1)现有的保护机制是如何失效并最终演变成一个“制度迷宫”的;(2)该“制度迷宫”形成的深层次制度和理论根源是什么;(3)如何通过法律制度的完善来化解农村女性土地承包经营权保护的“制度迷宫”。

本项研究发现,我国农村女性土地承包经营权保护机制之所以发展成为“制度迷宫”,根本原因并不在于现行法不重视性别平等问题,而在于其既没有为“土地承包经营权”建立稳定的物权制度,也没有区分集体成员的“政治成员权”与“经济成员权”,因此无法阻止“村民自治”这一政治制度对于集体土地财产权分配的不当影响。要走出农村女性土地承包经营权保护的“制度迷宫”,必须在法律制度层面对现行的集体土地所有制和土地承包经营权制度进行制度改革和规则更新。

具体分析和论证如下。

二、“制度迷宫”的形成

“土地承包经营权”作为一项权利,是伴随20世纪70年代末中国农村的家庭联产承包责任制推广而逐步建立的。在“摸着石头过河”式的探索过程中,这种权利最初的法律性质更接近于是一种带有身份性质的债权,期限是15年。[5] 但到

---

〔5〕 早在20世纪80年代,法学界就已经就“土地承包经营权”的法律性质进行了讨论,而且也有学者提出,这一项权利已经成为“具有中国特色的新型财产权”或者是“民法上的一种相对独立的物权”,但在制度层面,当时的法律和政策对此并没有对此进行明确规定,相反,从相关政策关于“在延长承包期以前,群众有调整土地要求的,可以本着‘大稳定,小调整’的原则,经过充分商量,由集体统一调整”的表述来看,当时的土地承包经营权更接近债权而不是物权。事实上,直到《物权法》颁布前,民法学界对“土地承包经营权”的法律性质究竟是债权还是物权,依然很有争议。相关梳理参见王晓慧、李志君:《土地承包经营权的性质与制度选择》,载《当代法学》2006年第4期。

了20世纪末和21世纪初，随着第二轮土地承包的开展以及《农村土地承包法》和《物权法》的颁布，土地承包经营权逐渐发展成为一项独立的用益物权。〔6〕

作为具体规范土地承包经营权的法律，2002年颁布的《农村土地承包法》高度重视农村女性的土地承包经营权保护问题。其不但一般性地规定了“集体经济组织成员依法平等地行使承包土地的权利”（第18条第1款），而且还特别强调“农村土地承包，妇女与男子享有平等的权利。承包中应当保护妇女的合法权益，任何组织和个人不得剥夺、侵害妇女应当享有的土地承包经营权”（第6条）。但值得注意的是，依据这部法律的规定，土地承包的承包方是本集体经济组织的农户，而不是具体的个人，这意味着，农村女性是作为某个集体经济组织的农户的家庭成员而非作为独立的公民享有承包经营权并获得承包地的。在这一问题上，农村中的男性公民并没有特殊性，但农村女性的特别之处在于，其土地权利容易受到婚姻状况的影响，并由此滋生出一系列的法律难题：首先，当某个农村女性因为出嫁等原因脱离原家庭（原土地承包经营户）和原集体时，其根据《农村土地承包法》所依法获得的土地承包经营权是否可以继续持有？其次，当某个女性嫁入某个新的农民家庭时，其是否可以依据这一新的身份而向嫁入地集体主张为其分配一项新的土地承包经营权？最后，当某个女性丧偶或者离异时，其可否继承或者要求分割配偶的土地承包权？

对于这些上述法律问题，我国现行法主要是通过“一个原则”和“三个规则”来提供解决方案的。

所谓“一个原则”，是指平等原则，该原则在土地承包领域主要体现在两个层面：其一，在集体层面，法律要求集体按照性别平等原则分配承包地；其二，在家庭层面，法律强调从事家庭承包经营的农户内部，家庭成员依法平等享有承包土地的各项权益。〔7〕

“三个规则”是指：

规则一：保持土地承包经营权在30年乃至更长的时间内稳定不调整，在承

〔6〕 最为明显的标志是，2007年通过的《物权法》第三编“用益物权编”所统领的第十一章标题即为“土地承包经营权”。

〔7〕 参见《农村土地承包法》（2018年12月修正）第6条、第16条第2款、第19条第1款。

包期内,除非承包方自愿将承包地交回,否则发包方不得收回或调整承包地。这一规则可以称为"稳定不调整规则"。[8]

规则二:在承包期内,因自然灾害严重毁损承包地等特殊情形,经本集体经济组织成员的村民会议2/3以上成员或者2/3以上村民代表的同意,并报乡(镇)人民政府和县级人民政府农业农村、林业和草原等主管部门批准后,集体可以对个别农户之间承包的耕地和草地进行调整,并将调整收回的土地承包给新增人口。[9] 这一规则可以称为是"例外调整规则"。

规则三:承包期内,妇女结婚,在新居住地未取得承包地的,发包方不得收回其原承包地;妇女离婚或者丧偶,仍在原居住地生活或者不在原居住地生活但在新居住地未取得承包地的,发包方不得收回其原承包地。[10] 这项规则可以称为是"特别保护规则",因为该规则的核心在于通过对规则二进行限制,从而保护已经获得土地承包经营权的农村女性不会因为婚姻状况的变化而被剥夺该项权利。

由上述一个原则和三个规则所组成的规则体系,构成了我国法律处理土地承包经营权问题的基本制度框架。仅从外观上来看,这一套规则体系结构精巧,环环相扣,既可以解决土地承包经营权保护领域的性别平等问题,也可以解决农村妇女因为婚姻状况的变化而被不当剥夺土地承包经营权的问题。但如果深入其内部,并观察其在真实世界的运行情况,就会发现该规则体系像"迷宫"一样,让人不知所措,无法准确定位相关规则的具体适用方案。

对此,可以以土地承包经营权领域一个普通且常见的案例来加以说明。比如,在"韩明某诉新乡市延津县榆林乡大韩庄村"一案中,原告韩明某属于河南省延津县大韩庄村的外嫁农村女性,但其婚后户口未迁出原籍,仍在原居住地生活且在新居住地未取得承包地。其认为自己在二轮土地承包过程中获得的土地承包经营权,不能因为婚姻状态的变化而被大韩庄村收回,理由有两点:(1)《农村土地承包法》规定土地承包经营权30年不动。(2)承包期内,妇女结婚,在新居住地未取得承包地的,发包方不得收回其原承包地。被告大韩庄村

〔8〕《农村土地承包法》(2018年12月修正)第1条、第27条第1款、第28条第1款、第30条。

〔9〕《农村土地承包法》(2018年12月修正)第28条第2款、第29条。

〔10〕《农村土地承包法》(2018年12月修正)第31条。

村委会反对这种意见，理由有三点：(1)大韩庄村土地调整已经村两委、党员大会、村民代表大会一致通过，系依法行使《村民委员会组织法》第24条，2009年修正的《农村土地承包法》第18条、第19条赋予大韩庄村村委会村民自治的权力，表决结果应具有法律效力；(2)韩明某户口虽在大韩庄村，但其与丈夫长期在外打工，并在延津县胙城乡十八里村社区购有房产，不属于本村村民，不享有土地承包经营权；(3)依照风俗习惯，出嫁女不应分得承包地。〔11〕

就这类案件的法律适用而言，首先，如果仅从现行法所建立的规则体系内部结构来看，在“特别保护规则”（规则三）的支持下，“稳定不调整规则”（规则一）确实处于“首要规则”的地位，应当具有优先适用性，而作为例外调整规则的“规则二”只能作为次要规则来适用。这样一来，韩明某及情况类似女性的诉讼主张就应当得到支持。然而，如果放在整个法体系中，这个案件的法律适用结果可能会发生变化。因为“规则二”是受到宪法所确认的村民自治制度支持的，而“村民自治”被视为是我国法秩序中的一项基本制度。同时，就像大韩庄村委会在诉讼过程中所指出的那样，《村民委员会组织法》《农村土地承包法》明确赋予了村民会议通过村规民约等方式，来决定村集体经济所得收益的使用、土地承包经营方案、宅基地的使用方案、征地补偿费的使用和分配方案的权力。作为村民会议执行机构的村民委员会，则拥有依照法律规定，管理本村属于村农民集体所有的土地和其他财产的权力，〔12〕借此，作为“村民自治”这一项基本制度实施结果的“规则二”，在法律效力上高于“规则一”和“规则三”，似乎也有一定的道理。当然，“规则二”及其背后的“村民自治”未必与“规则一”冲突，但在那些土地资产价值日益显现的地区，随着时间的流逝，人口增多的农户就拥有了通过诉诸村民自治制度调整土地的动力。而当要求调整土地的集体成员成为了集体的多数，或者在村庄内占有支配地位的家族或政治力量要求进行土地调整时，“规则一”就不得不让位于“规则二”。〔13〕

---

〔11〕 参见“韩明某诉新乡市延津县榆林乡大韩庄村案”，(2015)新中民五终字第401号裁定书。

〔12〕 《村民委员会组织法》第7～9条以及第24条、第27条。

〔13〕 不过，这个规则的变化过程及其实施结果对1997年以后在本集体出生的女性公民、基于婚姻原因加入本集体的女性公民以及招婿上门的女性及其配偶是有利的，因为她/他可以因此获得新的土地承包经营权。

其次，就立法目的而言，作为特别保护规则的“规则三”确实致力于保护1997年二轮承包后获得土地承包经营权的农村女性，但该规则并不完全排斥作为例外调整规则的“规则二”，也不排斥农民集体通过村民自治制度对“规则二”中的“因自然灾害严重毁损承包地等特殊情形”进行扩大解释，来取消外嫁女性（包括初嫁和离异改嫁等情况）或待嫁女性已经获得的土地承包经营权。[14] 具体来说，虽然“规则三”要求原集体在这些女性没有获得新的土地承包经营权之前，不得取消她们在本集体已经获得的土地承包经营权。然而，其也鼓励农民集体为新嫁入的农村女性分配承包地，而且一旦嫁入地集体为该女性分配了新的承包地，那么该规则就要求原集体取消该女性之前已经获得的承包地。于是，在这种情况下，“规则三”转而变成了“规则二”的支持者，并要求“规则一”让位于“规则二”。这样一来，现行法所建立的农村女性土地权益保护规则体系，实践运行结果必然是混乱的。因为几乎每个农村集体都同时面临女性“嫁入/嫁出”的情况，因此具体的农村集体经济组织究竟是优先适用“规则一”还是“规则二”，就变成了一个答案不确定的问题。而对于农村女性来说，她们无疑是走进了一座“制度迷宫”。

最后，人们当然可以诉诸法律原则（特别是平等原则）来解决法律规则之间的冲突，并对规则衔接的漏洞进行填补。然而，这一思路无助于农村女性土地权益问题的解决。原因有二：其一，“规则一”与“规则二”之间的冲突虽然表现为“男女平等”问题，但这只是由我国农村多数家庭采用“从夫居”引发的一种表象，[15] 更为深层次的冲突发生在代际平等层面。前述已经提到，一些村集体之所以会优先适用“规则二”，并不是因为该集体的成员无视男女平等原则，而是为了解决新增人口对于承包地的诉求。其二，社会现实是复杂的，如果嫁出村优先执行“规则二”，而嫁入村优先执行“规则一”，那么外嫁女性的土地权益

---

〔14〕 在实践中，待嫁女性的情况也比较复杂，我们在调研中发现，有些地方（比如浙江金华市上扬村）的村规民约规定，“女性一旦嫁出，户籍必须迁出，承包地立刻收回”；还有些地方（比如苏州相城区的一些村）的村规民约规定，“女性嫁出之后，保留一年或两年的集体成员资格和承包地，期限一到，无论户籍是否在本地，自动取消其集体成员的资格，并收回承包地”。

〔15〕 之所以这样说，是因为对于那些采用“入赘模式”缔结婚姻的农村男性家庭来说，该男性基于入赘加入其他集体之后，其在原集体的承包地同样面临着被收回的风险。

保护自然会受到侵害。但如果嫁出村优先执行“规则一”，而嫁入村优先执行“规则二”，那就会出现出嫁妇女“娘家婆家两头占”的情况。〔16〕 这种情况的出现既会带来女性内部土地权益的不平等问题，也会引发男女不同性别在土地承包领域的反向歧视，不能不查。

三、“制度迷宫”带来的救济无力

基于上述分析可以发现，在现行法所建立的土地承包经营权制度迷宫之中，无论村集体优先适用“稳定不调整规则”还是“例外调整规则”，都可以找到正当化的理由。在这种情况下，农村女性是否可以合法地取得或拥有土地承包经营权，既不取决于政府执法部门是否严格执法，也不取决于司法部门是否严格司法，而取决于村集体内部的政治力量对比，即该集体内部村民会议 2/3 以上成员或者 2/3 以上村民代表的意见。〔17〕 对此，虽然现行法提供了司法救济、行政监督以及农村土地承包经营权仲裁等多种纠纷解决和权利救济通道，但这些救济通道基本是不通畅的。

---

〔16〕 请注意，这种情况并不是一种纯粹的理论假设或空想，从本课题组 2016 年、2017 年的调研结果来看，在全国不同区域，有 12% ~15% 的嫁出妇女属于这种情况。山西省妇联 2018 年 8 月对该省 13 个维护农村妇女集体成员权益试点单位的调研也显示，有 3 家单位存在“娘家婆家两头空”和“娘家婆家两头占”的问题。参见山西省妇联：《农村妇女集体成员权益保障状况调研报告》，载《中国妇运》2018 年第 9 期。笔者认为，这种情况出现的主要原因是，中国人的婚姻“地缘半径”已经从传统的十里八乡向跨县、跨市、跨省乃至跨国婚姻转变，在这种情况下，要求集体去核实新嫁入妇女在原集体的土地承包经营权持有情况，就变得很困难而且成本很高。另外，集体内部的各种人情关系，权力分配情况，村民对“规则三”的熟悉和了解情况，都会对这一问题的处理产生影响。

〔17〕 山西省妇联 2018 年 8 月对该省 13 个维护农村妇女集体成员权益试点单位的调研显示，有 4 家单位执行成员“死亡退出，新生分配”规则，有 9 家单位执行“生不增，死不减，入不增，出不减”的身份固化规则。另外，有 8 家单位妇女的婚姻状态不会影响其土地权益，参见山西省妇联：《农村妇女集体成员权益保障状况调研报告》，载《中国妇运》2018 年第 9 期。

(一)司法救济存在困难

司法是社会公正和纠纷解决的最后一道防线,但是在农村女性土地承包经营权纠纷这类问题上,普遍存在立案难、审理难和执行难的问题。

首先,在立案层面,很多司法机关认为,2004 年修正的《土地管理法》第 16 条中关于"个人之间、个人与单位之间的争议,由乡级人民政府或者县级以上人民政府处理。当事人对有关人民政府的处理决定不服的,可以自接到处理决定通知之日起三十日内,向人民法院起诉"的规定意味着,集体成员(包括但不限于女性成员)与集体之间所发生的土地承包权纠纷,应当由乡级政府或县级政府先行裁决,不能直接按照民事诉讼程序由人民法院进行裁决。比如,最高人民法院在 2005 年的一份司法解释中就专门强调:"集体经济组织成员因未实际取得土地承包经营权提起民事诉讼的,人民法院应当告知其向有关行政主管部门申请解决。集体经济组织成员就用于分配的土地补偿费数额提起民事诉讼的,人民法院不予受理。"〔18〕但如何界定"未实际取得土地承包经营权提起民事诉讼的"情形,外嫁女在未获得嫁入地分配承包地的情况下就被嫁出地的村集体收回承包地而提起的诉讼,是否属于人民法院的受案范围呢?最高人民法院对此并没有进行进一步解释。于是,在实践中,各地法院根据自己的理解作出了各不相同的判决。

再以前述提到的"韩明某诉新乡市延津县榆林乡大韩庄村案"为例。在该案中,一审法院受理了外嫁农村女性韩明某的诉讼请求,而且认为根据 2009 年修正的《农村土地承包法》第 30 条(本文总结的"规则三"),大韩庄村村委会不得收回其原承包地。〔19〕但是二审法院却支持大韩庄村的主张,认为韩明某在新一轮土地分配中未分得承包地,属于未实际取得土地承包经营权的情形,因此不属于人民法院民事案件的受案范围,当事人应向有关行政主管部门申

〔18〕 最高人民法院《关于审理涉及农村土地承包纠纷案件适用法律问题的解释》(2005 年 3 月 29 日)第 1 条第 2、3 款。

〔19〕 参见"韩明某诉新乡市延津县榆林乡大韩庄村案",(2015)延民初字第 801 号民事判决书。

请解决。[20] 另外,当承包地被征收时,最高人民法院在上述提到的2005年司法解释中规定:“农村集体经济组织或者村民委员会、村民小组,可以依照法律规定的民主议事程序,决定在本集体经济组织内部分配已经收到的土地补偿费。征地补偿安置方案确定时已经具有本集体经济组织成员资格的人,请求支付相应份额的,应予支持。”[21] 根据这一规定,司法机关理应受理涉及征地补偿款和集体分红的分配问题的案件,但如何确定“征地补偿安置方案确定时某个农村居民是否已经具有本集体经济组织成员资格”呢?该司法解释语焉不详。对此,江苏省高级人民法院在2006年的一份司法意见中指出:“如何确认农村集体经济组织成员资格,目前并无具体法律可资适用。根据《立法法》第42条第1项规定,该问题有待于立法机关作出进一步明确的规定,目前无法在民事诉讼程序中作出认定。因此,对土地征用补偿费分配争议中涉及集体经济组织成员资格确定问题,当事人提起民事诉讼的,人民法院不应受理。”[22]

其次,即使人民法院受理了农村女性就土地承包经营权所提出的诉讼,面对上述“迷宫式”的规范体系,法院也很难形成明确且系统的法律解决方案,只能诉诸于“一事一议”的方式来处理具体案件。比如,在“王某敏、孙某楠诉新乡

〔20〕 参见“韩明某诉新乡市延津县榆林乡大韩庄村案”,(2015)延民初字第801号民事判决书。另外,在“吴兴某土地承包经营户诉庐江县白山镇戴桥社区居民委员会、戴桥社区第七村民组案”中,一审法院安徽省庐江县人民法院不但对这一土地承包经营权纠纷进行了审理,而且认为戴桥社区、戴桥社区第七村民组不得以吴兴某(女)户籍的变动为由,收回其在农村二轮土地承包中享有5.48亩的土地承包经营权。但是二审法院合肥市中级人民法院却与新乡市中级人民法院一样,认为吴兴某在本案要求确认其5.48亩土地承包经营权的请求,不属于人民法院受理民事案件的范围,撤销了一审判决。理由是:根据2004年《土地管理法》第16条的规定由人民政府先行处理。参见“吴兴某土地承包经营户诉庐江县白山镇戴桥社区居民委员会、戴桥社区第七村民组案”,(2015)合民一终字第05025号二审民事裁定书。

〔21〕 最高人民法院《关于审理涉及农村土地承包纠纷案件适用法律问题的解释》(2005年3月29日)第24条前半段。

〔22〕 江苏省高级人民法院《关于执行〈中华人民共和国农村土地承包法〉和〈最高人民法院关于审理涉及农村土地承包纠纷案件适用法律问题的解释〉若干问题的意见》(苏高法审委〔2006〕17号,2006年7月26日)。

市牧野区和平路办事处孙庄村民委员会案"中，一审法院认为，改嫁到其他村的女性王某敏不具有孙庄村集体地经济组织成员资格，但是由王某敏抚养的女儿孙某楠可以继续拥有这一资格并据此参与征地补偿的分配。理由是，孙某楠出生之时户籍就在孙庄村一直未迁移，且其父亲孙海某系孙庄村村民，父母离婚不影响子女的集体经济组织成员的资格。〔23〕对于这一给予不同身份女性完全相反待遇的判决，在我们的调研过程中，法官解释说，法律在规则层面的不清晰和相互冲突的制度设计让他们左右为难，只能根据天理、国法和人情来处理此类案件。然而，这样的处理方式并不会让诉讼双方都满意。比如，在这一案件中，被告孙庄村认为法院侵犯了《宪法》和《村民委员会组织法》赋予村民自治的权利，原告王某敏则认为法院没有维护其合法的土地权利，双方同时上诉到新乡市中级人民法院。

最后，即使人民法院受理了相关诉讼，并在诉讼中根据"稳定不调整规则"或"特别保护规则"支持了提出权利保护主张的农村女性的诉讼请求，相关案件还存在执行难的问题。因为法院无权直接给原告分配承包地，只能要求村集体按照村民自治的程序重新讨论土地分配方案。如果村集体以"土地已经调整完成无法再次调整，或者村民大会表决不支持给该女性分配承包地"为由进行抵制，人民法院的判决很难得到执行。于是，就像有学者早先观察到的那样，法院"为了避免陷入复杂的诉讼泥沼中，也为了避免大面积出现执行难的问题，所以通过策略性地解读法律来将外嫁女的案件拒之门外"。〔24〕

（二）行政监督难以有效实施

司法机关之所以可以对农村女性土地权益案件采取策略性回避的态度，是因为其认为2004年《土地管理法》第16条建立了"行政处理"机制，只有对该行政处理机制所产生的结果不服，这类纠纷才可以通过行政诉讼的通道进入司法救济渠道。这样的理解并非没有道理，因为从现行法的规定来看，除了2004年《土地管理法》第16条外，根据《村民委员会组织法》第27条规定，村民自治章程、村规民约要报乡、民族乡、镇的人民政府备案。村民自治章程、村规民约以

〔23〕 参见"王某敏、孙某楠诉新乡市牧野区和平路办事处孙庄村民委员会案"，(2015)牧民一初字第1049号民事判决书。

〔24〕 贺欣：《为什么法院不接受外嫁女纠纷——司法过程中的法律、权力和政治》，载苏力主编：《法律和社会科学》(第3卷)，法律出版社2008年版，第66～97页。

及村民会议或者村民代表会议的决定不得与宪法、法律、法规和国家的政策相抵触,不得有侵犯村民的人身权利、民主权利和合法财产权利的内容,否则由乡、民族乡、镇的人民政府责令改正,这确实赋予了政府对村民自治章程和决议进行实质性监督的权力和职责。

然而,由于土地承包经营权领域规范体系的混乱不清,基层政府及其职能部门行政监督权的行使同样遇到了许多挑战。具体表现为,按照《农村土地承包法》等法律的规定,土地承包经营方案并不仅是村委会的决定,而是村民会议或村民代表大会的决定,因此一旦出现政府及其职能部门在行政监督中支持特定类型农村女性关于土地权益诉求,进而否定村集体组织在集体成员资格认定,土地承包权、征地补偿款分配以及集体分红等领域的决议,那么就会像“韩明某诉新乡市延津县榆林乡大韩庄村案”所展示的那样,村集体会引用《村民委员会组织法》《农村土地承包法》的规定,以侵犯村民自治权、不尊重民间习俗为由提出抗议和抵制,甚至会动用行政诉讼通道起诉基层政府行政行为违法。[25] 虽然在中国裁判文书网上,笔者尚未检索到法院在此类型案件中判决基层政府败诉的案例,但地方基层政府往往会因为不愿做被告而放松甚至放弃对村集体的监督,从而使特定农村女性土地权益难以通过行政监督渠道进行有效救济。[26]

(三)替代性纠纷解决机制乏力

为了更好地化解农村承包地领域的纠纷,全国人大常委会在《土地承包法》之外,还专门颁布了一部《农村土地承包经营纠纷调解仲裁法》。该法规定,各地农业管理部门可以根据解决农村土地承包经营纠纷的实际需要设立农村土地承包仲裁委员会,该仲裁委员会由当地人民政府代表,有关人民团体代表,农村集体经济组织代表,农民代表和法律、经济等相关专业人员兼任组成;其中,

---

〔25〕 参见“佛山市三水区下横涌股份合作经济社诉云东海街道办事处案”,(2015)佛中法行终字第716号行政判决书。

〔26〕 在笔者所在的课题组收集的435份由政府公务员填写的问卷中,政府的公务员们普遍认为在农村女性土地权益保护领域中,当前行政管理实践的难点是处理妇女土地权益纠纷问题。另外,还需要注意,在当下我国的基层治理中,乡镇政府和县级政府职能部门的很多工作(比如道路建设、房屋拆迁、土地征收)需要得到村委会或村集体的支持,因此基层政府往往需要跟村集体保持良好的合作关系,不能轻易否定村集体的决议。

农民代表和法律、经济等相关专业人员不得少于组成人员的1/2。[27] 然而，笔者所在的课题组的调查显示，在处理涉及妇女承包地权益的纠纷过程中，农村土地承包仲裁委员会的表现与司法机关、行政机关大同小异。面对农村集体土地的制度迷宫，他们也基本只能在尊重村民自治的前提下，综合天理、国法和人情来处理相关纠纷。

综上可以看出，在现行法体系之下，对于保护农村女性土地承包经营权而言，司法救济、行政监督以及替代性纠纷解决机制基本都是难以有效运行的。出现这种情况的深层次原因在于，当法律规则的适用标准不清晰、规则之间存在逻辑冲突时，这些公权力机关和准权力机关难以根据法律本身的规定来确定自身权力与基层群众自治权之间的边界，因此也难以严格依据法律对纠纷作出裁决或决定。

四、现有的理论解决方案及其不足

在过去的数十载中，对如何解决农村女性土地权利（特别是土地承包经营权）保护不力这一问题，理论界和实务界提出了许多改革意见。比如，有学者认为，应当通过完善立法、加强执法、改变观念和强化监督等手段切实维护妇女合法权益；[28] 另有学者建议，在农业和农村能力建设的培训中，应纳入性别平等内容，鼓励非政府组织和妇女团体为农村妇女维权提供法律援助和制度化支持；[29] 还有学者建议确立司法审查机制、行政问责机制以加强对村民自治的监

---

〔27〕《农村土地承包经营纠纷调解仲裁法》第12～13条（第十一届全国人大常委会第九次会议于2009年6月27日通过，自2010年1月1日起实施）。

〔28〕张雅维、马蕾、王金玉、吴玉霞文：《山东省农村妇女土地权益调查分析》，载《山东女子学院学报》2011年第3期；杨玉玲：《区域性农村妇女土地权益保护的实证研究——以福建省宁德市为例》，载《青岛农业大学学报》（社会科学版）2015年第1期。全国妇联权益部在2000年的报告中也曾建议：“全国人大农委和农业部在制定《农村土地承包法》的过程中突出强调土地承包经营坚决贯彻男女平等基本国策和儿童优先原则，使宪法精神在实体法中充分体现。”全国妇联权益部：《土地承包与妇女权益：关于农村第二轮土地承包工作中妇女权益被侵害情况的调查》，载《中国妇运》2000年第3期。

〔29〕参见王晓莉、李慧英：《我国农村土地政策与实践分析——聚焦农村妇女土地权益问题》，载《科学社会主义》2014年第1期。

督,并制定"民事强制执行法"来改善外嫁女案件的执行情况。[30] 这些建议从不同的角度出发,都具有一定的合理性。但从笔者的分析来看,在"制度迷宫"没有破解的情况下,提高性别意识、增强法律观念以及增强司法判决的执行力等措施,并不能从实质上改变农村女性土地权利保护不力的状况。

有研究者认识到此间存在的问题,所以从制度完善层面提出了三种更进一步的解决方案。

第一种解决方案认为,应在土地承包经营权登记时将农村女性的名字登记到权利证书上。[31] 近几年来,全国妇女联合会强烈支持这一方案。2014 年,其与农业部要求"各地在开展土地承包经营权确权登记颁证工作中,要高度重视保障妇女的土地权益。无论采用什么标准进行登记和颁证,权证和登记簿上要有妇女的名字,保证农村妇女土地承包权益不挂'空挡'"。[32] 2018 年 12 月,新修正的《农村土地承包法》第 16 条第 2 款则规定,"农户内家庭成员依法平等享有承包土地的各项权益"。这些努力值得肯定,但其法律意义主要在于确认土地承包经营权属于家庭共有财产(而不是户主的个人财产),其可以用以解决"农户"内部外嫁女性土地权利的保护问题,但对集体通过村民自治程序执行"例外调整规则"引发的外嫁女性土地权利保护问题却无能为力。另外,《农村土地承包法》2018 年修订之后,第 23 条依然规定土地承包经营权根据承包合同而非土地承包经营权证书取得,因此,载有农村女性名字的土地承包经营权证书,在未来的行政管理和土地权益纠纷解决过程中究竟可以发挥怎样的作用,依然有待于进一步观察。

---

〔30〕 周应江:《村民自治规范与农村妇女土地权益的保障》,载《中华女子学院学报》2011 年第 4 期;贾志生、胡德华文:《农村离婚妇女土地承包经营权案件的执行困境及进路探索》,载《法律适用》2011 年第 7 期;张笑寒:《村民自治背景下农村妇女土地权益流失问题研究》,载《中国土地科学》2012 年第 6 期。

〔31〕 温清华:《广西农村妇女土地权益的法律保护问题》,载《湖南农业大学学报》(社会科学版)2007 年第 4 期;王春霞:《土地确权颁证过程中需增强性别视角》,载《中国妇女报》2014 年 6 月 24 日,A1 版;胡能灿:《农村土地确权颁证中的妇女权益维护》,载《中国土地》2014 年第 3 期。

〔32〕 参见农业部、全国妇联《关于在农村土地承包经营权确权登记颁证过程中维护妇女土地权益的会谈纪要》(妇厅字〔2014〕43 号,2014 年 8 月 28 日)。

第二种解决方案认为,农村妇女土地权益受损的深层原因在于女性的文化身份得不到承认,女性无法进入村民自治和土地承包经营权分配规则的决策过程中。因此这种方案的支持者建议,应当鼓励和支持更多的妇女参与集体公共事务,从而通过改革和完善村民自治制度来公平合理地解决女性土地权益保护的问题。〔33〕 这种方案抓住了农村女性土地承包经营权保护机制的一个重要“命门”。本文的分析业已证明,基层民主政治机制的村民自治这一变量,不但加剧了“稳定不调整规则”“例外调整规则”“特别保护规则”三个规则之间的冲突,直接导致了相当数量的农村女性承包经营权益受损,而且还导致原本已经被打破的“男尊女卑”等民间习俗又重新回到了乡村之中,并且拥有宪法所确认的“村民自治”这一坚硬的法律外壳。然而,这种解决方案并不能有效解决目前存在的矛盾与冲突,因为即便每一个村集体组织和村民自治过程中都有女性参与甚至决定土地承包经营权的分配,不同农村女性群体(如外嫁女性、嫁入女性、离异改嫁或没有改嫁女性以及新出生的女性等)诉求之间的冲突仍然会存在。在人口流动速度不断加快、婚姻半径不断扩大以及婚姻稳定性逐渐降低的社会大背景下,农村女性土地权益保护这一难题,实际上是很难通过在村民自治中提高女性参与程度来加以解决的。

有学者关注到了上述两个方面的问题,并借此提出了第三种解决方案,即尽快完善集体经济组织成员的认定标准。〔34〕 在实践中,农村女性土地权益之所以容易受到侵犯,主要原因在于村集体以婚姻状态(如结婚、离婚、丧偶或改嫁等)、户籍、是否享有城市社保等相关或不相关的因素为由,否定某些农村女

〔33〕 参见李慧英:《重构我国乡村三维性别公正观——以农村妇女土地权益为例》,载《科学社会主义》2018 年第 3 期。在 2014 年的文章中,李慧英教授及其合作者甚至还曾提出,应当通过配额制等措施确保妇女在村民自治中的最低参与比例,充分保障妇女在村庄公共事务中的知情权、参与权、决策权和监督权。另外,当涉及与妇女利益相关的村民决议,如土地的流转和征地补偿分配等,须经全村一定比例的妇女同意方可办理,其中必须包括未婚、出嫁、离异、丧偶等弱势妇女群体的参与。王晓莉、李慧英:《我国农村土地政策与实践分析——聚焦农村妇女土地权益问题》,载《科学社会主义》2014 年第 1 期。

〔34〕 参见戴威:《农村集体经济组织成员资格制度研究》,载《法商研究》2016 年第 6 期;程诗棋:《农村“外嫁女”集体经济组织成员资格的确认与法律保护:以海南省三亚市法院“外嫁女”征地补偿费分配纠纷案件为研究基础》,载《法律适用》2018 年第 11 期等。

性的集体成员资格,从而借此否定这些女性在承包地、宅基地、征地补偿款、集体分红等领域的权利诉求。对于集体成员资格认定,全国层面尚没有出台统一的规则,不过已经有一些地方已经作出了尝试。比如,重庆市高级人民法院在2009年提出:“农村集体经济组织成员资格的认定,应当以是否形成较为固定的生产、生活,是否依赖于农村集体土地作为生活保障为基本条件,并结合是否具有依法登记的集体经济组织所在地常住户口,作为判断农村集体经济组织成员资格的一般原则。”〔35〕四川省农业厅在2015年的指导性意见中也提出,应当以“户口的迁入/迁出”作为认定集体经济组织成员的主要标准,再综合考虑上学、参军、服刑等其他因素,由集体经济组织根据民主程序来进行认定。〔36〕 在我们的调研过程中,新乡中级人民法院土地审判庭的法官则表示,他们在案件审理过程中通常会首先审查该妇女的户籍是否在本村;然后审查其是否在本地还拥有承包地或宅基地;第三步再审查其是否参加过本村的选举,或是否为本村做过贡献;第四步则审查其是否参加过“新农合”(新型农村合作医疗)等农村的社会保障。

这些解决方案的共性是以出生和户口为基础,可为相关区域内农村女性土地承包经营权纠纷的解决提供相对统一的规则。然而,这样的解决方案既不合理,也不符合国家治理体系现代化的要求。首先,“出生地主义”标准通常只能适用于公民身份的取得和政治权利的行使,不能适用于经济和财产权分配领域。其次,根据我国目前所确定的“建立城乡统一的户口登记制度。取消农业户口与非农业户口性质区分和由此衍生的蓝印户口等户口类型,统一登记为居民户口”,恢复“户籍制度的人口登记管理功能”改革目标,〔37〕“户籍/户口”制度不应与土地等财产权的分配以及集体经济组织成员资格的认定直接关联在一起。最后,在法律实践中,以“出生和户口”作为集体成员资格的标准并不能真正地解决问题,各种难题依然会不断产生。比如,有些人在本地出生,拥有本

〔35〕 重庆市高级人民法院《关于农村集体经济组织成员资格认定问题的会议纪要》(渝高法〔2009〕160号,2009年5月31日)。

〔36〕 四川省农业厅《四川省农村集体经济组织成员资格界定指导意见》(川农业〔2015〕21号,2015年3月12日)。

〔37〕 国务院《关于进一步推进户籍改革制度的意见》(国发〔2014〕25号,2014年7月24日)。

集体户口和承包地，但多年外出经商或打工；还有些人拥有本地户口但并没有被分配到承包地（特别是 1997 年以后出生的新增人口）；另外还有些人虽然没有本地户籍，但在早年通过挂靠等方式获得了承包地。这些问题是很难按照“出生 + 户口”标准得到合理有效解决的。

正是因为认识到了上述问题的存在，所以很多地方的探索性方案提出，除了以出生和户口因素外，集体成员资格的认定还应当综合考虑其他因素。但对于哪些因素可视为“相关因素”，各地的理解明显存在差异。比如，有许多地方规定，“被录用为国家公职人员的”原集体成员不再拥有集体成员资格，〔38〕还有集体规定，如果某原集体成员加入了城市社保体系就不再属于本集体的成员，甚至有地方的村规民约将承包地和集体成员资格与女性受教育的情况关联起来，规定“考取 985、211 和一般本科高校的本村妇女，各保留 5、3、1 年集体成员资格”。〔39〕那么，这些职业、受教育程度或层次以及社保缴纳情况究竟是否属于“应当被考虑因素”呢？如果被考虑的话，哪些因素应当居于首要地位，哪些因素应当居于次要地位，不同因素之间的权重又如何确定呢？这些问题很难有统一明确且科学合理的答案。

更为重要的是，这些相关或不相关的因素还会为农村居民在职业选择上提供反向激励。比如，集体成员通过自身和家庭的努力获得了国家公务员岗位，理应得到村集体组织的认可和正向鼓励。然而，在上述规则下，他们却会因自己努力和家庭付出所取得的成就受到村集体组织在土地权利方面的“惩罚”。在土地的资产属性不是很明显的时代或地区，这种“鼓励农村居民基于出生而非基于勤奋和努力就可以获得土地资源”的“惩罚规则”并不明显，也不会引起人们的注意。但随着土地价格的不断上涨，其必然会影响农村居民对于教育的投入和对职业的选择，而这些后果很容易被人们朴素的公平正义感忽视。

由此可见，无论是采用“出生地 + 户口”标准，还是采用“综合标准”来解决村集体经济组织成员资格的认定问题，都不是可取或可行的解决路径。实际上

---

〔38〕 四川省德阳市黄许镇人民政府《关于开展农村集体经济组织成员资格界定工作的指导意见》（德市旌黄府发〔2016〕53 号，2016 年 10 月 8 日）。课题组在调研过程中，黄许镇政府的这种规定并不是特例，即便是在北京、上海、苏州这样的发达地区，相似的政府规定或者村规民约也非常多。

〔39〕 这个规定是课题组在河南荥阳市贾峪镇某村的村规民约上看到的。

设定这些标准的人们未必没有意识到这些标准的内在缺陷,那么为什么他们依然执着于这条充满风险与陷阱的道路呢?笔者认为,根本原因在于,这些标准的提出者不恰当地将“行政村的政治成员资格”与“农民集体经济组织的经济成员资格”混同使用所致。所谓“行政村的政治成员资格”是指某个公民作为某个村庄的成员参与该集体政治生活的政治权利,比如,参加村民会议、选举或被选举为村委会成员等。所谓“农民集体经济组织的经济成员资格”则是指基于一定的财产关系而参与某个经济组织的权利,比如,参与分红、参与投资决策、参与收益分配等。在现代社会,这两种成员权的区别在于,“行政村的政治成员资格”作为一项政治性权利,可以基于出生、居住期限、户籍等自然、政治或行政因素而获得,也可能会因为户籍所在地或者居住地变化而丧失。“农民集体经济组织的经济成员资格”则不同,其不应基于出生、居住期限、户籍等因素获得或丧失,而只能通过继承、接受赠与、购买、技术或劳动力投资等方式而获得,并通过向他人出售、赠与或撤回投资等方式丧失。〔40〕

遗憾的是,当下人们在讨论“集体成员资格”时,不但习惯性地将“行政村的政治成员资格”与“农民集体经济组织的经济成员资格”混同使用,而且又经常用“行政村的政治成员资格”代替“农民集体经济组织的经济成员资格”来处理

〔40〕 如果从卢曼的观点来看,“村集体的政治成员资格”与“集体经济组织的经济成员资格”在当下中国之所以会被混同起来,主要是因为我国农村的社会系统依然没有实现充分的“功能分化”。如果从中国农村改革的历史来看,则是因为20世纪80年代所进行的“政社分设”“政经分开”改革没有完成。事实上,早在1982年,《宪法》就明确提出要“恢复乡级政府的设置,并将其与人民公社分开设立”的要求。中共中央1983年的“一号文件”也明确提出,对“政社合一的体制要有准备、有步骤地改为政社分设,准备好一批改变一批……在政社分设后,基层政权组织,依照宪法建立。”中共中央《当前农村经济政策的若干问题》(1983年1月2日发布)。遗憾的是,在20世纪80年代中期以后,这种渐进式的改革逐渐停滞下来了,“政社分设”的改革仅在乡镇一级完成,在行政村一级,村民委员会与村集体经济组织“一套班子,两块牌子”以及由村委会代管集体土地的做法,不但没有消亡,反而成了常态,并在法律制度中日益固化下来。现行《村民委员会组织法》《农村土地承包法》《土地管理法》等法律明确允许村委会作为发包人发包集体土地、作为集体土地所有权人的代表来分配宅基地,并赋予其管理本村属于村农民集体所有的土地和其他财产的职责规定,都是有力的证明。参见《村民委员会组织法》第8条第2款、第24条第4项;《农村土地承包法》第12条、第27条第2款;《土地管理法》第14条。

土地财产权的分配问题。比如,要求村民自治基于农民朴素的正义感为新增人口分配承包地就是典型的例证。而且也正因如此,很多人将农村的承包地视为是国家和村集体给予农民提供的社会保障,〔41〕而不是将其视为是农民的财产权。虽然自2007年《物权法》颁布以来,“土地承包经营权”的法律属性已经被明确界定为是一种用益物权,但该法第130条以及《土地管理法》《农村土地承包法》《村民委员会组织法》等法律关于村集体可以分配并调整承包地的规定表明,土地承包经营权的物权属性并不稳定。〔42〕

五、土地承包经营权规则的体系再造

笔者认为,要想从根本上解决我国农村女性土地权益保护不力的问题,不仅需要增强性别视角,增强妇女的权利意识,而且必须对现有的土地制度进行更新,唯有如此,才能实现走出农村女性土地权利保护的“制度迷宫”。然而,这种规则更新并不是简单地对现行农村女性土地权利保护机制进行修修补补,而是需要从更深层次的角度来反思我国的土地制度和基层治理模式,从而找到规则更新和体系再造的有效路径。

〔41〕　这种见解被许多研究者持有或分享,比如有学者认为,集体土地所有权虽属集体私权,体现的却是集体成员的公有利益,且这种权利受到公法的严格管制,因此应从社会法来认识这种土地所有权的性质和权能,即集体土地所有权的法律性质是集体成员集体共有权,其核心功能是为集体成员提供社会保障。韩松:《农民集体土地所有权的权能》,载《法学研究》2014年第6期。还可以参见陆剑:《农村土地承包法修改中农民朴素公平观及其制度回应》,载《西北农林科技大学学报》(社会科学版)2016年第5期等。当然,这些观点的出现和形成与我国现阶段依然实行城乡二元社会保障体制也有关。

〔42〕　《物权法》第三编第十一章虽然将“土地承包经营权”的法律性质确定为用益物权,但是其第130条同时又规定:“承包期内发包人不得调整承包地。因自然灾害严重毁损承包地等特殊情形,需要适当调整承包的耕地和草地的,应当依照农村土地承包法等法律规定办理。”根据这一转介条款,《物权法》允许村集体利用《农村土地承包法》等法律所提供的“村集体调整土地”这一制度通道,取消具体地块之上土地承包经营权。然而,一个稳定的用益物权显然是不能通过“政治—行政”的方式来进行物权变动的,因此即将出台的《民法典·物权编》显然需要增强“土地承包经营权”作为用益物权的稳定性。

具体来说，以下几个方面尤其重要。

首先，应当坚持《物权法》关于“土地承包经营权”属于用益物权的法律定位，并根据这一法律定位严格限制《村民委员会组织法》《土地管理法》《农村土地承包法》中关于“村集体可以调整承包地”规则的适用范围。具体来说，一方面，应当将现行《农村土地承包法》第 28 条第 2 款中关于“承包期内，因自然灾害严重毁损承包地等特殊情形对个别农户之间承包的耕地和草地需要适当调整的”规定中的“等”字解释为“等内等”，然后要求基层民主机制只能在“自然灾害严重毁损承包地”这一种情形下讨论和决定承包地的调整问题。〔43〕 另一方面，也可以要求各地在落实《农村土地承包法》第 21 条第 2 款中“耕地承包期届满后再延长三十年”这一制度要求时，根据第 28 条第 2 款中“承包合同中约定不得调整的，按照其约定”的规定，在承包合同中增加“承包期内，发包方不得调整承包地”的合同条款。另外，随着全国土地承包经营权确权登记工作的完成，应当在法律层面明确土地承包经营权采取登记生效主义模式，赋予相关权利证书以发生物权变动的效力。〔44〕 也就是说，土地承包权一经确权登记，就不

〔43〕 在这一方面，国家有关部门已经按照这一思路在进行具体的制度设计。比如，农业部等六部委 2015 年就提出：“开展土地承包经营权确权登记颁证，是对现有土地承包关系的进一步完善，不是推倒重来、打乱重分，不能借机调整或收回农户承包地。要以现有承包台账、合同、证书为依据确认承包地归属。对个别村部分群众要求调地的，按照法律法规和政策规定，慎重把握、妥善处理。对于确因自然灾害毁损等原因，需要个别调整的，应当按照法定条件和程序调整后再予确权。”农业部、中央农村工作领导小组办公室、财政部、国土资源部、国务院法制办、国家档案馆联合发布的《关于认真做好农村土地承包经营权确权登记颁证工作的意见》（农经发〔2015〕2 号，2015 年 1 月 27 日）。

〔44〕 目前，这一项改革的现实条件已经成熟。比如，国务院 2014 年 11 月颁布的《不动产登记暂行条例》第 33 条第 2 款规定：“不动产统一登记过渡期内，农村土地承包经营权的登记按照国家有关规定执行。”2014 年中共中央办公厅、国务院办公厅发布的《关于引导农村土地经营权有序流转发展现代农业适度规模经营的意见》提出，由县级人民政府农村经济管理机构建立健全统一规范的土地承包经营权登记簿，作为今后不动产统一登记的基础依据，同时，为与不动产统一登记工作衔接，承包农户可以自愿申请、免费换取与不动产统一登记相衔接的证书。

能再通过村民会议或村民代表大会的决定或村规民约来进行调整了。[45]

其次,应当按照中共中央十八届三中全会所提出的“赋予农民对承包地占有、使用、收益、流转及承包经营权抵押、担保权能,允许农民以承包经营权入股发展农业产业化经营”的改革目标,[46]以及《农村土地承包法》第36条中关于“承包方可以自主决定依法采取出租(转包)、入股或者其他方式向他人流转土地经营权”的规定,推动承包地经营权的流转。这样一来,农村嫁出女性,外出打工、上学、参军的妇女,离异妇女可以在离开承包地时,将土地经营权转让给那些想要从事农业生产的嫁入女性,入赘女婿,以及其他本区域新增人口,从而同时解决“有承包经营权的女性不能或不愿在本区域种地”和“没有承包经营权的女性在本区域无地可种”的双重难题。需要说明的是,中央所提出的“所有权—土地承包经营权—经营权三权分置”改革目标,目的是要打消土地承包经营权人对“向专业大户、家庭农场、农民合作社、农业企业流转土地经营权,发展多种形式规模经营”的顾虑,提高农业生产经营的稳定性,而不是通过这一项改革将土地承包经营权建制成为一项社会保障制度。而且就像有学者正确指出的那样,如果要允许集体调整土地,那么“三权分置”是无法建立的,[47]因为没有持续稳定的农民土地承包经营权,就无法建立持续稳定的土地经营权。

再次,应在坚持农村土地集体所有制的基础上,积极探索实现集体所有的多种形式,通过股份合作化等方式来重建或改造农村的集体经济组织,让其真正成为与行政村相分离的产权明晰、决策独立和自负盈亏的现代经济组织。所谓“产权明晰”,就是按照“股份合作”的原则,将集体土地(包括承包地、集体经营性建设用地、以及荒地、滩涂等)和其他资产(包括集体企业、物业、厂房等)予

---

〔45〕 另外,一旦全国层面的土地承包权确权登记完成,那么《村民委员会组织法》《土地管理法》《农村土地承包法》中关于“村集体可以调整承包地”的规则设定也就失去了可以适用的法律空间。届时可以通过修改相关法律来废除这一规则。

〔46〕 《中共中央关于全面深化改革若干重大问题的决定》(中国共产党第十八届中央委员会第三次全体会议于2013年11月12日通过)。

〔47〕 参见孙宪忠:《推进农地三权分置经营模式的立法研究》,载《中国社会科学》2016年第7期。

以量化,然后明确每一个集体经济组织成员所拥有的份额并进行登记。[48] 当然,要实现这一目标,就需要重启20世纪80年代没有完成的“政社分设”改革,剥离行政村村民会议和村民委员会管理集体土地的权力,将村委会改造为类似于城市社区中的居委会一样的只发挥基层民主政治自治和社会公共服务功能的组织。对此,当前正在进行的集体产权制度全面深化改革已经开始着力推进具体制度变革了。比如,在2015年11月2日联合下发的农村改革指导性文件中,中共中央办公厅和国务院办公厅就明确提出,已组建农村股份合作经济组织的地区,要探索剥离村党支部委员会和村民自治委员会(两委)对集体资产经营管理的职能,开展实行“政经分开”试验,完善农村基层党组织领导的村民自治组织和集体经济组织运行机制。[49] 2016年年底,中共中央和国务院再次提出:“有需要且条件许可的地方,可以实行村民委员会事务和集体经济事务分离。妥善处理好村党组织、村民委员会和农村集体经济组织的关系。”[50] 2017

[48] 集体土地等资产应当如何股份化以及哪些资产可以股份化,确实需要进一步研究。不过,这一问题异常复杂,这里无法详细展开,但有两个方面可以确定:其一,集体经营性资产(比如集体所有的企业、建设用地、厂房以及荒地等)应当进行股份化。股份化之后,集体成员成为集体的股东,享有股权,并通过集体/公司的决策程序选任董事、经理等管理集体财产、就重大经营事项进行表决。其二,承包地和宅基地属于用益物权,如果经过用益物权人同意,也可以成立专门的土地合作社或者纳入股份化的集体中作为集体资产进行经营。但如果用益物权人不同意进行股份化改造,那么应当维持其用益物权的法律性质。在调研过程中,我们发现,一些行政村将不同性质和功能的集体土地及其他资产进行类型化和股份化,然后分别成立2~3股份合作社进行经营和管理。比如,在北京市和苏州市,有的行政村不但将本村的集体经营性建设用地、厂房和物业股份化后组建了一个专门的合作社,而且将本村村民的承包地股份化后另外成立了一个专门的合作社。但在另外一些地区,只有集体经营性建设用地进行了股份化,承包地并没有被股份化,依然属于农民的用益物权。从笔者的观察来看,对于某个具体的农村地区来说,承包地和宅基地是否要进行股份化,主要是取决于权利人、市场以及社会的需求,法律可以提供制度框架,但不宜作出强制股份化的要求。

[49] 中共中央办公厅、国务院办公厅印发《深化农村改革综合性实施方案》(2015年11月2日)。

[50] 中共中央、国务院《关于稳步推进农村集体产权制度改革的意见》(2016年12月26日)。

年3月通过的《民法总则》也在此方向上取得了重大进展，比如该法第99条第1款明确规定“农村集体经济组织依法取得法人资格”。〔51〕 这些改革都为农村集体经济组织与村委会分别设立，将农村集体经济组织发展成为特别法人乃至一般的企业法人提供了坚实的法律基础和制度路径。当然，政社分开之后，作为基层群众自治组织的村委会的办公和运行经费应当通过国家财政收入来统一支付。

最后，鉴于2018年新修正的《农村土地承包法》第16条第2款已经规定“农户内家庭成员依法平等享有承包土地的各项权益”，因此建议全国人大常委会在编纂民法典时，在物权编或婚姻家庭编将“土地承包经营权”以及“宅基地使用权”等土地权益明确列为是“夫妻共同财产”（夫妻另外书面约定的除外）。〔52〕 同时，鉴于2018年新修正的《农村土地承包法》第21条第2款规定

〔51〕 在2015年11月2日联合下发的《深化农村改革综合性实施方案》中，中办和国办就已经明确提出，已组建农村股份合作经济组织的地区，要探索剥离村党支部委员会和村民自治委员会（两委）对集体资产经营管理的职能，开展实行“政经分开”试验，完善农村基层党组织领导的村民自治组织和集体经济组织运行机制。在2016年12月29日下发的《关于稳步推进农村集体产权制度改革的意见》中，中共中央和国务院再次明确提出：“有需要且条件许可的地方，可以实行村民委员会事务和集体经济事务分离。妥善处理好村党组织、村民委员会和农村集体经济组织的关系。”从这个意义上来看，《民法总则》第101条第2款所规定的“未设立村集体经济组织的，村民委员会可以依法代行村集体经济组织的职能”不应视为是对“村民委员会代行村集体经济组织的职能”的永久授权，而只能被视为是一个临时性的过渡条款，而且该条款要求农村尽快设立村集体经济组织，从而改变“村民委员会代行村集体经济组织的职能”的局面。

〔52〕 对于“土地承包经营权”以及“宅基地使用权”等农村土地财产权是否可以作为夫妻共同财产，我国现行法没有明确规定。不过，这些土地权利是可以落入到《婚姻法》第17条第5项“其他应当归共同所有的财产”的保护范围的。需要补充的是，有学者建议在完善农村妇女土地权利体系时，应当首先打破现有的家户，废除农村承包经营制度将“户”作为一个独立主体的制度，然后由家户成员根据发包分配时的份额按份共有，准用相关规则。耿卓：《家户视角下的妇女土地权利保护》，载《法学》2016年第1期；温世扬、梅维佳：《土地承包经营权主体制度的困境与出路》，载《江西社会科学》2018年第7期。笔者认为，这样的建议符合家庭联产承包责任制建立初期“按人分地，按户经营”的历史逻辑，但可能会对家庭的和睦和农业生产造成不利影响，实际上将“土地承包经营权”作为夫妻共同共有的财产而不是按份共有的财产，是可以解决农村女性土地权益保护不力这一问题的。

“前款规定的耕地承包期届满后再延长三十年，草地、林地承包期届满后依照前款规定相应延长”，因此应当将《继承法》第4条后半句所规定的“个人承包，依照法律允许由继承人继续承包的，按照承包合同办理”解释为“《农村土地承包法》允许由继承人继续承包，按照承包合同办理”，借此，土地承包经营权的继承问题也可以得到解决。

六、结　　语

对于新增人口（特别是新生的儿童）如何获得土地承包经营权，有一种观点认为，应直接从集体层面无偿分配土地承包经营权，因为这属于“天赋人权”的组成部分，〔53〕也是农民“朴素公平观”的必然要求，〔54〕否则会“剥夺现在无地农民成员的承包期待权”。〔55〕然而，如果我们承认集体经济组织是一个真正且应当融入社会主义市场经济体制的经济组织，如果能够认识到“村委会—集体经济组织”应当实现功能分离，如果承认土地承包经营权属于一项真正的财产权，那么就会发现这种“天赋人权”“朴素的公平观”“承包期待权”是不能在今天的土地承包经营权分配领域适用的，因为在市场经济体制下，财产权获取的基本规则应当是，鼓励人们基于自己的勤奋和努力以及平等的市场交易获得财产，而不是鼓励基于出生或其他身份可以不劳而获，否则我们将退回到靠生育和简单扩大家庭规模来获取社会资源的前现代生存状态之中。

如果上述结论可以成立的话，那么让人困惑难解的“集体经济组织的成员资格”认定问题，土地承包经营权领域所存在的“制度迷宫”以及政府行政监管不足，仲裁机构和法院救济无力等问题，也都可以随着承包地的确权登记和集体产权制度改革迎刃而解。因为一旦集体经济组织的产权得到明晰，那么，首先，凡是拥有该集体股份或资产的人，无论其性别如何，婚姻状态如何，户籍落

---

〔53〕 刘振伟：《对完善农村土地承包法律制度的认识》（下），载《农村工作通讯》2017年第23期。

〔54〕 陆剑：《农村土地承包法修改中农民朴素公平观及其制度回应》，载《西北农林科技大学学报》（社会科学版）2016年第5期。

〔55〕 宋志红：《“土地承包到期后再延长三十年”意味着什么不意味什么》，载《法制日报》2018年1月31日，第12版。

于何地，在哪里生活和工作，都是这个集体经济组织的成员；其次，集体经济组织成员只有在其将自己的全部集体股份予以出售、赠与或传承给其他人时，才会丧失该集体经济组织成员身份，户籍、婚姻、居住地或工作变动则不再成为丧失集体经济成员资格以及相应土地权益的理由；最后，嫁入女性、入赘女婿以及新生的儿童，如果想要成为某集体经济组织的成员并获得相应土地及土地权利，不能再通过出生或婚姻状况的变化直接或自动获得，而只能通过购买，接受赠与或捐助以及继承等方式获得。〔56〕 唯有如此，土地承包经营权领域乃至整个集体土地权利分配领域的男女平等，女性内部平等以及代际之间的平等才能真正实现。

〔56〕 当然，由于集体经济组织成员资格与村民资格是分离的，没有加入某个集体经济组织，并不意味着其不能成为某个村的居民并参与该村的公共事务（比如村民代表、村民委员会委员的选举与被选举等问题）。各个村可以依据法律的规定，从居住年限、纳税年限乃至户籍等方面来设定在本村享有政治权利并成为本村政治自治成员的资格和标准，因为这些问题本质上属于政治和社会治理事项。

“全覆盖”的备案审查制度体系勾勒
——第二份备案审查年度报告评述

郑　磊*　赵计义**

在“推进合宪性审查工作”的十九大集结号下，全国人大常委会在每年12月听取和审议法工委关于备案审查工作情况的报告，至今已持续两年，〔1〕随“未来将继续坚持下去”的决心与部署，俨然有“形成惯例和制度”之势。〔2〕各份年报不仅是报告已展开之工作的既往之举，而且承载着“加强备案审查制度和能力建设”建制思路的开来之思。

如果说首份备案审查年度工作报告以“审查建议反馈破冰”为焦点呈现十二届全国人大常委会备案审查工作在公众视野中“浮出水面”的情状与趋势，〔3〕在此基础之上，第二份备案审查年度报告以更饱满的信息量呈现出备案

---

* 郑磊，浙江大学光华法学院副教授。

** 赵计义，浙江大学光华法学院宪法学与行政法学硕士研究生。

〔1〕 已有的两份备审年报分别是：沈春耀：《全国人民代表大会常务委员会法制工作委员会关于十二届全国人大以来暨2017年备案审查工作情况的报告》（2017年12月24日在第十二届全国人民代表大会常务委员会第三十一次会议上）；沈春耀：《全国人民代表大会常务委员会法制工作委员会关于2018年备案审查工作情况的报告》（2018年12月24日在第十三届全国人民代表大会常务委员会第七次会议上）。以下使用“备案审查年度报告”“备审年报”“年报”等相关简称。本评述中双引号引用2018年备审年报之处，为节省篇幅，不再一一注释，在此统一注明。

〔2〕 梁鹰指出，备审年报的第二次出场，“标志着全国人大常委会听取和审议年度备案审查工作情况报告已经形成惯例和制度，未来将继续坚持下去”。梁鹰：《全国人大常委会2018年备案审查工作报告述评》，载《中国法律评论》2019年第1期。

〔3〕 笔者关于“首份备案审查年度报告”的评述，参见郑磊：《十二届全国人大常委会审查建议反馈实践：轨迹勾勒与宏观评述》，载《中国法律评论》2018年第1期。

审查制度建设更为全面、体系的工作路径：围绕“把所有规范性文件纳入备案审查范围”的十八届四中全会要求，将多系统的备案审查机制在人大主导下予以体系化。“全覆盖”“体系化”“人大主导”，构成了解读第二份备审年报的相互关联的三个关键词，本评述报告按照此三条典型线索逐层展开评析。

一、“全覆盖”：以备案审查对象为线索布局备案审查机制体系

实现“备案审查全覆盖”的努力，在首份备案审查年度报告中已经从两个方面明确地呈现出来：一方面，该报告在“加强备案审查制度和能力的建设情况”的“健全备案审查衔接联动机制”方面，列举式地提到“在审查建议移交、研究意见沟通、信息共享、培训研讨等方面形成了常态化的工作联系机制，为实现规范性文件备案审查全覆盖提供了制度保障”。另一方面，2017 年报告在“下一步工作考虑”中列出了“备案全覆盖”的要求。然而，首份工作报告中披露的全覆盖意图，尚未体现为体系化的制度建设思路。

在第二份备案审查年度报告中，“全覆盖”是最为明显的标志性关键词，成为贯穿整个报告的逻辑线索。这首先体现在重申式强调与高词频两个形式方面。

第一，“全覆盖”的重申式宣示。报告以“按照法治原则”的名义掷地有声地重申首份工作报告统计的强调内容：“只要规范性文件的制定主体属于人大监督对象，这些主体制定的各类规范性文件就都应当纳入人大备案审查范围。”〔4〕

第二，“全覆盖”的高词频出现。近 9000 字的第二份年度报告中，“全覆盖”一词出现频率达 6 次。其一，在五部分的报告结构中，该词覆盖“有件必备”“有错必纠”“衔接联动机制”的三大部分；其二，其中 4 次集中出现在关于“有件必备”的第一部分，但其以“备案全覆盖”为起点，层递性连接“审查全覆盖”“监督

〔4〕 首份工作报告中也出现几乎相同的表述，该报告在“下一步工作考虑”的“加强备案工作”部分涉及如下阐述：进一步明确备案范围、规范备案行为，督促制定机关依法、及时报送备案，做到应备尽备，落实全国人大常委会提出的“规范性文件在哪里，备案审查就跟到哪里”和“只要规范性文件的制定主体属于人大监督对象，其制定的规范性文件都应当纳入备案审查范围，实现备案全覆盖”的要求。

全覆盖";其三,可见该词出现形式,既有概括式的"备案审查全覆"要求,又有"备案全覆盖""审查全覆盖""监督全覆盖"的分项环节。(见表1)

表1 报告中的"全覆盖"词频

	No. 1 -4	No. 5	No. 6
相关语句	党的十八届四中全会提出,把所有规范性文件纳入备案审查范围。拟从明年开始,逐步推动将地方政府规章和其他规范性文件以及地方"两院"制定的有关规范性文件全部纳入人大备案审查范围,以备案全覆盖带动审查全覆盖,以审查全覆盖实现监督全覆盖,重点是将影响老百姓切身利益、直接涉及公民权利义务的各类规范性文件依法纳入人大备案审查范围	为了落实备案审查全覆盖的要求,我们着力推动各有关方面加强对法规、司法解释以外规范性文件的审查工作力度。对公民、组织直接向全国人大常委会提出对这些文件进行审查的建议,转送有关方面审查研究并推动及时作出处理	督促有关方面加强对规章、行政规范性文件以及地方"两院"规范性文件进行监督,确保实现规范性文件备案审查全覆盖
所在位置	一、关于落实"有件必备"情况	三、关于落实"有错必纠"情况(三)推动各有关方面加大备案审查工作力度	四、通过备案审查衔接联动机制开展相关工作

不仅限于语词式的形式性强调,"全覆盖"的逻辑线索作用,更体现在内容结构上的实质性线索功能:既以"备案全覆盖"为逻辑起点,又围绕审查主体、备审程序双重推进体系化的"全覆盖",正如备审年报关于"全覆盖"的结构与进路所作的明确强调,"以备案全覆盖带动审查全覆盖,以审查全覆盖实现监督全覆盖"。

(一)以备案对象类型全覆盖为前提

承继了首份年度报告将"备案全覆盖"放在"加强备案工作"的思路,第二份备案审查年度报告也将"备案审查全覆盖"的主要内容放在"有件必备"这一部分,突出了备案全覆盖在"备案审查全覆盖"中的基础性作用。在多种备案类型的规范性文件中,第二份年度报告重点列举了两类规范性文件:地方政府的规章、地方"两院"的规范性文件。

政府规章是地方政府规范性文件的重要表现形式,依法加强对政府规章的备案审查,是地方人大开展备案审查工作的重要内容。为推进政府规章备案审查工作,2018 年 2 月,法制工作委员会向北京、天津、上海、重庆 4 个直辖市和深圳、珠海、汕头、厦门 4 个经济特区市人大常委会发函,要求发挥先行先试作用,督促梳理全部现行有效的政府规章,并探索形成切实可行的备案工作机制。

地方人民法院、地方人民检察院无权制定司法解释和司法解释性质文件。实践中地方"两院"制定了许多规范性文件,其中有不少是属于审判、检察工作范围的内容,直接涉及公民的权利义务。有的地方人大常委会已将这些文件纳入备案审查范围,有的则尚未纳入。法制工作委员会就此开展调研,与有关方面进行沟通。

这两类规范性文件,对于全国人大常委会的备审范围来说,具有两个特征:第一,地方性,两者都主要属于地方人大常委的备案审查范围,以之为例强调,显现出加强地方各级人大备案活动的整体人大备审结构布局。第二,非典型性,两者并不属于全国人大常委会备案审查范围的规范性文件,获得如此重点列举,以此来举轻明重地显现出备案全覆盖的明确思路。

(二)双重体系化的"全覆盖"

以"党的十八届四中全会提出,把所有规范性文件纳入备案审查范围"为政策起点,第二份备案审查年度报告设置了推进"全覆盖"体系化的双重路经。

一方面,审查主体体系化,"拟从明年开始,逐步推动将地方政府规章和其他规范性文件以及地方'两院'制定的有关规范性文件全部纳入人大备案审查范围",从而将地方各级人大常委会备案审查纳入整体"全覆盖"备审工作进行体系化统筹。

另一方面,程序体系化,明确强调"以备案全覆盖带动审查全覆盖,以审查全覆盖实现监督全覆盖",这意味着"备案审查全覆盖"至少包含三个递进的层次:一是备案全覆盖,包括属于全国人大常委会备案范围而言的典型备案审查对象以及不属于其备案范围的备案审查对象;二是审查全覆盖,第二份备案审查年度报告中"有备必审"部分专门围绕于此;三是监督全覆盖,也就是纠错全覆盖,报告中"有错必纠"部分专门与此对应。由此,"全覆盖"的这三个层次,与备案审查程序中"备案—审查—纠正"三个环节一一对应,备案全覆盖是程序前提,审查全覆盖、监督全覆盖则是程序的主体板块、核心机制,后两者在第二份备审年度报告中也正是所占篇幅最大的两方面内容。

二、"体系化":"四字诀"备案审查程序结构

第二份备案审查年度报告直接以"有件必备""有备必审""有错必纠"三大备案审查要求为纲,并连同"备案审查衔接联动机制"作为年度报告的主体结构,提纲挈领地勾勒了机制与程序的框架结构,为此后备审年度报告提供了一个结构范本。换言之,其所彰显的体系化思路,首先呈现在这层层紧扣的四大板块结构上,即"备""审""纠""联"四字诀。

"有件必备、有备必审"较早已经成为各类规范性文件备案审查要求的重点,与之对应,此前对于备案审查实践的批评主要是"制而不备""备而不审",〔5〕此前笔者曾指出"审而无果"同样是需要特别关注并应对的现象。〔6〕2004 年,国务院在《全面推进依法行政实施纲要》中明确要求对报备的规章等规范性文件做到"有件必备、有备必审、有错必纠"的三层要求。〔7〕 2007 年时任国务院法制办主任曹康泰在接受记者采访时就提道:"目前,全国 31 个省级人民政府已建立起规范性文件备案审查制度,其中有 27 个省级政府专门制定了政府规章,处理'红头文件''走形'、'打架'问题。实现了'有件必备、有备必审、有错必纠'。"〔8〕而地方人大常委会也从自身实践出发提出要对规章等规范性文件做到"有件必备、有备必审、有错必纠"的三层要求,〔9〕也有地方人大常

〔5〕 胡建淼、高春燕:《法规的合宪性审查在中国——问题与对策》,载《法治论丛》(上海政法学院学报)2005 年第 6 期。

〔6〕 参见郑磊:《宪法审查的启动要件》,法律出版社 2009 年版,第 252 页。

〔7〕 加强对规章和规范性文件的监督。规章和规范性文件应当依法报送备案。对报送备案的规章和规范性文件,政府法制机构应当依法严格审查,做到有件必备、有备必审、有错必纠。公民、法人和其他组织对规章和规范性文件提出异议的,制定机关或者实施机关应当依法及时研究处理。

〔8〕《我国将全面清理红头文件 行政法规备案审查》。载 http://www.ahjjjc.gov.cn/p/22884.html,最后访问日期:2019 年 3 月 8 日。

〔9〕 纪馨芳:《地方人大在行政许可法实施中要发挥重要作用》。载 http://www.npc.gov.cn/npc/xinwen/rdlt/rdjs/2004-07/27/content_331594.htm,最后访问日期:2019 年 3 月 8 日。

委会通过制度化“规范性文件备案审查办法”明确该三层原则。[10] 对于全国人民代表大会常务委员会工作报告而言，《立法法》2015 年修改之后的 2016 年工作报告中首次以“有件必备、有备必审、有错必纠”三层要求形式提及，并在 2018 年、2019 年的工作报告中均有提及。尽管全国人大常委会强调“有件必备、有备必审、有错必纠”三层要求固定搭配未必是最早的，但其最快地自觉将此三层要求作为备案审查体系和能力的体系化结构，第二份备审年度报告因而以此为纲考察备审体系化努力。

（一）备：有件必备

在报告的“有备必审”部分，主要是通过如前所引的文字抽象强调两类非典型备审对象的文字，来举轻明重地显示了备案对象类型上的全覆盖，而未提及具体事例。事例主要列举在报告的“有备必审”“有错必纠”两个部分，分别提及 5 项、12 项事例（或议题）。而这些事例均以备案工作为前提，因此，可从 17 项事例所涉规范性文件类型的梳理中观察“有件必备”的覆盖类型。如表 2 所示，17 项事例中，涉及地方性法规的事例 6 项、占比 35%，较之 2017 年首份备审年报中提及的 6 项事例中有 4 项涉及地方性法规，[11] 两份备审年报地方性法规事例的数量比例变化：一方面，地方性法规一直是全国人大常委会备案审查工作的第一重点对象，在两份年报中数量和占比均是最高的审查对象类型；另一方面，其所占比例的自比下降表明，审查工作的重点对象显现出多元化格局，不再为一种审查对象所垄断。仅略次于之的恰恰是不属于全国人大常委会备案审查范围的规范性文件，占比 29%，5 项事例（议题）既有统称各类规范性文件，又有专指“有关方面”规范性文件、“一些地方”规范性文件、政府规范性文件、地方“两院”（人民法院、人民检察院）规范性文件，具有结构代表性地涵盖规章以及“一府两院”的各类规范性文件类型。而后，是 4 例最高人民法院、最高人民检察院的司法解释，占比 24%。至于行政法规，则开始明确举到 1 例。根据事例占比，17 项事例所涉审查对象类型占比高低依次为：

---

〔10〕 例如，《紫阳县人大常委会规范性文件备案审查办法》（2009 年 9 月 28 日紫阳县第十六届人民代表大会常务委员会第十二次会议通过）第 3 条规定：“规范性文件备案审查工作应坚持有件必备、有备必审、有错必纠的原则。”

〔11〕 参见郑磊：《省级人大常委会对设区的市地方性法规的备案审查权：制度需求与规范空间》，载《政治与法律》2019 年第 2 期。

地方性法规—规范性文件—司法解释—规章—行政法规，这一顺序，是否结构性地示意全国人大常委会对于审查对象类型的重点排布以及备案审查资源的配置比例，可作为观察其备案审查工作的一个参照。(见表2)

表2　报告17项事例(议题)所涉规范性文件类型

在年度报告中出现位序	17项事例(议题)	所涉规范性文件类型	
		所涉规范性文件	类型汇总(事例数量，占比)
2	道路交通管理的地方性法规和规章	地方性法规、规章	地方性法规(6例，35%)
10	河北省人大常委会《关于促进农作物秸秆综合利用和禁止露天焚烧的决定》	省人大决定	
11	《上海市道路交通管理条例》先予扣留行驶证规定	地方性法规	
12	以审计结果作为竣工结算依据的多省、市法规	地方性法规	
13	地方性法规关于“超生即辞退”规定		
14	著名商标制度		
1	生态环境保护方面的各类规范性文件	统称各类规范性文件	规范性文件(5例，29%)
4	信用惩戒制度类规范性文件	“有关方面”规范性文件	
5	“地方金融条例”	“一些地方”规范性文件	
16	湖南省司法厅《关于“四大类”外司法鉴定事项管理有关问题的通知》	政府规范性文件	
17	浙江省人民检察院、浙江省高级人民法院、浙江省公安厅联合发布的《关于非医学需要鉴定胎儿性别行为适用法律的若干意见》	地方“两院”规范性文件	

续表

在年度报告中出现位序	17项事例(议题)	所涉规范性文件类型	
		所涉规范性文件	类型汇总（事例数量,占比）
6	最高人民法院对婚姻法司法解释(二)第二十四条进行修改完善	司法解释	司法解释（4例,24%）
7	最高人民法院关于审理破坏野生动物资源刑事案件的解释		
8	最高人民法院关于适用公司法的规定(二)中有关公司股东、董事清算责任的规定		
9	最高人民检察院《人民检察院民事诉讼监督规则(试行)》		
2	道路交通管理的地方性法规和规章	地方性法规、规章	规章（2例,12%）
15	《江苏省工程建设项目招标范围和规模标准规定》	政府规章	
3	《卖淫嫖娼人员收容教育办法》	行政法规(法律)	行政法规（1例,6%）

在上述17项事例中,属于和不属于全国人大常委会备案审查范围的规范性文件已经占到比较接近的数量。可分别简称为典型备审对象与非典型备审对象,这是考察2018年备审年度报告“全覆盖”思路的一项重要的类型线索。所谓典型备审对象,是指根据《宪法》《立法法》《各级人民代表大会常务委员会监督法》等规定,属于全国人大常委会备案审查范围的规范性文件类型,是其直接备审对象,主要是行政法规、地方性法规、司法解释。与之对应,不属于全国人大常委会备案审查范围但已列入人大系统备审范围的规范性文件,可概称为非典型备审对象。〔12〕 从这个分类考察比较2018年和2017年的两份备审年

〔12〕 不属于全国人大常委会备案审查范围的规范性文件,是否可能成为其合宪性审查的对象,也在这意义上这些规范性文件间接成为全国人大常委会的审查对象,是一个值得讨论的问题。

报,一个明显变化是:非典型性审查对象的出现和凸显。2017 年首份年度报告提及的 6 例事件并无涉及不由其直接备审的非典型性审查对象,当时可从媒体获悉的"请求依法撤销司法部新颁《律师事务所管理办法》建议书"并未在年度报告中提及。[13] 在 2018 年第二份年度报告中,则非典型性审查对象在所提及事例中从无到有地出现 5 例,占比为 29%。由此可见,审查范围上向非典型备审对象扩容,并以之为结构性布局基础,是 2018 年备审年报明显区别于首份年报的典型之处,笔者也将这一分类作为本评述各处行文布局的结构要素。

(二)审:有备必审

"有备必审"部分的解读重点有三个方面:一是"保证党中央令行禁止,保障宪法法律实施,保护公民法人合法权利"的三项基本功能;二是依职权审查(主动审查)、依申请审查和专项审查三大审查方式;三是合宪性、合法性、适当性的三项审查基准。本评述主要从前两者来考察报告的有备必审部分。

1. 备案审查制度基本功能:语词展开

关于备案审查制度基本功能的认识与表述,以历年全国人大常委会工作报告以及两份备案审查工作报告为主要线索梳理文件文献,其语词表述可以大致划分出三个阶段的脉络:其一,以《立法法》起草讨论为典型的"维护国家法制统一"阶段(2000 ~ 2017 年);其二,以首份备案审查工作报告为标志的"一是保证中央令行禁止,二是保证宪法法律实施"阶段(2017 ~ 2018 年);其三,在此基础上进一步突出重点而以第二份备案审查年度报告为标志的"保证党中央令行禁止,保障宪法法律实施,保护公民法人合法权利"阶段(2018 年至今)。迄今的两份备案审查年度工作报告正居于两个关键节点。参阅各国不同时期宪法审查比较法资料所呈现的功能类型模式,前述这些关于备案审查功能定位的文件风格式特色性语词表达可如图 1 所示进行结构性理解。

[13] 参见郑磊:《十二届全国人大常委会审查建议反馈实践:轨迹勾勒与宏观评述》,载《中国法律评论》2018 年第 1 期。

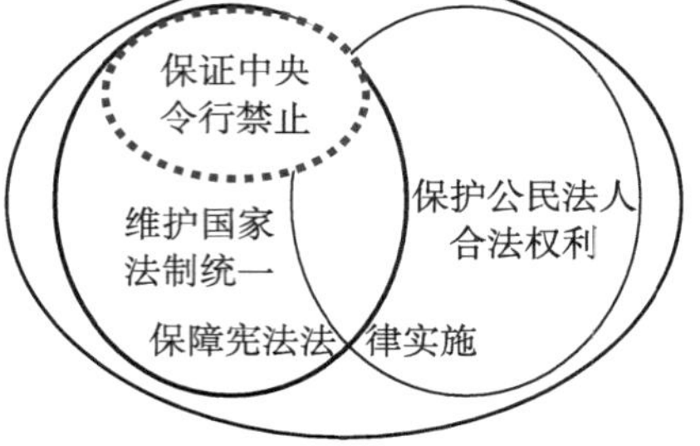

图 1　备案审查基本功能结构

其中,2017 年年底首份备案审查年度报告将“保证中央令行禁止”单列并置于首位,成为当前考察备案审查制度的标志性表达,直观地强调了中央的权威,同时,其作为法制统合之组成部分,客观上有重点地促进了“维护国家法制统一”的功能目的。

在第二份备案审查年度报告中,首项基本功能表述进一步聚焦于“保证党中央令行禁止”,一字之增,其意义可以从两方面考察。一方面,进一步明确了首份年报中“保证中央令行禁止”的重点,并丰富了其内涵,这是 2018 年宪法修改中增列入《宪法》第 1 条第 2 款的“党的领导”条款在备案审查制度建设中的体现。从实践来看,2017 年修订的《行政法规制定程序条例》已经强调列入国务院年度立法工作计划的行政法规项目应当“贯彻落实党的路线方针政策和决策部署”,部分地方也把“不符合社会主义核心价值观”作为“不适当情形”的判断标准之一。[14] 另一方面,这也在客观上进一步突出了党内规范性文件的备

---

〔14〕 例如,《黑龙江省各级人民代表大会常务委员会规范性文件备案审查条例》(2018 年修改)第 9 条规定,对报送备案的规范性文件,主要审查是否存在的情形包括“不符合社会主义核心价值观等其他应当予以修改或者撤销的不适当情形”。又如,《湖北省人大常委会法规工作室关于 2018 年度规范性文件备案审查工作情况的报告》中指出,“在具体审查工作中,法规工作室坚持原则性和灵活性相结合,不仅审查规范性文件是否与上位法相一致,还审查其立法目的、实施效果是否与党中央决策部署和有关文件精神、社会主义核心价值观和改革发展稳定大局相符合”。内蒙古自治区法制工作委员会《关于规范性文件备案审查工作情况的报告》(2019 年 1 月 14 日在内蒙古自治区第十三届人民代表大会常务委员会第十一次会议上)也指出,“审查的重点是规范性文件的制定权限和程序、公民的权利义务、行政处罚、行政许可、行政强制措施以及社会主义核心价值观等内容”。

案审查机制建设与体系建构的议题,及其在备审制度整体建设中的话题。

不容忽视的是,"保护公民法人合法权利"虽然没有自一开始并始终单列为备审基本功能,但其始终是"保障宪法法律实施"这项总括性功能的重点板块。

2. 审查工作布局结构:审查方式与审查对象综合考虑

在审查工作布局结构方面,可以从第二份年度报告"有备必审"部分行文结构上分析出综合考虑审查方式与审查对象的特点,具体如下:

(1)三类审查方式的结构显现度降低

延续首份年度报告,第二份年度报告所继续列举三类审查方式并列举相关事例:依职权审查(主动审查)、依申请审查、专项审查。三者之间,并非完全出于同一逻辑层次的分类:依职权审查和依申请审查,相互对应,亦即主动审查和被动审查,两者属于"一件一审"的情形;与此不同,专项审查则是可综合采用依职权、依申请审查的"主题型集中审查"。

第二份年度报告在沿用三类审查方式的同时,也体现出不同于首份年报的两个地方:第一,三类审查方式在年报结构中的对应性降低;第二,依职权审查的结构性淡化。首份年报的"审查工作情况"部分直接以"依申请进行审查的情况""依职权进行审查的情况""有重点的专项审查情况"为小标题完全对应三类审查方式依次展开平行式介绍;第二份年报的"有备必审"部分,则按照"贯彻全国人大常委会有关决议精神,推动生态环境保护方面规范性文件全面清理工作""通过备案审查工作,积极推动解决社会关注的现实问题""通过备案审查工作,对一些有不同认识的问题加强研究和跟踪"三块展开,而不是以三类审查方式为结构一一展开。如果说第一块对应提到专项审查事例,第二块事例以依申请审查为主,第三块的事例并没有明确审查方式;而且,三者中,第二份备审年报没有突出提及"一件一审"式的依职权审查的情况,这是第二份年报在审查部分行文结构上的一项取舍。然而,一方面,主动审查活动丰富地存在于年报列举专项审查事例中;另一方面,在备审实践中,如梁鹰在备审年报评述中也提到,对法规、司法解释"逐件进行主动审查研究","尤其是设区的市制定的法规加大主动审查力度","是报告中没有体现的"。[15]

[15] 梁鹰:《全国人大常委会2018年备案审查工作报告述评》,载《中国法律评论》2019年第1期。

(2)各类型审查对象事例多元呈现

从审查对象的角度看,根据梳理全篇报告“有备必审”“有错必纠”两大部分各处提及的事例(如表2所概括罗列),包括典型备审对象中专项审查事例与依申请审查事例,以及非典型备审对象审查事例,此三类情形的具体事例情况可分述如下。

其一,典型备审对象中的专项审查事例。首份备案审查年度报告中披露,“2017年6月,在党中央通报甘肃祁连山自然保护区存在的突出问题及其深刻教训后,对专门规定自然保护区的49件地方性法规集中进行专项审查研究”,同法工委发函时要求各省级人大常委会对涉及环境保护等的地方性法规进行全面自查和清理。而在第二份备案审查年度报告中,为落实《关于全面加强生态环境保护 依法推动打好污染防治攻坚战的决议》,由全国人大常委会办公厅发函要求地方清理生态环境保护法规、规章、司法解释等规范性文件。与首份备案审查年度报告不同的是,除了规范性文件的清理工作外,法工委进一步通过发函“督促抓紧制定完善大气污染防治方面的地方性法规”对地方立法滞后乃至地方立法怠惰的情况进行了关注。此外,对交通管理地方性法规、部门规章开展审查研究也可视为专项审查,涉及对车辆采取限行、限号措施以及将处理违章作为机动车年检前提条件等方面社会关注的现实问题,以有关道路交通管理措施和行政处罚、行政强制规定为重点,审查研究是否符合上位法、是否不当限制公民权利或者增加公民义务。

其二,典型备审对象中的依申请审查事例。第二份备审年报列举了7项此类事例,“三、有错必纠”中“(一)对有关规范性文件中存在的问题及时予以督促纠正和妥善处理”部分的6个事例均属此类,包括对司法解释——最高人民法院《关于适用〈中华人民共和国婚姻法〉若干问题的解释(二)》第24条、最高人民法院《关于审理破坏野生动物资源刑事案件具体应用法律若干问题的解释》、最高人民法院《关于适用〈中华人民共和国公司法〉若干问题的规定(二)》、《人民检察院民事诉讼监督规则(试行)》的审查,以及对地方性法规——河北省人大常委会《关于促进农作物秸秆综合利用和禁止露天焚烧的决定》、上海市人大常委会《上海市道路交通管理条例》的审查。此外,根据全国政协委员朱征夫关于收容教育制度的合宪性审查建议,法工委通过展开调研论证并“建议有关方面适时提出相关议案”来推动相关审查,也属此类。

其三,非典型备审对象的审查情况。在备审年报的“二、有备必审”“三、有错必纠"中,均出现或通过"备案审查工作"、或通过"转送有关方面审查"来"推动各有关方面加大备案审查工作力度"专门结构板块,非典型备审对象事例正好均出现于这些板块。诸如:

第一,对于信用惩戒制度的规范性文件开展审查研究。有关方面通过出台规范性文件,建立信用惩戒制度,推动社会信用体系建设;同时也引发了一些滥用信用惩戒侵犯公民隐私权和其他合法权益的担忧。

第二,对地方政府规章进行研究。根据公民审查建议对《江苏省工程建设项目招标范围和规模标准规定》有关问题进行研究。

第三,对地方政府部门规范性文件开展审查研究。根据公民审查建议,对湖南省司法厅《关于"四大类"外司法鉴定事项管理有关问题的通知》有关问题进行研究,认为该通知关于"四大类"外司法鉴定事项登记管理有关规定,与全国人大常委会《关于司法鉴定管理问题的决定》相抵触。

第四,对地方"两院"规范性文件进行审查研究。根据公民审查建议,对浙江省高级人民法院《关于部分罪名定罪量刑情节及数额标准的意见》中有关非医学需要鉴定胎儿性别一定条件下构成非法行医罪的规定,以及浙江省人民检察院、浙江省高级人民法院、浙江省公安厅联合发布的《关于非医学需要鉴定胎儿性别行为适用法律的若干意见》进行研究。

(三)纠:有错必纠

"有错必纠",是备案审查制度逻辑上的最后一个阶段,也是一个具有特色的决定性阶段。

言其决定性,因为系争规范性文件是否违宪违法或者不适当,在此当作出一定形式的判断,根据《宪法》《立法法》《各级人民代表大会常务委员会监督法》等法律规定,对于瑕疵规范性文件,此类判断可以分为备案审查机关行使改变或撤销权的纠正以及制定机关自行修改和废止两大类型。

言其特色性,可从两大类判断类型的实践中看到,尚未见到前一种类型典型的否定型判断的制度实践,实践活动几乎均以后一种类型(变形的否定型判断)的方式出现。

1. 典型备案审查对象的督促纠正

2018 年备审年报关于全国人大常委会典型备案审查对象"有错必纠"情况主要涉及地方性法规和司法解释两类,并在报告结构上区分 2018 年推动解决的问题、2017 年法规纠正情况跟踪督促两方面来介绍。

2018 年推动解决的"有错必纠"事例。根据梁鹰关于此备审年报的解读,此处 6 项事例有两个共同的特点。其一,均来自公民审查建议,这体现了公民、组织审查建议这一启动渠道的重要性以及法工委对其的重视。其二,6 项事例"都是经过与制定机关沟通,制定机关主动表示将进行修改完善的",法工委事例选择的这一口径,旨在示范性展现"制定机关从善如流,主动完善相关法规、司法解释,提高立法质量的自觉意识",[16] 然而,这类得到妥善解决的事例,在该年度所有应进行督促纠正或已展开督促纠正事例中所占的比例,以及获得妥善解决的所耗时长及重要环节等方面的信息,则是对制定主体自行纠错机制进行实效评估以及制度勾勒的关键信息。

对 2017 年法规纠正情况跟踪督促事例。首份备案审查年度报告中"依申请进行的审查"的 3 项涉及多省市地方性法规的事例,正好在 2018 年备审年报中作为3项例证进行跟踪,督促有关方面加快工作进度,及时完成。梁鹰将这项"回头看"工作的意义阐述为"突出强化了法工委审查研究意见对制定机关的约束力"。[17] "回头看"式督办,是在法工委收到审查建议之初"发出书面研究意见"活动的基础进行的再次督促,同样以《立法法》第 100 条第 2 款中"向制定机关提出审查意见、研究意见"为法律依据,也属于同制定机关进行协调沟通的柔性机制。因此,"回头看"既不能必然促成经由制定机关修改而"审查终止",也不是"向委员长会议提出予以撤销的议案、建议"之前的必经程序。但所列 3 项"回头看"事例则在客观上发挥了这两方面的功能,而 2018 年备审年报将"回头看"3 项事例予以专门单列,也表明法工委对这两项功能的主观期待。(见表 3)

---

〔16〕 梁鹰:《全国人大常委会 2018 年备案审查工作报告述评》,载《中国法律评论》2019 年第 1 期。

〔17〕 同上。

表 3　2017 年备年报 6 项事例在 2018 年报告中的"回头看"事例中的分布

	2017 年备审年报中依申请审查 6 项事例	审查对象类型	2017 年纠正情况	2018 年备审年报中"对 2017 年法规纠正情况进行跟踪督促"部分所涉 3 项事例	类型
1	潘某案	设区的市地方性法规	相关地方性法规已于 2017 年 6 月修改		2017 年已解决
2	司法解释"附条件逮捕"问题	司法解释	相关司法解释已于 2017 年 4 月停止执行		
3	地方性法规以审计结果作为工程竣工结算依据的规定	地方性法规（含设区的市地方性法规）	目前已有 7 个地方对相关地方性法规作出修改	有 11 个省（区、市）、8 个设区的市、2 个经济特区的法规存在上述问题。经督促，各地均已完成相关法规修改、废止工作	2017 年已形成处理意见
4	地方性法规"超生即辞退"规定	地方性法规	目前已有 1 个地方对相关地方性法规作出修改	有 7 个省的地方性法规存在上述问题。经督促，各地均已完成相关法规修改工作	
5	地方性法规著名商标制度	地方性法规（含设区的市地方性法规）	未提及	有 8 个省（区、市）、3 个设区的市制定了关于著名商标的地方性法规。经督促，各地均已完成相关法规废止工作	

续表

	2017年备审年报中依申请审查6项事例	审查对象类型	2017年纠正情况	2018年备审年报中“对2017年法规纠正情况进行跟踪督促”部分所涉3项事例	类型
6	司法解释“夫妻共同债务承担的规定”	司法解释	未提及	2018年1月,最高人民法院发布《关于审理涉及夫妻债务纠纷案件适用法律有关问题的解释》,对夫妻共同债务的认定标准和举证责任分配进行了细化和完善,有关问题得到妥善解决(出现在“有错必纠”的“对有关规范性文件中存在的问题及时予以督促纠正和妥善处理”部分)	2017年未说明处理结果

反观2018年“督促纠正和妥善处理”的6项依申请审查的事例中,只有最高人民法院《关于适用〈中华人民共和国婚姻法〉若干问题的解释(二)》第24条以及《人民检察院民事诉讼监督规则(试行)》相关问题2项,备审年报明确载明“有关问题得到妥善解决”或者“已停止执行该规定”,其余4项事例中,制定机关均只是表态将进行修改,并没有介绍最终的处理结果。由于法工委纠正督促活动并非具有刚性效力,从备审年报结构完整性与内容对应性来讲“有错必纠”部分应当重在介绍相关规范性文件已经完成或者确定修改或废止的妥善处理结果,而不仅仅是罗列督促纠正的举措,从而使修改或废止尚停留在计划上。

2. 非典型备案审查对象的“转送”推动加强备审

典型与非典型备审对象这一分类进一步运用在“有错必纠”部分,这部分专列介绍了非典型备审对象的有错必纠。所不同的是,关于非典型备审对象,全国人大常委会法工委着手工作主要是“推动各有关方面”加大备案审查工作力度。申言之,法工委并非直接对制定主体进行督促纠正,〔18〕而是推动该类规范性文件的常规备案审查主体加强审查工作力度。而法工委着手的工作主要是“转送”常规备案审查主体等有关方面审查研究并推动及时作出处理。

第二份备案审查年度报告此处列举的3个事例,分别涉及地方政府的规章、规范性文件以及地方“两院”(人民法院、人民检察院)的规范性文件,作为其常规备审主体的“有关方面”均涉及相应的各级地方人大常委会。第一例是关于地方政府规章,其例是《江苏省工程建设项目招标范围和规模标准规定》涉及的地方政府规章与国务院部门规章不一致的问题,将审查建议转交司法部研究处理,并由司法部进行反馈;第二例是关于地方政府工作部门规范性文件,其例是湖南省司法厅规范性文件与全国人大常委会决议相抵触的问题,督促省人大常委会依法予以纠正,并建议司法部督促地方司法行政部门开展清理工作,并进行反馈;第三例是地方“两院”规范性文件,其例是对浙江省高级人民法院、浙江省人民检察院、浙江省公安厅联合发布的带有司法解释性质的规范性文件,督促最高人民法院、最高人民检察院、浙江省人大常委会及时予以纠正,并反馈结果。可以看出,各种具体的非典型的备案审查对象的纠正最终都将通过进行反馈的方式置于全国人大常委会的监督之下。

三、“人大主导”:多系统备案审查结构的组织枢机

实现“规范性文件备案审查全覆盖”,自然需要应对多类型的规范性文件的审查主体多系统格局,即“审出多门”给备案审查的统一性带来的隐忧,这需要在多系统格局上形成备案审查的统一性与体系性。除了前述“备”“审”“纠”三个阶段的备案审查程序的体系化之外,通过“联”来实现审查主体的位阶格局型体系化,是备审体系化其关键问题,申言之,在多板块备案审查结构中发挥全国人大常委会的主导地位。根据第二份备审年报显示,对于非典型审查对象而

〔18〕 从逻辑上来讲,全国人大常委会法工委对于非典型备审对象的纠正,可以分为直接和间接两种方式。直接与制定机关进行沟通并不多见,但在第二份备案审查年度报告中也有提及,其例是关于针对道路交通管理的规章有关规定的审查建议,法工委着手的工作是与“公安部、生态环境部进行沟通。下一步,将针对审查研究中发现的问题,与制定机关深入沟通并督促解决”。参见2018年备审年报。

言，全国人大常委会的这一主导地位主要通过两种途径实现：向规范性文件的审查主体转送、督促相关审查主体的进行审查。

（一）“转”

随着备案审查制度以“浮出水面”的姿态与情状运行，公民、组织提出审查建议的热情被极大地激发，这尤其集中体现在对非典型备案审查对象提出的审查建议上。大量的审查建议不仅仅也或许并没有被提交法定备案审查机关，而是涌向全国人大常委会，这在已有的两份备审年报中，都有明细提及。

根据2017年的首份备案审查年度报告，“十二届全国人大以来，法制工作委员会共收到公民、组织提出的各类审查建议1527件”，其中，“属于全国人大常委会备案审查范围”的，“有1206件，占79.0%”，而“不属于全国人大常委会备案审查范围的有321件，占21.0%”。〔19〕对于这些非典型备审对象的审查建议，进一步“通过备案审查衔接联动机制，2017年，法制工作委员会共向有关机关转送规范性文件审查建议37件”，占5年非典型备审对象审查建议数321件的11.5%。

根据2018年备审年报披露，该年收到公民、组织涉及规范性文件的各类来信来函4578件中，可以明确为审查建议的有1229件，其中，仅有112件属于全国人大常委会备案审查范围，可见，其余1117件均属于其他机关备案审查的范围，占比高达90.9%。其中，“向有关方面转送审查建议14件”，占该年非典型备审对象审查建议数1117件的1.3%。

两份年报对比可见，关于非典型备审对象之审查建议的激增，并没有带来

〔19〕 2017年首份备审年报在其附件2中则进一步将十二届全国人大历年收到的各类备审对象的审查建议进行明晰列表如下：

十二届全国人大以来接收公民、组织审查建议的情况

单位：件

类型 / 年份	行政法规	地方性法规	司法解释	其他	总计
2013	5	8	12	37	62
2014	3	10	5	25	43
2015	11	15	159	61	246
2016	3	17	19	53	92
2017	2	16	921	145	1084
合计	24	66	1116	321	1527

转送审查建议数量的等比增长，转送数量占这些审查建议总数的比例还有所降低，这表明转送工作并非一转了之的甩手工作，同样需要投入诸多的工作精力与成本；但这并不表明对审查建议转送工作不重视。对此，更为典型的数据变化是：备审年报所列举事例中审查建议转送事例所占的比例出现了从无到有的突破：2017 年首份年报 6 个例子中，并无转送建议的例子；2018 年年报则提到 5 件需转送审查的事例，占 17 个例子的 29%，近三成的比例形象地显现了规范性文件转送审查在整个备案审查工作中所占的比重。

除了全国人大常委会"向有关方面转送审查建议"的情况之外，2018 年备案审查年度报告还披露了"司法部将备案审查工作中发现的存在问题的 43 件地方性法规'一揽子'转送法制工作委员会研究处理"，呈现出法工委和有关国家机关之间双向转送的实践。以全国人大常委会法工委为坐标，转送出去和转送进来两个方向的转送，均是衔接联动机制运行的重要方面，为规范性文件的有关审查主体提供审查线索的同时客观上也带来了审查动力或审查压力。然而，法工委将审查建议向"有关方面"转送活动的法律属性是什么，法律效力如何并且会不会因转送对象而异，〔20〕这些问题直接影响着法工委移送的衔接联动效果，是在实践中与研究中均需进一步探讨的话题。

（二）"督"

法工委移送活动的线索提供与动力促进效果，能否转化为有效的有关备审主体的备案审查，取决于有关审查主体的实质性审查。对于这一过程，根据 2018 年备审年报新增披露，全国人大常委会法工委进一步通过"督促"方式加强监督。

在已有的两份备审年报中，"督促"均是多次出现的高频词，〔21〕并主要以两种形式出现：其一是"与制定机关深入沟通并督促解决"；其二是"督促有关方面"去"加强对规章、行政规范性文件以及地方'两院'规范性文件进行监督，确

〔20〕 同时，司法部等有关国家机关将存疑规范性文件向法工委转送的属性是什么，是国家机关之间的一般性公文往来，从而作为全国人大常委会是否依职权进行审查的参考线索；还是具有《立法法》第 99 条所规定的审查建议，乃至审查要求的效力。

〔21〕 通过"督促"的词频统计，在 2017 年、2018 年两份备案审查年度报告中，分别出现 11 次、18 次。

保实现规范性文件备案审查全覆盖。"[22]前者在2017年、2018年两份备审年报中均有，后者则是2018年备审年报中新增的披露。两种"督促"活动因对象不同而具有不同的性质，前者是就"属于全国人大常委会备案审查范围"督促"制定机关"来解决问题，属于全国人大常委会备案审查活动的组成部分；后者则是就非典型性备案审查对象，督促作为该类规范性文件的备案审查主体的"有关方面"来进行审查，这类督促并非审查主体自身的审查活动。后一类督促活动，有利于形成全国人大常委会在多系统备案审查结构中的主导地位；借助此项主导地位，有利于全国人大常委会超越自身备案审查的直接对象，推动各类备案审查主体衔接联动推进对各类规范性文件的备案审查工作。2018年备审年报"有错必纠"板块的"推动各有关方面加大备案审查工作力度"部分所选取的3个事例，在转交、督促有关审查主体审查之后，均披露有明确的"反馈情况"显示，相关规范性文件的问题"已经得到解决""已经停止执行"。[23] 由此可见，全国人大常委会督促工作所跟进之处，对于相关备案审查主体的审查活动和纠正活动显现出明显的促进效果。

四、代结语：三个关键词结构中的进阶问题

综上所述，本评述沿着"全覆盖""体系化""人大主导"三条关键词线索，以空间型结构解读了2018年第二份备案审查年度报告"加强备案审查制度和能

---

〔22〕 沈春耀：《全国人民代表大会常务委员会法制工作委员会关于2018年备案审查工作情况的报告》（2018年12月24日在第十三届全国人民代表大会常务委员会第七次会议上）。

〔23〕 这3个事例的备案审查对象分别为：《江苏省工程建设项目招标范围和规模标准规定》、湖南省司法厅《关于"四大类"外司法鉴定事项管理有关问题的通知》、浙江省人民检察院、浙江省高级人民法院、浙江省公安厅联合发布的《关于非医学需要鉴定胎儿性别行为适用法律的若干意见》。

力建设”建制思路;〔24〕关于备案审查制度建设诸多须进一步思考的基础性问题和进一步推进的关键性工作,也可沿围绕3个关键词进行结构性思考,限于篇幅,三者分别简要举例两个关键问题如下:

关于“全覆盖”。2018年备审年报除了常规性披露关于法规、司法解释等全国人大常委会典型的备案审查对象的备审工作的同时,以整个人大系统的备案审查范围为口径,强调了对规章以及“一府两院”规范性文件等非典型备案审查对象的备案审查。然而,随着全面依法治国进程的推进,调整国家社会生活之法律规范和社会规范日益呈现出多样性、复杂性,从备案审查对象类型的进一步展开来看,以党内法规、军事法规、监察法规为重点的规范性文件群,虽然2017年首份备审年报已将之列入在由党委、人大、政府、军队各系统分工负责、相互衔接的规范性文件备案审查制度体系的“基本框架”之中,却仍未进入前述典型、非典型双重结构的备案对象范围之中,这些规范性文件与以宪法为核心的中国特色社会主义法律体系的互动中,如何有效发挥备案审查平台在其中的功能?〔25〕这是其一。其二,从纵深推进来看,在“以备案全覆盖带动审查全覆盖”的时间进路中,相对而言,“备案全覆盖”易,“审查全覆盖”难。“备案全覆盖”只是全覆盖的起点,“审查全覆盖”才是全覆盖的重点,“备案全覆盖”却不

〔24〕 本评述“全覆盖”“体系化”“人大主导”的空间型结构相对应的,是关于2017年首份备审年报评述采用的是时间型结构:“‘鸭子浮水’:审查建议途径的设定及其初期蛰伏”,“浮出水面:2015年《立法法》修改以来审查建议反馈实践破冰”,“出水之后:经由备案审查达至合宪性审查的双阶审查结构”。参见郑磊:《十二届全国人大常委会审查建议反馈实践:轨迹勾勒与宏观评述》,载《中国法律评论》2018年第1期。(三个小标题发表时在表述上有所缩减)

〔25〕 关于这些规范性文件,当前尚未出现人大对之备案审查的直接法律依据,但在地方人大备案审查的制度建设实践中,出现了一些零星的尝试。以监委会规范性文件为例,2018年8月修改的《黑龙江省各级人民代表大会常务委员会规范性文件备案审查条例》,明确将“县级以上监察委员会制定的指导、规范监察工作的规范性文件”或“联合发布的意见、规定、办法等规范性文件”列入应当报送本级人民代表大会常务委员会备案的范围。参见《黑龙江省各级人民代表大会常务委员会规范性文件备案审查条例》(2018年8月24日黑龙江省第十三届人民代表大会常务委员会第五次会议通过)第3条、第4条、第6条、第13条、第15条。

自然导出“审查全覆盖”，如何在“制度和能力建设”上保障从前者到后者的推进，正是关键所在。

关于“体系化”。首先，2018 年备审年报呈现了备案审查程序“备”“审”“纠”“联”四字诀的体系化结构，其中，“有错必纠”部分是备案审查制度刚性的主要体现，外观形式上体系化的程序结构是否发挥实效，关键在此。因而，需聚焦“纠”推进有重点的程序体系性，如栗战书委员长所强调，“该纠正的纠正”，[26]从而让备案审查“长出牙齿”，并且让“牙齿”产生咬合力。[27] 其次，“全覆盖”多类型规范性文件需多系统审查主体，不同审查主体之审查程序不尽相同，多系统审查程序之间的“体系化”是备案审查体系化的进阶，是程序性应对“审出多门”的审查统一性隐忧的关键之处。

关于“人大主导”。第一，关于全国人大常委会在多系统审查主体中的主导地位，根据 2018 年备审年报披露信息，目前主要通过将关于非典型备案审查对象的审查建议或审查线索“转送”“督促”有关审查主体来实现，这主要以全国人大常委会对于各类备案审查主体的监督主体地位为主体规范依据，但其“转送”，尤其是“督促”各类备案审查主体的具体职权依据何在，则进一步需要细致的解释学梳理，这是决定“转送”“督促”活动之效力的规范前提问题。第二，在“全覆盖”的规范性文件多元类型与备案审查主体的多系统结构中，合宪性审查是唯有全国人大及其常委会方有权行使之职权。如何发挥合宪性审查在整个备案审查中的核心枢纽作用，是全国人大常委会在备案审查制度中的主导地位获得结构性体现而非数量式体现的的核心渠道问题，也是在近年来“加强备案审查制度和能力建设”工作积累的基础上，能否基于备案审查为展开事后的合宪性审查第一案踢好临门一脚应做好的制度储备。

---

〔26〕《栗战书委员长在第二十四次全国地方立法工作座谈会上的讲话》(2018 年 9 月 15 日)。

〔27〕梁鹰:《全国人大常委会 2018 年备案审查工作报告述评》，载《中国法律评论》2019 年第 1 期。

社会系统论视角下的宪法与民法关系初探

郭　殊*

一、问题的提出

宪法的第三人效力问题一直是宪法学界一个长期争论的问题。宪法在私法领域是否具有效力的核心是如何看待宪法与民法的关系。王锴在《宪法与民法的关系:基础、争议与构建》一文中认为,宪法与民法的关系问题关键在于"宪法是公法"和"宪法是最高法"两个命题之间的协调,提出:民法的宪法化,民法能发挥和宪法一样的功能,但是民法没有办法限制公权力。民法的宪法化只能表现为合宪化,提出宪法作为框架秩序的作用。

笔者拟从一个新的角度,即社会系统理论的视角,观察并分析宪法与民法的关系,并提出一些尚不成熟的设想,供大家批评。

二、社会系统论中的政治、法律、经济系统相互关系

人类社会可以看作与自然界相对的一个自成系统的"宇宙",后者如果称为自然宇宙,前者可以称作"社会宇宙"。自然宇宙从一个奇点开始大爆炸,不断分化膨胀。社会宇宙是从人类社会早期的混沌状态逐渐开始社会演化,进入功能分化的社会阶段,并逐渐进一步功能细分,出现更多的社会子系统。这就是从原始社会走向现代社会的过程。可以将这种功能分化后社会系统之间的相互关系和状态称为社会秩序。

---

* 郭殊,北京师范大学法学院副教授。

本文系郭殊主持的国家社科基金青年项目"对国家干预经济的宪法规范研究"(编号:12CFX015)和北京政治文明建设研究基地课题(编号:19zzwm009)的阶段性成果。

现代社会是一个功能高度分化的社会。从中世纪晚期开始,政治国家与市民社会逐渐分化,形成了社会最基本的两大子系统:政治系统与经济系统,并逐渐发展出法治国和法治经济为目标的法律系统。这些系统都是自创生的,具有相对封闭的特性,并自我封闭运行。系统间相互构成其他系统的环境,环境对系统的影响需要通过运行符码的转换方能进入该系统。当然还存在宗教、科学、教育、艺术等子系统。这种高度分化与运行融洽的系统间关系,经由现代宪法进行调整,就是广义上的宪治秩序。

(一)政治系统与经济系统的关系

从系统论来看,经济与政治的关系的特征,表现为受功能制约的区分以及在系统建构上的平行性,尤其表现为两个系统相应的不稳定性。这使政治变化能够控制经济变化,当然只是在集体所作的抉择有可能对经济进程产生影响的范围内。(比如,人们在政治系统中不能简单地决定:我们在经济上应当进展顺利!)所以,通过政治决策能够影响经济事务,而且政治决策必须对经济事务承担责任的想法仍然是当今被当作政治斗争中心的一种政治想法,而经济则用自己的诸如价格变化、投资、环境选择和投机活动等手段对它认为或预想为政治决策的东西作出反应。这两个方面都涉及受结构制约的系统。这就是说,一个系统的结构只有随着系统自身的运作才能被改变,而系统自身的运作又取决于该系统的结构。每个系统只能根据自己的区分来观察它自身及其环境。所以,或许人们可以在以下这个意义上谈政治"调控"经济,即政治借助于政治自身的区分去观察经济(如经济数据与所预期的发展进程相比),从而确定差别(如实际失业与不可避免增加的失业之间的差别)并且力图避免这些差别。经济也是如此,只须作必要的修改,而不是别的。正是在这个意义上,经济通过价格和价格变化方面明显的差别来调控自己。每个系统只能"调控"它自身,因为所有的区分都是系统自身的结构形态。而只有外在的观察,比如科学体系才能在经济与政治的自我调控方式的联系中看出某些关联和某些规律。然而,即使做到这一点,它根据的也是自身的区分。[1]

(二)法律系统与经济系统的关系

卢曼认为经济是一种"自我生成"系统,它产生并再生产构成经济的那些要

[1] 参见[德]N.卢曼:《社会的经济》,余瑞先、郑伊倩译,人民出版社2008年版,第15~16页。

素本身。经济系统是由支付构成的。货币造成了社会的不稳定,它砍断了交往方面的联系,而交往是经济发挥其功能的条件。那么,如何才能控制经济系统中与价格相关的不稳定性呢？卢曼认为,传统的模式主要是从利己主义和谋取利润出发来确定价格,16 世纪英国开始把谋求利润看作人的本性,把所有限制“谋求利润”的政策和措施都看作违反本性的。卢曼则给出了其他的解决途径：让另一种不稳定性来控制价格的不稳定性。他认为可以通过货币支出来对价格波动进行监控,提高信贷的价格可以限制价格的提高。〔2〕

经济借助货币并朝着通过支付进行支付的自我生成的自我生产方向,将自己从社会中分立出来,这终于使经济系统的内在区分类型也变得可以理解。我们这里涉及的这个题目是从分工的优点这个角度加以探讨的。在这里,提高效率的观点没有被直接驳斥,而是被另一个问题代替了。

自我生成意味着:对该系统本身而言,该系统的要素无穷无尽地继续生产着该系统的要素。所有可穷尽的行为体都只不过是插曲,并且重又汇入该系统开放的、为其他目的服务的自我连续中。该系统的统一是不可能作为目的达到的,因为,不言而喻它是由自身进行自我再生产的。而且,它是一般将要发生的事情的条件。但是,当自我生成得到保证时(或可以假定自我生成是有保证的),就可能在目标设置和在目的与手段的安排中出现更多的随意性。这些恰恰是因为“目的”表达的不是该系统的“内在统一”,而只是结束了一件其结尾是开放的事情。于是,目的与手段的相互关系就可以扩大并建构内在的偶然性了,因为该系统的统一得到了保证而且它并非取决于内在的偶然性。或者更尖锐地说,因为该系统是循环封闭的,所以它可以按这些事情进行内部自我建构,而且与此相关联,允许大量的、可以重新消除的偶然性的产生。此后,即使是目的也可以抛开那种认为是自然过程的一种自然结果的看法,而被想象为是可选择的。〔3〕

(三)政治系统与经济系统的关系

如果系统的差别仍然保持,并且在政治中只能实现政治的纲领、在经济中只能实现经济的纲领,那么,政治很可能把影响那些减少差别的计划看作它的任务。而人们在经济中正在按照减少差别的计划行事。这样一些打算仍然是

---

〔2〕 参见[德]N. 卢曼:《社会的经济》,余瑞先、郑伊倩译,人民出版社 2008 年版,前言。

〔3〕 同上书,第 49 页。

政治的纲领。如果这些意图干涉经济的话，那么这里不再单纯涉及观察政治上的一些重要数字的问题（比方说，平均收入或收入差别的幅度、失业人数、在这几组数据上地区间的区别）。政治不具有任何能够影响这些数字的控制论机制（供暖设备冷却设备）。它们是经济自我调节设施（减少差别的计划）综合作用的结果。因此，政治只能创造影响这些计划并由此对经济的自我调节产生影响的条件。政治可以禁止一些东西，可以创造开销，可以给使用提出一些条件；如此等等。〔4〕

政治可以通过政治计划取得成功或遭受失败，并且以这种方式进行自我调节；但是只要而且只有当政治能够符合经济减小差别的方向和条件时，政治才能影响经济的自我调节。即使在工业高度发达的地区，大概可以找得到的同样不一致之处比现行政治上的（但也有市场理论上的，同时也有经济学上的）调节计划允许猜测的还要多。至少在人们能够对另一个系统的自我调节产生影响之前，必须首先观察一下，它在另一个系统中是如何进行的。而这里所推崇的理论的一个结论就是，即使这种观察只有借助自身的现实结构以及自我建构的信息才能进行，也不能借助从被观察的那个系统获得的信息（比方说借助市场数据）。〔5〕

按照雷纳的观点，经济宪法是经济、政治、法律的三边结构耦合，而托伊布纳则并不认为存在三边的黏合制度，实际中存在的只是两组双边的黏合制度。一组存在于经济/法律关系中（经由财产契约、竞争和通货制度），另一组存在于法律/政治关系中（宪法立法和宪法司法）。而在政治/经济关系中，现有的结构耦合并未紧密到形成了黏合制度的地步。政治干预从未或者很少直接地将权力过程转译为支付行动；而政治干预要通过法律系统的中介，通过法律行动的中介。在经济宪法中，政治与经济的联系是偶然发生的而非永久性的，并且一再被经济与政治的去耦合过程解除。因此，政治对经济宪法的干预，不可能是在一种黏合制度之内的运作，而是一系列外部的宪治压力。〔6〕

---

〔4〕 参见［德］N. 卢曼：《社会的经济》，余瑞先、郑伊倩译，人民出版社 2008 年版，第 241 页。

〔5〕 同上书，第 242 页。

〔6〕 参见［德］贡塔 · 托依布纳：《宪法的碎片》，陆宇峰译，中央编译出版社 2016 年版，第 137 页。

三、作为不同社会子系统间结构耦合的宪法与民法

随着市场经济的发展以及民法体系的逐渐完善，宪法是调控一切社会关系领域、综合所有法律部门、具有最高法律效力的“法律大全”的观点受到了极大的质疑，以“市民社会”和“私法自治”为主要理论基础的“私法优位论”和“宪法民法并列论”主张民法是宪法的基础或者宪法和民法分别是公法和私法的基本法，两者地位和效力平等。[7] “齐玉苓案”中宪法规范能否直接适用和《物权法（草案）》合宪性问题的争论，使宪法和民法的关系逐渐成为学界的关注和讨论的热点话题。近年来，有关宪法和民法的关系的探讨多是围绕法律效力、调整领域以及权利性质这三方面展开的。[8] 民法学者基于市民社会和政治国家的分离以及公法、私法的划分认为民法是调整市民社会的基本法，宪法是调整政治国家的基本法，市民社会和政治国家两者是分离和并列的，甚至市民社会构成了政治国家存在的目的，因此民法与宪法并列，甚至民法高于宪法。对此，有的学者从政治国家和市民社会划分界限，这是由宪法对国家权力的调整和规范来进行的回应。还有学者认为，该观点忽视了政治国家和市民社会的相互融合和渗透，没有从福利国家背景来理解。

德国、日本等也早有对此的讨论，德国对宪法和民法关系的讨论包含在“基本权第三人效力”的讨论中，基本权利对公民有崇高的价值意义，公权力和私权利都不能随意侵犯，因此宪法不仅可以适用于国家和公民之间还可以介入平等的私人主体之间。但是，在适用方式和程序上有“直接效力说”和“间接效力说”不同观点。这些理论在不同程度上承认了宪法的多重特性和多重身份。[9] 日本的主要观点是民法是市民社会的基本法，宪法是政治国家的基本法，但这里的基本法是指对相关领域的组织、构成、基本行为规范进行规定的法律，与法

---

〔7〕 童之伟：《宪法民法关系之实像与幻影——民法根本说的法理评析》，载《中国法学》2006年第6期。

〔8〕 参见陈道英：《宪法与民法关系论争的总结与回应》，载《厦门大学法律评论》2007年第2期。

〔9〕 季涛、白斌：《论宪法和民法的关系——以宪法特质的三重性为视角》，载《浙江社会科学》2007年第1期。

律效力无关。

目前,关于宪法和民法的关系主要有三个观点:宪法至上论,民法根本说以及民法宪法并列论。社会系统理论提供了一个全新的视角,本文从该角度出发,观察并分析宪法与民法的关系。

(一)宪法是公法:政治与法律系统的结构耦合

长期以来,法律与政治被当作一个不可分割的统一体来看待,法律是统治者的命令,而且法律的解释、执行都要由国家来进行。而卢曼认为,法律与政治并非一个天然的共同体,分离是社会功能分化的必然结果。政治系统是一个以"权力"作为沟通媒介的自治的功能子系统。卢曼将政治的功能定位于"生产有约束力的决定",决定实际上就是"将权力应用于那些能够为权力所解决的问题",这种界定为政治系统划出了边界,从而将那些与权力运用无关的事物排除出政治系统。但是与其他社会子系统不同,政治系统使用两对二元符码,即统治/被统治和统治/反对。不难看出在现代功能分化社会中,法律与政治是两个分立的、运作封闭的自创生系统,它们有各自的功能、各自的符码以及各自的程式。

卢曼将宪法视为法律系统与政治系统结构组合的首要机制,也就是说,法律系统通过宪法与政治系统形成结构耦合。结构耦合是指社会功能子系统之间通过某些特定结构的媒介,使不同功能系统能够在维持自身独立性的同时保持较为紧密的联系。[10] 尽管宪法作为结构本身是单一的,却又对法律系统和政治系统具有极为不同的意义。对于法律系统而言,宪法构成了法律决定所必须遵守的有效法律文本的最上位法律规范。也就是说,在司法的决定过程中,法院将宪法视为有效的法的规范的一部分,然后将宪法与其他有效的实证法区分开来,把它当作一个对所有其他法律的判断标准,用合宪/违宪的判断作为法律判断的起点。对于政治系统来说,宪法首先是一个政治工具,它通过对分权原则的建立,确立了政治活动中的基本准则,并且区分了基本政治结构中的可变的部分和不可变的部分,从而使国家统治权处于一种有制约的和稳定的状

---

〔10〕 参见杜健荣:《卢曼法社会学理论研究——以法律与社会的关系问题为中心》,法律出版社 2012 年版,第 179 ~ 181 页。

态。因此，对政治系统来说，宪法首先不是一部法律文件，而是一份政治契约。[11]

这种结构耦合的意义首先在于，在现代国家的理念下，宪法同时扮演了对法律系统和政治系统加以限制的结构的角色。因为它把政治系统的运作转变成对法律系统的激扰，把法律系统的运作转变成对政治系统的激扰，但是又不影响各自的运作的封闭性。在法律系统和政治系统中，都存在难以解决的根本性问题。[12]

（二）民法是私法：法律与经济系统的结构耦合

随着社会功能的分化，法律系统和经济系统发展为两个独立的社会子系统。经济系统的功能不仅仅是满足某一部分人的需要，而是在满足当前的需要与今后的需要之间获得平衡，也即在当前的稀缺与将来的稀缺之间所进行的选择。尽管法律要服务于经济系统，但法律有它自身对利益的判断，它只能够排他性地适用于法律自身运作的网络，即区分为受法律保护的利益和不受法律保护的利益。卢曼列举了法律系统和经济系统的两种主要的形式是所有权与契约。[13]

相比于宪法是政治系统和法律系统之间的结构耦合，法律系统和经济系统的结构耦合为民法。当然，并非法律系统和经济系统的耦合只有民法，例如，在国家干预经济的过程中，法律系统与经济系统的结构耦合包括经济行政法、经济法、经济刑法等。其中，较为引人注意的是在很多大陆法系国家中成功演化为“商事法”并被纳入民法大系统中的“商人法”。传统的“商人法”是以商人这个独特的社会阶层为指向展开的商事法律体系，是具有鲜明特色的身份之法。而随着全球化的发展，经济全球化势必带来法律的全球化，而这一过程中最突出的表现便是“新商人法”的出现。

根据卢曼的社会变迁理论，从宏观上讲人类社会的发展经历了分隔时代、

---

〔11〕 关于运用系统论宪法学讨论政治宪法与规范宪法的关系，参见泮伟江：《宪法的社会学启蒙——论作为政治系统与法律系统结构耦合的宪法》，载《华东政法大学学报》2019年第3期。

〔12〕 参见杜健荣：《卢曼法社会学理论研究——以法律与社会的关系问题为中心》，法律出版社2012年版，第184～188页。

〔13〕 同上书，第190～197页。

分层时代与功能分化时代三个大的阶段，而社会变迁的内在动力在于社会复杂性的持续性增长。[14] 分隔时代将全社会系统分为几个相同的部分，如家庭、部落、村庄等，在彼此封闭、自我维持的分隔社会中难以产生复杂的商业交往，也便难以产生与之相适应的商法。随着社会复杂性的增加、分工的细致化和新的社会角色的产生，整个社会将以层级式分化为原则，从而进入分层时代。虽然随着经济的发展，商业交往开始复兴，但商人仍作为一个独立的社会阶层存在，被镶嵌进入整个社会，而商人法也具有强烈的"身份性"特征。从 16 世纪末开始到 19 世纪末 20 世纪初，人类社会由分层时代向功能分化时代转化。全社会将自己分化为不同的子系统，经济、政治、法律、宗教等社会功能子系统开始按照它们特有的功能观点来运作。而经济系统随着全球化的脚步率先突破了民族国家界限，鲁楠总结概括除了功能分化时代的"新商人法"的重要特性为：全球性、匿名性、专业性和自创生性。[15] "新商人法"是一个独立、自治的自创生法律系统，又在全球化的背景之下与经济系统形成紧密的结构耦合，为经济系统的运作提供普遍的规范性期待。[16]

四、现代多元主义宪治观下宪法与民法的关系

托依布纳在充分运用卢曼"自创生"社会系统论的基础上，立足于国际国内宪治实践，构建了全新的宪法学说体系。面对复杂的中国社会，托依布纳认为运用私领域与公领域之间的简单区分，以及与此伴随的调整私人利益追求的私法与调整取向于公共利益的国家—社会关系的公法的区分是不合适的，他提出了两个建议：一是应当用多元情境取代公/私之分；二是在这个多元情境世界的

---

〔14〕 参见[德]克内尔、纳塞希：《卢曼社会系统理论导引》，鲁贵显译，台北，巨流图书公司 1998 年版，第 152 页。

〔15〕 鲁楠：《匿名的商人法——全球化时代法律移植的新动向》，载《清华法治论衡》2011 年第 1 期。

〔16〕 鲁楠、陆宇峰：《卢曼社会系统论视野中的法律自治》，载《清华法学》2008 年第 2 期。

每一个社会系统内部,都应该重新引入私维度和公维度之间的区分。[17] 社会碎片化下的多元社会需要多元的自我描述视角,因此,需要在现代多元主义宪治观的视角下,重新探讨宪法与民法的关系。

(一)现代多元主义的宪治观:托依布纳

在托依布纳看来,宪法不仅是政治系统和法律系统的结构耦合,而是可以被一般化并明确为法律系统与其他社会系统基于"双重反思性"的结构耦合。[18] 民族国家的政治宪法只是一种特殊的宪法,难以平衡社会子系统的自治与扩张,特别是在全球化的背景下,政治全球化落后于其他社会系统的全球化进程,"世界政治本质上仍然是国家间政治,也即一个自治国家间的互动系统",[19] 全球社会宪法应运而生。

而在民族国家内部,社会子系统的宪法早已存在,"自由主义宪治"模式下,政治宪法致力于控制公权力,忽视市民社会的制度化。"福利国家宪治"模式将政治宪法的结构模式拓展,实现政治系统以外的社会子系统的宪治化。"新自由主义"时期的"经济主义宪治"肯定了独立的经济宪法的重要性,迈出了从政治宪法到多元宪治的一步,但是却忽视了经济系统本身的扩张。"新法团主义宪治"模式下,政治宪法间接发挥作用,自发形成的大型组织(法团)代表行业对内开展自我规制,对外通过平等谈判相互达成利益协调,构成了多元宪法。

(二)宪法是最高法:作为秩序框架的宪法

卢曼认为,国家宪法是政治与法律的结构耦合。然而,托依布纳则认为结构耦合只是国家宪法的必要而非充分条件,因为所有政治—法律现象,比如对政治冲突的立法和司法决定,本身都是政治与法律的结构耦合。应当以更为具体又更为一般的方式讨论这种耦合关系。具体是指:并非所有政治与法律的结构耦合都能产生宪法属性(比如旨在达成政治目标的规制性法律规范,就不具

〔17〕 参见[德]贡塔·托依布纳:《多元现代性:从系统理论角度解读中国私法面临的挑战》,祁春轶译,载《中外法学》2013 年第 2 期。

〔18〕 陆宇峰:《"自创生"系统论宪法学的新进展——评托依布纳〈宪法的碎片:全球社会宪治〉》,载《社会科学研究》2017 年第 3 期。

〔19〕 [德]贡塔·托依布纳:《社会宪政:超越国家中心模式宪法理论的选择》,陆宇峰译,载贡塔·托依布纳:《魔阵·剥削·异化——托依布纳法律社会学文集》,泮伟江、高鸿钧等译,清华大学出版社 2012 年版,第 166 页。

有宪法属性），而是只有两种系统的媒介反思性的耦合能够产生宪法属性。[20]

1. 秩序框架而非框架秩序：社会各子系统之间的关系

传统观点认为，宪法是一种“框架秩序”。宪法同时具有“建立统治”和“限制统治”的功能，但这两个方面不应该是对立的。个人自由得到充分保障的国家，也往往是治理能力足够强大的国家。在现代的法治和立宪主义原则下，国家行动必须被纳入宪法的控制，宪法构成了政治的“框架秩序”，其在为政治设定边界的同时，依然为政治保留了广阔的功能空间。需要对政治施加限制，确保政治的热情在正确的行为框架之内活动。政治必须得到驯服并置于边界之内，从而使其能力真正得以控制与利用。而宪法的规范文本就是达致这种平衡的场域。[21]

而从社会系统理论的角度来看，只有当规范的规范—次级规范规定了识别、设置、修改、规制颁行和委托颁行初级规范的权限时，宪治化才即将到来。只有如下两种反思过程紧密地相互联系之时，也就是，当通过自我适用自主产生的社会理性的反思性社会过程，经由自我反思的法律过程得以正当化之时，政治宪法和市民社会宪法才开始形成。只有当自治道德社会过程与自治的法律过程之间出现了复杂的相互作用，只有当社会子系统与法律持久、严密地（而非只是暂时、松散地）耦合在一起时，才谈得上一种严格意义上的独立宪法。[22]

“宪法”既不能化约为一种法律现象，也不能化约为一种社会现象。它一直是双重的现象，是两种现实过程的连接。从法律视角来看，宪法是对次级法律规范的生产，是与社会系统基本结构的特殊交织过程。而从被构成的社会系统的视角看，宪法是对社会秩序基本结构的生产，这些基本结构既激活了法律，又

〔20〕 参见［德］贡塔·托依布纳：《宪法的碎片：全球社会宪治》，陆宇峰译，中央编译出版社2016年版，第123页。

〔21〕 参见张翔：《宪法作为改革的框架秩序》，载中国宪政网：http://www.sohu.com/a/167011362_693202，最后访问日期：2019年9月15日。

〔22〕 参见［德］贡塔·托依布纳：《宪法的碎片：全球社会宪治》，陆宇峰译，中央编译出版社2016年版，第124页。

受法律的规制。[23] 也就是说,宪法作为一种秩序框架,维护社会各子系统之间的良好关系,因此,宪法是最高法。

托依布纳认为,私法的主要作用是对市民社会中去中心化的自发规范形成的多样化过程在法律上进行确认,私法的任务,在更宽广的意义上,是对社会自治的诸领域进行“立宪”。私法应当进行“立宪”的不仅是经济形式的活动,而且是在市民社会不同的单一情境下,在合同和其他类型的合意行为、特殊的私人秩序规整、标准化程序、规范化程序、实践中的社会习俗、形式上的组织以及松散的组织化网络结构等非经济的形式中进行“立宪”。[24]

2. 系统间平衡(比例原则)作为处理系统间关系的核心宪治原则

卢曼认为,晚期现代性危机的根本原因并非仅仅是经济上的利益最大化,而是在全球范围内活跃着的不同功能系统介入下的理性最大化,它遮掩了人类、自然和社会正在面临的潜在巨大危机。[25] 在功能分化下,所有社会子系统不断产生出巨大的能量,它们在自身的生产性和解构性上存在难以消解的矛盾。如经济系统中金融危机的爆发等。而我们无法保证各社会子系统能通过自愿的协作来克服社会碎片化下产生于功能系统的结构矛盾的消极后果。

法国著名的社会学家埃米尔·涂尔干曾经提出他深刻的见解:社会分化程度越高,对社会整合的需求就越迫切。[26] 西方在现代社会晚期经历的当代危机,是因为缺少强大的发挥整合作用的制度。面对扩张的社会系统的巨大离心趋势,这些制度可以作为一种补偿性力量而发挥作用。有争议的是,是否存在一种制度能够实现这种整合。曾经,民族国家的政治系统被认为能发挥强大的整合作用,但是由于民族国家缺少调控能力,所以常常会陷入规整危机中。从西方民族国家的宪法史中,我们不难发现社会系统运用自身资源来有效约束它自己的诸多沟通可能性的途径是政治活动者对自身进行约束,从而不对社会中自治的个体和制度诸领域进行政治化。此外,政治系统还出现了新的约束,需

---

〔23〕 参见[德]贡塔·托依布纳:《宪法的碎片:全球社会宪治》,陆宇峰译,中央编译出版社 2016 年版,第 124 ~ 125 页。

〔24〕 [德]贡塔·托依布纳:《多元现代性:从系统理论角度解读中国私法面临的挑战》,祁春轶译,载《中外法学》2013 年第 2 期。

〔25〕 Niklas Luhmann, Die Gesellschaft der Geselschaft, 1997, 743ff.

〔26〕 Emile Durkheim, *The Division of Labor in Society*, Fre Pres, 1893.

要通过宪法进行自我约束。〔27〕

宪法作为秩序框架，除了约束政治系统外，还应当协调好各社会子系统的平衡，维持其良好的关系。进一步说，应当将比例原则作为处理系统间关系的核心宪治原则。比例原则一般来说包括妥当性、必要性、均衡性三层含义。妥当性是指国家所追求的目标本身必须是正当的并且所采取的手段必须适合实现所追求的目标。必要性是指要在同样能够实现目标的手段中选择对基本权利限制强度最小的手段。均衡性是指目的与手段须成比例，不得过度限制，导致基本权利主体无法期待。以国家干预经济为例，首先，实施国家干预经济的目的是现代市场经济阶段调节社会经济结构和运行，实现国家预期的经济和社会发展目标，并且实施国家干预必须有助于这一目标的实现。其次，在能够达到实现“现代市场经济阶段调节社会经济结构和运行，实现国家预期的经济和社会发展目标”这一目标的各种手段中，应当选择对市场主体的权益伤害最小的手段。最后，需要充分考虑国家干预经济的目标和对市场主体造成的限制之间是否具有明显的不均衡。

〔27〕 参见［德］贡塔·托依布纳：《多元现代性：从系统理论角度解读中国私法面临的挑战》，祁春铁译，载《中外法学》2013 年第 2 期。

附录　第四届“全国民法基础理论与民法哲学论坛”与会者名单

序号	姓名	工作单位及职称与职务
1	马新彦	中国法学会民法学研究会副会长，吉林大学法学院教授
2	尹　田	北京大学法学院教授，中国法学会商法学研究会会长
3	王建平	四川大学法学院教授
4	薛宁兰	中国社会科学院法学研究所研究员，中国法学会婚姻家庭法学研究会副会长
5	张善斌	武汉大学法学院教授
6	彭诚信	上海交通大学凯原法学院教授、副院长
7	艾尔肯	辽宁师范大学法学院教授
8	翟羽艳	大连大学人文学部法学院教授
9	周友军	北京航空航天大学法学院教授、副院长
10	王　竹	四川大学法学院教授
11	李　岩	辽宁大学法学院教授
12	郭明龙	天津师范大学法学院教授
13	满洪杰	山东大学法学院副教授、副院长
14	申惠文	郑州大学法学院副教授
15	马　岭	中国社会科学院大学政法学院教授，中国法学会宪法学研究会副会长
16	张　翔	中国人民大学法学院教授、副院长
17	刘志刚	复旦大学法学院教授

续表

序号	姓名	工作单位及职称与职务
18	任喜荣	吉林大学法学院教授、副院长
19	王　锴	北京航空航天大学法学院教授
20	张　震	西南政法大学行政法学院教授
21	韩秀义	辽宁师范大学法学院教授、院长
22	谢立斌	中国政法大学中德法学院教授
23	姜　峰	华东师范大学法学院教授
24	陈　征	中国政法大学法学院教授
25	李海平	吉林大学法学院教授
26	刘练军	东南大学法学院教授
27	程雪阳	苏州大学王健法学院教授、副院长
28	袁　方	《中国法律评论》执行主编、编辑部主任
29	于文豪	中央财经大学法学院副教授、院长助理
30	黄明涛	武汉大学法学院副教授
31	郑　磊	浙江大学法学院副教授、院长助理
32	郭　殊	北京师范大学法学院副教授
33	柴学伟	辽宁省人大常委会机关党组成员、副秘书长
34	姜凤武	辽宁省高级人民法院副院长
35	丁　慧	辽宁师范大学法学院教授
36	裴兆斌	大连海洋大学海洋法律与人文学院院长
37	石鲁夫	东北财经大学法学院副院长、副教授
38	王利民	大连海事大学法学院教授
39	李志文	大连海事大学法学院教授、副院长
40	韩立新	大连海事大学法学院教授、副院长
41	王世涛	大连海事大学法学院教授
42	王秀芬	大连海事大学法学院教授

续表

序号	姓名	工作单位及职称与职务
43	王　勇	大连海事大学法学院教授、科技处副处长
44	阎铁毅	大连海事大学法学院教授
45	杨晓楠	大连海事大学法学院教授
46	蒋跃川	大连海事大学法学院副教授、副院长
47	金万红	大连海事大学法学院副教授
48	黄　芬	大连海事大学法学院副教授

编后语

值此第四届"全国民法基础理论与民法哲学论坛"文集交付出版之际，特别感谢中国法学会民法学研究会，感谢王利明会长、王轶副会长兼秘书长对论坛举办工作的关心和支持，马新彦副会长在百忙之中参加本届论坛，体现了中国法学会民法学研究会对本届论坛举办的重视；感谢大连海事大学法学院暨初北平院长承办论坛和对论坛举办竭力做出的各种努力与贡献、感谢大连海事大学科技处暨副处长王勇教授对论坛举办的倾心付出和文集出版提供的资助条件；感谢辽宁省民法学会副会长兼秘书长王国林对本届论坛组织工作的热情投入与积极奉献；感谢辽宁龙连航达律师事务所暨李洪波主任、辽宁正良律师事务所暨孙冠男副主任、辽宁科泰律师事务所暨李生俊执行主任协办本届论坛和为本届论坛提供的资助；感谢参与本届论坛筹备与组织工作的王世涛、杨晓楠、金万红、黄芬、杨玲等各位老师、同事、同学与各界朋友，他们为本届论坛的举办付出了各种辛勤劳动；感谢应邀参加本届论坛并在论坛上奉献他们学术思想的各位嘉宾学者，正是他们展现的精彩观点使本届论坛成为一场丰华盛宴。最后，感谢法律出版社暨刘文科编辑对本文集出版所给予的特别支持。

2019 年注定是中国历史上不平凡的一年，新中国成立七十周年，《民法典》编纂走向完成，而 2020 年 5 月《民法典》的颁布更是新中国法制史上的大事件，必将给中国社会的法治发展带来深远的历史影响。当然，我更希望这是中国法治走向精神和行为构造的社会生态化发展的新起点。

谨以此书留下 2019 ~ 2020 年纪念。

王利民

2020 年 5 月 2 日

图书在版编目(CIP)数据

中国民法典编纂与民法基础理论 :第四届“全国民法基础理论与民法哲学论坛”文集 / 王利民主编. -- 北京 :法律出版社, 2020
ISBN 978-7-5197-4859-3

Ⅰ. ①中… Ⅱ. ①王… Ⅲ. ①民法-法的理论-文集 ②民法-法哲学-文集 Ⅳ. ①D913.01-53

中国版本图书馆 CIP 数据核字(2020)第 150719 号

中国民法典编纂与民法基础理论
——第四届“全国民法基础理论与民法哲学论坛”文集
ZHONGGUO MINFADIAN BIANZUAN YU MINFA JICHU LILUN
—DISIJIE “QUANGUO MINFA JICHU LILUN YU MINFA ZHEXUE LUNTAN” WENJI

王利民 主编

策划编辑 似 玉
责任编辑 似 玉 李 军
装帧设计 李 瞻

出版 法律出版社
总发行 中国法律图书有限公司
经销 新华书店
印刷 北京建宏印刷有限公司
责任印制 吕亚莉

编辑统筹 法律应用出版分社
开本 710 毫米×1000 毫米 1/16
印张 27.75 **字数** 454 千
版本 2020 年 12 月第 1 版
印次 2020 年 12 月第 1 次印刷

法律出版社/北京市丰台区莲花池西里 7 号(100073)
网址/www.lawpress.com.cn
投稿邮箱/info@lawpress.com.cn
举报维权邮箱/jbwq@lawpress.com.cn
销售热线/400-660-8393
咨询电话/010-63939796

中国法律图书有限公司/北京市丰台区莲花池西里 7 号(100073)
全国各地中法图分、子公司销售电话:
统一销售客服/400-660-8393/6393
第一法律书店/010-83938432/8433 西安分公司/029-85330678 重庆分公司/023-67453036
上海分公司/021-62071639/1636 深圳分公司/0755-83072995

书号:ISBN 978-7-5197-4859-3 **定价**:118.00 元
(如有缺页或倒装,中国法律图书有限公司负责退换)